Kamiske/Brauer • Qualitätsmanagement von A bis Z

Gerd F. Kamiske
Jörg-Peter Brauer

Qualitätsmanagement von A bis Z

Erläuterungen moderner Begriffe des Qualitätsmanagements

3., vollständig überarbeitete und erweiterte Auflage

HANSER

Carl Hanser Verlag München Wien

Die Deutsche Bibliothek – CIP-Einheitsaufnahme

Kamiske, Gerd F.:
Qualitätsmanagement von A bis Z : Erläuterungen moderner Begriffe des Qualitätsmanagements / Gerd F. Kamiske ; Jörg-Peter Brauer. - 3., vollständig überarb. und erw. Aufl. – München ; Wien : Hanser, 1999
ISBN 3-446-21217-5

Internet: http://www.hanser.de
Umschlaggestaltung: MCP • Susanne Kraus GbR, Holzkirchen
Druck und Bindung: Druckhaus „Thomas Müntzer“ GmbH, Bad Langensalza
Printed in Germany

Vorwort zur 1. Auflage

Das vorliegende Buch wirft einen Blick auf die aktuell diskutierten Begriffe der Qualitätswissenschaft. Gerade in jüngster Zeit sind in diesem Fachgebiet eine Reihe von Begriffen und Bezeichnungen hinzugekommen, die ihren Ursprung häufig im japanischen oder angloamerikanischen Sprachraum haben. Sie wurden zum Teil als Fremdworte in die deutsche Sprache übernommen, zum Teil auch mehr oder weniger treffend übersetzt. Zur Führung einer sachlich eindeutigen Fachdiskussion besteht die Notwendigkeit eines gemeinsamen Verständnisses hinsichtlich der Begriffsinhalte und -umfänge. Dies ist jedoch nicht immer gegeben. Vielmehr werden gerade neu aufkommende Begriffe in unterschiedlicher Weise interpretiert, da sich eine allgemein anerkannte Meinung noch nicht herausgebildet hat. Die im Rahmen dieses Buches gesammelten und erläuterten Begriffe erheben keinen Anspruch auf Vollständigkeit, können aber als Beitrag in Richtung auf eine einheitliche Lehrmeinung verstanden werden. Dabei ist zu berücksichtigen, daß sich die aufgeführten Begriffe in ihrer Bedeutung ständig dynamisch weiterentwickeln. Es ist also lediglich die Wiedergabe des derzeitigen Standes der Wissenschaft und Technik möglich.

In die Neufassung der DIN ISO 8402 (März 1992) sind eine Reihe von bedeutenden Begriffen aus dem Gebiet der Qualitätswissenschaft aufgenommen worden. Neue Begriffe und veränderte Inhalte sind aufgrund der zur Zeit in der Industrie festzustellenden Qualitätsaktivitäten sowie der Bemühungen im Hinblick auf eine Einführung und Zertifizierung von Qualitätsmanagementsystemen (früher: Qualitätssicherungssysteme) nach DIN ISO 9000-9004 von aktuellem Interesse. Dieser allgemeinen Entwicklung wird mit diesem Buch entsprechend Rechnung getragen.

Herrn Dipl.-Ing. Hans Joachim Niclas und dem Carl Hanser Verlag sei für die angenehme Zusammenarbeit gedankt.

Berlin, im Dezember 1992 G. F. Kamiske J.-P. Brauer

Vorwort zur 2. Auflage

In die betriebliche Praxis dringen vermehrt Vokabeln des Qualitätsmanagements ein, die für viele noch völlig unbekannt sind. Sie beschreiben aber Anforderungen, denen Mitarbeiter moderner Unternehmen nicht mehr ausweichen können und wohl auch nicht möchten.

Beflügelt vom Erfolg der ersten Auflage und wegen der Ausweitung der Begriffswelt der Qualitätswissenschaft freuen wir uns, die zweite Auflage vorlegen zu können. Diese berücksichtigt bereits die Neuausgaben der ISO 8402 von April 1994 und der DIN EN ISO 9000-9004 von August 1994.

Wertvolle Hinweise aus der Fachwelt und die erweiterte Wissensbasis der Mitarbeiter am Universitätsbereich Qualitätswissenschaft haben ein Übriges zur Abrundung der Neuauflage beigetragen.

Herrn Dr. Harald Henzler und dem Carl Hanser Verlag sei für die angenehme Zusammenarbeit gedankt.

Berlin, im September 1994 G. F. Kamiske J.-P. Brauer

Vorwort zur 3. Auflage

Die Entwicklung des hochaktuellen, vergleichsweise immer noch jungen Wissensgebietes ist nicht stehengeblieben. Das nach wie vor große Interesse an diesem Buch mit seinen markanten Erläuterungen zu Begriffen aus der Fachwelt des Qualitätsmanagements bedurfte deshalb der Aktualisierung des Vorhandenen und der Ergänzung bzw. Erweiterung.

Das Bestreben der Autoren ging erneut dahin, die Begriffe nicht lediglich lexikonartig zu erfassen, sondern sie möglichst in dem jeweiligen Zusammenhang darzustellen. Der Charakter eines Nachschlagewerkes bleibt dabei voll erhalten.

Die wachsende Bedeutung des Umweltschutzgedankens wurde durch die Begriffsdarstellungen zum Themenbereich Umweltmanagement aufgegriffen, zu deren Gelingen die Herren Dr.-Ing. Detlef Butterbrodt, Christian Hein und Dr.-Ing Ulrich Tammler beigetragen haben.

Herrn Dr. Herrmann Riedel, Herrn Martin Janik und dem Carl Hanser Verlag sei für die Unterstützung vor dem Stapellauf der dritten Auflage gedankt.

Berlin und München, im Juni 1999 G. F. Kamiske J.-P. Brauer

Die Autoren

Professor Dr.-Ing. Gerd F. Kamiske

Vorstandsmitglied der Gesellschaft für Qualitätswissenschaft (GQW) e.V. und Mitglied des Wissenschaftlichen Beirats der Deutschen Gesellschaft für Qualität (DGQ) e.V.; Herausgeber der „QZ – Qualität und Zuverlässigkeit", des Organs der DGQ, der Taschenbuchreihe „PocketPower" und, zusammen mit Dr.-Ing. Wolfgang Hansen, des Loseblattwerkes „Qualitätsmanagement im Unternehmen" sowie weiterer Bücher und Autor zahlreicher Fachpublikationen. Sein Berufsweg führte ihn auf Führungspositionen im Qualitätswesen des Volkswagen-Konzerns im In- und Ausland, zuletzt als Leiter Qualitätssicherung im Werk Wolfsburg. Nach seiner Berufung an die Technische Universität Berlin begründete er die Qualitätswissenschaft und war dort für Lehre und Forschung dieser neuen Wissenschaftsrichtung zuständig. Die Verbindung zur unternehmerischen Praxis schuf er mit den Seminarreihen für Führungskräfte „Die Hohe Schule", „Orientierungsseminar Qualität" und „Berliner Qualitätsgespräche". Unter seiner Leitung entstand auf wissenschaftlicher Grundlage das praxisnahe „Berliner Umsetzungsmodell für Total Quality Management".

Dr.-Ing. Jörg-Peter Brauer

Geboren 1965, studierte Wirtschaftsingenieurwesen mit der technischen Fachrichtung Maschinenwesen an der TU Berlin und war als Student in mehreren Ingenieur- und Beratungsunternehmen beschäftigt. Nach einer Zeit als wissenschaftlicher Mitarbeiter am Fachgebiet Qualitätswissenschaft der TU Berlin wurde er 1996 von Professor Kamiske promoviert. Anschließend war er Chefredakteur der Fachzeitschrift „QZ – Qualität und Zuverlässigkeit" im Carl Hanser Verlag. Seit Anfang 1999 ist er Leiter Qualitätssicherung Karosserieausstattung im Werk München der BMW AG.

Inhaltsverzeichnis

Bilderverzeichnis

Seite

1 Einleitung

1.1 Bedeutung der Qualität

Über Qualität wird in jedem Unternehmen und in jeder Branche gesprochen. Die grundsätzliche Bedeutung der Qualität ist demnach unbestritten. Doch bei aktuellen Entscheidungen des Managements wird dieser Faktor nicht immer entsprechend berücksichtigt, obwohl davon auszugehen ist, daß auf lange Sicht der Erfolg eines Unternehmens aus der überlegenen Qualität seiner Produkte gegenüber dem Wettbewerb resultiert. Darüber hinaus bietet die Fokussierung auf die Qualität der Prozesse betriebswirtschaftliche Potentiale an, deren Ausschöpfung einen Kostenvorteil gegenüber den Wettbewerbern zuläßt.

Als die Märkte noch relativ stabile Verkäufermärkte waren, die Produktlebenszyklen lang und die Kunden sich hauptsächlich für technische Leistungsdaten interessierten, konnte ein Hersteller verhältnismäßig einfach „eine gewisse Qualität" erreichen. Das Management verfügte über genügend Ressourcen in zeitlicher, finanzieller und personeller Hinsicht, um gut funktionierende Produkte zustande zu bringen. Doch mit sich verschärfendem Wettbewerb und unter sich immer schneller verändernden Gegebenheiten ist es kaum noch möglich, mit althergebrachten Methoden und Strategien neue Märkte zu finden oder entstehende Märkte zügig genug zu betreten. Dies kann nur erfolgreich in die Tat umgesetzt werden, wenn die Unternehmen auf sich ändernde Kundenwünsche unverzüglich reagieren. Das Management muß also seine entscheidende Aufgabe darin sehen, ein Unternehmen zu schaffen, das die Integration aller Mitarbeiter als wichtiges Ziel erkennt. Erst wenn allen Mitarbeitern des gesamten Unternehmens voll bewußt ist, daß sämtliche Bemühungen darauf ausgerichtet werden müssen, eine Übereinstimmung mit den Erwartungen der Kunden zu erzielen, wird es Produkte hervorbringen, die zukünftige Kundenanforderungen vorwegnehmen und dem Käufer somit begeisternde Qualität anbieten.

Dieses ist eine große Herausforderung, insbesondere für die Damen und Herren der obersten Führungsebene. Die Vorstellung, man könnte mit Hilfe der Technik die Defizite eines Unternehmens beheben, ohne die Strukturen der Gesamtorganisation in Frage zu stellen, ist zwar noch verbreitet, erweist sich aber zumeist als Trugschluß. Wenn mit technischer Unterstützung nicht bloß der vorhandene Zustand zementiert werden soll, ist ein Aufbrechen der alten Strukturen notwendig. Dabei sind die Denkstrukturen ausdrücklich eingeschlossen. Es sind also die Management-Methoden, die dringend darauf abgestimmt werden müssen.

Den Ansatz hierfür bieten neue Strategien, etwa im Sinne von Total Quality Management (TQM), die das gesamte Unternehmen und all seine Mitarbeiter einbeziehen und noch darüber hinaus gehen. Voraussetzung für die erfolgreiche Anwendung derart umfassender Konzepte ist jedoch die Bereitschaft der Unternehmensleitung dazu, mehr noch ihre Vorbildfunktion und ihre Geisteshaltung den Mitarbeitern gegenüber. Dazu gehört unbedingt das Begreifen von Qualität als Denkeinheit, die nicht nur eine technische Komponente besitzt, sondern auch von der Geisteshaltung bestimmt wird [Kamiske 90]. Hinzu kommt die Berücksichtigung der vielfältigen Ziele und Einflußfaktoren, mit denen das Unternehmen in Wechselwirkung steht [Spur 98]. Neben Aspekten der Wirtschaftlichkeit zählen immer mehr auch Gesetzeskonformität, Umweltverträglichkeit und ganz besonders Kundenzufriedenheit.

1.2 Benutzerhinweise

Für den Leser sollte von vornherein klar sein: Dieses Buch muß nicht Seite für Seite durchgearbeitet werden. Dazu wird wohl meist auch gar nicht die Zeit vorhanden sein. Im Vordergrund steht vielmehr die kurze und prägnante Information zu einem Thema, speziell für den eiligen Leser. Zu diesem Zweck wurde das Buch in erster Linie konzipiert, als ein Nachschlagewerk, nicht als ein Lesebuch. Aus diesem Grunde erscheint das schnelle und zielsichere Auffinden der gewünschten Information besonders wichtig, was durch die alphabetische Sortierung der Begriffe, das Inhaltsverzeichnis und das Bilderverzeichnis gewährleistet ist. Darüber hinaus ermöglicht das besonders ausführlich angelegte Stichwortverzeichnis, welches auch die gängigen Abkürzungen mit aufführt, das Erkennen von wiederholten Erwähnungen desselben Begriffes sowie das Auffinden von Unterbegriffen, die nicht im Inhaltsverzeichnis erscheinen. Die besonders hervorgehobenen Querverweise im fortlaufenden Text lassen weitere Zusammenhänge offenbar werden und führen den Leser zu den entsprechenden Begriffen. Insgesamt bietet das Buch eine kurze Einführung in die Thematik des jeweils betrachteten Begriffes. Bei Bedarf kann mit Hilfe der angegebenen Literaturhinweise eine vertiefende Beschäftigung erfolgen.

Dem Qualitätsgedanken und dem Prinzip der Ständigen Verbesserung entsprechend, wird der Leser gebeten, Unklarheiten, Fehler und Anregungen zur Konzeption sowie weitere erklärungsbedürftige Begriffe den Autoren mitzuteilen. So kann dieses Buch kontinuierlich weiter bearbeitet und den sich laufend ändernden Erfordernissen der Praxis gerecht werden.

1.3 Aufbau einer Begriffsdarstellung

Um die untersuchten Begriffe bezüglich Aufbau und Tiefe der Abhandlung in vergleichbarer Weise zu betrachten, wird das folgende Schema verwendet. Es ist jedoch nicht als zwingend anzusehen, sondern stellt eine Rahmenstruktur dar.

- Stichwort/Begriff

  Der Begriff wird ausdrücklich und vollständig genannt, ggf. auch die gebräuchliche Abkürzung. Die verwendete Sprache richtet sich dabei nach der größten Bekanntheit und Verbreitung des Begriffes.

- Definition/Erklärung

  Es erfolgt zunächst eine kurze, definitionsmäßige Begriffsbestimmung bzw. Erklärung, die Inhalt und Umfang des betrachteten Begriffes umreißt.

- Herstellung eines Zusammenhanges

  Der Begriff wird in einen fachlichen Zusammenhang gebracht, ggf. wird auch die historische Entwicklung kurz dargestellt.

- Erläuterung

  Die eigentliche Erläuterung des Begriffes bezieht sich in erster Linie auf Bedeutung, Voraussetzungen, Ziele und Vor- bzw. Nachteile sowie ggf. Einsatzgebiete und Anwendungsmöglichkeiten. Unter Umständen wird auch der Ablauf eines Verfahrens oder einer Vorgehensweise kurz beschrieben.

- Querverweise

  Um dem engen Zusammenhang Rechnung zu tragen, in dem viele der Begriffe zueinander stehen, wird jeweils an geeigneter Stelle auf derartige verwandte Begriffe verwiesen, die ebenfalls behandelt werden. Die Querverweise erfolgen in der Form: (vgl. **Begriff**).

- Bilder

  Zur weiteren Verdeutlichung der Ausführungen sind entsprechende Bilder in die Begriffsdarstellung eingebunden.

- Literaturhinweise zur Vertiefung

  Da kein Anspruch auf Vollständigkeit erhoben wird und die Begriffe im Rahmen des Buches nicht immer erschöpfend behandelt werden können, ist am Ende der Darstellung in der Regel eine Auswahl an weiterführender Literatur angegeben.

2 Begriffe

Audit

Unter einem Audit versteht man die systematische, unabhängige Untersuchung einer Aktivität und deren Ergebnisse, durch die Vorhandensein und sachgerechte Anwendung spezifizierter Anforderungen beurteilt und dokumentiert werden [Kirstein 91]. Audits sind also moderne Informationssysteme, mit denen man zu einem bewerteten Bild über Wirksamkeit und Problemangemessenheit von qualitätssichernden Aktivitäten kommt. Es sollen Schwachstellen aufgezeigt, Verbesserungsmaßnahmen angeregt und deren Wirkung überwacht werden. Damit ist das Audit auch als Führungsinstrument anzusehen, das zur Vorgabe von Zielen und zur Information des Managements über die Zielerreichung eingesetzt werden kann.

Es sind grundsätzlich drei Arten von Audits zu unterscheiden, die auch unter der Bezeichnung Qualitätsaudit zusammengefaßt werden: Produkt-, Verfahrens- und Systemaudit (vgl. **Produktaudit, Verfahrensaudit, Systemaudit**). Einige gemeinsame Aufgaben und Auswirkungen von Audits lassen sich wie folgt formulieren [Gaster 94]:

- Überprüfung der Ausführung im Hinblick auf Übereinstimmung mit den festgelegten Produktmerkmalen (vgl. **Produktaudit**).
- Feststellung der Angemessenheit der Richtlinien bzw. Vorschriften und Maßnahmen im Hinblick auf das angestrebte Ziel.
- Begutachtung von Arbeitsbereichen, Tätigkeiten und Abläufen (vgl. **Verfahrensaudit**).
- Beurteilung der realisierten Fortschritte der Qualitätsaktivitäten.
- Erwecken der Aufmerksamkeit aller Beteiligten bezüglich der Qualitätsanforderungen.

- Förderung der Ständigen Verbesserung (vgl. **Ständige Verbesserung**).
- Systematische Bewertung des Qualitätsmanagementsystems und der Dokumentation (vgl. **Qualitätsmanagementsystem**).

Audits können von eigenen Mitarbeitern, von Kunden oder von neutralen externen Stellen durchgeführt werden. Entsprechend gibt es interne Audits, die von Angehörigen des eigenen Unternehmens, z.B. werksintern oder auf Konzernebene, zur Beobachtung der Qualitätsentwicklung bzw. zum Vergleich der Leistungsfähigkeit von einzelnen Unternehmensteilen durchgeführt werden. Auch kann damit ein vertrauensvolles Bild an potentielle oder tatsächliche Kunden übergeben und ein negatives Ergebnis im Rahmen eines externen Audits vermieden werden. Interne Audits sind auch regelmäßig Bestandteil von Qualitätsmanagementsystemen. Die Beurteilung der Qualitätssituation bei einem Zulieferanten und deren Nachweis bzw. Dokumentation aufgrund gesetzlicher Bestimmungen geschieht durch externe Audits, meist im Rahmen von Systemaudits (vgl. **Systemaudit**). Diese werden von Auditoren des Kunden oder, heute üblicher, von dafür anerkannten (akkreditierten) Institutionen vorgenommen und schließen in der Regel mit der Vergabe eines Zertifikates ab, welches dem auditierten Unternehmen einen bestimmten Qualitätsstandard sowie das Vorhandensein und die Wirksamkeit eines Qualitätsmanagementsystems bescheinigt (vgl. **Qualitätsmanagementsystem**).

Eine sorgfältige Planung ist stets Voraussetzung für den Erfolg eines Audits. Dieser hängt jedoch auch in besonderem Maße von der Qualifikation der ausführenden Mitarbeiter (Auditoren) ab. Weiterhin ist die konsequente Durchführung durch ein entsprechendes Audit-Team wichtig. Grundlage ist aber vor allem die wirksame Unterstützung durch das Management, um eine genügende Beachtung der gesamten Maßnahme sicherzustellen. Vor Beginn der eigentlichen Durchführung sind geeignete Checklisten auszuarbeiten, nach denen dann vorzugehen ist. Zum Abschluß werden die Ergebnisse in einem Auditbericht dokumentiert, der auch dem Management zugeht und dessen Unterschrift bedarf. Aus Gründen der Übersichtlichkeit, Vollständigkeit und Auswertbarkeit empfiehlt sich die Verwendung von Formblättern. Der Auditbericht ist außerdem Grundlage für die Durchführung von angeregten Verbesserungsmaßnahmen, deren Einhaltung und Wirksamkeit dann wieder auditiert wird.

Produktaudit

Das Produktaudit ist die Untersuchung einer kleinen Zahl von fertigen Produkten auf Übereinstimmung mit den vorgegebenen Spezifikationen. Es erfolgt als nachträglich feststellende Überprüfung im Sinne einer Momentaufnahme aus der Sicht des Auftraggebers, Kunden oder Anwenders. Dabei ist besonders auf die Erfüllung der spezifischen Kundenanforderungen zu achten, so daß für die Zukunft eine fehlervermeidende und damit qualitätssteigernde Wirkung erreicht werden kann [Ishikawa 87]. Obwohl die statistische Aussagekraft aufgrund des geringen Stichprobenumfangs zunächst nur mäßig erscheint, kann dies durch eine entsprechende Sorgfalt und Gründlichkeit in gewisser Weise ausgeglichen werden. Es können systematische Fehler, Fehlerschwerpunkte und langfristige Qualitätstrends offenbar werden (vgl. **Stichprobenprüfung, Statistische Prozeßregelung**). Der jeweils erforderliche Stichprobenumfang richtet sich nach der Komplexität des Produktes [Kirstein 91].

Bei dem Audit des Produktes aus Kundensicht sollten schon die verwendeten Checklisten eine Bewertung nicht nur nach betriebsinternen Kriterien, sondern speziell auch aus der Kundensichtweise heraus ermöglichen. Besonderes Augenmerk ist dabei auf die Beurteilung von Funktion und Sicherheit zu richten. Dazu kann eine Klassifizierung möglicher Fehler nach DIN 55 350, Teil 31 vorgenommen werden. Ein kritischer Fehler gefährdet die Sicherheit des Benutzers (möglicher Personenschaden) oder betrifft die grundlegende Funktionstüchtigkeit des Produktes. Ein Hauptfehler stellt die Brauchbarkeit des Produktes vollständig oder teilweise in Frage. Die einfache Herabsetzung der Brauchbarkeit oder eine Abweichung von Sollvorgaben (auch optische Mängel) führen zu einem Nebenfehler. Als Entscheidungshilfe ist ein verbindlicher Fehlerkatalog aufzustellen, der eine Einstufung möglicher Fehler aus Kundensicht vorgibt. Werden die festgestellten Fehler mit Punkten bewertet und gewichtet, kann aus den Ergebnissen die sogenannte Qualitätskennziffer (QKZ) berechnet werden. Sie setzt die Summe der Fehlerpunkte zur Anzahl der geprüften Teile ins Verhältnis und wird auf das zugrunde liegende Punktesystem normiert.

Verfahrensaudit

Das Verfahrensaudit, auch als Prozeßaudit bezeichnet, untersucht die Wirksamkeit einzelner im Unternehmen eingesetzter Prozesse, Teilprozesse bzw. Verfahren. Dabei soll sichergestellt werden, daß die vorgegebenen Anforderungen eingehalten werden und für die jeweilige Anwendung zweckmäßig sind. Besonders wichtig ist es, das Verfahrensaudit auch als Instrument zur Prozeßverbesserung zu erkennen und entsprechend zu nutzen. Durch geeignete Darstellung der Auditergebnisse können bereits erste Ansätze für später durchzuführende Prozeßanalysen gewonnen werden [Kirstein 91].

Verfahrensaudits werden in der Regel schwerpunktmäßig angesetzt. Die Ermittlung des Wertschöpfungsanteils oder die Untersuchung der Transportbedingungen können solche Aufgabenstellungen sein. Weitere Ergebnisse eines Verfahrensaudits können sich auf die Qualitätsfähigkeit des Prozesses sowie auf die Anwendung von Methoden und Techniken der Qualitätssicherung beziehen.

Systemaudit

Das Systemaudit dient zum Nachweis der Wirksamkeit und Funktionsfähigkeit des gesamten Qualitätsmanagementsystems eines Unternehmens (vgl. **Qualitätsmanagementsystem, Zertifizierung**). Basis des Systemaudits ist der Audit-Fragenkatalog, der sich grundsätzlich an der branchenneutralen Normenreihe DIN EN ISO 9000-9004 orientiert. Das externe Systemaudit kann durch den Kunden selbst (kundenspezifisches Systemaudit) oder durch eine neutrale Zertifizierungsstelle durchgeführt werden. Dabei auditiert die neutrale Zertifizierungsstelle das Qualitätsmanagementsystem eines Unternehmens auf dessen Auftrag und vergibt bei Erfüllung der Anforderungen nach DIN EN ISO 9001-9003 (Modelle zur Qualitätssicherung/Qualitätsmanagementdarlegung) ein Zertifikat. In vielen Branchen gehört das neutrale Zertifikat mittlerweile zum Standard eines

Angebots. Die formale Kompetenz, Unabhängigkeit und Integrität der Zertifizierungsstellen leitet sich aus deren Akkreditierung bei einer übergeordneten Trägergemeinschaft für Akkreditierung (TGA) im Deutschen Akkreditierungsrat (DAR) ab. Grundlage dieser Akkreditierung ist das Erfüllen der Anforderungen nach DIN EN 45 012.

Als Vorgaben bzw. Kriterien für ein Qualitätsmanagementsystem, die im Rahmen des Systemaudits einen Beurteilungsmaßstab darstellen können, bieten sich neben der Normenreihe DIN EN ISO 9000-9004 die Bedingungen bzw. Anforderungen für den Deming Prize, den Malcolm Baldrige National Quality Award, den European Quality Award bzw. den Ludwig-Erhard-Preis an (vgl. **Deming**, **Qualitätsauszeichnungen**, **Qualitätsmanagementsystem**).

Wegen ihrer nationalen und internationalen Gültigkeit sowie ihres branchenneutralen Charakters stellt die DIN EN ISO 9000-Reihe anerkannte Rahmenbedingungen für den Aufbau eines Qualitätsmanagementsystems und damit auch für die begehrte Zertifizierung eines Unternehmens dar. Sowohl der Deming Prize als auch der Malcolm Baldrige National Quality Award und der European Quality Award gehen in ihren Anforderungen weit über die der DIN EN ISO 9000-Reihe hinaus und sind deshalb als wesentlich umfangreichere Beurteilungsmaßstäbe für ein Qualitätsmanagementsystem anzusehen. Dabei sind die Kriterien des Malcolm Baldrige National Quality Award eher management-, kunden- und prozeßorientiert, während beim Deming Prize insbesondere auf die sorgfältige Planung der Qualitätsziele, deren Durchsetzung auf allen Hierarchieebenen sowie die Anwendung der statistischen Methoden abgehoben wird. Der European Quality Award und der daraus abgeleitete Ludwig-Erhard-Preis bezieht auch die gesellschaftliche Verantwortung des Unternehmens mit ein. Zielrichtung dieser Auszeichnungen ist Total Quality Management (TQM), also eine umfassende und auf Qualität ausgerichtete Unternehmensstrategie im Sinne eines Führungsmodells (vgl. **Total Quality Management**).

Das Erfüllen der Anforderungen an ein Qualitätsmanagementsystem nach DIN EN ISO 9000-9004 stellt eine gute Plattform dar, von der aus ehrgeizigere Ziele angesteuert werden können entsprechend den

Kriterien, wie sie beispielsweise für die Erringung des European Quality Award und des Ludwig-Erhard-Preises erfüllt sein müssen.

Literaturhinweise zur Vertiefung

Gaster, D.:
DGQ-Schrift 12-63: Systemaudit.
Hrsg.: DGQ - Deutsche Gesellschaft für Qualität.
2. Aufl., Berlin: Beuth Verlag 1993.

Gaster, D.:
DGQ-Schrift 13-41: Produkt- und Verfahrensaudit.
Hrsg.: DGQ - Deutsche Gesellschaft für Qualität.
2. Aufl., Berlin: Beuth Verlag 1995.

VDA - Verband der Automobilindustrie (Hrsg.):
VDA-Schriftenreihe Qualitätsmanagement in der Automobilindustrie, Band 6 Teil 1: QM-Systemaudit.
4. Aufl., Frankfurt/Main 1998.

VDA - Verband der Automobilindustrie (Hrsg.):
VDA-Schriftenreihe Qualitätsmanagement in der Automobilindustrie, Band 6 Teil 3: Prozeßaudit.
1. Aufl., Frankfurt/Main 1998.

VDA - Verband der Automobilindustrie (Hrsg.):
VDA-Schriftenreihe Qualitätsmanagement in der Automobilindustrie, Band 6 Teil 5: Produktaudit.
1. Aufl., Frankfurt/Main 1998.

Benchmarking

Benchmarking ist der Prozeß des Vergleichens und Messens der eigenen Produkte, Dienstleistungen und Prozesse mit den besten Wettbewerbern oder mit den anerkannten Marktführern. Diese Unternehmen bzw. Organisationen, die einen zu untersuchenden Prozeß, ein

Produkt oder eine Dienstleistung hervorragend beherrschen, werden dabei als Klassenbeste (Best in Class) bezeichnet [Camp 89]. Im Vergleich zu diesen sollen Unterschiede zum eigenen Unternehmen erkannt und Möglichkeiten zur Verbesserung aufgezeigt werden. Ziel des Benchmarkings ist es, aus dem Vergleich mit den Besten zu lernen, die wirkungsvollsten Methoden (Best Practice) herauszufinden, zu adaptieren und die Leistungsfähigkeit des eigenen Unternehmens zu steigern, um selbst die Spitzenposition als Bester der Besten (Best of the Best) zu erreichen [Horváth/Herter 92]. Die Japaner bezeichnen dieses Streben mit dem Ausdruck Dantotsu [Camp 89].

Damit geht Benchmarking nicht nur über den klassischen und längst bekannten Unternehmens- bzw. Betriebsvergleich [Vodrazka 67] hinaus, sondern auch über Wettbewerbsbeobachtung [Kleinfeld 94] in ihren verschiedenen Formen, wie zum Beispiel Konkurrenzanalyse, Produktimitation oder sogar Reverse Engineering [Horváth/Herter 92].

Insbesondere beim Reverse Engineering wird ein Wettbewerbsprodukt systematisch in seine Bestandteile zerlegt und mit dem eigenen Produkt verglichen, um so durch die Analyse der einzelnen Komponenten und technischen Funktionen Erkenntnisse über die verwendeten Konstruktions- und Fertigungsverfahren zu gewinnen [Fromm 94]. Die Unterschiede werden monetär bewertet. Anschließend wird die Herstellung des Wettbewerbsproduktes mit Kosten abgeschätzt, wie sie im eigenen Unternehmen entstehen würden. Auf diese Weise lassen sich sehr schnell Potentiale zur Verbesserung aufzeigen, die bei zügiger Umsetzung auch eine entsprechend motivierende Wirkung auf die Mitarbeiter ausüben können (vgl. **Mitarbeiterorientierung**).

Da bei dieser Vorgehensweise die Produkte im Mittelpunkt stehen, wird das Verfahren deshalb auch als Reverse Product Engineering bezeichnet. Benchmarking hingegen beschränkt sich nicht auf den Vergleich von Produkten, sondern bezieht Dienstleistungen und vor allem Prozesse mit ein. Es ist damit auch keine Produktimitation, sondern der offene Wunsch, sich am Leistungsstandard der besten Mitbewerber zu messen und von ihnen zu lernen.

Dennoch läßt sich Reverse (Product) Engineering gewissermaßen als Benchmarking-Vorläufer bezeichnen, da dieses Verfahren den Ausgangspunkt bei der Entwicklung des Benchmarkings bildete. In den 80er Jahren initiierte das amerikanische Unternehmen Xerox ein Unternehmensprogramm zur Steigerung von Qualität und Produktivität, das aufgrund von Ergebnissen umfangreicher Produktvergleiche aufgestellt wurde. Die drei Bestandteile dieses Programms waren die Einbindung der Mitarbeiter, der Qualitätsverbesserungsprozeß und das Benchmarking [Fromm 94]. Unter anderem durch die Nutzung von Benchmarking gewann Xerox 1989 die US-amerikanische nationale Qualitätsauszeichnung, den Malcolm Baldrige National Quality Award (MBNQA), in dessen Kriterienkatalog Benchmarking auch aufgenommen wurde (vgl. **Qualitätsauszeichnungen**). Inzwischen wird Benchmarking von zahlreichen weltbekannten Unternehmen erfolgreich angewendet, teilweise als firmenspezifische Variante bzw. Vorgehensweise.

Grundsätzlich lassen sich drei Arten des Benchmarkings unterscheiden, wobei unterschiedliche Leistungs- bzw. Vergleichsmaßstäbe angelegt werden können. Diese eröffnen entsprechend steigende Verbesserungspotentiale hinsichtlich Kosten, Zeit, Qualität und Kundenzufriedenheit. Nachfolgend sind die drei Arten des Benchmarkings mit ihren Besonderheiten kurz dargestellt [Camp 89]:

- Internes Benchmarking (Internal Benchmarking)

  Benchmarking innerhalb eines Unternehmens bezüglich der geschäftlichen Vorgehensweise. Es können einzelne Unternehmen eines Konzerns, verschiedene Standorte, Cost- bzw. Profitcenter, Abteilungen, Gruppen und sogar Arbeitsplätze verglichen werden. Der Blickwinkel insgesamt ist jedoch begrenzt, da nur auf das eigene Unternehmen ausgerichtet. Hier spielen mögliche innere Barrieren und Abteilungsdenken eine wichtige Rolle, die einkalkuliert, oder besser überwunden werden müssen.

- Wettbewerbsorientiertes Benchmarking (Competitive Benchmarking)

  Benchmarking mit unternehmensexternen, direkten Wettbewerbern bezüglich des gleichen oder eines sehr ähnlichen Produkts ist eine besonders überzeugende Art des Vergleichs. Eine Ausweitung auf die Betrachtung von Abläufen und Prozessen sowie deren Wirkung auf Kunden. Unter direkten Wettbewerbern ist es in der Regel einfacher, vergleichbare Produkte oder Prozesse zu identifizieren. Auch die eindeutige Positionierung beider Unternehmen im Wettbewerb ist meist möglich. Hinzu kommt eine relativ hohe Akzeptanz des Verfahrens im Unternehmen sowie die Beschäftigung mit direkt verwertbaren, geschäftsrelevanten Informationen. Problematisch könnte sich die Datenerfassung gestalten, da es sich hier wahrscheinlich um vertrauliche, wettbewerbsrelevante Informationen handelt. Sollen Prozesse verglichen werden, ist darauf zu achten, daß eine Vergleichbarkeit auch tatsächlich gegeben ist, um nicht zu Fehleinschätzungen zu gelangen. Schon eine ungleiche Unternehmensgröße kann Unterschiede implizieren, zum Beispiel im Hinblick auf den Automatisierungsgrad, die sich direkt auf die Ergebnisse des Vergleichs auswirken und entsprechend berücksichtigt werden müssen.

- Funktionales Benchmarking (Functional Benchmarking)

  Benchmarking mit den Klassenbesten (Best in Class), die einen Prozeß, ein Produkt oder eine Dienstleistung unabhängig von der Branche hervorragend beherrschen, oder mit den anerkannten Marktführern. In dieser anspruchsvollsten und umfassendsten Art des Benchmarkings liegt auch das größte Potential zum Finden innovativer Lösungen. Neben der Identifikation des Klassenbesten und der zeitaufwendigen Analyse erhält hier die Fähigkeit des Beobachters besonderes Gewicht, die wirkungsvollsten Methoden (Best Practice) und ihre möglichen Anwendungen für das eigene Unternehmen zu erkennen. Vertraulichkeit von Informationen stellt branchenübergreifend meist kein Problem dar, weil keine direkte Konkurrenzsituation vorliegt. Schwieriger kann sich allerdings die Umsetzung der gewonnenen Erkenntnisse im eigenen betrieblichen Umfeld gestalten. Hier ist es förderlich, wenn die zugrunde liegenden Kundenanforderungen möglichst gleichartig sind.

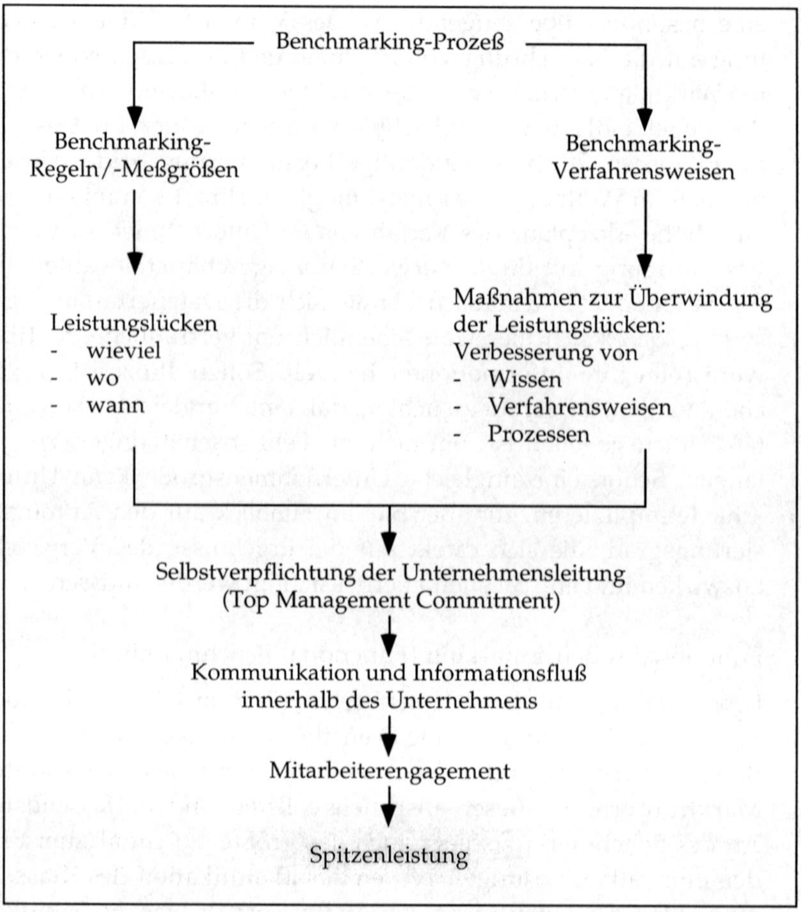

Bild 1: Allgemeiner Benchmarking-Prozeß

Als vierte Art des Benchmarkings läßt sich der allgemeine (generische) Benchmarking-Prozeß selbst ansehen, bei dem es ausschließlich um den Vergleich von (Geschäfts-)Prozessen (Business Processes) geht, unabhängig von Unternehmen, Branche oder Industriezweig (vgl. Bild 1) [Camp 89].

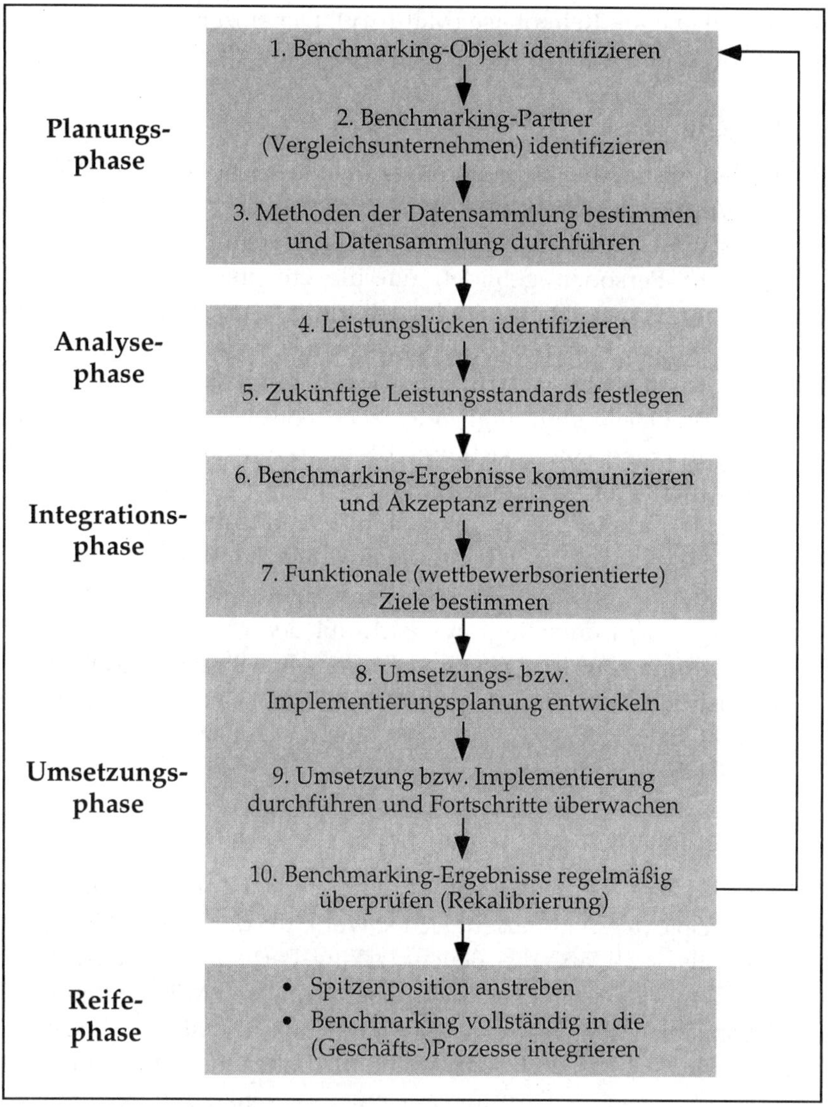

Bild 2: Benchmarking-Prozeßschritte

Unabhängig von der Art des Benchmarkings läßt sich der grundsätzliche Ablauf des Benchmarking-Prozesses (vgl. Bild 2) in vier Phasen einteilen, die sich in zehn Einzelschritte untergliedern lassen, sowie eine abschließende Reifephase (Maturity). Die einzelnen Phasen werden im folgenden kurz erläutert [Camp 89, Camp 94]:

- Planungsphase

  In den ersten drei Schritten werden das Benchmarking-Objekt, der Vergleichspartner und die Art der Datenerhebung festgelegt. Zunächst wird ein Benchmarking-Team aus üblicherweise sechs bis acht Personen gebildet, um die entsprechenden Aufgaben wahrzunehmen. Dieses ist interdisziplinär zu besetzen und mit den nötigen Entscheidungsbefugnissen sowie Zugriffsberechtigungen auf Daten und Informationen auszustatten. Als Benchmarking-Objekt kommt grundsätzlich jedes Produkt und jede Leistung in Frage, sofern sich eine Bestmarke (Benchmark) im Sinne eines meßbaren Leistungsstandards bestimmen läßt. Besonders sinnvoll sind hier Hauptprozesse bzw. -produkte, die Einfluß auf den Markterfolg des Unternehmens und damit auf die Kundenzufriedenheit haben. Bei der Auswahl des Vergleichspartners reicht es nicht unbedingt aus, sich mit den nächsten Wettbewerbern zu messen. In Abhängigkeit vom Benchmarking-Objekt ist anzustreben, sich mit den bestmöglichen Leistungen auf einem Gebiet zu vergleichen, also von einem exzellenten Vorbild, dem Klassenbesten, zu lernen.

- Analysephase

  Die Analyse dient dem sorgfältigen Verständnis des Benchmarking-Objektes und bezieht sich sowohl auf das eigene Unternehmen als auch auf die Benchmarking-Partner. Auf diese Weise werden Leistungslücken identifiziert und nach Möglichkeit durch Kennzahlen über Kosten-, Qualitäts- und Zeitaspekte dargestellt [Horváth/Herter 92]. Angestrebt wird aber nicht nur ein klares Bild der eigenen Leistung mit einer Einschätzung von Stärken und Schwächen. Zunächst müssen die Ursachen der Leistungslücken ermittelt und diese dann geschlossen werden. Weiterhin ist abzuschätzen, auf welchem Niveau sich die Leistungsstandards in Zukunft bewegen werden, um den Prozeß der Ständigen Verbesserung gezielt ansetzen zu können (vgl. **Ständige Verbesserung**). Dabei ist zu berücksichtigen, daß Benchmarking nicht nur einfach einen Leistungsrückstand ermittelt, sondern vor allem aufzeigen will, wie Prozesse effektiver und effizienter gestaltet werden können.

- Integrationsphase

  In dieser Phase werden die Ergebnisse des Benchmarkings benutzt, um entsprechende Ziele zu setzen und zu operationalisieren. Der wichtigste Schritt ist dabei die klare und überzeugende Verdeutlichung der Analyseergebnisse gegenüber den anderen Mitarbeitern und der Unternehmensleitung. Wegen der oftmals notwendigen, weitreichenden Veränderungen ist es besonders bedeutsam, daß die Ergebnisse von allen Hierarchieebenen nicht nur zur Kenntnis genommen, sondern voll akzeptiert werden.

- Umsetzungsphase

  Vor dem Hintergrund der gesetzten Ziele werden in der Umsetzungsphase konkrete Maßnahmen festgelegt und Planungen zu ihrer Einführung entwickelt. Demgemäß erfolgt dann auch die Implementierung der neuen, aus den Benchmarking-Ergebnissen gewonnenen Verfahrensweisen im Unternehmen. In diesem Zusammenhang ist eine offene Kommunikation und Information über Fortschritte im Hinblick auf die Zielerreichung im Unternehmen besonders wichtig. Zur Umsetzung gehört ebenfalls eine periodische Messung und Überwachung des Erreichten mit Hilfe der identifizierten Kennzahlen sowie geeigneten Meilensteinen. Ergänzend sollten die Benchmarking-Ergebnisse regelmäßig überprüft und gegebenenfalls aktualisiert werden (Rekalibrierung), da die Verfahrensweisen einer ständigen Veränderung und Verbesserung unterliegen.

- Reifephase (Perfektionierung)

  Die Rekalibrierung und schließlich permanente Durchführung des Benchmarkings ermöglicht es, die in dynamischen Märkten ständig entstehenden, neuen und weiter verbesserten Verfahren zu identifizieren und sich mit den neuen Klassenbesten zu vergleichen. Auf diese Weise wird es nicht nur möglich, selbst Klassenbester zu sein, sondern der Benchmarking-Prozeß wird bis zu seiner Perfektionierung beherrscht. Durch diese vollständige Integration in die (Geschäfts-)Prozesse wird Benchmarking zu einem fortwährenden, sich selbst initiierenden Bestandteil des Unternehmensführungsprozesses.

Einschränkend ist jedoch festzuhalten, daß die lernende Umsetzung der Benchmarking-Ergebnisse zunächst eher vergangenheitsorientiert ist. Hier kommt der Abschätzung von zukünftigen Entwicklungen, wie sie in der Analysephase vorgenommen werden kann, eine besondere, eventuell sogar kompensierende Bedeutung zu [Burckhardt 93]. Grundsätzlich fraglich ist die sichere Identifikation eines Klassenbesten. Dies kann immer nur ein Herantasten an relativ gute Unternehmen sein. Die Unsicherheit über die absolute Güte bzw. das tatsächliche Leistungsniveau bleibt bestehen. Um diesen Umstand nach Möglichkeit auszugleichen, ist es sinnvoll, sich mit mehreren Benchmarking-Partnern zu vergleichen [Pieske 94].

Unter der Voraussetzung einer selbstkritischen Betrachtung der Produkte, Prozesse und Leistungen ermöglicht Benchmarking jedoch insgesamt erfolgversprechende Veränderungen innerhalb eines Unternehmens. Durch permanentes Lernen von anderen wird die Wettbewerbsfähigkeit gesteigert und die Ständige Verbesserung gefördert (vgl. **Ständige Verbesserung**).

Literaturhinweise zur Vertiefung

Camp, R. C.:
Benchmarking.
Milwaukee/Wisc./USA: ASQC Quality Press 1989.
(Dt. Ausgabe: München: Carl Hanser Verlag 1994.)

Spendolini, M. J.:
The Benchmarking Book.
New York/NY/USA: Amacom 1992.

Watson, G. H.:
Benchmarking - Vom Besten lernen.
Landsberg/Lech: Verlag Moderne Industrie 1993.

Siebert, G.; Kempf, S.:
Benchmarking.
In: Kamiske, G. F. (Hrsg.): Reihe PocketPower.
München: Carl Hanser Verlag 1998.

Berliner TQM-Umsetzungsmodell

Das Berliner TQM-Umsetzungsmodell (Kurzform: Berliner TQM-Modell) bietet in einem modularen Aufbau direkte Handlungsempfehlungen für die Einführung, Realisierung und Stabilisierung von Total Quality Management im Unternehmen (vgl. **Total Quality Management**).

Das Umsetzungsmodell wurde vom Bereich Qualitätswissenschaft der Technischen Universität Berlin entwickelt und basiert auf dem Kriterienmodell der European Foundation for Quality Management (EFQM), das für die Verleihung des European Quality Award (EQA) zugrunde gelegt wird (vgl. **Qualitätsauszeichnungen, European Quality Award**). Zu jedem Kriterium des EFQM-Modells sind im Berliner TQM-Modell mehrere Module definiert, mit denen die der Bewertung dienenden Kriterien mit praktischen Maßnahmen hinterlegt werden [Radtke 97]. Dies verdeutlicht die graphische Darstellung des Berliner TQM-Modells, die von innen nach außen gelesen wird und einen Gesamtüberblick der einzelnen Module vermittelt (vgl. Bild 3).

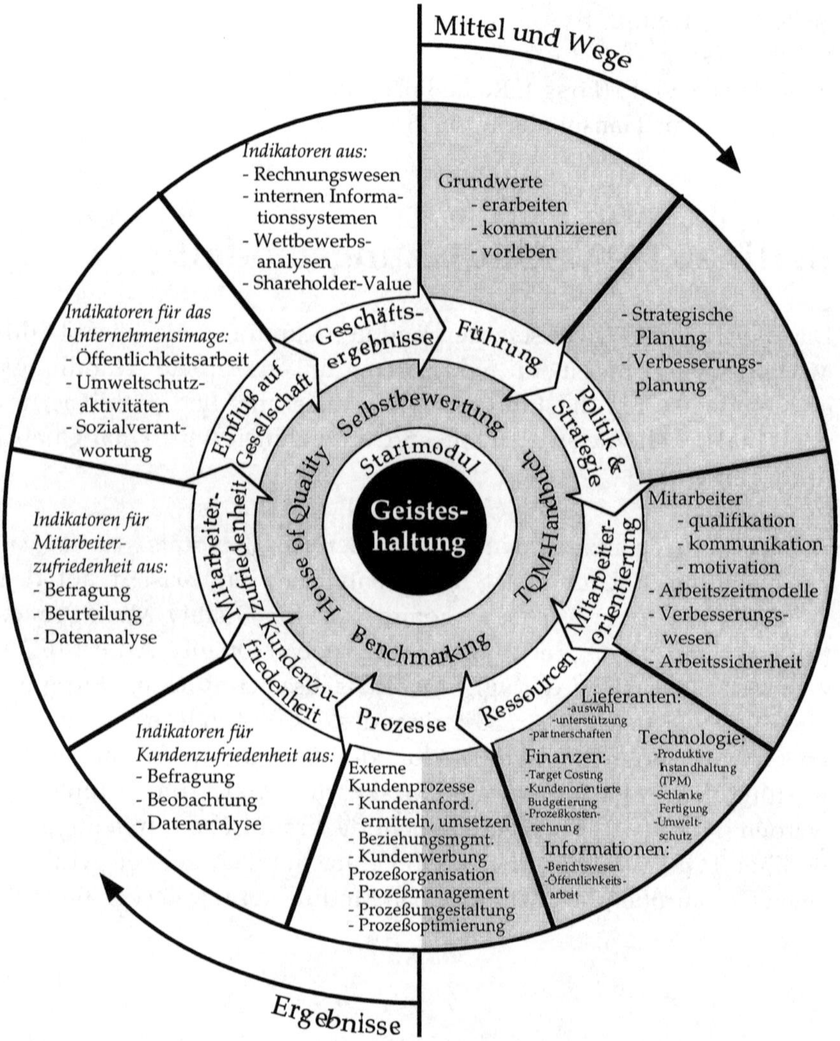

Bild 3: Das modulare Berliner TQM-Umsetzungsmodell

Die TQM-Einführung beginnt mit der Meinungsbildung auf der Basis der sich entwickelnden Geisteshaltung, um eine fundierte Entscheidung zur Einführung von TQM treffen zu können. Insbesondere die Führungskräfte des Unternehmens müssen in diesem frühen Stadium von der Notwendigkeit überzeugt und zu einem Bewußtseinswandel bereit sein. Ist die Entscheidung für TQM gefallen, so wird zunächst ein Startmodul durchlaufen mit folgenden Inhalten:

- Vermittlung der Grundeinstellung,
- Diskussion fördernder und hemmender Faktoren,
- Ausarbeitung einer unternehmensspezifischen Zielsetzung,
- Gründung eines Steuerkreises.

Zur Standort- und Positionsbestimmung schließt sich eine Selbstbewertung (Self-Assessment) des Unternehmens an (vgl. **Selbstbewertung**). Diese kann noch durch ein Benchmarking unterstützt werden (vgl. **Benchmarking**). Dieser Vergleich mit Wettbewerbern hilft, eine klare Zielvorstellung für den Ablauf der TQM-Einführung zu erhalten.

Eine besondere Bedeutung kommt der folgenden Auswahl der Module zu. Mit Hilfe eines House of Quality (HoQ), des Instrumentes des Quality Function Deployment (QFD), können Prioritäten unter den Modulen gebildet werden, die sich nach den Ergebnissen der Selbstbewertung richten (vgl. **Quality Function Deployment**). Die TQM-Umsetzung wird somit planbar, da nicht nur die ersten Maßnahmen festgelegt werden, sondern auch die Folgeschritte ausgewählt werden können und in ihrem zeitlichen Ablauf, z.B. in einem Netzplan, darstellbar sind. Nachdem die Arbeitspakete der Module bearbeitet wurden, erfolgt zur Stabilisierung und zur besseren Integration in die Tagesarbeit die Dokumentation der Ergebnisse in einem TQM-Handbuch. Der Ablauf der TQM-Einführung bildet dabei einen kontinuierlichen Kreislauf, da in regelmäßigen Abständen eine erneute Selbstbewertung durchgeführt wird.

Im Rahmen des Berliner TQM-Modells wird ein Modul als ein inhaltlich abgegrenztes Teilgebiet auf dem Weg zu TQM bestimmt. Es besitzt keinen zeitlichen Endtermin und steht mit anderen Modulen in mehr oder weniger starken Wechselbeziehungen. Das Berliner TQM-Umsetzungsmodell ist jederzeit um weitere Module erweiterbar und somit offen für unternehmensindividuelle Lösungen.

Das Berliner TQM-Modell definiert Module als operative Einheiten, die nach folgenden Merkmalen bestimmt sind:

- Modulinhalt

  zur thematischen Abgrenzung,

- Modulzweck

  zur Nutzenbestimmung unter Berücksichtigung der Wirtschaftlichkeit der jeweiligen Maßnahmen und ihres Beitrages zur Zielerreichung,

- Vorgehensweise

  mit Hilfen und Anregungen in Form von Arbeitspaketen.

Module und Arbeitspakete bilden somit auf der Basis der Kriterien des EFQM-Modells den operativen Schwerpunkt des Berliner TQM-Modells.

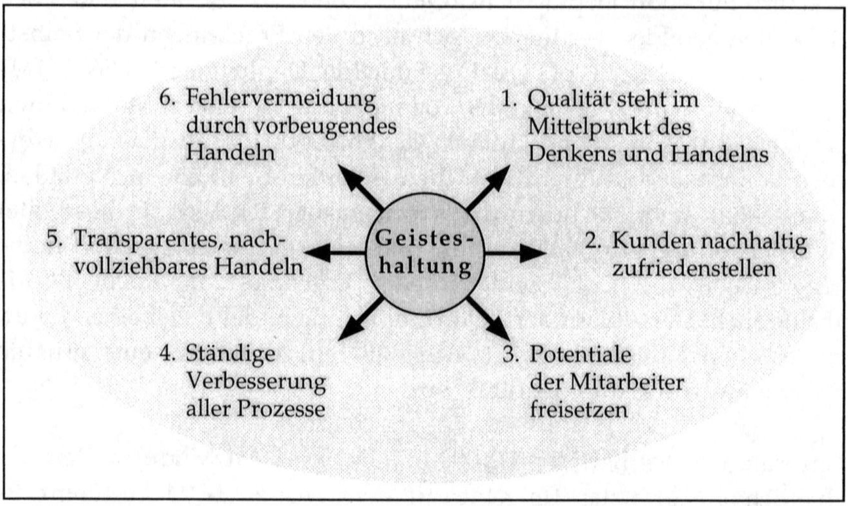

Bild 4: Dimensionen der Geisteshaltung zu TQM

Im Zentrum des Berliner TQM-Modells steht die Geisteshaltung, verstanden als die Grundeinstellung im Sinne einer grundlegenden stabilen Disposition oder Bereitschaft, TQM in positiver Weise zu bewerten und umzusetzen (Handlungskomponente). Diese muß von allen Mitgliedern der Organisation - allen voran den Führungskräften - verinnerlicht und gelebt werden. Die stabile Grundeinstellung, durch die alle Module zusammengehalten werden, drückt sich durch die in Wechselbeziehung zueinander stehenden sechs Aspekte bzw. Dimensionen aus (vgl. Bild 4):

- Qualität steht im Mittelpunkt des Denkens und Handelns

  Die Sichtweise, daß Qualität im Mittelpunkt aller geschäftlichen Tätigkeiten steht, muß im Denken und Handeln aller Mitarbeiter im Unternehmen verankert sein. Produktivität muß als logische Folge von Qualität angesehen werden. Das magische Dreieck aus Qualität, Zeit und Kosten wird zugunsten des mehrdimensionalen Qualitätsbegriffs aufgelöst (vgl. **Qualität/Qualitätsbegriff**). Qualität bezieht sich dabei auf das Erreichen aller geschäftlichen Ziele.

- Kunden nachhaltig zufriedenstellen

  Alle Mitarbeiter der Organisation müssen in internen und externen Kunden- und Lieferanten-Beziehungen denken und auch handeln. Wertschöpfung findet nur dort statt, wo Nutzen für den Kunden entsteht oder erhöht wird. Daher müssen alle Prozesse des Unternehmens auf die Erzielung von Kundennutzen ausgerichtet werden (vgl. **Kundenorientierung**).

- Potentiale der Mitarbeiter freisetzen

  Die Mitarbeiter benötigen gemeinsame Zielvereinbarungen mit dem Management, um ihre Arbeit ordnungsgemäß ausführen zu können. Darüber hinaus müssen geistige Potentiale gefördert und genutzt werden. In Verbindung mit erhöhter Eigenverantwortlichkeit der Mitarbeiter gewinnt das Unternehmen an innerer Kraft. Auch wird dadurch die Motivation der Mitarbeiter erhöht und die Abwesenheit gesenkt (vgl. **Mitarbeiterorientierung**).

- Ständige Verbesserung durch das PDCA-Prinzip

  Alle Prozesse und Tätigkeiten im gesamten Unternehmen müssen einer ständigen Verbesserung unterzogen werden. Dabei ist zunächst mit dem Lösen der täglichen Probleme zu beginnen, Weitere Schritte sind die Verbesserung der Prozesse und schließlich die Optimierung des gesamten Systems. Dabei muß durch ständige Anwendung des PDCA-Prinzips (Plan-Do-Check-Act) nach W. Edwards Deming aus vorherigen Fehlern gelernt werden (vgl. **Deming, Ständige Verbesserung**).

- Transparentes, nachvollziehbares Handeln

  Durch ein verständliches und systematisches Handeln sollen Entscheidungen rational erfolgen und nachvollziehbar und transparent gemacht werden. Für Entscheidungen müssen die nötigen Informationen und Daten als Entscheidungsgrundlage zur Verfügung stehen. Dies ist eine Voraussetzung für die ständige Verbesserung im Sinne des PDCA-Zyklus.

- Vorbeugendes Handeln zur Fehlervermeidung

  Das Lösen von täglichen Problemen erfordert einen hohen Zeitaufwand. Werden dagegen Probleme von vornherein vermieden, so können erhebliche Zeiteinsparungen realisiert werden.

Die Potentiale von TQM können nur durch die verstärkte Einbeziehung der Mitarbeiter gehoben werden. Zielorientiert und zugleich partizipativ führen zu können, ist die hohe Kunst eines erfolgreichen Coaches. Mitarbeiter auch der operativen Ebene dürfen ihre Kreativität einbringen. Mitdenken und Mitgestalten bietet einerseits mehr Erfüllung, andererseits wird das Arbeitsleben weniger bequem, denn ständige Verbesserung bedeutet auch ständige Veränderung.

Literaturhinweise zur Vertiefung

Kamiske, G. F. (Hrsg.):
Rentabel durch TQM.
Berlin: Springer-Verlag 1996.

Hummel, Th.; Malorny, Chr.:
Total Quality Management.
In: Kamiske, G. F. (Hrsg.): Reihe PocketPower.
2. Aufl., München: Carl Hanser Verlag 1997.

Kamiske, G. F. (Hrsg.):
Der Weg zur Spitze. Mit TQM zur Business Excellence - Leitfaden zur Umsetzung.
München: Carl Hanser Verlag 1998.

Beschwerdemanagement

Im Zusammenhang mit der Ausrichtung an den Wünschen und Anforderungen der Kunden (Kundenorientierung) können unter Beschwerdemanagement die Planung, Durchführung und Kontrolle aller Maßnahmen verstanden werden, die ein Unternehmen im Zusammenhang mit Beschwerden ergreift [Wimmer 85, Stauss/Seidel 96] (vgl. **Kundenorientierung**).

Beschwerden können im weitesten Sinne als Artikulationen von Unzufriedenheit gegenüber einem Unternehmen oder Dritten aufgefaßt werden. Zweck von Beschwerden ist es, auf ein subjektiv als schädigend empfundenes Verhalten eines Anbieters aufmerksam zu machen, Wiedergutmachung für erlittene Beeinträchtigung zu erreichen und/oder eine Änderung des kritisierten Verhaltens zu bewirken [Stauss 89].

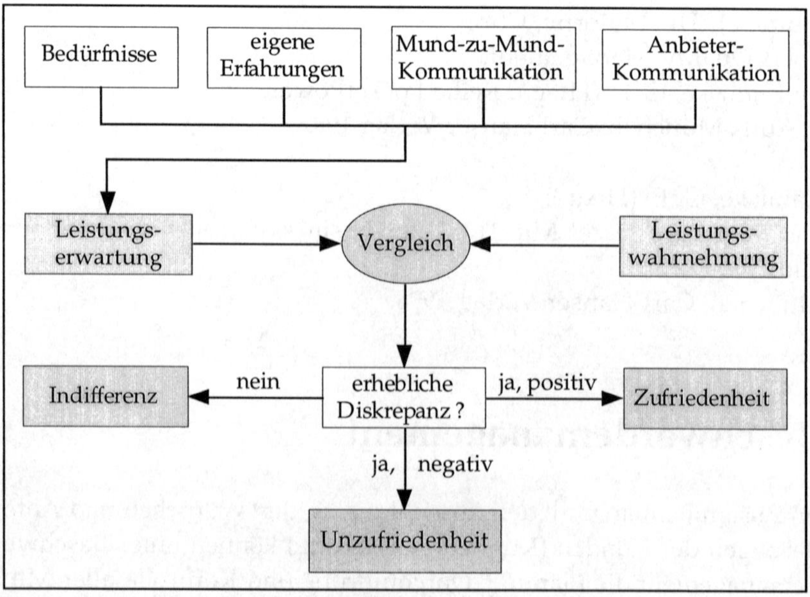

Bild 5: Unzufriedenheit als Diskrepanz zwischen erwarteter und erlebter Leistung

Unzufriedenheit als Ursache für Beschwerden wird in der Regel, wie auch Zufriedenheit, als Folge einer wahrgenommenen Diskrepanz zwischen erwarteter und erlebter Leistung beschrieben [Oliver 80, Hill 86]. Demnach entwickeln Kunden gegenüber Marktangeboten bestimmte Erwartungen, die in Abhängigkeit von den jeweiligen Bedürfnissen stehen und auch von den bisherigen Erfahrungen beeinflußt werden. Im Prozeß des Gebrauchs von Produkten bzw. der Nutzung von Dienstleistungen nimmt der Kunde die tatsächliche Leistung wahr und vergleicht diese mit seinen Erwartungen. Tritt hier eine erhebliche negative Diskrepanz auf, entsteht Unzufriedenheit (vgl. Bild 5) [Stauss/Seidel 96].

Ziel des Beschwerdemanagements ist es, die Kundenzufriedenheit wiederherzustellen und damit die negativen Auswirkungen von Kundenunzufriedenheit auf das Unternehmen zu senken. Gleichzeitig sollen die in Beschwerden enthaltenen Hinweise auf betriebliche Schwächen identifiziert und als Verbesserungspotential genutzt werden (vgl. **Ständige Verbesserung**). Dies führt auch zur Einsparung von Kosten, indem aufgetretene Fehler, die Anlaß zu Beschwerden gegeben haben, zukünftig vermieden werden können.

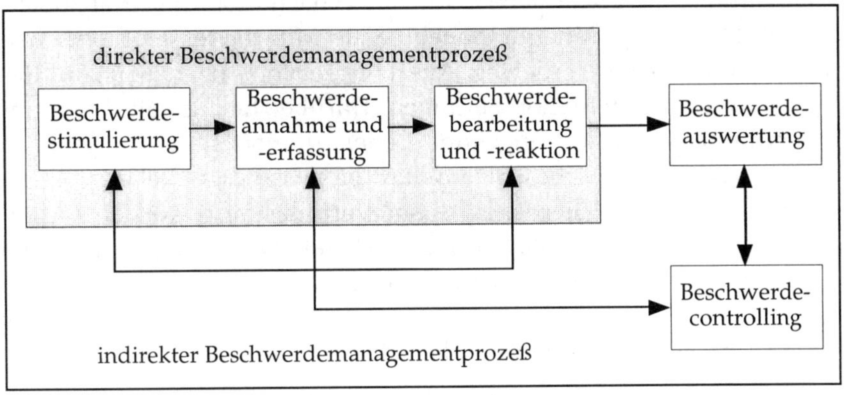

Bild 6: Beschwerdemanagementprozeß

Zur Erreichung dieser Zielsetzung unterteilt sich der Gesamtprozeß des Beschwerdemanagements in einen direkten und einen indirekten Teilprozeß (vgl. Bild 6) [Stauss/Seidel 96]. Am direkten Beschwerdemanagementprozeß ist der Kunde unmittelbar beteiligt. Primäres Ziel ist es, die Unzufriedenheit zu beseitigen, indem folgende Aufgaben wahrgenommen werden:

- Beschwerdestimulierung

  Unzufriedene Kunden sollen dazu bewegt werden, die von ihnen wahrgenommenen Probleme gegenüber dem Unternehmen zu äußern. Es sind also Maßnahmen zu treffen, damit die Beschwerde persönlich-mündlich, telefonisch oder schriftlich von einer zuständigen Person oder Stelle entgegengenommen werden kann. Weiterhin müssen diese Beschwerdewege in geeigneter Form kommuniziert werden, damit unzufriedene Kunden das Unternehmen erreichen und ihre Beschwerde unterbreiten. Vermieden werden soll die „Abstimmung mit den Füßen", d.h., der Kunde wechselt stillschweigend zu einem anderen Hersteller oder Anbieter.

- Beschwerdeannahme und -erfassung

  Nachdem der Kunde seine Beschwerde mitgeteilt hat, ist es Aufgabe des Beschwerdemanagements, die Unzufriedenheit in der unmittelbaren Reaktion (Erstkontakt) nach Möglichkeit abzubauen. Der die Beschwerde annehmende Mitarbeiter muß über den weiteren Beschwerdeweg Auskunft geben können und zur Beruhigung der Situation beitragen. Darüber hinaus sollte eine unmittelbare Lösung angestrebt oder zumindest die verläßliche Weiterleitung der Beschwerde an die zuständige Stelle gewährleistet werden. Hierbei ist es sinnvoll, das vom Kunden vorgebrachte Problem vollständig und strukturiert aufzunehmen, um so die spätere Bearbeitung zu erleichtern.

- Beschwerdebearbeitung und -reaktion

  Die Beschwerdebearbeitung ist vor allem ein unternehmensinterner Prozeß, der neben der Lösung des Problems als solches auch die Festlegung von Verantwortlichen, von Bearbeitungsterminen sowie von Mechanismen zur Terminüberwachung beinhaltet. Die Fortschritte bei der eigentlichen Bearbeitung müssen jedoch dem beschwerdeführenden Kunden als Reaktion des Unternehmens kommuniziert werden. Hier ist festzulegen, welche Rückmeldungen (z.B. Eingangsbestätigung und/oder Zwischenbescheid) in welcher Form (persönlich-mündlich, telefonisch oder schriftlich) gegeben werden soll. Ebenso ist zu klären, in welchen Zeiträumen diese Beschwerdereaktion zu erfolgen hat.

Mit der Lösung des Problems und der kurzfristigen Rückmeldung an den Kunden ist der direkte Teil des Beschwerdemanagementprozesses abgeschlossen. Darüber hinaus gibt es weitere Teilaufgaben, die sich gegenüber Kunden erst nach weiteren Planungs-, Entscheidungs- und Handlungsabläufen auswirken. An diesem indirekten Teilprozeß des Beschwerdemanagements ist der Kunde nur mittelbar beteiligt. Das Ziel besteht darin, die Beschwerdeinformationen für den kontinuierlichen Verbesserungsprozeß zu nutzen (vgl. **Ständige Verbesserung**):

- Beschwerdeauswertung

  Jede erste Beschwerde zu einem Kriterium ist möglicherweise ein Frühindikator und sollte sehr ernst genommen werden. Mitunter stellen Beschwerden auch statistische Größen dar. Dann erfolgt die Auswertung eingegangener Kundenbeschwerden zunächst quantitativ. Dabei werden neben Umfang und Verteilung des Beschwerdeaufkommens auch mögliche Schwerpunkte bei den von Kunden wahrgenommenen Problemen ermittelt. Im Rahmen der qualitativen Beschwerdeauswertung wird eine systematische Ursachenanalyse betrieben, um auf dieser Basis Maßnahmen zur gezielten Verbesserung sowie zur vorbeugenden Fehlervermeidung ergreifen zu können.

- Beschwerdemanagement-Controlling

  Um die Wirkung sowie den Nutzen des Beschwerdemanagements zu überprüfen, lassen sich Leistungsindikatoren wie Geschwindigkeit der Beschwerdebearbeitung festlegen oder Beschwerdezufriedenheitsbefragungen durchführen. Das Verhältnis von Kosten und Nutzen eines Beschwerdemanagements sollte regelmäßig einer kritischen Betrachtung unterzogen werden. Hier ist jedoch Vorsicht geboten, da sich der Grad der Zufriedenheit von Kunden weitgehend der betriebswirtschaftlichen Rechnung entzieht [Deming 86].

Im Zuge von umfassenden Managementansätzen wie Total Quality Management sind viele Unternehmen richtigerweise von einer nachträglichen Kontrolle und Korrektur zu einer vorbeugenden Fehlervermeidung übergegangen. Die Zielsetzung von hoher Qualität und „Null-Fehler" ist vor diesem Hintergrund richtig und erstrebenswert. Jedoch darf daraus nicht die Schlußfolgerung abgeleitet werden, daß Beschwerden unangebrachte Kritik an der Unternehmensleistung wären. Letztlich zählt die Beurteilung durch den Kunden mehr als die Übereinstimmung mit technischen Standards. Aus diesem Grunde haben auch Beschwerden eine besondere Bedeutung, weil sie Hinweise auf Verbesserungspotential aus Kundensicht liefern.

Literaturhinweise zur Vertiefung

Stauss, B.; Seidel, W.:
Beschwerdemanagement.
München: Carl Hanser Verlag 1996.

Bellabarba, A.; Radtke, Ph.; Wilmes, D.:
Management von Kundenbeziehungen.
In: Kamiske, G. F. (Hrsg.): Reihe PocketPower.
München: Carl Hanser Verlag 1998.

CE-Kennzeichnung

Die CE-Kennzeichnung ist ein Konformitätszeichen für Erzeugnisse, die den technischen Harmonisierungsrichtlinien der Europäischen Union (Europäische Gemeinschaft) gerecht werden und dadurch im europäischen Binnenmarkt in den Verkehr gebracht werden dürfen. Ein Hersteller, dessen Erzeugnisse der Kennzeichnungspflicht unterliegen, erklärt mit der Anbringen der CE-Kennzeichnung gegenüber der Gewerbeaufsicht die Konformität mit allen für sein Produkt gültigen Vorschriften, insbesondere mit den bisher erlassenen CE-Kennzeichnungs-Richtlinien.

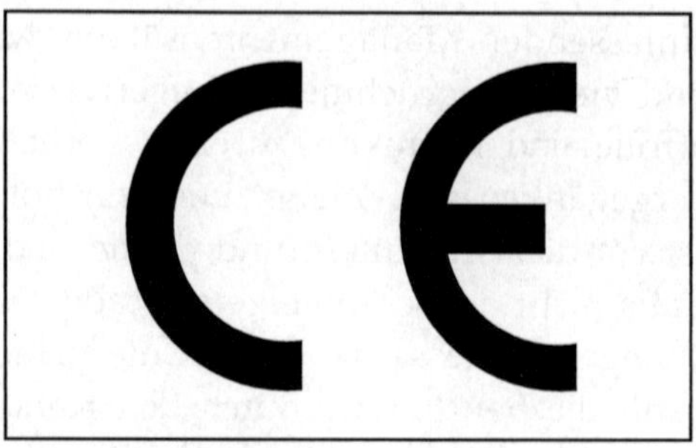

Bild 7: Schriftbild der CE-Kennzeichnung

Die Abkürzung CE steht dabei für „Communauté Européenne" (Europäische Gemeinschaft) und wird auch als Symbol zur Aufbringung auf die Erzeugnisse verwendet (vgl. Bild 7) [EG 90]. Die CE-Kennzeichnung erfüllt damit die Funktion eines EG-Freihandelszeichens, das den Behörden die Marktüberwachung erleichtern soll und Erzeugnisse ausweist, die den gemeinsamen Regeln entsprechen und die erforderlichen Prüfungen bestanden haben. Zu den Waren, die bereits kennzeichnungspflichtig sind, zählen u.a. einfache Druckbehälter, Spielzeug, Maschinen, Bauprodukte und Telekommunikationsendgeräte.

In den Harmonisierungsrichtlinien der Europäischen Union (Europäische Gemeinschaft) sind für alle Mitgliedsstaaten einheitliche Anforderungen an bestimmte Produktgruppen vereinbart. Diese Anforderungen beschreiben grundlegende Schutzziele für den Benutzer und Verbraucher hinsichtlich der technischen Sicherheit, des Gesundheits- sowie des Arbeits- und Umweltschutzes [Berghaus 93]. Weiterhin ist in den Richtlinien geregelt, welche Verfahren anzuwenden sind, um die Übereinstimmung der Produktmerkmale mit den vorgeschriebenen Anforderungen nachzuweisen. Dieser Vorgang wird Konformitätsbewertung genannt.

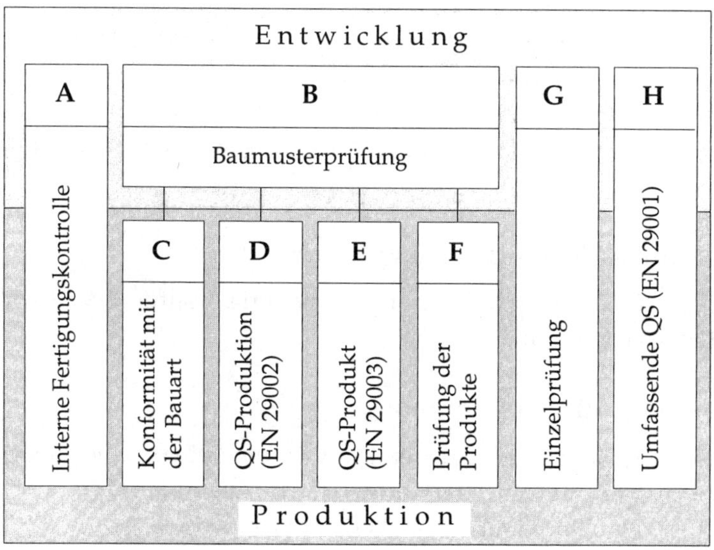

Bild 8: Konformitätsbewertungsverfahren (Modulsystem)

Die Verfahren zur Konformitätsbewertung sind in ein System von Prüfbausteinen unterteilt, die als Module bezeichnet werden (vgl. Bild 8) [EG 90]. Die Anforderungen der Module bewegen sich von einer einfachen Konformitätserklärung des Herstellers bis zu einem umfassenden, zugelassenen (zertifizierten) Qualitätsmanagementsystem (vgl. **Qualitätsmanagementsystem**). Welche der Module für den einzelnen Hersteller zutreffen, ist in den jeweiligen Richtlinien festgelegt und richtet sich u.a. nach der Produktart und den von dem Produkt ausgehenden Gefährdungen. Der Hersteller hat die Wahlmöglichkeit zwischen mehreren Modulen, um so auch ohne Vorhandensein eines Qualitätsmanagementsystems arbeiten zu können.

In der Regel muß ein Produkt sowohl in der Entwicklungs- als auch in der Produktionsphase auf Konformität überprüft werden. Für einfache Produkte mit geringen Sicherheitsanforderungen reicht die Erklärung des Herstellers aus, damit dieser die CE-Kennzeichnung anbringen darf (Modul A). Bei komplexen Erzeugnissen mit höheren Schutz- und Sicherheitsanforderungen muß eine der Europäischen Gemeinschaft gemeldete Prüfstelle (akkreditierte Zertifizierungsstelle) eingeschaltet werden (Module B bis H). Diese prüft die Konformitätserklärung des Herstellers und begutachtet das in den Modulen D, E und H geforderte Qualitätsmanagementsystem. Bei den Modulen F und G, die kein zertifiziertes Qualitätsmanagementsystem voraussetzen, stellt die Prüfstelle eine Konformitätsbescheinigung aus. Die Inhalte der Module im einzelnen werden nachfolgend kurz skizziert [Berghaus 93]:

- Modul A (Interne Fertigungskontrolle)

  Der Hersteller gibt ohne Hinzuziehung Dritter eine Konformitätserklärung ab.

- Modul B (Baumusterprüfung)

  Der Hersteller läßt in der Entwicklungsphase eine Baumusterprüfung von einer anerkannten Prüfstelle durchführen. Die Module C bis F müssen zusätzlich angewendet werden.

- Modul C (Konformität mit der Bauart)

  Der Hersteller gibt aufgrund der Baumusterprüfung eine Konformitätserklärung ab.

- Modul D (Qualitätssicherung Produktion)

  Der Hersteller gibt aufgrund der Baumusterprüfung eine Konformitätserklärung ab und unterhält ein zertifiziertes Qualitätsmanagementsystem für Produktion und Prüfung gemäß EN 29002 (DIN EN ISO 9002).

- Modul E (Qualitätssicherung Produkte)

  Der Hersteller gibt aufgrund der Baumusterprüfung eine Konformitätserklärung ab und unterhält ein zertifiziertes Qualitätsmanagementsystem für Überwachung und Prüfung gemäß DIN EN ISO 9003.

- Modul F (Prüfung bei Produkten)

  Der Hersteller läßt sein Produkt nach erfolgter Baumusterprüfung noch einer Typprüfung am fertigen Erzeugnis unterziehen.

- Modul G (Einzelprüfung)

  Der Hersteller läßt sein Produkt einer Typprüfung am fertigen Erzeugnis unterziehen.

- Modul H (Umfassende Qualitätssicherung)

  Der Hersteller erklärt die Konformität auf der Basis eines umfassenden Qualitätsmanagementsystems für Entwicklung, Produktion und Prüfung gemäß DIN EN ISO 9001.

Da ein zertifiziertes Qualitätsmanagementsystem bei mehreren Modulen vorgeschrieben ist, kommt einer qualitätsgeführten Entwicklung und Produktion einige Bedeutung zu. Dennoch ist die CE-Kennzeichnung in erster Linie ein Behördenzeichen, das Richtlinienkonformität bescheinigt. Obwohl es vielfach durch den Verbraucher so angesehen wird, ist die CE-Kennzeichnung kein Qualitäts- oder Sicherheitszeichen [Berghaus 93].

Literaturhinweise zur Vertiefung

Hansen, W. (Hrsg.):
Zertifizierung und Akkreditierung von Produkten und Leistungen der Wirtschaft.
München: Carl Hanser Verlag 1993.

Berghaus, H.; Langner, D.:
Das CE-Zeichen.
München: Carl Hanser Verlag 1994.

Hahn, H. P.:
CE-Kennzeichnung leicht gemacht.
München: Carl Hanser Verlag 1995.

Company-Wide Quality Control (CWQC)

Company-Wide Quality Control umfaßt alle qualitätsrelevanten Aktivitäten innerhalb eines Unternehmens, wobei sämtliche Mitarbeiter auf allen Hierarchieebenen einbezogen werden. Alle Tätigkeiten im Produktentstehungsprozeß haben dabei die Erfüllung der Kundenanforderungen zum Ziel.

Der Japaner Ishikawa stellte dieses mitarbeiterorientierte Konzept für die unternehmensweite Qualitätsarbeit vor, welches er aufbauend auf den Arbeiten von Deming, Juran und besonders Feigenbaum sowie seinen eigenen Erfahrungen entwickelt hatte (vgl. **Deming, Feigenbaum, Ishikawa, Juran**). Wegen der starken Anlehnung an das von Feigenbaum aufgestellte, eher von amerikanischen Vorstellungen geprägte Total Quality Control-Konzept (TQC) wurde Ishikawas Ansatz zunächst unter dem gleichen Namen als japanische Ausprägung bekannt [Ishikawa 89] (vgl. **Total Quality Control**). Zwischen diesen beiden Konzepten bestehen jedoch einige nicht zu vernachlässigende Unterschiede, die schließlich dazu führten, daß 1968 der japanische

Ansatz von Ishikawa zur besseren Unterscheidung als Company-Wide Quality Control (CWQC) bezeichnet wurde.

Die dem Company-Wide Quality Control-Konzept zugrunde liegende Qualitätsphilosophie von Ishikawa läßt sich zu den folgenden Kernaussagen verdichten [Zink/Schildknecht 89]:

- Qualität ist wichtiger als kurzfristiger Gewinn.
- Kundenorientierung der Qualitätspolitik im gesamten Produktentstehungsprozeß (vgl. **Kundenorientierung**).
- Aufbau von Kunden-Lieferanten-Beziehungen im gesamten Unternehmen.
- Verwendung von Daten und Fakten mit Hilfe statistischer Methoden (vgl. **Statistische Prozeßregelung**).
- Berücksichtigung von humanitären und sozialen Gesichtspunkten.
- Einbeziehung und Mitwirkung sämtlicher Mitarbeiter, vom Management bis zur ausführenden Ebene (vgl. **Mitarbeiterorientierung**).
- Einführung von Qualitätszirkeln auf allen Hierarchieebenen (vgl. **Qualitätszirkel**).

Ishikawa sieht den wichtigsten Unterschied zwischen dem japanischen Company-Wide Quality Control und dem amerikanischen Total Quality Control darin, daß in Japan bei der Einführung eines solchen unternehmensweiten Qualitätskonzeptes eine Teilnahme sämtlicher Mitarbeiter des jeweiligen Unternehmens vorliegt [Ishikawa 89]. Von besonderer Bedeutung ist außerdem, daß die Qualitätsaufgaben nicht nur von einer speziellen Abteilung wahrgenommen werden sollen, sondern jeder Mitarbeiter im Rahmen seiner Möglichkeiten dafür zuständig und verantwortlich ist [Ishikawa 82] (vgl. **Mitarbeiterorientierung**). Weitere Unterschiede liegen in der gezielten Anwendung von Qualitätszirkeln auf allen Hierarchieebenen, der Betrachtung des jeweils nachfolgenden Arbeitsprozesses als Kunde und dem umfangreichen Einsatz von Schulungsprogrammen im Rahmen von Company-Wide Quality Control [Zink/Schildknecht 89] (vgl. **Qualitätszirkel**).

In diesem Sinne kann man also Company-Wide Quality Control nach Ishikawa als eine Weiterentwicklung des Total Quality Control-Ansatzes von Feigenbaum betrachten. In letzter Zeit wird ein neues Qualitätskonzept für das gesamte Unternehmen verstärkt diskutiert und setzt sich immer mehr durch, welches wiederum die Elemente von Company-Wide Quality Control integriert und darüber hinaus geht. Dieses neue Konzept wird als Total Quality Management (TQM) bezeichnet und beinhaltet neben der konsequenten Anwendung der Methoden des Quality Engineering besonders die Einbeziehung der Qualität in die obersten Unternehmensziele (vgl. **Total Quality Management, Simultaneous Engineering und Quality Engineering**).

Die synonyme Verwendung von Company-Wide Quality Control und Total Quality Control erscheint aufgrund der vorstehenden Ausführungen nicht angebracht.

Literaturhinweise zur Vertiefung

Ishikawa, K.:
What is Total Quality Control? The Japanese Way.
Englewood Cliffs/NJ/USA: Prentice Hall 1985.

Ishikawa, K.:
Guide to Quality Control.
Tokyo/Japan: Asian Productivity Organization 1980.

Computer Aided Quality Assurance (CAQ)

Unter Computer Aided Quality Assurance versteht man die EDV-unterstützte Planung und Durchführung von qualitätsbezogenen Maßnahmen im Unternehmen. Dabei wird der gesamte Produktentstehungsprozeß begleitet, womit alle direkten und indirekten Produktionsbereiche einbezogen sind.

Dabei ist jedoch im engeren Sinne zu differenzieren zwischen der Installation einzelner CAQ-Funktionen und einem kompletten CAQ-System. Die Rechnerunterstützung isolierter Qualitätsfunktionen ohne informationstechnische Anbindung an andere Funktionen im Bereich der Qualität führt zu Insellösungen, deren Effektivität hinter den bestehenden Möglichkeiten zurückbleibt. Auf diese Weise werden verstreute Qualitäts-Informationssysteme geschaffen, die lediglich die Aufgaben einer rechnerunterstützten Informationsbeschaffung, -verarbeitung und -bereitstellung von relevanten Daten aus bestimmten Teilbereichen erfüllen können. Es fehlt hier an der Vollständigkeit einer aufbau- und ablauforganisatorischen Gestaltung zur Verknüpfung der einzelnen Funktionen im Hinblick auf ein rechnergestütztes Qualitätsmanagementsystem (vgl. **Qualitätsmanagementsystem**). Demnach schafft erst die organisatorische und datenmäßige Verbindung verschiedener CAQ-Funktionen ein ganzheitliches CAQ-System [Ritscher 88].

Mögliche Funktionen bzw. Komponenten eines CAQ-Systems werden im folgenden kurz aufgeführt, die jeweiligen Aufgaben sind stichwortartig umrissen:

- Prüfplanung

  Stammprüfplanverwaltung, Prüfauftragsplanung und -erstellung, Prüfauftragsverwaltung.

- Qualitätsnachweise

  Wareneingangsprüfung, fertigungsbegleitende Prüfung, Warenausgangsprüfung, Reklamationsbearbeitung.

- Prüfmittelverwaltung

  Prüfmittelplanung, -konstruktion, -bereitstellung, -überwachung, -ersatz.

- Dokumentation

  Zeichnungen, Spezifikationen, Prüfanweisungen, Arbeitsanweisungen, Qualitätsmanagementhandbuch (vgl. **Qualitätsmanagementhandbuch**).

- Statistische Methoden

  Versuchsplanung (Design of Experiments, DoE), Einflußgrößenanalyse, Varianzanalyse, Regressionsanalyse, Sicherheitsbeurteilung, Risikoanalyse, Signifikanzprüfung, Statistische Prozeßregelung (SPR, Statistical Process Control, SPC), Stichprobenmethode (vgl. **Statistische Prozeßregelung, Stichprobenprüfung, Versuchsplanung**).

- Fehlermanagement

  Erkennen und behandeln von aufgetretenen Fehlern in allen Phasen, korrigieren und überwachen von Fehlerursachen, präventive Fehlerverhütung durch Analyse und Planung.

- Qualitätsplanung

  Quality Function Deployment (QFD), Fehlermöglichkeits- und -einflußanalyse (FMEA), Qualitätsmanagementhandbuch, Erfassung der Fehlerkosten (Fehlleistungsaufwand) (vgl. **Quality Function Deployment, Fehlermöglichkeits- und -einflußanalyse, Qualitätsmanagementhandbuch, Fehlleistungsaufwand**).

Im Rahmen von CAQ-Systemen liegen die Qualitätsdaten grundsätzlich in drei Formen vor, deren sorgfältige Trennung eine wichtige Voraussetzung für das Funktionieren des Systems bildet. Dies sind Vorgabedaten (Solldaten im Prüfplan), Prüfdaten (Istdaten durchgeführter Prüfungen) und Ergebnisdaten (bewertete und verdichtete Prüfdaten). Dabei lassen sich CAQ-Systeme in Ebenen aufteilen, zwischen denen der Transfer dieser Informationen und Daten zu organisieren ist. Für den Bereich der Produktion kann diese Einteilung wie folgt aussehen:

1. Planungsebene (Strategische Unternehmensebene) mit Groß-EDV

   Diese Ebene stellt die Verbindung zwischen der Qualitätssicherung und dem CIM-Umfeld her. Sie ist die Schnittstelle zwischen den Vorgabedaten aus der Prüfplanung und den Ergebnisdaten für die Qualitätslenkung. Teilaufgaben sind die Übernahme von

Unternehmensstamm- und Auftragsdaten, die Verwaltung der Prüfpläne und der Qualitätsdatenkataloge, die Speicherung und der Austausch von Ergebnisdaten, die Weitergabe von Kenngrößen zur Qualitätslenkung sowie die Aufbereitung und Verdichtung aller dokumentationspflichtigen Qualitätsdaten und qualitätsrelevanten Informationen zu qualitätsbezogenen Kennzahlen.

2. Steuerungsebene mit mehreren Bereichsrechnern

   Die Steuerungsebene löst alle Aktivitäten zur Durchführung der Qualitätsprüfungen aus, überwacht die Auftragsbearbeitung und koordiniert schließlich die eigentliche Durchführung der Qualitätsprüfungen. Hier werden auftragsfreie, allgemeine Prüfpläne in auftragsbezogene Prüfpläne umgewandelt. Jeder Prüfvorgang muß durch einen individuellen Auftrag gesteuert werden. Alle Daten werden unter Auftragsnummern gespeichert und verwaltet. Die Steuerungsebene wird durch mehrplatzfähige Minicomputer oder durch Rechnernetzwerke mit spezieller CAQ-Software als Bereichsrechner realisiert. Teilaufgaben sind die Erstellung und Pflege der Prüfpläne und der Qualitätsdatenkataloge, die Auswertung der Qualitätsdaten sowie die Erstellung der Qualitätsberichte und Qualitätszeugnisse.

3. Operative Ebene mit einer Vielzahl dezentraler Hard- und Software

   Die auftragsbezogenen Prüfpläne von der Steuerungsebene werden hier als Arbeitsvorgabe der durchzuführenden Qualitätsprüfungen verwendet. Das CAQ-System muß hier aus unterschiedlicher Hardware und prüfspezifischer Software realisiert werden. Ziel der operativen Ebene ist es, Fertigungs- und Montagevorgänge so zu steuern, daß beherrschte Prozesse ohne Nacharbeit oder Ausschuß entstehen.

Hinzu kommt die Wissensebene in der Qualitätsdatenbank, die das gesamte Qualitätswissen des Unternehmens enthält. Vorgabedaten von der Planungsebene werden in der Steuerungsebene auftragsbezogen verändert und an die operative Ebene weitergeleitet. Von unten nach oben, d.h. von der operativen Ebene zur Planungsebene fließen Prüfdaten, die in der Steuerungsebene verdichtet und gespeichert werden, um schließlich als Ergebnisdaten für die Qualitätslenkung Verwendung zu finden.

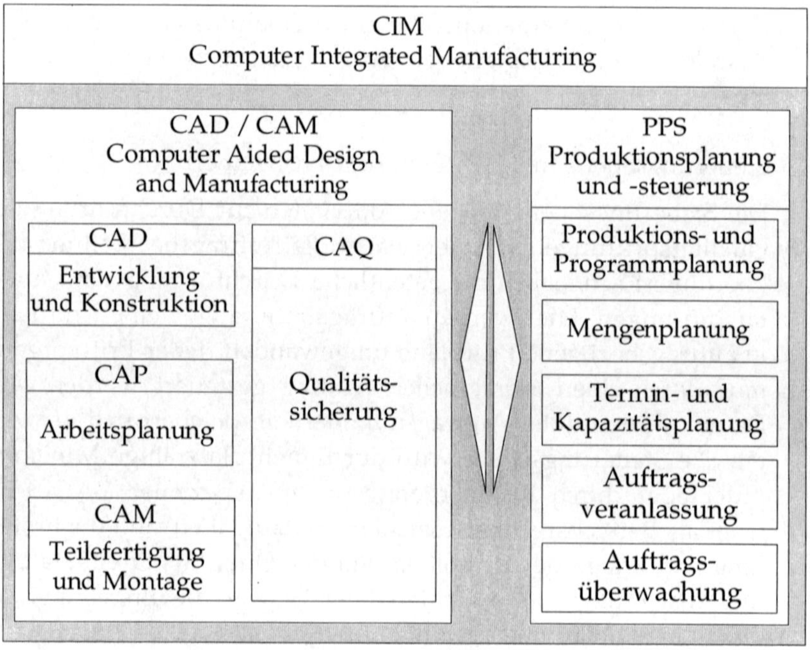

Bild 9: Computer Integrated Manufacturing (CIM)

Computer Aided Quality Assurance gehört zu den CAx-Techniken (vgl. Bild 9) [AWF 85], mit deren Einbindung in eine übergeordnete CIM-Architektur (Computer Integrated Manufacturing) eine kontinuierliche Verbesserung von Produkten und Prozessen angestrebt wird (vgl. **Ständige Verbesserung**). Dabei erlangt die informationstechnische Integration der Einzelfunktionen des gesamten Unternehmens zu einem umfassenden System aus Aufgaben, Daten und Technik eine besondere Bedeutung.

Literaturhinweise zur Vertiefung

DGQ - Deutsche Gesellschaft für Qualität (Hrsg.):
DGQ-Schrift 14-20: Rechnerunterstützung in der Qualitätssicherung (CAQ).
Berlin: Beuth Verlag 1987.

DGQ - Deutsche Gesellschaft für Qualität (Hrsg.):
DGQ-Schrift 14-21: Entscheidungshilfen bei der Auswahl von CAQ-Systemen.
2. Aufl., Berlin: Beuth Verlag 1995.

AWF - Ausschuß für Wirtschaftliche Fertigung (Hrsg.):
Integrierter EDV-Einsatz in der Produktion - Begriffe, Definitionen, Funktionszuordnungen.
Eschborn 1985.

Franke, H.-J.; Pfeifer, T. (Hrsg.):
Qualitätsinformationssysteme.
München: Carl Hanser Verlag 1998.

Demings Management-Programm

Demings Management-Programm ist eine zusammenfassende Bezeichnung für die von W. E. Deming seit den 50er Jahren entwickelte und zunächst in Japan eingeführte Unternehmensphilosophie. Seit den 80er Jahren wird diesen Gedanken auch in den westlichen Industrienationen verstärkte Aufmerksamkeit und Anerkennung zuteil. Viele Positionen, die Deming vertritt, sind für sich genommen weder neu noch unbekannt. In einer Art Synergieeffekt entwickeln sie sich jedoch zu einer, in ihrer Gesamtheit neuen, Qualitätsphilosophie.

Das Management-Programm hat mehrere Bestandteile, die erst alle zusammen ihren umfassenden und das gesamte Unternehmen durchdringenden Charakter entfalten. Diese Philosophie ist auf Qualität und Ständige Verbesserung des Produktionsprozesses ausgerichtet, wobei alle Mitarbeiter des Unternehmens einbezogen werden müssen, von der obersten Geschäftsleitung bis zum Werker/zur Werkerin. Besonders wichtig ist ein klares Bekenntnis des Top-Managements zur Qualität, denn Deming geht davon aus, daß meist radikale Änderungen in der Ausrichtung des Unternehmens nötig sind, die nur von der Spitze aus durchgeführt werden können [Deming 86].

Die Demingsche Qualitätsphilosophie ist durch drei Grundhaltungen geprägt, in deren Vorhandensein die Voraussetzung für eine erfolgreiche Anwendung des gesamten Management-Programms zu sehen ist:

> Jede Aktivität kann als Prozeß aufgefaßt und entsprechend verbessert werden.
>
> Problemlösungen allein genügen nicht, fundamentale Veränderungen sind erforderlich.
>
> Die oberste Unternehmensleitung muß handeln, die Übernahme von Verantwortung ist nicht ausreichend.

Die einzelnen Bestandteile des Management-Programms sind:

- Die 14 Punkte
- Die sieben tödlichen Krankheiten
- Hindernisse und Falsche Starts
- Die Demingsche Reaktionskette
- Das Prinzip der Ständigen Verbesserung - Der Deming-Zyklus

Im folgenden werden die einzelnen Teile kurz erläutert, wobei der Begriff der Ständigen Verbesserung aufgrund seiner besonderen Bedeutung weiter unten gesondert behandelt wird (vgl. **Ständige Verbesserung**).

Demings 14 Punkte

Die 14 Punkte sind das Kernstück von Demings Philosophie, ihr umfassender Gestaltungsgehalt wird bei näherer Betrachtung offenbar. Sie bilden eine Zusammenfassung in Form von Management-Prinzipien, die hier wiedergegeben und stichpunktartig erläutert werden [Deming 86, Kirstein 94a]. Ihre Anwendung scheint auf den ersten Blick nur für die Produktion bestimmt, muß aber im Sinne einer unternehmensweiten Qualitätsphilosophie ausdrücklich auf alle Bereiche ausgedehnt werden, denn: Jede Tätigkeit kann als Prozeß aufgefaßt und entsprechend verbessert werden!

1. Schaffe einen feststehenden Unternehmenszweck (Constancy of Purpose) in Richtung auf eine ständige Verbesserung von Produkt und Dienstleistung.
2. Wende die neue Philosophie an, um wirtschaftliche Stabilität sicherzustellen.
3. Beende Notwendigkeit und Abhängigkeit von Vollkontrollen, um Qualität zu erreichen.
4. Beende die Praxis, Geschäfte auf der Basis des niedrigsten Preises zu machen.
5. Suche ständig nach den Ursachen von Problemen, um alle Systeme von Produktion und Dienstleistung sowie alle anderen Aktivitäten im Unternehmen beständig und immer wieder zu verbessern (Continuous Improvement Process, CIP) (vgl. **Ständige Verbesserung**).
6. Schaffe moderne Methoden des Trainings und des Wiederholtrainings direkt am Arbeitsplatz und für die Arbeitsaufgabe.
7. Setze moderne Führungsmethoden ein, die sich darauf konzentrieren, den Menschen (und Maschinen) zu helfen, ihre Arbeit besser auszuführen.
8. Fördere effektive, gegenseitige Kommunikation sowie andere Mittel, um die Atmosphäre der Furcht innerhalb des gesamten Unternehmens zu beseitigen.
9. Beseitige die Abgrenzung der einzelnen Bereiche voneinander.

10. Beseitige den Gebrauch von Aufrufen, Plakaten und Ermahnungen.
11. Beseitige Leistungsvorgaben, die zahlenmäßige Quoten (Standards) und Ziele für die Werker festlegen.
12. Beseitige alle Hindernisse, die den Werkern und den Vorgesetzten das Recht nehmen, auf ihre Arbeit stolz zu sein.
13. Schaffe ein durchgreifendes Ausbildungsprogramm und ermuntere zur Selbstverbesserung für jeden einzelnen.
14. Definiere deutlich die dauerhafte Verpflichtung des Top-Managements zur ständigen Verbesserung von Qualität und Produktivität.

Die sieben tödlichen Krankheiten

Als die sieben tödlichen Krankheiten bezeichnet Deming solche Verstöße gegen die 14 Punkte, die besonders negative Folgen nach sich ziehen und schließlich zum Scheitern des gesamten Management-Programms führen können.

1. Fehlen eines feststehenden Unternehmenszweckes.
2. Betonung von kurzfristigen Gewinnen.
3. Jährliche Bewertung, Leistungsbeurteilung, persönliches Beurteilungssystem.
4. Hohe Fluktuation in der Unternehmensleitung, Springen von Firma zu Firma.
5. Verwendung von Kenngrößen durch das Management - ohne Berücksichtigung von solchen Größen, die unbekannt oder nicht quantifizierbar sind.
6. Überhöhte soziale Kosten.
7. Überhöhte Kosten aus Produkthaftpflichturteilen (vgl. **Produkthaftung**).

Hindernisse und Falsche Starts

In Erweiterung der sieben tödlichen Krankheiten sind anhand einer Vielzahl von praktischen Beispielen die Hindernisse und die Falschen Starts bei einer Einführung des Management-Programms festgestellt worden.

Die Hindernisse:

- Eine Unterschätzung des notwendigen Aufwandes bzw. der erforderlichen Sorgfalt, um das Programm erfolgreich einzuführen.
- Die Erwartung kurzfristiger Ergebnisse.
- Die Annahme, daß Mechanisierung, Automatisierung, Computerisierung den Durchbruch erzwingen können.

Die Falschen Starts:

Falsche Starts liegen regelmäßig vor, wenn versucht wird, schnell zu Ergebnissen zu kommen. Es wird mit einer falschen Maßnahme begonnen bzw. versucht, nur einen Teil des Management-Programms einzuführen. Dadurch ist die gesamte Maßnahme von vornherein zum Scheitern verurteilt, weil die Effekte des Zusammenwirkens der einzelnen Teile bzw. der 14 Punkte untereinander nicht verstanden oder nicht beachtet wurden.

Demingsche Reaktionskette

Die Demingsche Reaktionskette führt auf der Basis der 14 Punkte die Sicherheit von Arbeitsplätzen (und die Sicherung des Fortbestandes des Unternehmens) auf das Vorhandensein und die ständige Verbesserung von Qualität zurück (vgl. Bild 10). Eine Abkürzung dieser Reaktionskette ist nicht möglich [Kirstein 88]. Etwa der Beginn mit Kosteneinsparungen führt lediglich zu kurzfristigen Scheinerfolgen, die keinesfalls von Bestand sind, da nicht die im Prozeß liegenden Ursachen, sondern nur die oberflächlichen Auswirkungen verändert wurden. Die Basis für eine wettbewerbsfähige Position des Unternehmens kann einzig durch die verbesserte Qualität geschaffen werden (vgl. **Ständige Verbesserung**).

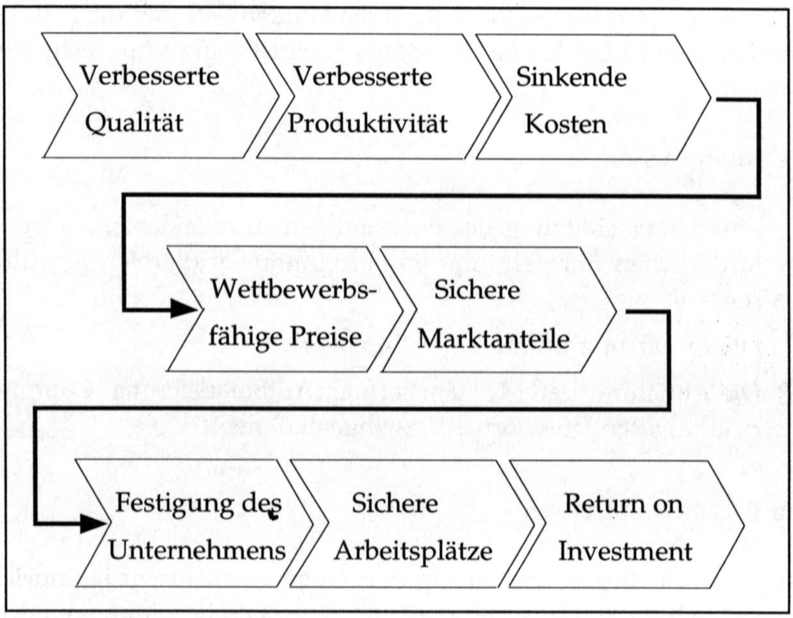

Bild 10: Demingsche Reaktionskette

Literaturhinweise zur Vertiefung

Deming, W. E.:
Quality, Productivity, and Competitive Position.
Cambridge/Mass./USA: Massachusets Institute of Technology Press 1982.

Deming, W. E.:
Out of the Crisis.
2. Aufl., Cambridge/Mass./USA: Massachusets Institute of Technology Press 1986.

Scherkenbach, W.:
The Deming Route to Quality and Productivity.
Washington/DC/USA: Cee Press Books 1986.

Gitlow, H.; Gitlow, S.:
The Deming Guide to Quality and Competitive Position.
Englewood Cliffs/NJ/USA: Prentice Hall 1987.

Denker der Qualitätswissenschaft

Im folgenden werden einige bedeutende Persönlichkeiten kurz vorgestellt, deren Wirken die Entwicklung der Qualitätswissenschaft besonders geprägt und vorangetrieben hat. In einer zusammenfassenden Übersicht sind zunächst den Namen die jeweiligen Tätigkeitsschwerpunkte zugeordnet, die Erläuterungen schließen sich in alphabetischer Reihenfolge an.

Name	Tätigkeitsschwerpunkte
Crosby	Null-Fehler-Programm
Deming	14-Punkte Management-Programm Prinzip der Ständigen Verbesserung
Feigenbaum	Total Quality Control Simultaneous Engineering
Ishikawa	Qualitätszirkel Ursache-Wirkungs-Diagramm Company-Wide Quality Control
Juran	Qualitäts-Trilogie
Masing	Unternehmer Handbuch Qualitätsmanagement Fehlleistungsaufwand
Taguchi	Qualitätsverlustfunktion Versuchsplanung

Crosby, Philip B.

Als Vizepräsident und Direktor für Qualität sammelte Crosby umfangreiche Erfahrungen bei der International Telephone and Telegraph Corporation (ITT) in New York. 1964 wurde er vom US-Verteidigungsministerium für die Entwicklung seines Null-Fehler-Programms (Zero Defects Concept) ausgezeichnet (vgl. **Null-Fehler-Programm**). Er war Präsident der American Society for Quality Control (ASQC) und seit 1979 als selbständiger Unternehmensberater in seiner Firma Philip Crosby Associates, Inc. tätig. Unter anderem hat er die Bücher „Quality is free", „Quality without Tears", „Let's talk Quality", „Cutting the Cost of Quality" und „Leading: The Art of becoming an Executive" veröffentlicht. Seine Arbeiten über Qualität beschäftigen sich schwerpunktmäßig mit Fehlerquoten und Fehlerkosten [Crosby 79].

Heute widmet sich Crosby neben Vorträgen und gelegentlicher Beratungstätigkeit vor allem der Zusammenfassung seiner Gedanken zum Thema Qualität, die er u.a. in seinem Buch „Completeness" niedergelegt hat. Dort beschreibt er Qualitätsmanagement als Denkweise und als Aufgabe der Führungskräfte, die sich seiner Ansicht nach weniger mit technischen Lösungen, sondern mit der Einführung von Vorbeugungsmechanismen beschäftigen sollten. Crosby sieht das Management und dessen Mangel an Einsicht und Selbstkritik als Ursache für viele Probleme im Unternehmen an. Als Weg in das 21. Jahrhundert empfiehlt er ein von gegenseitigem Vertrauen, Respekt und Anerkennung geprägtes Verhalten im Zusammenwirken von Kunden, Lieferanten, Management und Mitarbeitern, das er als Completeness bezeichnet und in seinem gleichnamigen Buch (deutscher Titel: Qualität 2000) beschreibt [Crosby 94].

Deming, W. Edwards

Nach seiner Promotion in Mathematik und Physik begann Deming seine berufliche Tätigkeit bei der Western Electric Corporation. Schon 1939 schrieb er zusammen mit Walter A. Shewhart, der die Statistische Prozeßregelung entwickelte, ein Buch über statistische Methoden in der Qualitätssicherung [Shewhart/Deming 39]. Während des Zweiten Weltkrieges war er im US-amerikanischen Statistischen Bundesamt (Bureau of Census) beschäftigt und hatte dort erheblichen Anteil an der Einführung statistischer Hilfsmittel bei der Qualitätssicherung in der Rüstungsindustrie. Gleichzeitig war er Dozent an der Universität New York.

Deming besuchte 1947 das erste Mal Japan, um dort im Auftrag General MacArthurs statistische Erhebungen durchzuführen. 1950 ging Deming als selbständiger Berater auf Einladung der Japanese Union of Scientists and Engineers (JUSE) nach Japan, um sich dort am Wiederaufbau von Industrie und Volkswirtschaft zu beteiligen. Er führte die neuen Managementprinzipien seines 14-Punkte-Programms ein sowie das Prinzip der Ständigen Verbesserung (Continuous Improvement Process, CIP), welches von den Japanern als Kaizen bezeichnet und erfolgreich umgesetzt wurde (vgl. **Demings 14 Punkte, Kaizen, Ständige Verbesserung**). Mit seinen Lehren revolutionierte Deming Qualität und Produktivität der japanischen Industrie [Deming 86]. In den USA und danach auch in Europa wurde Deming insbesondere durch eine Sendung der NBC mit dem Titel „If Japan can, why can't we" bekannt, die viel Beachtung fand [Masing 94].

In Anerkennung seiner Verdienste um die japanische Wirtschaft verleiht die Japanese Union of Scientists and Engineers (JUSE) seit 1951 jährlich den Deming Prize für die erfolgreiche Anwendung von unternehmensweiten Qualitätskonzepten. Der Deming Prize wird in drei verschiedenen Sparten verliehen, wobei die Kriterien für die Vergabe nicht ausschließlich auf die Lehren Demings bezogen sind (vgl. **Qualitätsauszeichnungen**): Deming Application Prize (an Firmen), Deming Prize for Individuals (an Einzelpersonen) und den Deming Application Prize for Overseas Companies (an ausländische Firmen).

Seit 1980 verleiht auch die American Statistical Association Metropolitan Section den Deming Prize für herausragende Leistungen im Bereich Qualität und Produktivität.

Als wohl bekanntester Berater, Lehrer und Autor zum Thema Qualität hat Deming über 200 Arbeiten veröffentlicht, darunter die Werke „Quality, Productivity, and Competitive Position" sowie „Out of the Crisis". Er war Ehrenmitglied der American Society for Quality Control (ASQC) und Träger von mehreren Ehrendoktortiteln amerikanischer Universitäten. 1987 wurde er vom US-Präsidenten persönlich ausgezeichnet. Deming starb 93jährig im Dezember 1993. Den Worten aus einem Nachruf von Walter Masing ist nichts mehr hinzuzufügen: „Die Qualitätsbewegung hat mit ihm eine ihrer markantesten Persönlichkeiten verloren. Seine Botschaft aber lebt weiter." [Masing 94].

Feigenbaum, Armand V.

Nach zehnjähriger Erfahrung in Fertigung und Qualitätssicherung bei General Electric gründete Feigenbaum eine eigene Firma, die General Systems Company, Ltd., deren Präsident er noch heute ist. Als internationale Ingenieur-Gesellschaft beschäftigt sich die General Systems mit Entwurf und Implementierung von Total Quality-Systemen. Das von Feigenbaum erdachte Konzept der Total Quality Control (TQC) beschrieb er erstmals 1961 in seinem gleichnamigen Buch (vgl. **Total Quality Control**).

Im Rahmen des TQC-Konzeptes, dessen Einführung in allen Unternehmensbereichen ein ganzheitliches, gleichartiges und paralleles Handeln erfordert, führte Feigenbaum auch die Arbeitstechnik des Simultaneous Engineering (auch als Concurrent Engineering bezeichnet) ein. Dies ist das überlappende (simultane) und nahezu gleichzeitige Bearbeiten von Aufgaben, insbesondere im Produktenstehungsprozeß, durch verschiedene Arbeitsgruppen (vgl. **Simultaneous Engineering und Quality Engineering**). Weiterhin entwickelte Feigenbaum während seiner Tätigkeit eine Sichtweise, die Qualität nicht als statisches, sondern als bewegliches, sich veränderndes Ziel begreift, welches durch den Kunden bestimmt wird.

Feigenbaum ist Ehrenmitglied der American Society for Quality Control (ASQC) und war zweimal hintereinander deren Präsident.

Ishikawa, Kaoru

Der Japaner Ishikawa (1915-1989) machte 1939 seinen Abschluß als Chemiker an der Universität Tokio und sammelte erste Berufserfahrungen bei der Nissan Liquid Fuels Co., Ltd., bevor er als Technischer Spezial-Offizier in die japanische Marine eintrat. Er entwickelte bereits 1943 sein erstes Ursache-Wirkungs-Diagramm (Cause-and-Effect Diagram), welches auch oft als Ishikawa-Diagramm oder als Fischgräten-Diagramm (Fishbone Diagram) bezeichnet wird (vgl. **Ursache-Wirkungs-Diagramm**). Es spürt die Problemquellen auf, die von Materialien, Methoden, Maschinen und Menschen verursacht werden. Das Ursache-Wirkungs-Diagramm ist eines der sieben elementaren Qualitätswerkzeuge (Q7, Tools of Quality), deren Anwendung Ishikawa immer wieder empfahl, da sie mit einfachen Methoden die meisten auftretenden Probleme lösen können (vgl. **Qualitätswerkzeuge**).

1949 wurde Ishikawa Mitglied der Japanese Union of Scientists and Engineers (JUSE) und arbeitete in deren Forschungsgruppe Qualitätssicherung mit, während er gleichzeitig an der Universität Tokio lehrte. In der JUSE-Forschungsgruppe begann Ishikawa in den frühen 50er Jahren ein gruppenarbeitsorientiertes Konzept anzuwenden, welches 1962 offiziell Qualitätssicherungs-Zirkel (Quality Control Circle) genannt wurde. Dieses Konzept wurde unter der Bezeichnung Qualitätszirkel (Quality Circle) weltweit bekannt und verbreitet (vgl. **Qualitätszirkel**). Daraus zog Ishikawa u.a. die Schlußfolgerung, daß die Qualitätszirkel-Aktivitäten überall in der Welt erfolgreich implementiert werden könnten, mit nur geringen Anpassungen an die jeweils vorliegenden Randbedingungen.

Aufbauend auf den Arbeiten von Deming, Juran und besonders Feigenbaum sowie seinen eigenen Erfahrungen stellte Ishikawa mit Company-Wide Quality Control (CWQC) ein mitarbeiterorientiertes Konzept für die unternehmensweite Qualitätsarbeit vor (vgl. **Company-Wide Quality Control**).

Ishikawa war einer der Pioniere der qualitätsbezogenen Aktivitäten in Japan, zeitweiliger Präsident der Japanese Union of Scientists and

Engineers (JUSE) und Befürworter gemeinsamer, koordinierter Anstrengungen zum Vorteil Japans im Sinne der Tätigkeit des japanischen Ministeriums für internationalen Handel und Industrie (MITI). Seine Gedanken hat Ishikawa in mehreren Büchern niedergelegt, darunter „What is Total Quality Control? The Japanese Way", „How to operate QC Circle Activities" und „Guide to Quality Control". Er war Träger von hohen nationalen und internationalen Auszeichnungen, stellvertretend für viele sei hier der Deming Prize genannt.

Juran, Joseph M.

Der Amerikaner Juran sieht seine Aufgabe mit dem Ausdruck „Managing for Quality" beschrieben. Als Ingenieur und Jurist hat er in den verschiedensten Berufsfeldern erfolgreich gearbeitet und schließlich seine Management-orientierte Unternehmensphilosophie entwickelt, die Qualitäts-Trilogie (Quality Trilogy). Sie stellt den Prozeß einer systematischen und kontinuierlichen Qualitätsverbesserung dar und erfolgt in drei sich wiederholenden Schritten (Einzelprozessen): Qualitätsplanung - Qualitätsregelung - Qualitätsverbesserung (vgl. **Qualitäts-Trilogie**). Diese Philosophie wird von Juran ständig weiterentwickelt und ist Grundlage seiner Auffassung von Qualitätsmanagement. Dabei kommt der vorausschauend-fehlervermeidenden Qualitätsplanung als Zielfestlegung in der Phase der Produkt- und Prozeßentwicklung eine herausragende Bedeutung zu. Dieses auch als Juran-Trilogie (Juran Trilogy) bezeichnete Konzept hatte maßgeblichen Anteil an den Aktivitäten im Rahmen der Entwicklung der Qualitätswissenschaft, nicht nur in Japan, wo er seine Gedanken seit 1954 mit Erfolg vertrat.

Juran prägte den Ausdruck „vital few, useful many", der eine Anwendung des Pareto-Prinzips auf die Qualitätssicherung wiedergibt und auch als 80-20-Regel bezeichnet wird. Dieses Prinzip drückt aus, daß die meisten Auswirkungen auf eine relativ kleine Zahl von Ursachen zurückzuführen sind. Quantitativ dargestellt, resultieren 80% der Wirkungen aus 20% der möglichen Ursachen bzw. Einflußgrößen (vgl. **Pareto-Diagramm**). Diese 20% der möglichen Ursachen bezeichnet Juran als die „vital few" (entscheidende Wenige), die übrigen möglichen Ursachen als die „useful many" (nützliche Viele). Die Anwendung des Pareto-Prinzips kommt auch in Jurans Philosophie und in seiner Ansicht über die eingeplanten Fehlerquoten und die chronische Verschwendung zum Ausdruck [Juran 88].

Als Ingenieur, Unternehmensberater, Jurist, Regierungsmitarbeiter, Hochschullehrer und Autor zum Thema Qualität hat Juran zahlreiche Aufsätze und Bücher veröffentlicht, darunter insbesondere 1951 das „Quality Control Handbook", das mittlerweile in seiner vierten Auflage erschienen ist. Er ist ehemaliger Vorsitzender seines international tätigen Unternehmens, des Juran-Instituts, und Ehrenmitglied der American Society for Quality Control (ASQC). Für seine Tätigkeit erhielt Juran internationale Auszeichnungen, darunter einen Orden vom japanischen Kaiser für seine Verdienste um die Entwicklung der Qualitätssicherung und die Förderung der amerikanisch-japanischen Freundschaft.

Masing, Walter

Als Mitinhaber und Technischer Leiter eines Unternehmens im Bereich der Entwicklung und Fertigung elektronischer Steuerungen mit zuletzt 450 Beschäftigten sammelte der promovierte Physiker Masing von 1948 an über zwanzig Jahre lang praktische Erfahrungen. Nach der Eingliederung des Unternehmens in die Firmengruppe Bosch blieb Masing bis 1974 Technischer Geschäftsführer und wurde schließlich stellvertretender Vorsitzender des Aufsichtsrates.

Die Bedeutung der Qualität und die Notwendigkeit der Verbreitung des Qualitätsgedankens auch in Deutschland wurde von Masing bereits frühzeitig und engagiert vorangetrieben. 1954 leitete er den ersten Kurs zur statistischen Qualitätskontrolle, der vom Ausschuß für Technische Statistik im Ausschuß für Wirtschaftliche Fertigung (AWF) veranstaltet wurde. Der Ausschuß für Technische Statistik ging 1957 in seiner Nachfolgeorganisation Deutsche Arbeitsgemeinschaft für Statistische Qualitätskontrolle (ASQ) auf, bei der Masing zunächst zum stellvertretenden Vorsitzenden, später zum ersten Vorsitzenden gewählt wurde. 1968 wurde die ASQ in Deutsche Gesellschaft für Qualität (DGQ) umbenannt, wobei Masing wieder zum ersten Vorsitzenden gewählt wurde. Seit 1982 ist er Ehrenvorsitzender der

DGQ, die ihren 1986 erstmals verliehenen Förderpreis Qualität in Anerkennung seiner Verdienste Walter-Masing-Preis nannte.

Die Technische Universität Berlin erteilte Masing 1965 einen Lehrauftrag für Qualitätslehre. Er wurde 1970 Honorarprofessor und lehrte sein Fach am Institut für Werkzeugmaschinen und Fertigungstechnik an der TU Berlin bis 1977. Als dort 1988 der erste Lehrstuhl für Qualitätswissenschaft an einer deutschen Hochschule eingerichtet wurde, war dies auch eine Fortführung des Wirkens von Masing [Spencker/Krassowski 90].

Auch auf internationaler Ebene setzt sich Masing für die Förderung des Qualitätsgedankens ein. Er war von 1956 bis 1959 Gründungspräsident der European Organization for Quality Control (EOQC), eines Zusammenschlusses von europäischen Organisationen, die sich mit Fragen der Qualitätssicherung beschäftigen. Sie heißt heute European Organization for Quality (EOQ). Anschließend war er bis 1976 Vorstandsmitglied der EOQC und von 1979 bis 1981 Präsident der International Academy for Quality (IAQ).

Als Unternehmer, Wissenschaftler, Mitarbeiter bei nationalen und internationalen Organisationen sowie als Hochschullehrer hat sich Masing auf vielfältige Weise für das Thema Qualität engagiert. Er gilt insbesondere in Deutschland als Wegbereiter der modernen, industriellen Qualitätswissenschaft. Von 1970 bis 1997 war er Herausgeber der Fachzeitschrift „Qualität und Zuverlässigkeit" (QZ). Daneben hat er zahlreiche Aufsätze und Arbeiten veröffentlicht. Von besonderer Bedeutung ist das von Masing erstmals 1980 herausgegebene Werk „Handbuch der Qualitätssicherung", welches als grundlegend für die Anwendung von qualitätssichernden Maßnahmen in der Industrie gilt. Dieses Standardwerk ist 1999 in seiner vierten Auflage erschienen und durch Überarbeitung und Erweiterung aktueller als je zuvor. Mit der 1994 vorgenommenen Änderung des Titels in „Handbuch Qualitätsmanagement" [Masing 99] wird nicht nur dem Stand der Normung Rechnung getragen, sondern auch die Entwicklung in Industrie und Wissenschaft berücksichtigt. Dies drückt sich u.a. in der Betrachtung der Rolle des Menschen im Qualitätsgeschehen aus.

Für seine Tätigkeit erhielt Masing mehrere nationale und internationale Auszeichnungen, darunter als erster Europäer die Edwards Medal der American Society for Quality Control (ASQC). In Würdigung seiner Verdienste um die Entwicklung der Qualitätssicherung wurde Masing 1987 das Bundesverdienstkreuz Erster Klasse verliehen. 1995 zeichnete ihn die Hochschule St. Gallen (Schweiz) mit dem akademischen Grad des Doktors der Wirtschaftswissenschaften Ehren halber und 1996 die Technische Universität Berlin mit dem des Doktor-Ingenieurs Ehren halber aus.

Taguchi, Genichi

Der Japaner Taguchi schloß 1942 sein Studium als Textilingenieur ab und war danach bei der kaiserlich-japanischen Marine im Bereich der astronomischen Navigation tätig. Bis 1950 war er bei verschiedenen staatlichen Ministerien angestellt, wo er speziell an mathematisch-statistischen Verfahren und Methoden arbeitete. Gleichzeitig war er als Berater in der Industrie tätig. Danach wechselte Taguchi in den Bereich Forschung und Entwicklung der Electrical Communications Laboratories der japanischen Telefongesellschaft Nippon Telephone & Telegraph (NT&T), wo er sich mit Versuchsplanung beschäftigte.

1957 legte Taguchi die erste Version seines Buches „Design of Experiments" vor, in dem er den Gebrauch von statistischen Methoden für die Planung von Fertigungsprozessen beschreibt. Der Ausdruck Design of Experiments (DoE) kann als statistische Versuchsplanung oder kurz Versuchsplanung übersetzt werden (vgl. **Versuchsplanung**). Taguchi erläutert hier seine Sichtweise der Qualität, die er als Verlust beschreibt, der entsteht, wenn ein ausgeliefertes Produkt seine Funktion nicht erfüllt und bei der Benutzung schädliche Nebeneffekte auftreten (vgl. **Qualitätsverlustfunktion**, **Qualitätsbegriff**). Weiterhin führt Taguchi aus, daß qualitätssichernde Maßnahmen am schnellsten, wirkungsvollsten und damit auch am kostengünstigsten während der Produktkonstruktion und der Prozeßplanung zu treffen sind. Er bezeichnet dies als Off-Line Quality Control. Daran anschließend wird im Rahmen der On-Line Quality Control während der laufenden Produktion der Prozeß beobachtet und geregelt.

In der ersten Version von „Design of Experiments" führte Taguchi die Anwendung von orthogonalen Feldern und die Analyse von kategorisiertem Datenmaterial ein. In der zweiten Version, die 1962 erschien, fügte er das Signal-Rauschverhältnis (Signal-to-Noise Ratio) hinzu, das als Qualitätsmaßstab dient und aus dem durchschnittlichen Qualitätsverlust abgeleitet wird (vgl. **Versuchsplanung nach Taguchi**). In der dritten und aktuellen Version schließlich modifizierte Taguchi die mathematisch-statistischen Grundlagen seiner Methodik und führte die quadratische Qualitätsverlustfunktion (Quality Loss Function) ein, die eine parabelförmige Annäherung an denjenigen Qualitätsverlust darstellt, der auftritt, wenn die charakteristischen Qualitätsmerkmale von ihrem Zielwert abweichen (vgl. **Qualitätsverlustfunktion**). Um diese Abweichungen zu verhindern, ist nach Taguchi ein beherrschter und optimierter Produktionsprozeß (Robust Design) nötig, der unempfindlich ist gegenüber den Störeinflüssen der Umwelt (vgl. **Versuchsplanung**). Dieser robuste Prozeß wird erreicht über die Schritte System Design, Parameter Design und Tolerance Design.

Taguchi war Professor und Gastprofessor an mehreren in- und ausländischen Universitäten, geschäftsführender Direktor des American Supplier Institute, Inc. (ASI) und Berater der japanischen Normungsstelle (Japanese Standards Association). Für seine Untersuchungen zur Methodik der Versuchsplanung wurde Taguchi unter anderem mit dem Deming Prize ausgezeichnet.

Designprüfung/Design Review

Unter einer Designprüfung - weiter verbreitet ist die englische Bezeichnung Design Review - versteht man eine dokumentierte, umfassende und systematische Untersuchung eines Objekts, um seine Fähigkeit zu beurteilen, die gestellten Qualitätsforderungen zu erfüllen. Untersuchungsobjekt kann dabei eine Entwicklung, Berechnung, Konstruktion oder Konzeption bzw. deren Ergebnis sein [ISO 95].

Weiterhin hilft ein Design Review, zu beurteilen, ob die in der Spezifikation für die jeweilige Phase der Produktentwicklung vorgegebenen

Ziele in allen Punkten erreicht wurden. So können Abweichungen und Probleme bereits im Vorfeld der Serienfertigung aufgezeigt und gegebenenfalls rechtzeitig Korrekturen, Anpassungen und Abstimmungen durchgeführt werden. Je früher diese Maßnahmen greifen, desto geringer ist der Aufwand an Kosten und Zeit. Die wesentlichen Entwicklungsschritte, nach denen Design Reviews stattfinden sollten, sind:

- Verabschiedung endgültiger Spezifikationen/Pflichtenheft;
- Abschluß der Vorentwicklung;
- Abschluß der Konstruktion;
- Fertigstellung des Protypen;
- Ende der Null-Serie.

Design Reviews finden anhand der bisher erstellten Unterlagen bzw. eines Modells oder Prototyps sowie der erzielten Testergebnisse statt. Diese Nachweise werden mit den im Lastenheft festgelegten Anforderungen und Spezifikationen verglichen. Das Ergebnis ist ein Statusbericht, der mögliche bzw. vorhandene Abweichungen aufzeigt und Vorschläge für geeignete Korrekturmaßnahmen enthält, über deren Umsetzung anschließend zu entscheiden ist. Die inhaltliche Ausgestaltung von Design Reviews kann in verschiedenen Formen erfolgen und hängt vom Produkt sowie der jeweiligen Entwicklungsphase ab. Hilfsmittel zur Durchführung von Design Reviews sind im allgemeinen Checklisten mit Anforderungskriterien aus den verschiedenen Bereichen. Dies können sein [Sondermann 94, Brunner/Wagner 97]:

- Gesamteindruck, Funktionen;
- Sicherheitsvorschriften, Gesetzliche Auflagen;
- Einhaltung der Spezifikationen, Normenkonformität;
- Herstellbarkeit, Montagefreundlichkeit, Instandhaltbarkeit;
- Umweltfreundlichkeit, Entsorgbarkeit;
- Kostenrahmen.

Entsprechend dem Vier-Augen-Prinzip dürfen Design Reviews nicht allein von den für die Leistungserstellung direkt Verantwortlichen durchgeführt werden. Deshalb wird ein Team aus Vertretern verschiedener Fachbereiche eingesetzt, beispielsweise Entwicklung/Konstruktion, Arbeitsvorbereitung, Einkauf, Fertigung/Produktion, Marketing, Kundendienst und Qualitätswesen. Die Koordination hat häufig das Qualitätswesen, das auch für die endgültige Freigabe verantwortlich sein sollte [Frehr 94]. Da Design Reviews in verschiedenen Stadien der Produktentstehung durchgeführt werden, müssen jedoch nicht immer alle Teammitglieder an den Reviews teilnehmen.

Design Reviews sollten detaillierte Qualitätsbewertungen enthalten, bei denen die jeweiligen Qualitätsanforderungen mit den erzielten Ergebnissen verglichen werden. Dabei ist die Qualitätsbewertung im Design Review keine Infragestellung der Kompetenz der Verantwortlichen, sondern eine gemeinsam vorgenommene Hilfestellung zur Gewährleistung der Zielerreichung.

Insgesamt tragen Design Reviews erheblich zu besseren Entwicklungsergebnissen bei. Sie verhindern Fehler und Probleme bereits in frühen Prozeßphasen, führen zu deutlich besseren Produktionsanläufen und helfen, Terminverzögerungen zu verringern. Der Zeitaufwand für Design Reviews ist bei guter Vorbereitung relativ gering und steht in keinem Verhältnis zu den verhinderten Mehraufwendungen einer Fehlerbeseitigung.

Dienstleistungsqualität

Für die Bestimmung der Qualität von Dienstleistungen können zunächst grundsätzlich diejenigen Ansätze angewendet werden, wie sie auch für die Qualität im allgemeinen gelten (vgl. **Qualität/Qualitätsbegriff**). Bei Qualitätsbetrachtungen wird jedoch meist von Sachleistungen, also Gütern im Sinne physisch greifbarer Produkte, ausgegangen. Dienstleistungen gewinnen jedoch in der Wirtschaft zunehmend an Bedeutung. Gegenüber der Land- und Forstwirtschaft (primärer Sektor) und dem produzierenden Gewerbe (sekundärer

Sektor) nimmt das Gewicht der Dienstleistungen (tertiärer Sektor, z.B. Handel und Verkehr, Dienstleistungsunternehmen, Staat, private Haushalte) seit Jahrzehnten zu (vgl. Bild 11) [Prognos 95].

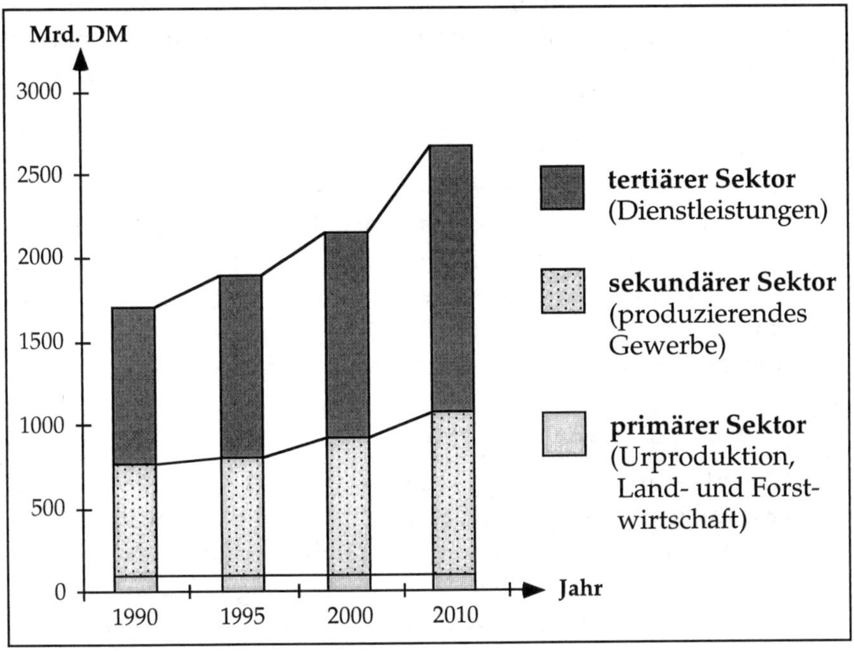

Bild 11: Entwicklung des Bruttoinlandsproduktes der Bundesrepublik Deutschland

Dabei ist das Spektrum an Dienstleistungsangeboten äußerst breit und die Abgrenzung zu Sachleistungen kann sich im Einzelfall schwierig gestalten, da die Grenze zwischen Sach- und Dienstleistungen asymmetrisch verläuft: Es sind zwar Dienstleistungen ohne Sachleistungsanteil denkbar, aber kaum Sachleistungen ohne Dienstleistungsanteil.

Bei näherer Betrachtung wird deutlich, daß Dienstleistungen eine Reihe von Besonderheiten aufweisen. Sie lassen sich im wesentlichen durch drei Elemente charakterisieren und damit von Sachleistungen abgrenzen [Corsten 85]:

- Immaterialität der angebotenen Leistung

  Bei Dienstleistungen handelt es sich im Gegensatz zu Sachgütern um keine physisch greifbaren Objekte. Damit kann auch die Qualität von Dienstleistungen vor der Erstellung und damit in aller Regel vor dem Kauf nur bedingt sinnlich wahrgenommen werden.

- Integration des externes Faktors

  Die Erbringung einer Dienstleistung erfolgt am Kunden selbst oder an einem Gegenstand aus seinem Besitz (Verfügungsobjekt). Der Kunde selbst oder sein Verfügungsobjekt bilden gemeinsam den sogenannten externen Faktor. Dieser muß bei der Erbringung der Dienstleistung nicht nur vorhanden sein, sondern wird direkt in den Prozeß der Leistungserbringung einbezogen.

- Gleichzeitigkeit von Produktion und Konsum

  Dienstleistungen werden in dem Augenblick vom Kunden verbraucht, in dem sie erbracht werden. Sie sind daher auch nicht lagerfähig. Es handelt sich um eine Produktion, die durch die Anwesenheit des Kunden oder seines Verfügungsobjektes ausgelöst wird und nicht unabhängig davon ausgeführt werden kann.

Vor dem Hintergrund dieser charakteristischen Elemente lassen sich Dienstleistungen als immaterielle Güter beschreiben, die von personellen oder materiellen Leistungsträgern an externen Faktoren (Personen oder deren Verfügungsobjekten) erbracht werden.

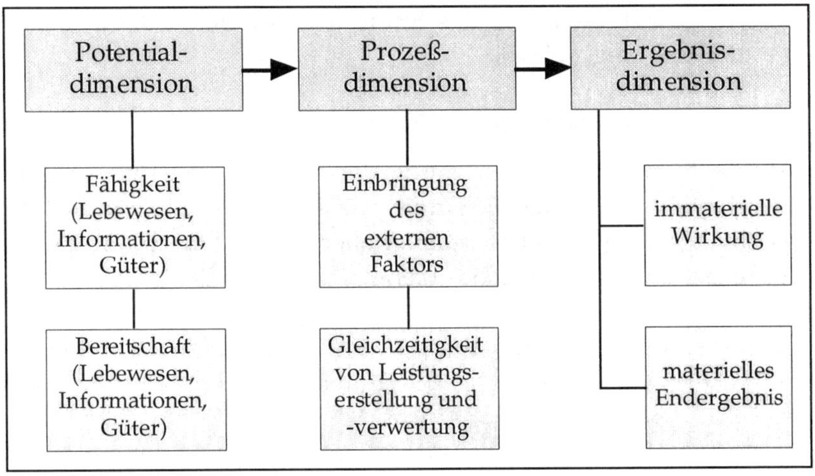

Bild 12: Drei-Dimensionen-Modell der Dienstleistungsqualität

Um die Qualität von Dienstleistungen gezielt verbessern zu können, ist die Kenntnis der genannten Charakteristika eine wichtige Grundlage. Um Dienstleistungen darüber hinaus zu systematisieren, eignet sich das Drei-Dimensionen-Modell (vgl. Bild 12) [Hilke 89, Donabedian 80]. Es bietet die Möglichkeit, die unterschiedlichen Begriffsinhalte von Dienstleistungen durch die Betrachtung von drei speziellen Aspekten (Dimensionen) zu erfassen und eindeutig darzustellen:

- Die Potentialdimension

  bezieht sich vor allem auf die Wahrnehmung der Strukturen und Potentiale des Dienstleistungsanbieters. Sie wird geprägt durch die Fähigkeit, eine Dienstleistung zu erstellen (Können) und die Bereitschaft, dies zu tun (Wollen). Zur Potentialdimension gehören nicht nur technische Möglichkeiten, sondern auch physikalische und organisatorische Gegebenheiten sowie Qualifikation und Motivation der Mitarbeiter.

- Die Prozeßdimension

  erfaßt die Dienstleistung als Folge von Tätigkeiten (Prozessen), die gleichzeitig Leistungserstellung und -verwertung beinhalten.

Dazu gehört auch die Betrachtung des externen Faktors (Kunde und Verfügungsobjekt).

- Die Ergebnisdimension

  bezieht sich auf die Beurteilung der erfolgten Leistung bzw. des Ergebnisses des Dienstleistungsprozesses. Dieses kann in Form einer materiellen oder immateriellen Veränderung am Kunden oder seinen Verfügungsobjekten vorliegen [Haller 95].

Konzentriert man die Betrachtung auf Art und Umfang der erstellten Dienstleistungen, so lassen sich in ähnlicher Weise zwei Qualitätsdimensionen unterscheiden [Grönross 90]: Bei der technischen Dimension steht die Breite des Leistungsprogramms im Mittelpunkt (Was wird angeboten?). Demgegenüber steht bei der funktionalen Dimension die Art und Weise der Leistungserbringung im Vordergrund (Wie wird die Leistung angeboten?).

Eine andere Unterteilung von Qualitätsdimensionen bezieht sich auf die Erwartungshaltungen der Kunden [Berry 86]. Zu unterscheiden sind hierbei eine Routinekomponente (Eigenschaften von Dienstleistungen, die zum normalen Leistungsumfang gehören) und eine Ausnahmekomponente (Zusatzleistungen, die der Kunde vom Dienstleistungsanbieter nicht unbedingt erwarten kann).

Auch können Qualitätsdimensionen danach unterschieden werden, welche Nähe des Kunden zum Dienstleistungsprodukt bei der Beurteilung der Dienstleistungen gegeben ist [Zeithaml 81]: Kunden, die noch keine Erfahrung mit dem Dienstleistungsanbieter gemacht haben, werden sich demnach im Vorfeld der Leistungserbringung geeignete Indikatoren zur Beurteilung suchen (Suchkomponente). Liegen bereits Erfahrungen vor, so können während des Leistungserstellungsprozesses bzw. an dessen Ende gezielte Beurteilungen vorgenommen werden (Erfahrungskomponente). Solche Merkmale einer Dienstleistung, die sich einer genauen Beurteilung entziehen bzw. erst mit zeitlicher Verzögerung eingeschätzt werden können, lassen sich nur individuell beurteilen (Glaubenskomponente).

Darüber hinaus liegt eine Einteilung in Qualitätsdimensionen vor, die nicht nur konzeptionell entwickelt, sondern auch empirisch überprüft wurde. Sie kann gleichsam als Ergebnis sämtlicher oben skizzierter Dimensionen interpretiert werden. Demnach werden vom Kunden fünf Qualitätsdimensionen eigenständig wahrgenommen [Bruhn 98]:

- Annehmlichkeit des tangiblen Umfeldes

  Das äußere Erscheinungsbild des Dienstleistungsortes, insbesondere die Ausstattung der Räume sowie das Erscheinungsbild des Personals.

- Zuverlässigkeit

  Die Fähigkeit des Dienstleistungsanbieters, die versprochenen Leistungen auch auf dem avisierten Niveau erfüllen zu können.

- Reaktionsfähigkeit

  Die Fähigkeit des Dienstleistungsanbieters, auf den spezifischen Bedarf und die Wünsche der Kunden einzugehen und sie erfüllen zu können. Dazu gehören sowohl die generelle Bereitschaft als auch die Schnelligkeit der Reaktion.

- Leistungskompetenz

  Die grundsätzliche Fähigkeit des Anbieters zur Dienstleistung, insbesondere das Wissen, die Höflichkeit und Vertrauenswürdigkeit der Mitarbeiter.

- Einfühlungsvermögen

  Die Bereitschaft und Fähigkeit des Unternehmens, auf individuelle Kundenwünsche einzugehen.

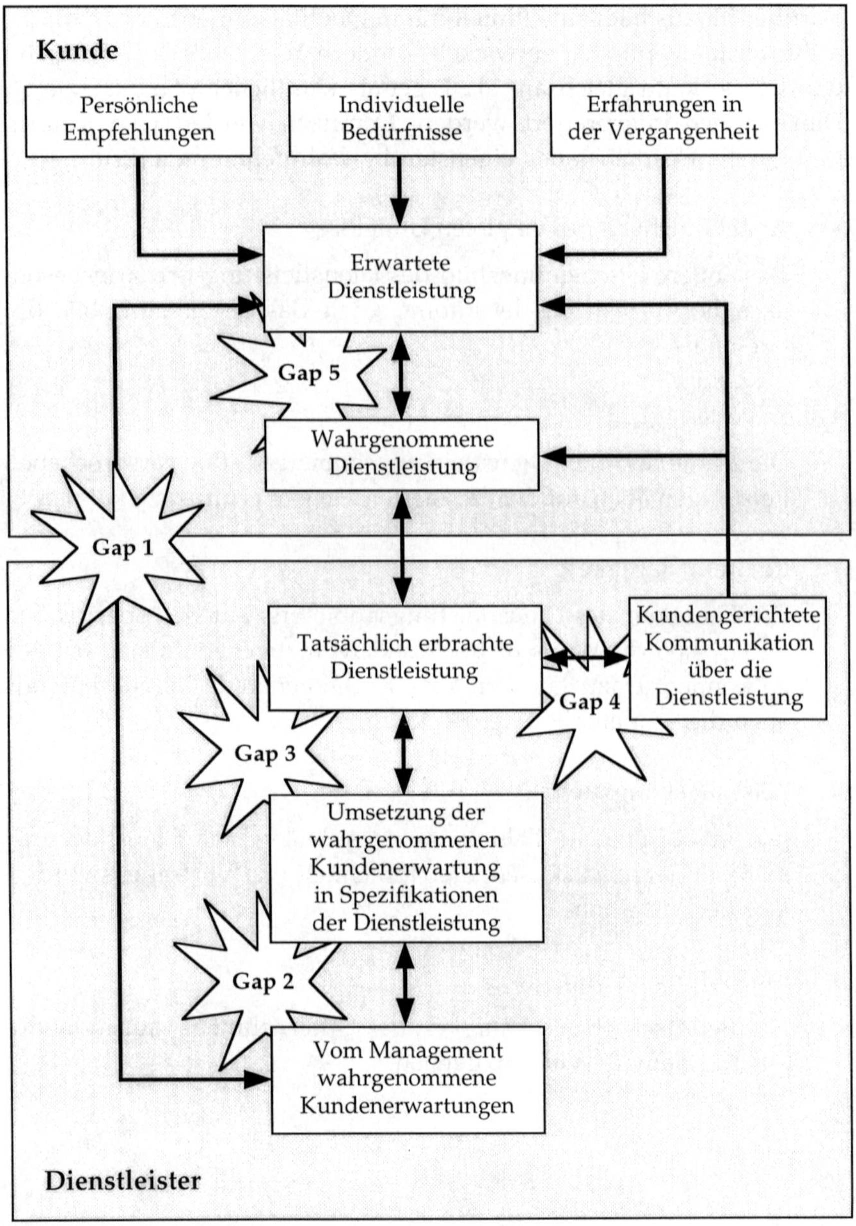

Bild 13: Gap-Modell der Dienstleistungsqualität

Zur näheren Betrachtung der Dienstleistung im Kontakt zwischen Kunde und Leistungserbringer läßt sich das sogenannte Gap-Modell der Dienstleistungsqualität anwenden (vgl. Bild 13) [Zeithaml et al. 92]. Seine Besonderheit ist die genaue Darstellung der Lücken in der Kommunikation sowohl zwischen den innerbetrieblichen Bereichen als auch zwischen Dienstleistungsunternehmen und Kunde. Der englische Begriff „gap" (Lücke) hat sich auch in der deutschsprachigen Dienstleistungsliteratur durchgesetzt und wird auch hier verwendet.

Das Gap-Modell unterscheidet folgende Lücken [Zeithaml et al. 92]:

- Gap 1

  Diskrepanz zwischen den Kundenerwartungen und deren Wahrnehmung durch das Management des Dienstleisters. Hier wird deutlich, daß bereits in der Erfassung der Kundenwünsche Schwierigkeiten bestehen. Eine wesentliche Ursache für die Entstehung dieser Gap sind die unterschiedlichen Auffassungen der beteiligten Personen über die jeweilige Dimension der (Dienstleistungs-)Qualität.

- Gap 2

  Diskrepanz zwischen der Wahrnehmung der Kundenerwartungen durch das Management und der Interpretation durch den Dienstleister mit anschließender Umsetzung in Spezifikationen der Dienstleistungsqualität. Dieser Gap zeigt, daß auch die Übertragung der erfaßten Kundenwünsche in die unternehmensinternen Vorgaben für die Ausführung der Dienstleistung Probleme bereiten kann. Hierbei spielen auch die Einstellungen der am Prozeß der Dienstleistungserstellung beteiligten Mitarbeiter gegenüber den Dienstleistungsprodukten eine wichtige Rolle.

- Gap 3

  Diskrepanz zwischen den Spezifikationen der Dienstleistungsqualität und der tatsächlich erstellten Leistung. Als Ursache für eine ungenügende Dienstleistung wird oftmals das Unvermögen der Mitarbeiter, eine korrekte Leistung zu erbringen, gesehen. Dabei ist jedoch auch der bedeutende Einfluß von technischen

Gegebenheiten, nicht beeinflußbaren Umfeldbedingungen sowie spezifischen Kontrollmechanismen zu berücksichtigen.

- Gap 4

  Diskrepanz zwischen erstellter Dienstleistung und der an den Kunden gerichteten Kommunikation über diese Dienstleistung. Dieser Gap zeigt, daß dem Kunden oft mehr versprochen wird, als das Unternehmen zu leisten in der Lage ist. Ursachen dafür können in einem ungenügenden Abwägen von Werbebotschaften des Unternehmens an die Kunden, aber auch in einer unklaren horizontalen Kommunikation innerhalb des Unternehmens liegen.

- Gap 5

  Diskrepanz zwischen den Erwartungen des Kunden an eine Dienstleistung und seiner Wahrnehmung der real erbrachten Dienstleistung. Dieser Gap ist ein Maß für die vom Kunden wahrgenommene Dienstleistungsqualität und damit die entscheidende Lücke, die das Modell aufzeigt. Es besteht jedoch eine weitgehende Abhängigkeit von den vorhergehenden Gaps.

Insgesamt ist zu berücksichtigen, daß objektiv nachvollziehbare Aussagen über das tatsächliche Niveau einer Dienstleistung nur schwer getroffen werden können. Damit kommt auch die Subjektivität des Qualitätsbegriffs bei Dienstleistungen an sich zum Ausdruck: So wie die Leistung selbst sehr individuell sein kann, da der Kunde an ihrer Erbringung beteiligt ist, ist auch das Qualitätsverständnis sehr individuell und vielschichtig. Das Gap-Modell kann als Orientierungshilfe für die gezielte Analyse und die folgende Beseitigung inner- und überbetrieblicher Schwachstellen anhand der aufgezeigten Lücken dienen.

Literaturhinweise zur Vertiefung

DGQ - Deutsche Gesellschaft für Qualität (Hrsg.):
DGQ-Schrift 30-01: Qualitätsmanagement bei Dienstleistungen.
Berlin: Beuth Verlag 1995.

VDA - Verband der Automobilindustrie (Hrsg.):
VDA-Schriftenreihe Qualitätsmanagement in der Automobil industrie, Band 6 Teil 2: QM-Systemaudit - Dienstleistungen.
1. Aufl., Frankfurt/Main 1997.

Bruhn, M.; Stauss, B. (Hrsg):
Dienstleistungsqualität.
Wiesbaden: Gabler Verlag 1991.

Murphy, J. A.:
Dienstleistungsqualität in der Praxis.
München: Carl Hanser Verlag 1994.

Eversheim, W. (Hrsg.):
Qualitätsmanagement für Dienstleister.
Berlin: Springer-Verlag 1997.

Hoeth, U.; Schwarz, W.:
Qualitätstechniken für die Dienstleistung.
In: Kamiske, G. F. (Hrsg.): Reihe PocketPower.
München: Carl Hanser Verlag 1997.

Fehler und Mangel

Ein Fehler (Fault) ist nach DIN EN ISO 8402 allgemein die Nichterfüllung (Nichtkonformität) einer festgelegten Forderung. Dabei werden unter Forderung speziell auch Qualitäts- und Zuverlässigkeitsmerkmale verstanden [ISO 95]. Über mögliche oder notwendige Folgen dieser Nichterfüllung ist hierbei nichts ausgesagt, so daß jede Abweichung von vorgegebenen Anforderungen demnach als Fehler zu betrachten ist.

Ebenfalls nach DIN EN ISO 8402 wird unter Mangel (Defect) die Nichterfüllung einer auch nur beabsichtigten Forderung oder einer berechtigten, den Umständen angemessenen Erwartung für den Gebrauch einer Einheit verstanden, wobei Sicherheitsaspekte ausdrücklich eingeschlossen werden. Im Gegensatz zu einem Fehler hebt ein Mangel also immer auf eine Beeinträchtigung der Verwendbarkeit der betrachteten Einheit ab. Als Einheit gilt hier ein Prozeß im Sinne einer Tätigkeit, ein Produkt, ein System oder eine Kombination daraus.

Das Auftreten eines Fehlers kann, das Auftreten eines Mangels muß zwangsläufig zu Fehlfunktionen oder zur Funktionsunfähigkeit der betrachteten Einheit führen. Tritt Funktionsunfähigkeit ein, so liegt ein Ausfall (Failure) vor. Eine Einheit fällt aus, wenn sie die ihr gestellte Aufgabe nicht mehr ausführt, ohne daß äußere Einflüsse dies verursachen oder daß eine Überbeanspruchung vorliegt [Geiger 98] (vgl. **Zuverlässigkeit**).

Der Sinn dieser Unterscheidung zwischen Fehler und Mangel in einer technischen Norm darf wohl bestritten werden, insbesondere vor dem Hintergrund der juristischen Durchsetzbarkeit möglicher Ansprüche. Denn die Rechtsprechung kennt eine derartige begriffliche Trennung zwischen Fehler und Mangel nicht, beide Begriffe werden synonym verwendet [HDI 90]. Nach herrschender Auffassung ist die subjektive Fehlertheorie anzuwenden, die auch durch das Gesetz (§ 459 BGB, Haftung für Sachmängel) hinreichend gestützt wird [Brox 85]. Danach ist eine Einheit fehlerhaft, wenn sie von der vereinbarten Beschaffenheit abweicht und dadurch ihr Wert oder ihre Tauglichkeit zum normalerweise vorgesehenen oder vertraglich vereinbarten Gebrauch aufgehoben oder mehr als unerheblich gemindert wird. In ähnlicher Weise wird auch im Produkthaftungsgesetz der Fehlerbegriff (§ 3 I ProdHaftG, Fehler) festgelegt (vgl. **Produkthaftung**).

Von rechtlicher Relevanz ist jedoch die Unterscheidung zwischen offenem und verdecktem Fehler, wie sie im Handelsgesetzbuch getroffen wird (§ 377 I, II HGB, Untersuchungs- und Rügepflicht). Diese Unterscheidung kommt insbesondere bei der Stichprobenprüfung zum Tragen (vgl. **Stichprobenprüfung**).

Ein offener Fehler ist unter Einsatz der dem Stand der Technik entsprechenden Verfahren und bei Anwendung der üblichen Sorgfalt bei einer Prüfung erkennbar, ein verdeckter Fehler ist hierbei nicht erkennbar. Wird z.B. bei einer Stichprobenprüfung das geprüfte Los trotz vorhandener Fehler abgenommen, die bei sorgfältiger Prüfung hätten gefunden werden können, so gelten diese als offene Fehler und damit als genehmigt. Wären diese Fehler hingegen selbst bei entsprechender Prüfung nicht entdeckt worden bzw. befinden sie sich im nicht geprüften Losrest, so gelten sie als verdeckte Fehler. Aus verdeckten Fehlern lassen sich auch bei späterer Entdeckung noch rechtliche Ansprüche im Rahmen der Gewährleistung ableiten.

Fehlermöglichkeits- und -einflußanalyse/ Failure Mode and Effects Analysis (FMEA)

Die Fehlermöglichkeits- und -einflußanalyse ist eine formalisierte Methode, um mögliche Probleme sowie deren Risiken und Folgen bereits vor ihrer Entstehung systematisch und vollständig zu erfassen. Dieses potentielle Auftreten von Fehlern wird von einem bereichsübergreifenden Arbeitsteam unter Anwendung in der Vergangenheit gewonnener Erfahrungen und unter Benutzung des kreativen Potentials der Beteiligten frühzeitig aufgezeigt, bewertet und durch Festlegung geeigneter Maßnahmen vorausschauend vermieden.

Die analytische Vorgehensweise der FMEA stammt aus den USA und wurde dort in den 60er Jahren ursprünglich für die Anwendung im Bereich der Raumfahrt im Rahmen des Apollo-Programms entwickelt. Inzwischen hat sie sich in vielen Branchen als ein wirkungsvolles Werkzeug zur Erkennung von Fehlern und Fehlerauswirkungen durchgesetzt. Über die Automobilindustrie gelangte die FMEA etwa Ende der 70er Jahre nach Deutschland und wird seitdem auch hier erfolgreich angewendet [Schmidt et al. 91].

Wie bereits erwähnt, ist die grundlegende Zielsetzung der FMEA in einer vorausschauenden Fehlervermeidung zu erblicken. Derartige Präventivmaßnahmen setzen immer am wirksamsten in den frühen Phasen des Produktentstehungsprozesses an, also im Rahmen von Entwicklung, Konstruktion und Planung. Dies betrifft insbesondere die Neuentwicklung von Produkten, Sicherheits- und Problemteile, neue Fertigungsverfahren sowie Produkt- oder Prozeßänderungen. Dabei unterscheidet man nach dem Zeitpunkt der Anwendung und dem Objekt der Untersuchung zwischen der Konstruktions-FMEA für ein Produkt (Entwicklungs- und Konstruktionsphase) und der Prozeß-FMEA für ein Herstellungsverfahren (Produktionsplanungsphase) (vgl. **Konstruktions-FMEA**, **Prozeß-FMEA**). Hinzu kommt die System-FMEA, die sich in den letzten Jahren zur Betrachtung übergeordneter Gesamtsysteme mit ihren Wechselwirkungen zwischen den jeweiligen Einzelsystemen entwickelt hat (vgl. **System-FMEA**).

In jedem Falle muß die FMEA vor Beginn der Serienfertigung abgeschlossen sein. Neben ihrer grundsätzlich präventiven, fehlervermeidenden Wirkung lassen sich die wesentlichen Aufgaben und Ziele einer FMEA dabei wie folgt zusammenfassen:

- Identifizierung kritischer Komponenten und potentieller Schwachstellen.
- Frühzeitiges Erkennen und Lokalisieren von möglichen Fehlern.
- Abschätzung und Quantifizierung von Risiken.
- Anwendung und Weitergabe von Wissen und Erfahrungen.
- Verkürzung der Entwicklungszeit, Senkung der Entwicklungskosten sowie des Fehlleistungsaufwandes (vgl. **Fehlleistungsaufwand**).
- Vermeidung von Doppelarbeit und Verringerung von Änderungen nach Beginn der Serienfertigung.
- Beitrag zur Erfüllung unternehmenspolitischer Qualitätszielsetzungen.

Darüberhinaus eignet sich die FMEA auch als Führungsinstrument für die Entscheidungsebene. Durch das Einfordern wichtiger Schlüsselergebnisse der FMEA, wie z.B. der Risikoprioritätszahl (RPZ), kann die tatsächliche Durchführung der Untersuchung nachvollzogen werden. Außerdem ist dadurch die Abschätzung bzw. Quantifizierung von potentiellen Fehlern zur Risikobeurteilung der betrachteten Aufgabe möglich.

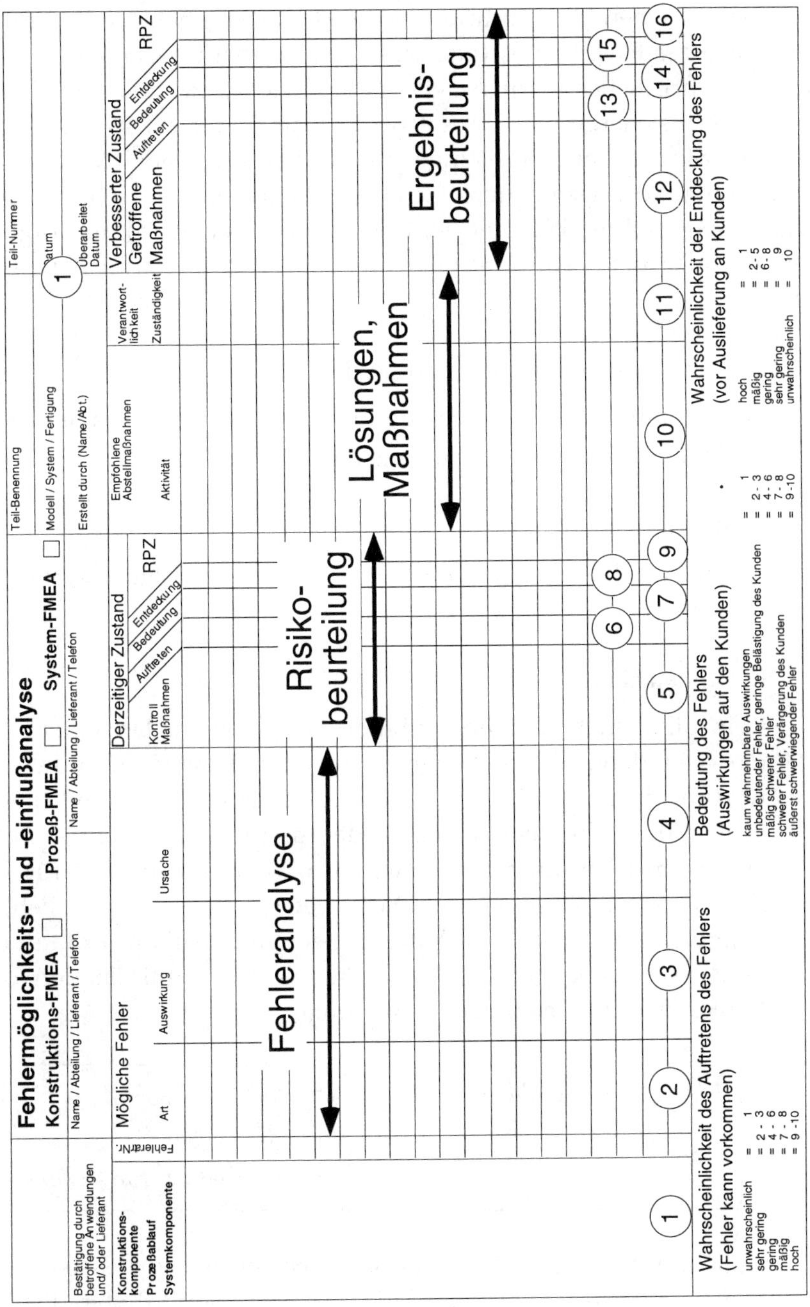

Bild 14: FMEA-Formblatt

Zur methodischen Durchführung einer FMEA empfiehlt sich die Benutzung eines Formblattes (vgl. Bild 14). Dadurch werden die Ergebnisse in schriftlicher Form festgehalten sowie Systematik und Übersichtlichkeit sichergestellt. Ein solches Arbeits- und Denkschema kann grundsätzlich in vier Blöcke eingeteilt werden: Fehleranalyse, Risikobeurteilung, Lösungsmöglichkeiten bzw. Maßnahmenvorschläge und Ergebnisbeurteilung [Schuler 90, Klatte/Sondermann 88]. Im folgenden wird der allgemeine Ablauf einer FMEA stichwortartig beschrieben:

- Orientierungsdaten (Stammdaten)

  Systemabgrenzung und -beschreibung, Teile und Merkmale bzw. Abläufe und einzelne Arbeitsfolgen ①.

- Fehleranalyse

  Mögliche Fehler nach Art und Ort ②, mögliche Folgen ③, mögliche Ursachen ④.

- Risikobeurteilung

  Kontrollmaßnahmen, die zur Entdeckung potentieller Fehler führen oder deren Auswirkungen verringern können ⑤. Punktbewertung jeder möglichen Fehlerursache nach der Wahrscheinlichkeit des Auftretens ⑥, der Bedeutung der Folgen eines Fehlers für den Betroffenen ⑦ sowie der Wahrscheinlichkeit für die Entdeckung des Fehlers ⑧. Diese Bewertung soll jeden Fehler quantifizieren. Dazu wird die sogenannte Risikoprioritätszahl (RPZ) berechnet ⑨. Sie ergibt sich aus der Multiplikation der Punkte der drei genannten Bewertungen:

$$\begin{aligned} \textit{Risikoprioritätszahl RPZ} = {} & \textit{Wahrscheinlichkeit des Auftretens} \\ & \times \textit{Bedeutung der Folgen} \\ & \times \textit{Wahrscheinlichkeit der Entdeckung} \end{aligned}$$

Üblicherweise nimmt man die Punktbewertung zur Risikobeurteilung auf einer Skala von 1 (kein Risiko) bis 10 (hohes Risiko) vor. Die Risikoprioritätszahl kann dann einen Wert zwischen 1 und 1.000 annehmen und stellt so eine Rangfolge für die Optimierung durch entsprechende Lösungsvorschläge dar. Die Fehlerursachen mit dem höchsten Zahlenwert sind vorrangig zu beseitigen. Auf diese Weise wird die Voraussetzung für eine gezielte und systematische Verbesserung von Konstruktion und Prozeß geschaffen.

- Maßnahmenvorschläge zur Optimierung

  Die Auftrittswahrscheinlichkeit von Fehlerursachen ist sowohl in der Konstruktion wie auch im Prozeß zu minimieren. Lösungsvorschläge ⑩ sollten auf Fehlervermeidung anstelle von Fehlerentdeckung abzielen. Die Risikoprioritätszahl dient hier gemäß dem Pareto-Prinzip als ein Hinweis auf die zu wählende Optimierungsreihenfolge (vgl. **Pareto-Diagramm**). Dabei sind insbesondere auch die Einzelwerte der Risikobeurteilung zu betrachten. Hohe Werte für die Auftrittswahrscheinlichkeit weisen auf eine notwendige Konzeptverbesserung hin, selbst wenn die Entdeckungswahrscheinlichkeit hoch und die Bedeutung gering ist. Eine hohe Bedeutung der Folgen für den Kunden muß stets eine Konzeptionsänderung nach sich ziehen. Soll die Entdeckungswahrscheinlichkeit angehoben werden, ist ein gezieltes Suchen nach dem Fehler erforderlich. Eine hohe Entdeckungswahrscheinlichkeit hingegen erfordert die Minimierung der Auftrittswahrscheinlichkeit durch entsprechende Maßnahmen. Die Zuständigkeiten für diese Maßnahmen werden ebenfalls festgelegt ⑪.

- Entscheidung über die Maßnahmen

  Von den vorgeschlagenen Maßnahmen werden die erfolgversprechendsten diskutiert, ausgewählt und anschließend durchgeführt ⑫.

- Restrisikobetrachtung

  Nach der Durchführung von entsprechenden konstruktiven bzw. planerischen Maßnahmen wird wieder eine Risikobeurteilung vorgenommen ⑬, ⑭, ⑮. Es werden erneut Risikoprioritätszahlen berechnet ⑯, die zur Entscheidung über die Freigabe der Konstruktion bzw. der Betriebsmittelbeschaffung dienen.

- Ergebnisbeurteilung

  Im Rahmen der abschließenden Ergebnisbeurteilung wird ein Vergleich der beiden Risikoprioritätszahlen (vorheriger Zustand ⑨ und verbesserter Zustand ⑯) durchgeführt. Dabei wird auch das Verhältnis zwischen erzielbarer Verbesserung und einzusetzendem Aufwand berücksichtigt.

Ausgefüllte FMEA-Formblätter können zur Dokumentation verwendet werden, um jederzeit auf Ergebnisse bereits durchgeführter Untersuchungen zurückgreifen und Erfahrungswissen im Unternehmen weitergeben zu können. Der Verbesserungsprozeß darf dadurch jedoch nicht zum Erliegen kommen.

Konstruktions-FMEA

Die Konstruktions-FMEA ist speziell auf ein Produkt ausgerichtet und wird in der Entwicklungs- und Produktionsplanungsphase von einem interdisziplinären Arbeitsteam, bestehend aus Fachleuten aller beteiligten Bereiche, durchgeführt. Dabei ist sicherzustellen, daß alle möglicherweise auftretenden Fehler betrachtet und vorausschauend vermieden werden. Das Produkt ist also gegen Schwachstellen aller Art abzusichern, beispielsweise in Bezug auf Funktionalität, Zuverlässigkeit, Geometrie, Werkstoffauswahl, wirtschaftliche Herstellbarkeit, Prüfbarkeit und Servicefreundlichkeit.

Dabei hat sich ein Top-Down-Schema als Gliederungsprinzip bewährt. Es wird also zuerst das Gesamtsystem untersucht, dann die entsprechenden Teilsysteme bzw. Baugruppen. Diese sind wiederum in Erzeugnisse und Teilegruppen zerlegbar, die schließlich aus Einzelteilen mit entsprechenden Merkmalen bestehen. Die Konstruktions-FMEA ist besonders wirkungsvoll bei neuen oder geänderten Teilen bzw. Werkstoffen, bei geänderten oder zusätzlichen Anforderungen, bei besonderen Funktions- und Sicherheitsrisiken, bei fertigungstechnischen Dauerproblemen und erfahrungsmäßigen Feldproblemteilen sowie bei Schnitt- und Verbindungsstellen und allgemein schwieriger Prüfbarkeit.

Prozeß-FMEA

Die Prozeß-FMEA bezieht sich auf einen bestimmten Prozeß in den Bereichen Fertigung, Montage sowie Prüfung und wird im Rahmen der Produktionsplanungsphase durchgeführt. Sie übernimmt auch die in der Konstruktions-FMEA festgestellten Fehlerursachen, die sich auf einen Prozeß beziehen, und bietet auf dieser Grundlage die Möglichkeit, weitere Untersuchungen durchzuführen. Grundsätzlich sollen alle möglichen Faktoren und Zustände ermittelt werden, die einen einwandfreien Prozeßablauf erschweren. Dabei ist die gesamte Handlungskette mit allen Einflüssen zu erfassen.

Im Rahmen der Prozeß-FMEA sind Eignung und Sicherheit des Herstellverfahrens, seine Qualitätsfähigkeit sowie Prozeßstabilität und die Ermittlung von Prozeßsteuerungsmerkmalen besonders zu betrachten. Dabei zielt die Prozeß-FMEA immer auf integrierte, gefertigte und kostenoptimierte Qualität. Sie ist als Ergänzung der Pflichtenhefte für die Betriebsmittelbeschaffung und die Ablaufgestaltung anzusehen.

System-FMEA

Mit Hilfe der System-FMEA wird das funktionsgerechte Zusammenwirken der einzelnen Komponenten eines komplexen Systems untersucht. Die dafür notwendigen Ausgangsinformationen können beispielsweise als Pflichtenheft oder als Ergebnisse der Qualitätsplanung mittels Quality Function Deployment vorliegen (vgl. **Quality Function Deployment**). Ziel ist dabei die frühzeitige Vermeidung von Fehlern schon im Stadium des Systementwurfs. Dabei werden insbesondere Sicherheit und Zuverlässigkeit des geplanten Systems sowie die Einhaltung von gesetzlichen Vorschriften überprüft. Die System-FMEA kann darüber hinaus für einen Systemvergleich sowie zur fundierten Entscheidung bezüglich einer Systemauswahl herangezogen werden.

Im Sinne eines methodischen Zusammenhangs kann die System-FMEA als Basis für die Konstruktions-FMEA angesehen werden, aus der sich wiederum die Prozeß-FMEA ableiten läßt. Dabei wird gemäß der grundsätzlichen Vorgehensweise bei einer FMEA zunächst für das zu betrachtende Endprodukt, Bauteil oder den Prozeß die jeweilige Funktion beschrieben, woraus dann die potentielle Fehlerart sowie deren mögliche Auswirkung und Ursache abzuleiten sind [Kersten 94].

Literaturhinweise zur Vertiefung

Franke, W. D.:
FMEA - Fehlermöglichkeits- und -einflußanalyse in der industriellen Praxis.
Landsberg/Lech: Verlag Moderne Industrie 1987.

VDA - Verband der Automobilindustrie (Hrsg.):
VDA-Schriftenreihe Qualitätsmanagement in der Automobil industrie, Band 4 Teil 2: Sicherung der Qualität vor Serieneinsatz - System-FMEA.
1. Aufl., Frankfurt/Main 1996.

DIN - Deutsches Institut für Normung (Hrsg.):
DIN 25 448: Ausfalleffektanalyse, FMEA.
Berlin: Beuth Verlag 1990.

Schubert, M.:
DGQ-Schrift 13-11: FMEA - Fehlermöglichkeits- und -einflußanalyse.
Hrsg.: DGQ - Deutsche Gesellschaft für Qualität.
Berlin: Beuth Verlag 1993.

Kersten, G.:
Fehlermöglichkeits- und -einflußanalyse (FMEA).
In: Masing, W. (Hrsg.): Handbuch Qualitätsmanagement.
3. Aufl., München: Carl Hanser Verlag 1994, S. 460-490.

Fehlleistungsaufwand

Die Bezeichnung als Fehlleistungsaufwand wurde von Masing geprägt, der sich damit gegen die sogenannten Qualitätskosten wendet [Masing 88]. Unter Fehlleistungsaufwand versteht man den bewerteten Verbrauch von Leistungen (Arbeitsgängen, Prozessen) und Gütern (Produktionsfaktoren) im gesamten Unternehmen, der durch Fehlhandlungen und deren Auswirkungen entsteht. Dabei wird weder eine Werterhöhung am Produkt vorgenommen noch der Kundennutzen gesteigert, sondern eine Minderung von Effizienz und Ertrag bewirkt, da den Input-Faktoren des betrieblichen Leistungserstellungsprozesses ein um die Fehlleistungen geminderter Output gegenübersteht. Dies ist jedoch gleichbedeutend mit geringerer Produktivität (mengenmäßige Betrachtung) bzw. Wirtschaftlichkeit (wertmäßige Betrachtung).

Die veraltetete Bezeichnung „Qualitätskosten" (heute: qualitätsbezogene Kosten) unterteilt sich in Fehlerverhütungskosten, Prüfkosten und Fehlerkosten. Dies impliziert den Versuch einer Trennung zwischen dem Produkt selbst und den die Qualität bestimmenden Merkmalen und Eigenschaften. Ein solches Vorgehen ist aber weder praktikabel noch betriebswirtschaftlich haltbar [Masing 88, Kamiske 92, Geiger 94]. Hinzu kommt, daß ein realistischer und verursachungsgerechter Ausweis der Kosten qualitätsbezogener Maßnahmen mit den heute zur Verfügung stehenden Verfahren der betrieblichen Kostenrechnung nicht befriedigend möglich ist. Unbedingt notwendig ist jedoch die gezielte Analyse sämtlicher Prozesse im Unternehmen in bezug auf Produktivität und Wertschöpfung bzw. Fehlleistungen und Verschwendung [Kamiske/Tomys 93] (vgl. **Qualitätscontrolling**).

In diesem Zusammenhang gewinnt die klare Unterscheidung der Begrifflichkeiten eine besondere Bedeutung. Aufwand ist der Wert aller insgesamt verbrauchten Güter und Dienste, der in der Finanzbuchhaltung verrechnet wird. Kosten hingegen stellen lediglich den Wert aller verbrauchten Güter und Dienste für den eigentlichen, typischen Zweck der betrieblichen Leistung dar [Haberstock 77].

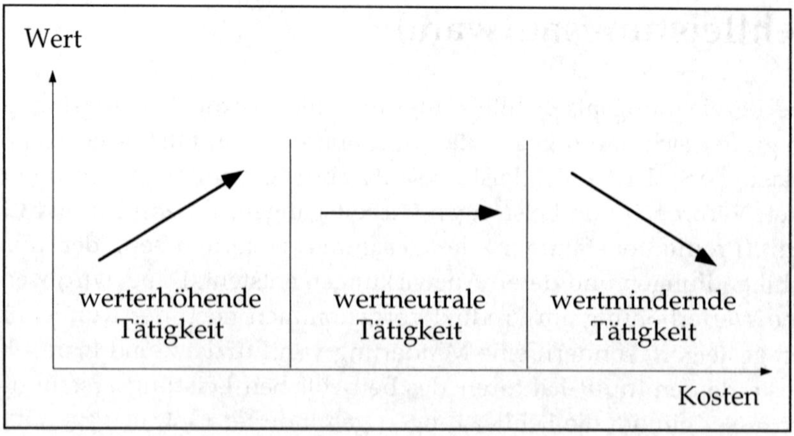

Bild 15: Arten der Wertveränderung im Produktionsprozeß

Besondere Bedeutung für die Wertschöpfung eines Herstellungsprozesses kommt den Fehlleistungen zu, wie beispielsweise Ausschuß und Nacharbeit auslösende Tätigkeiten. Diese mindern die Wertschöpfung bzw. verzehren Kosten, bis die gewünschte Wertsteigerung erreicht ist. Sie stehen damit im Gegensatz zur werterhöhenden Nutzleistung, dem eigentlichen Zweck des Prozesses (vgl. Bild 15).

Neben der Trennung zwischen werterhöhender Nutzleistung und wertmindernder Fehlleistung sind jedoch noch weitere Unterscheidungen vorzunehmen (vgl. Bild 16).

Um die gewünschte Nutzleistung erbringen zu können, sind Leistungen notwendig, die auch Kosten verzehren, aber nicht unmittelbar zur Werterhöhung beitragen. Zu diesen Leistungen gehören beispielsweise das Zuführen und Entnehmen der Werkstücke, der gelegentliche Werkzeugwechsel und das Rüsten der Maschine. Dies sind geplante Tätigkeiten, die als Stützleistungen bezeichnet werden könnten.

		Abschätzung des Anteils
Produktionsprozeß	werterhöhend, geplant (Nutzleistung)	max. 25 %
	nötig zur Erstellung der Nutzleistung, geplant (Stützleistung)	ca. 45 %
	unnötig, ungeplant (Blindleistung oder Verschwendung)	ca. 20 %
	wertmindernd, ungeplant (Fehlleistung)	max. 10 %

Bild 16: Leistungsarten im Produktionsprozeß

Darüber hinaus fallen aber noch Tätigkeiten an, die ungeplant sind, nicht zur Wertsteigerung beitragen, aber natürlich auch Kosten verursachen. Hier spricht man häufig von Verschwendung. Zur Unterscheidung seien sie mit Blindleistung bezeichnet (die versteckte Fabrik - Hidden Factory) [Miller/Vollmann 91].

Um ein Unternehmen auf eine qualitätsorientierte Weise führen zu können, bedarf es Kennzahlen, mit deren Hilfe Soll-Ist-Vergleiche möglich sind und mit denen Erfolge (oder Mißerfolge) gemessen werden können (vgl. **Qualitätscontrolling**). Dazu könnte ein Wirkungsgrad der Produktion dienen, definiert als Verhältnis der Nutzleistung zur Gesamtleistung.

Wirkungsgrad der Produktion

$$= \frac{\textit{Anteil der werterh henden Leistung}}{\textit{insgesamt aufgewendete Leistung}}$$

So, wie ein solcher Wirkungsgrad, auf die Nutzleistung in einem Betrieb bezogen, eine Aussage über die Effizienz der Fertigungsplanung und Produktion machen kann, so sind auch Kennzahlen zur Beobachtung von Stütz-, Blind- und Fehlleistungen denkbar, ohne hier näher auf sie einzugehen.

Literaturhinweis zur Vertiefung

Kamiske, G. F. (Hrsg.):
Rentabel durch TQM.
Berlin: Springer-Verlag 1996.

Hazard Analysis and Critical Control Points (HACCP)

Das Hazard Analysis and Critical Control Points-System (HACCP), deutsch etwa: Analyse von (Gesundheits-)Gefahren und Festsetzung kritischer Punkte, ist ein klar strukturiertes und auf die Festlegung präventiver Maßnahmen ausgerichtetes Werkzeug im Rahmen eines Lebensmittel-Sicherheitsmanagements. Es dient damit vorrangig der Vermeidung spezifischer Gefahren im Zusammenhang mit Lebensmitteln, die zu einer Erkrankung von Konsumenten führen können.

Seinen Ursprung hat das HACCP-System in den USA, wo es bereits in den 60er Jahren im Zusammenhang mit dem US-Raumfahrtprogramm entwickelt wurde. Damals verpflichtete die US-Weltraumbehörde NASA die Hersteller von Nahrungsmitteln für Astronauten zu einer Abschätzung und Beherrschung möglicher Gesundheitsgefahren.

Das HACCP-Konzept ersetzt nicht bisher übliche Hygienemaßnahmen, sondern baut auf einem wirksamen Hygienekonzept eines Lebensmittelbetriebes auf. Demnach sind beispielsweise Reinigungs- und Desinfektionspläne, Personalhygiene sowie Trennung von reinen und unreinen Bereichen Grundlage und Voraussetzung für die Erstellung, jedoch nicht unmittelbar Bestandteil eines konkreten HACCP-Konzeptes für ein bestimmtes Lebensmittel. Bei dem HACCP-System handelt es sich vielmehr um ein logisches Konzept, bei dem zunächst auf der Basis naturwissenschaftlicher Fakten ein Handlungsbedarf ermittelt wird („Hazard Analysis") und danach zuverlässige Sicherungsmaßnahmen aufgrund von genau definierten Prinzipien bestimmt und durchgeführt werden (Präventives Management durch Festlegung von „Critical Control Points") [Untermann 98].

Das Komitee Lebensmittelhygiene der FAO/WHO Codex Alimentarius Commission hat das HACCP-System in der Alinorm 97/13A dargelegt und Hinweise für dessen Anwendung gegeben. Auf dieser Basis lassen sich die 7 HACCP-Prinzipen in abgekürzter Form folgendermaßen beschreiben [Alinorm 97]:

1. Durchführen einer Gefahrenanalyse („Hazard Analysis");
2. Bestimmen der „Critical Control Points";
3. Festlegen der Grenzwerte;
4. Festlegen eines Systems zur Überwachung (Monitoring) der „Critical Control Points";
5. Festlegen von Korrekturmaßnahmen, die vorzunehmen sind, wenn die Überwachung (Monitoring) anzeigt, daß ein „Critical Control Point" nicht mehr unter Kontrolle ist (fehlerfrei funktioniert);
6. Festlegen von Verifizierungsverfahren, die bestätigen, daß das HACCP-System erfolgreich arbeitet;
7. Einführen einer Dokumentation, die alle Vorgänge und Aufzeichnungen berücksichtigt und den HACCP-Prinzipien und deren Anwendung entspricht.

Über seinen eigentlichen Anwendungsbereich hinaus läßt sich das HACCP-System auch als universelle Methode zur systematischen Analyse komplexer Produktionsabläufe verwenden und eignet sich deshalb als Hilfsmittel beim Aufbau und zur Optimierung von Systemen und Prozessen in den Bereichen Qualität und Sicherheit (vgl. **Qualitätsmanagementsystem, Safety Certification Contractors**). Wie dort auch, können Unternehmen, die in einem Zertifizierungsaudit eine funktionierende Gefahrenanalyse und -beherrschung nachweisen, ein entsprechendes HACCP-Zertifikat erhalten (vgl. **Zertifizierung**). Seine Gültigkeit wird durch ein jährliches Überwachungsaudit überprüft.

Insgesamt ist das zugrunde liegende HACCP-Konzept auf vorausschauend-fehlervermeidende Aktivitäten sowie eine ständige Verbesserung bestehender Abläufe ausgerichtet (vgl. **Ständige Verbesserung**). Durch entsprechende Dokumentation ist ein HACCP-System unter Umständen auch als Nachweis in Fällen der Beweislastumkehr nach dem Produkthaftungsgesetz geeignet (vgl. **Produkthaftung**). Es kann darüber hinaus auch zum Aufdecken von Einsparungspotentialen und der Vermeidung von Fehlleistungsaufwand bzw. Verschwendung beitragen (vgl. **Fehlleistungsaufwand, Qualitätsbezogene Kosten, Qualitätstreiber**).

Integriertes Qualitätsmanagement

Die Integration des Qualitätsmanagements in die Managementaufgaben aller unternehmerischen Funktionsträger hebt die Spezialisierung auf diese Disziplin auf. Ziel ist einerseits die verstärkte Berücksichtigung und Beachtung qualitätsfördernder Elemente in jeder Situation, andererseits sollte der große Personalaufwand in den Spezialabteilungen des Qualitätsmanagements (Qualitätssicherung, Qualitätskontrolle, Qualitätswesen, Inspektion) verringert bzw. beseitigt werden.

Die Integration kann nur erfolgreich erfolgen, wenn der Qualität seitens der obersten Leitung erste Priorität beigemessen wird und dieses den untergeordneten Stellen unmißverständlich mitgeteilt und vorgelebt wird. Bei unklarer Prioritätensetzung besteht die Gefahr, daß Qualität dem Spiel der Kräfte ausgesetzt wird und vermeintlich zwingenden Kriterien (Kosten, Terminen u.a.) unterliegen kann.

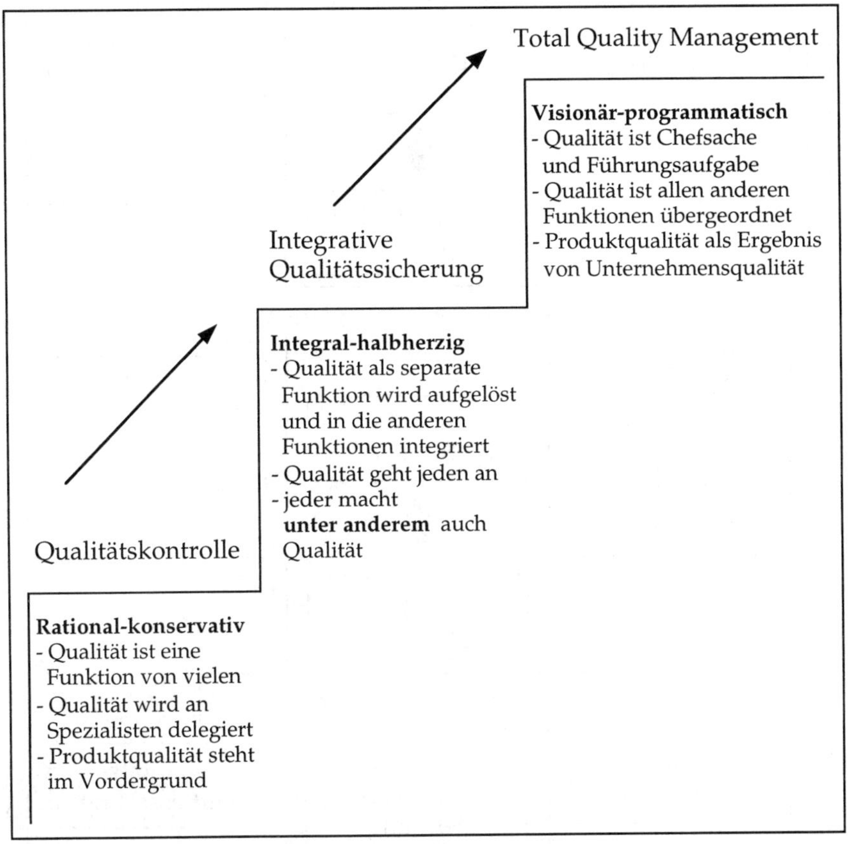

Bild 17: Entwicklungsstufen zu TQM

Integriertes Qualitätsmanagement ist ein unvermeidbarer Schritt auf dem Weg zum umfassenden Qualitätsmanagement im Sinne von Total Quality Management (vgl. Bild 17) [Kamiske/Malorny 94] (vgl. **Total Quality Management**).

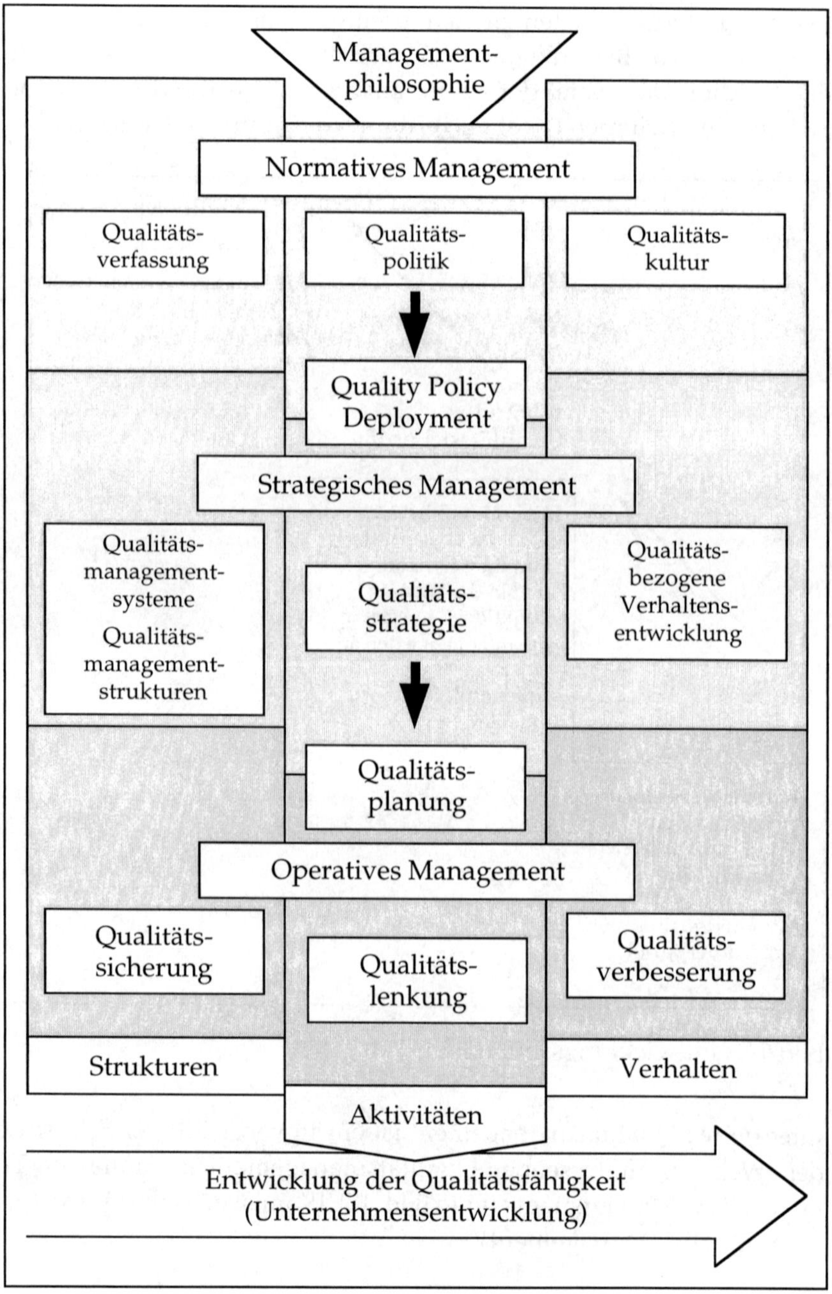

Bild 18: Konzept Integriertes Qualitätsmanagement

Einen formal, aber kaum inhaltlich anderen Weg als TQM geht das sogenannte St. Galler Managementkonzept mit der Integration des Qualitätsmanagements (vgl. Bild 18) [Seghezzi 96]. Sein Vorteil ist die Anlehnung an bekannte Managementstrukturen [Bleicher 96]. Die vorher genannten Anforderungen an das Führungsverhalten entscheiden über den Erfolg dieses Konzeptes.

Literaturhinweis zur Vertiefung

Seghezzi, H.D.:
Integriertes Qualitätsmanagement.
München: Carl Hanser Verlag 1996.

Japanische Begriffe

Im folgenden wird die Bedeutung einiger Begriffe japanischen Ursprungs kurz erläutert. Diese Begriffe, die zum Teil unter einer englischen Bezeichnung bekannt geworden sind, werden in jüngster Zeit häufig im Zusammenhang mit der Qualitätswissenschaft genannt. Sie entstammen meist dem Toyota Production System (TPS), dem das ganze Unternehmen umfassenden, auf die Fertigung ausgerichteten Organisationssystem der japanischen Toyota Motor Company, Ltd. (vgl. **Toyota Production System**).

Dabei finden diese Begriffe nicht nur Anwendung in den stark diversifizierten, vertikal integrierten Industriekonglomeraten (Keiretsu), wie sie sich in Japan um Großbanken, Versicherungen oder Produktionsunternehmen gebildet haben, sondern in der gesamten japanischen Wirtschaft. In einer zusammenfassenden Übersicht werden zunächst die Begriffe mit Kurzerklärungen belegt, die Erläuterungen schließen sich in alphabetischer Reihenfolge an.

Begriff	Kurzerklärung
Andon	Zentrale Anzeigetafel für den Fehlerort
Gemba	Werkstatt als Ort der Wertschöpfung
Heijunka	Harmonisierung des Produktionsflusses (Prozeßglättung)
Jidoka	Selbststeuerndes Fehlererkennungssystem
Kaizen	Streben nach Ständiger Verbesserung
Kanban	Materialfluß-Steuerungssystem auf der Basis von Karten als Informations träger
Muda, Mura, Muri - Die drei Mu	Verschwendung, Abweichung (Unausgeglichenheit), Überlastung
Poka Yoke	Vermeidung unbeabsichtigter Fehler
Seiri, Seiton, Seiso, Seiketsu, Shitsuke - Die fünf S	Ordnung schaffen, Ordnungsliebe, Sauberkeit, Ordnungssinn, Disziplin

Das Toyota Production System selbst sowie der ebenfalls damit zusammenhängende Begriff Just-in-Time (JiT) werden aufgrund ihrer herausragenden Bedeutung gesondert dargestellt (vgl. **Toyota Production System, Just-in-Time**).

Andon

Andon (TPS) ist eigentlich nur ein Hilfsmittel zur Informationsweiterleitung bei auftretenden Problemen. Es fungiert als visuelles Fertigungsinformationssystem, welches über die Lichtzeichen einer Anzeigetafel auf das Auftreten eines (Maschinen-)Fehlers hinweist. Es dient so als zentrale Anzeige des Problemortes und sollte für möglichst viele Mitarbeiter, vor allem aber für den zuständigen Meister gut sichtbar sein. Derjenige Mitarbeiter, der einen Fehler entdeckt bzw. ein Problem im Fertigungsablauf feststellt, kann einen Andon-Knopf betätigen und informiert so den Meister und die Kollegen, daß er Hilfe an seinem Arbeitsplatz benötigt. Kann das aufgetretene Problem nicht schnell genug beseitigt werden, so ist es auch möglich, den gesamten Produktionsablauf anzuhalten. Dies geschieht jedoch nicht automatisch bei jedem auftretenden Fehler und ist auch nicht Sinn von Andon. Es soll vielmehr das Problem sichtbar gemacht, die Ursache analysiert und gründlich beseitigt werden. Muß zu diesem Zweck die Produktion gestoppt werden, so ist dies zulässig, wenn damit ein erneutes Auftreten des Problems in Zukunft vermieden werden kann [Shingo 81].

Gemba

Mit dem Ausdruck Gemba bezeichnet man den Arbeitsplatz im Sinne des Ortes, an dem die wertschöpfenden Prozesse im Unternehmen stattfinden. Damit ist also nicht die Verwaltung, sondern die Fertigung (Werkstatt) als ausführende Ebene gemeint, wo Qualität in der Umsetzung der Kundenwünsche erzeugt wird. Die Verwaltungsebene des Unternehmens wird nicht als übergeordnet betrachtet, sondern als unterstützende, quasi dienstleistende Organisation für Gemba (vgl. Bild 19). Als Gembutsu werden nicht nur diejenigen Mitarbeiter bezeichnet, die in Gemba arbeiten, sondern auch die dort eingesetzten Maschinen, das verwendete Material und sämtliche Randbedingungen, die Einfluß auf den Arbeitsprozeß haben.

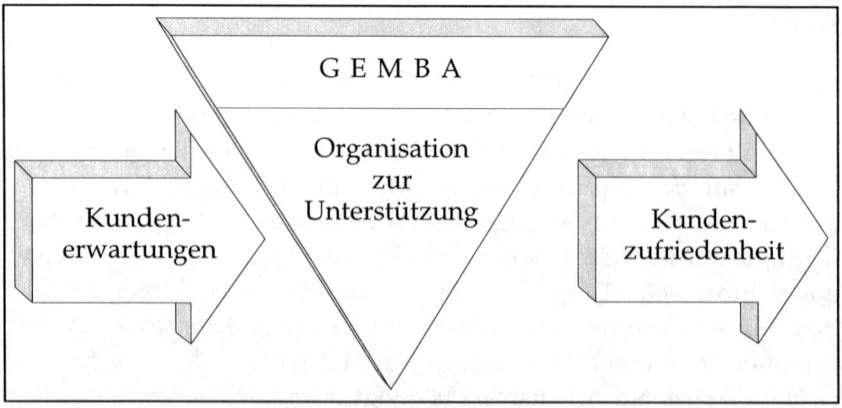

Bild 19: Gemba als Ort der Wertschöpfung

Von Gemba wird oft in Verbindung mit Kaizen gesprochen (vgl. **Kaizen**). Der Zusammenhang wird deutlich, wenn man Kaizen als eine kundenorientierte Verbesserungsstrategie auffaßt, die davon ausgeht, daß alle Aktivitäten im Unternehmen schließlich zu einer Steigerung der Kundenzufriedenheit führen sollen [Imai 86]. Hierbei spielt Gemba eine entscheidende Rolle, da im Bereich der Fertigung letztlich die Produkte hergestellt werden, die durch ihre Qualität die Wünsche und Erwartungen der Kunden befriedigen sollen. Das folgende Vorgehen wird als die sechs Prinzipien von Gemba bezeichnet:

1. Gehe zu Gemba, wenn eine Abweichung auftritt.
2. Überprüfe Gembutsu.
3. Leite Sofortmaßnahmen ein.
4. Finde die Ursachen der Abweichungen heraus.
5. Beseitige die Ursache an der Quelle.
6. Standardisiere, um gegen Wiederauftreten der Abweichung vorzubeugen.

Heijunka

Heijunka (TPS) bezeichnet eine Harmonisierung des Produktionsflusses im Sinne eines mengenmäßigen Produktionsausgleichs. Es wird eine möglichst gleichmäßige Kapazitätsauslastung zur Prozeßglättung angestrebt, indem Warteschlangen vor den einzelnen Bearbeitungsstationen (Maschinen) und damit auch Wartezeiten vermieden werden. An die Stelle der klassischen Werkstattfertigung mit starker Arbeitsteilung gemäß dem Taylorschen Prinzip, mit langen Liege- und Transportzeiten, tritt das Fließprinzip (Continuous Flow Manufacturing, CFM) mit kurzen Transportwegen und der Tendenz zur Komplettbearbeitung. Heijunka kann als Bestandteil des Just-in-Time-Gedankens (JiT) und als eine Voraussetzung für seine Realisierung angesehen werden [Soom 86] (vgl. **Just-in-Time**).

Jidoka

Jidoka (TPS) ist, ähnlich wie Andon, eigentlich nur ein Hilfsmittel, um auftretende Probleme zu lokalisieren und zu melden. Es wird auch als selbststeuerndes Fehlererkennungssystem oder als selbststeuernde Automatisierung (Autonomation) bezeichnet, da die Maschinen hierbei mit Sensoren ausgestattet sind, die automatisch Fehlfunktionen erkennen und die Maschinen anhalten. Auf diese Weise wird verhindert, daß fehlerhafte Teile im weiteren Produktionsprozeß verarbeitet werden. Eine Ursachenanalyse zur grundlegenden Problembeseitigung schließt sich an. Jidoka erfüllt eine ähnliche Funktion wie ein Maschinenführer, der einen automatisierten Fertigungsprozeß überwacht, um bei Fehlfunktionen eingreifen zu können [Ohno 88].

Kaizen

Der japanische Begriff Kaizen bedeutet eigentlich Veränderung zum Besseren und drückt das Streben nach kontinuierlicher, unendlicher Verbesserung aus. Dies ist jedoch nicht als Methode zu betrachten, die bei Bedarf auf ein Problem angewendet werden kann. Kaizen ist vielmehr als prozeßorientierte Denkweise [Imai 86] im Sinne einer Geisteshaltung zu begreifen, die gleichzeitig Ziel und grundlegende Verhaltensweise im täglichen (Arbeits-)Leben darstellt [Dillon 90].

Mit gleicher inhaltlicher Bedeutung wird Kaizen im anglo-amerikanischen Sprachraum als Continuous Improvement bzw. Continuous Improvement Process (CIP) und in der deutschen Übersetzung als Ständige Verbesserung bzw. Kontinuierlicher Verbesserungsprozeß (KVP) bezeichnet (vgl. **Ständige Verbesserung**). Der Amerikaner Deming beschreibt diese Denkweise, die durch den Plan-Do-Check-Act-Zyklus (PDCA-Zyklus) anschaulich dargestellt wird, sowohl im Rahmen seiner 14 Punkte wie auch als eigenständiger Teil seiner Unternehmensphilosophie (vgl. **Demings Management-Programm**).

Kaizen bzw. Ständige Verbesserung muß somit als Teil einer das gesamte Unternehmen umfassenden Anstrengung zur Verbesserung im Hinblick auf das Qualitätsziel verstanden werden, wobei jeder einzelne Arbeitsplatz und alle Führungs- bzw. Hierarchieebenen miteinbezogen werden (vgl. **Total Quality Management**).

In der Literatur [Imai 86] wird Kaizen auch als übergeordnete, allumfassende Strategie beschrieben, die auf der Erkenntnis beruht, daß die Kunden zufriedengestellt und ihre Anforderungen erfüllt werden müssen, wenn ein Unternehmen erfolgreich wirtschaften und in Zukunft weiterbestehen will. Um dieses Ziel zu erreichen, wird die Qualität richtigerweise als grundlegender Ansatzpunkt erkannt, deren Steigerung dann wiederum zu höherer Produktivität führt. Dabei beinhaltet der Qualitätsbegriff im Rahmen von Kaizen nicht nur die Produktqualität, sondern die Qualität des gesamten Unternehmens, die soziale Komponenten mit einschließt und sich also auf alle Aspekte menschlicher Aktivitäten bezieht. Als ein der Qualitätsverbesserung vorgelagerter Prozeß wird die Verbesserung selbst angesehen, beginnend mit dem Erkennen ihrer Notwendigkeit durch das Erkennen eines Problems. Jedwede Verbesserung in einem Unternehmen führt dann schließlich auch zu einer Verbesserung von Qualität und Produktivität.

Demgemäß wird Kaizen als eine kundenorientierte Verbesserungsstrategie aufgefaßt, die davon ausgeht, daß alle Aktivitäten im Unternehmen schließlich zu einer Steigerung der Kundenzufriedenheit führen sollen [Imai 86].

Der Charakter von Kaizen als kontinuierlicher Prozeß, also einer evolutionären Vorgehensweise in kleinen Schritten, die ständig erfolgt und nie als abgeschlossen betrachtet wird, offenbart sich besonders deutlich im Vergleich zur Innovation. Darunter wird eine große Veränderung in Richtung auf eine umfassende Erneuerung in einem bestimmten Bereich verstanden. Die Innovation erfolgt meist revolutionär-umwälzend, zieht die Aufmerksamkeit aller auf sich und ist in der Regel ein einmaliger, abgeschlossener Vorgang [Imai 86].

Bild 20: Der Kaizen-Schirm

Noch deutlicher wird diese Betrachtungsweise, wenn man sich Kaizen als Zielvorgabe und gleichzeitig als Zielerreichungsstrategie vorstellt, die Methoden und Techniken integrativ überlagert. Die visuelle Darstellung dieser Überlagerung erfolgt häufig in Form eines Schirms (vgl. Bild 20) [Imai 86].

Kaizen als Begriff hat sogar Eingang gefunden in die Arbeitsverträge des japanisch-amerikanischen Gemeinschaftsunternehmens von der Toyota Motor Company und General Motors, New United Motor Manufacturing, Inc. (NUMMI), welches seinen Standort in den USA hat.

Im Zusammenhang mit Kaizen besonders hervorzuheben sind die Begriffe Cross-Functional Management und Policy Deployment, die man auch als Bestandteile einer umfassenden Managementstrategie zur Erreichung von Qualität und Produktivität betrachten kann [Imai 86].

Unter Cross-Functional Management (Funktionsüberschneidendes Management) versteht man das Koordinieren der Aktivitäten verschiedener organisatorischer Einheiten zum Erreichen der funktionsüberschneidenden Ziele von Kaizen und der Total Quality-Strategien [Imai 86]. Von besonderer Bedeutung ist hier die interdisziplinäre Zusammenarbeit der einzelnen Fachabteilungen sowie die offene Kommunikation untereinander. In diesem Sinne betont Cross-Functional Management vor allem die horizontale Integration der Aktivitäten innerhalb eines Unternehmens [King 89]. Die speziellen Ziele der Abteilungen werden den Gesamtzielen des Unternehmens untergeordnet, eine einseitige Optimierung wird vermieden. Auf diese Weise wird unter Einbeziehung sämtlicher Beteiligter der gesamte Produktentstehungsprozeß konsequent und durchgängig an den übergeordneten, funktionsüberschneidenden Zielen Qualität, Kosten und Liefertreue ausgerichtet [Imai 86]. Diese funktionsüberschneidenden Ziele können als gleichbedeutend mit den eingangs genannten Zielen Qualität, Produktivität und Kundenzufriedenheit bzw. Erfüllung der Kundenwünsche angesehen werden.

In engem Zusammenhang mit Cross-Functional Management steht die Durchgängigkeit der Unternehmenspolitik, Policy Deployment. Dies ist die bekanntere Bezeichnung für Hoshin Planning, was wiederum auf den japanischen Ausdruck Hoshin Kanri zurückgeht. In einer etwas freieren Übersetzung bedeutet Hoshin zunächst „Politik" im Sinne von Unternehmenspolitik, aber auch „Ziel und Mittel (zur Zielerreichung)". Kanri bezeichnet sowohl „Planung" als auch „Management". Eine andere Bezeichnung für Hoshin Planning ist auch Management by Policy (MBP) zur Abgrenzung von Management by Objectives (MBO) [King 89].

Policy Deployment ist ein (Planungs-)System zur langfristigen und allumfassenden Einführung des Grundsatzes der Ständigen Verbesserung in einem Unternehmen [Kirstein 94]. Es wird als Teil von Total Quality Management angesehen und stellt die gezielte Umsetzung von Kaizen in konkrete Handlungsanweisungen bzw. Aktionen dar. Im Gegensatz zu Cross-Functional Management wird beim Policy Deployment insbesondere die vertikale Integration der Aktivitäten innerhalb eines Unternehmens betont, indem der Planungsprozeß sowohl im Top-Down- als auch im Bottom-Up-Ansatz realisiert wird.

Dazu werden die langfristigen strategischen Zielsetzungen des Unternehmens aufgelöst und operationalisiert bis hin zu Einzelaufgaben. So wird sichergestellt, daß sich jeder Mitarbeiter über seine Aufgaben und seinen Beitrag zur Zielerreichung bewußt ist. Dabei wird besonderes Gewicht auf den Prozeß und seine Umsetzung gelegt, die eigentliche Zielerreichung im Sinne einer Ergebnisorientierung steht nicht ausschließlich im Mittelpunkt. Policy Deployment beinhaltet damit Aussagen sowohl über die Mittel wie auch über den Zweck, dem diese Mittel dienen sollen [Imai 86]. Die Folge ist eine Akzeptanz der Unternehmenspolitik auf breiter Basis und über alle Hierarchiestufen hinweg.

Kanban

Kanban ist der japanische Ausdruck für Karte oder Schild. Entsprechend ist das Kanban-System (TPS) ein auf Karten basierendes Instrument zur Steuerung des Material- und Informationsflusses auf Werkstattebene (Fertigungssteuerung). Das Kanban-System übt keine Organisationsfunktion aus, es ist lediglich ein Steuerungsinstrument [Shingo 81], welches angewendet wird, um ein Produktionssystem nach dem Just-in-Time-Prinzip (JiT) zu erreichen (vgl. **Just-in-Time**). Es wird aber auch als eine Spielart der Just-in-Time Production bezeichnet [Soom 86a].

Ziel des Kanban-Systems ist es, auf allen Fertigungsstufen eine mindestbestandsorientierte Fertigungsdisposition einzuführen. Dies geschieht, indem die Materialbestände in Zwischenlagern (Puffer) sowie die Durchlaufzeiten bei trotzdem genauer Termineinhaltung auf ein Optimum reduziert werden, wobei gleichzeitig eine Erhöhung der Flexibilität im Fertigungsbereich angestrebt wird.

Der betriebliche Leistungserstellungsprozeß wird im Rahmen der Fertigungsplanung vorausschauend festgelegt. Die Fertigungssteuerung hingegen umfaßt grundsätzlich alle Funktionen der Produktion, die sich mit Termin, Mengen, Qualitäts- und Kostenaspekten der betrieblichen Auftragsabwicklung beschäftigen [Blohm et al. 87]. Bei den Konzepten zur Fertigungssteuerung ist zunächst zwischen zentralen und dezentralen Systemen zu unterscheiden. Bei einer zentralen Fertigungssteuerung werden sämtliche Aktivitäten zur Abwicklung der Fertigungsaufträge von einem über alle notwendigen Informationen verfügenden System festgelegt. Dies geschieht oft mit Hilfe geeigneter Rechnerprogramme, die als Produktionsplanungs- und -steuerungssysteme (PPS-Systeme) bezeichnet werden. Zentrale und ggf. rechnergestützte Steuerungskonzepte erstellen auf der Basis von vorher festgelegten Jahresproduktionsprogrammen sowohl die entsprechenden Tagesprogramme als auch die Aufträge für die einzelnen Fertigungsstufen und lasten diese in die Fertigung ein.

Das Kanban-System als dezentrales Konzept zur Fertigungssteuerung wurde in den 50er Jahren von dem Japaner Taiichi Ohno bei Toyota entwickelt und basiert auf dem Supermarkt-Prinzip [Shingo 81]. Darunter wird ein verbrauchsorientiertes System mit folgendem Ablauf verstanden: Alle Material- und Halbfabrikatelager werden in kleingehaltene Zwischen- bzw. Pufferlager umgewandelt. Ein Verbraucher auf der Produktionsstufe *n* (Kunde im Supermarkt) entnimmt dem Zwischenlager (Regal im Supermarkt) eine bestimmte Art und Menge an Teilen. Diese Lücke wird bemerkt und von der Produktionsstufe *n-1* (Angestellter des Supermarktes) kurzfristig wieder aufgefüllt. Dieser Vorgang löst auf einer weiter vorgelagerten Produktionsstufe *n-2* (Einkäufer im Supermarkt) eine Bestellung bzw. einen Auftrag zur Nachlieferung aus. Auf eine Kurzformel gebracht, lautet das Supermarkt-Prinzip: Produziere heute das, was gestern verbraucht wurde.

Dieses Verfahren der Wiederauffüllung impliziert, daß entsprechend den entstandenen Lücken in den Zwischenlagern pro Tag oder Planungsperiode unterschiedliche Mengen von unterschiedlichen Artikeln bzw. Teilen zu fertigen sind. Auf diese Weise ergeben sich beim Kanban-System die Tagesprogramme für die Produktion quasi automatisch entsprechend dem tatsächlichen Verbrauch. Diese Art der Festlegung des Produktionsprogramms ist jedoch nur sinnvoll, wenn die Umstellzeiten von einem Artikel auf den anderen vernachlässigbar gering sind. Dabei sind nicht nur die eigentlichen Rüstzeiten zu betrachten. Auch notwendige Vorlaufzeiten für vorgelagerte Fertigungsbereiche müssen berücksichtigt werden. Sind diese Umstellzeiten zu lang, wird nicht mehr gefertigt, sobald etwas verbraucht wurde, sondern es werden Mindestbestandsgrenzen eingeführt. Ein Auftrag zum Auffüllen einer Lücke wird also erst dann ausgelöst, wenn eine - häufig visuell gekennzeichnete - Mindestbestandsgrenze erreicht oder unterschritten wurde. Daraus ergibt sich auch die Begründung dafür, daß beim Kanban-System auf Zwischenlager nicht völlig verzichtet werden kann. Diese Lager können jedoch klein gehalten und ohne EDV-Unterstützung rein visuell kontrolliert werden [Soom 86a].

Beide beschriebenen Ausprägungen des Supermarkt-Prinzips erfordern zu ihrer Umsetzung eine besonders hohe maschinelle und personelle Elastizität, wenn nicht zum Ausgleich der täglich schwankenden Kapazitätsauslastung in der Fertigung wieder hohe Lagerbestände aufgebaut werden sollen. Da die Verringerung der Lagerbestände ein erklärtes Ziel des Kanban-Systems (und der Just-in-Time Production) ist, müssen entsprechende Maschinenkapazitäten im Sinne einer Umverteilung von Umlaufvermögen (Lager- und Werkstattbestände) zum Anlagevermögen (Betriebsmittel) geschaffen werden. Die personellen Kapazitäten sind über eine Flexibilisierung der täglichen Arbeitszeit (Entkopplung von Arbeits- und Betriebszeit) zu realisieren [Soom 86a].

Das Supermarkt-Prinzip wird auch als Hol-Prinzip oder Pull-Prinzip bezeichnet [Shingo 81, Wildemann 82]. In der Literatur findet sich aber auch eine feinere Differenzierung der Begrifflichkeiten [Soom 86a]. Demgemäß wird die oben beschriebene Art der Materialsteuerung dann als Pull-Prinzip bezeichnet, wenn sie auf den gesamten Materialfluß angewendet wird, wobei der Anstoß stets von der letzten Fertigungsstufe ausgeht. Also: Der Beginn der Produktion erfolgt als Reaktion auf eine Bestellung [Karmarkar 90]. Als Hol-Prinzip wird hier lediglich die Materialanlieferung für die nachfolgende Fertigungsstufe verstanden [Soom 86a].

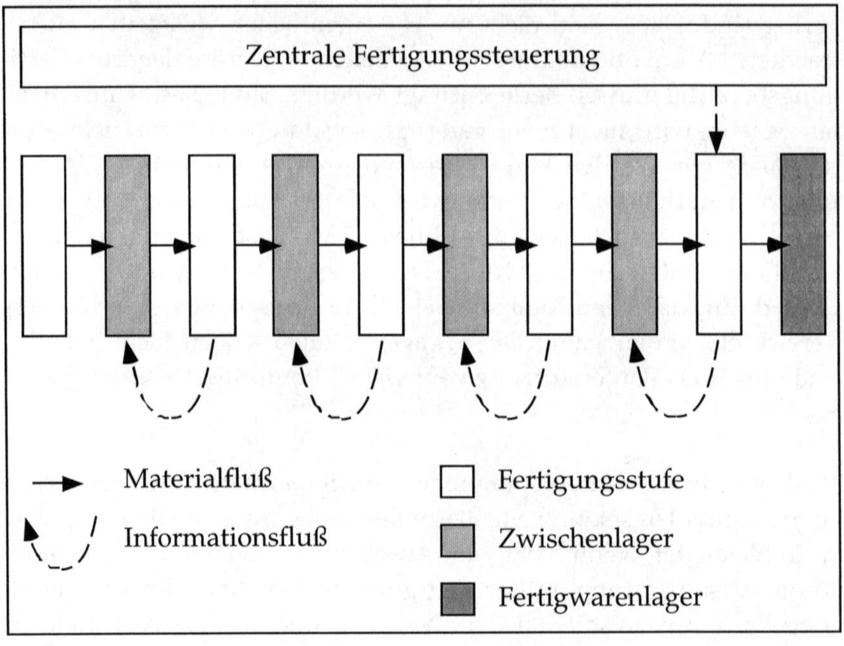

Bild 21: Schematische Darstellung des Kanban-Systems

Das Kanban-System besteht aus den folgenden Grundelementen [Wildemann 82]:

- Bildung vermaschter, selbststeuernder Regelkreise für den gesamten Fertigungsprozeß, im Extremfall vom Lieferanten bis zum Endkunden, wobei ein Regelkreis jeweils aus einer Arbeitsstation und einem vorgelagerten Puffer (Zwischenlager) besteht (vgl. Bild 21).
- Implementierung des Hol-Prinzips für die jeweils nachfolgende Fertigungs- bzw. Verbrauchsstufe, wobei diese als (interner) Kunde betrachtet wird (vgl. **Kundenorientierung**).
- Flexibler Personal- und Betriebsmitteleinsatz durch teilautonome Arbeitsgruppenkonzepte und flexible Automatisierung der Fertigung.
- Fertigung von Tageslosen (Losgrößen, die den Bedarf eines Tages abdecken) und Übertragung der kurzfristigen Fertigungssteuerung an die ausführenden Mitarbeiter.
- Einführung der Kanban-Karte als spezieller Informationsträger und als Steuerungsinstrument innerhalb der Regelkreise. Eine Kanban-Karte ist in der Regel jeweils einem standardisierten Behälter, der als Transporteinheit dient, zugeordnet.

Die Kanban-Karte als Informationsträger nimmt im Rahmen der Fertigungs- und Materialflußsteuerung nach dem Hol-Prinzip eine besonders wichtige Stellung ein. Sie enthält ähnliche Daten wie Fertigungsbegleitpapiere bzw. Werkstattaufträge [Wildemann 82]:

- Name und Identnummer des Teils oder Artikels;
- Skizze der Teile;
- Behälterart und Anzahl der Teile pro Behälter;
- Herkunft der Teile (herstellende Abteilung oder Lieferant);
- Empfänger der Teile (verbrauchende Abteilung oder Kunde);
- Registriernummer und laufende Nummer des Kanbans;
- Abholzeit (Zeitpunkt, wann die Teile zum Abholen bereitgestellt sein müssen);

- ggf. zusätzliche Informationen (z.B. Arbeitsanweisungen, Prozeßparameter).

Mit Hilfe der Kanban-Karte werden die Aktivitäten innerhalb des Produktionsprozesses in Form einer rückläufigen Informationsflußkette und einer vorwärtslaufenden Materialflußkette verknüpft (vgl. Bild 21). Der Einsatz einer Kanban-Karte erfolgt jeweils zwischen einer materialanliefernden Quelle und einer materialverbrauchenden Senke. Dabei läuft eine Karte jedoch nie über mehrere Regelkreise hinweg. Unter Beachtung dieser Vorschrift führt das Vorhandensein von Zwischenlagern, die gleichzeitig Quelle und Senke sind, zu einer Unterscheidung zwischen zwei Ausprägungen von Regelkreisen und damit auch zu zwei grundsätzlichen Arten von Kanban-Karten. Der Fertigungs-Kanban kursiert zwischen einer produzierenden Stelle (Quelle) und dem Zwischenlager (Senke). Der Verbrauchs- oder Transport-Kanban läuft zwischen dem Zwischenlager (Quelle) und einer verbrauchenden Stelle (Senke) um [Wildemann 82].

Da im Idealfall das gesamte System der Fertigung und Logistik vom Hersteller bis zum Kunden von einem Netzwerk aus vermaschten Regelkreisen durchdrungen wird, können derartige Quellen und Senken in allen Bereichen der Herstellung und des Handels liegen. Beispiele hierfür sind: Fertigung - Montage, zwei Stufen eines Fertigungsprozesses, Zulieferer - Montage, Zulieferer - Zentrallager, Lager - Verkaufsstelle, Zulieferer - Einzelhandel [Wildemann 82].

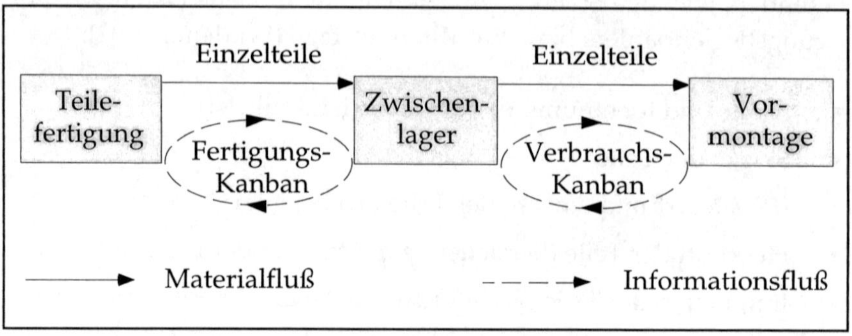

Bild 22: Beispiel für den Funktionsablauf der Kanban-Steuerung

Zur Verdeutlichung der Funktionsweise einer Fertigungssteuerung nach dem Kanban-System wird im folgenden der prinzipielle Ablauf beispielhaft dargestellt (vgl. Bild 22) [Partridge 83]:

- Nachdem eine Losgröße von einer Stelle (z.B. Vormontage) bearbeitet und abgeliefert wurde, geht ein Mitarbeiter mit einem leeren Standardbehälter und einem Verbrauchs-Kanban zum Zwischenlager.

- Aus dem Zwischenlager wird ein Standardbehälter mit einem neuen Los entnommen. Der mitgebrachte Verbrauchs-Kanban wird diesem neuen Material zugeordnet. Der ebenfalls mitgebrachte leere Standardbehälter und der dem neuen Material ursprünglich beiliegende Fertigungs-Kanban werden an Stelle des entnommenen Materials im Zwischenlager hinterlassen.

- Der hinterlassene Fertigungs-Kanban dient als Fertigungsauftrag und weist die vorgelagerte, erzeugende Stelle (z.B. Teilefertigung) an, das angeforderte Material bereit- bzw. herzustellen und in der entsprechenden Menge in einem standardisierten Behälter abzulegen. Dieses neue Material wird zusammen mit dem Fertigungs-Kanban in das Zwischenlager gebracht, wo es von der nachgelagerten Fertigungsstufe (Vormontage) mit dem Verbrauchs-Kanban wieder entnommen werden kann.

Im allgemeinen entspricht die auf einer Karte angeforderte Menge einem Behälterinhalt. Besonders zu beachten ist, daß stets nur Gutteile an die nachgelagerte Stufe übergeben werden dürfen. Die Qualitätssicherung ist also im Rahmen des Kanban-System von herausragender Bedeutung, da die Weitergabe von fehlerhaften Teilen das Funktionieren des gesamten Systems gefährdet.

Die Aufgaben der zentralen Fertigungssteuerung im Kanban-System bestehen darin, neue Aufträge einzulasten, den Anlauf der Fertigung eines neuen Teils zu überwachen und bei größeren Störungen im Produktionsablauf einzugreifen. Die Einsteuerung neuer Aufträge erfolgt zunächst konventionell, bis sich die notwendigen Zwischenlager aufgebaut haben. Danach erfolgt der Übergang zur Kanban-Steuerung, indem die notwendige Zahl von Kanban-Karten von der zentralen Fertigungssteuerung ausgegeben wird. Die notwendige Kartenanzahl berechnet sich aus dem Verbrauch pro Planungsperiode, der Anzahl der Teile pro Behälter, der Herstellzeit, den Transportzeiten für Material und Kartenrücklauf [Wildemann 82]. Ein Sicherheitsfaktor, der allerdings sehr gering gehalten wird, ist dennoch notwendig, da ansonsten mit voller Absicht keinerlei Reserven im Hinblick auf Personal, Maschinenzeit oder Stückzahl eingeplant sind.

Ohne detaillierte Erläuterung sei noch erwähnt, daß die Kanban-Regelkreise sowohl die Eigenfertigung als auch die Zulieferer umfassen können. Eine räumliche Nähe und geringe Zahl von Zulieferanten wirkt sich insbesondere im Hinblick auf eine Fertigung nach dem Just-in-Time-Prinzip günstig aus, weil dadurch eine schnelle Reaktion auf Fertigungsschwankungen sowie eine hohe Anlieferfrequenz erreicht werden kann (vgl. **Just-in-Time**). Um auf dieser Basis eine weitere mengenmäßige Variation der Fertigung entsprechend der jeweils aktuellen Nachfrage zu ermöglichen und dabei gleichzeitig den Materialbestand gering zu halten, wird angestrebt, kleinere Losgrößen zu produzieren. Die erforderliche Mengenanpassung erfolgt dabei durch die Erhöhung der Auflagefrequenz, also durch die Erhöhung der Häufigkeit, mit der eine bestimmte Losgröße pro Tag gefertigt wird [Wildemann 82].

Sind diese Faktoren nicht gegeben, erscheint auch eine Kombination von Kanban-Prinzipien mit EDV-unterstützten Systemen durchaus denkbar. Derartige Systeme sind unter der Bezeichnung Synchro-MRP (Materials Ressource Planning, Materialbedarfsplanung) oder Synchro-Kanban in Anwendung. Sie übernehmen insbesondere bei der Integration von Zulieferern in das System der Kanban-Steuerung Aufgaben im Bereich des unternehmensübergreifenden Datenaustausches und ermöglichen dadurch auch kurzfristige Termin- und Mengenänderungen [Wildemann 82].

Auf die speziellen Einführungsvoraussetzungen eines Kanban-Systems soll hier nicht näher eingegangen werden. Sie entsprechen denen der Just-in-Time Production, da das Kanban-System als Steuerungsinstrument für dieses Produktionssystem nach dem Just-in-Time-Prinzip eingesetzt wird (vgl. **Just-in-Time**). Als wichtigste Bedingung für den Erfolg eines Kanban-Systems sei jedoch die absolute Qualitätssicherheit hervorgehoben. Jede nachfolgende Fertigungsstufe muß die Gewißheit haben, nur einwandfreie Teile von den vorgelagerten Produktionsbereichen zu erhalten. Der Qualitätsaspekt gewinnt seine besondere Bedeutung, weil die meisten auftretenden Probleme bei der Massenfertigung auf mangelhafter Qualität beruhen [Nakone/Hull 84]. Dies trifft speziell auch auf das Kanban-System zu, da hier besonders bei der Fertigung großer Stückzahlen die Sicherheit von hohen Zwischenlagerbeständen zu Recht als unproduktive Verschwendung erkannt und deshalb aufgegeben wird.

Muda, Mura, Muri - Die drei Mu

Die drei Mu stellen die Grundlage für die Verlustphilosophie des Toyota Production System (TPS) dar. Im Rahmen dieser Verlustphilosophie werden die drei Mu als Schwerpunkte des Verlustpotentials bzw. der Verschwendung identifiziert. Das größte Potential stellen hierbei die sieben Arten der Verschwendung (Sieben Muda) dar, die im gesamten Produktionsprozeß auftreten können und schließlich zu finanziellen Verlusten führen. Weiterhin läßt sich aus den drei Mu auch die Basis für die Eliminierung von Verschwendung und Verlusten durch Ständige Verbesserung (Kaizen) und Senkung der Herstellungskosten ableiten (vgl. **Ständige Verbesserung, Kaizen, Toyota Production System**). Im folgenden werden die drei Mu kurz beschrieben [Ohno 88]:

Die drei Mu

Muda	Verschwendung
Mura	Abweichung (Unausgeglichenheit)
Muri	Überlastung

Die Verschwendung selbst (Muda) ist die offensichtlichste Ursache für die Entstehung von Verlusten. Im einzelnen werden sieben Arten der

Verschwendung (Sieben Muda) unterschieden, die nahezu überall im Unternehmen auftreten. Die Verschwendung ist insbesondere in dem Anteil der nicht-werterhöhenden Tätigkeiten (Non-Value-Adding Activities, NVA) an einer zu verrichtenden Arbeit oder an einem Produktionsprozeß zu sehen [Storm 87]. Diese unproduktiven Anteile sind zu minimieren, wobei zumindest teilweise auch die Arbeitsgestaltung im Sinne einer Gestaltung von Arbeitsmethoden, Betriebsmitteln, Arbeitsumgebung und Arbeitsorganisation verändert werden muß (vgl. **Fehlleistungsaufwand**).

Die sieben Arten der Verschwendung (Sieben Muda)

1	Überproduktion
2	Wartezeit
3	Überflüssiger Transport
4	Ungünstiger Herstellungsprozeß
5	Überhöhte Lagerhaltung
6	Unnötige Bewegungen
7	Herstellung fehlerhafter Teile

Die Abweichung oder auch Unausgeglichenheit (Mura) drückt diejenigen Verluste aus, die durch eine fehlende oder nicht vollständige Harmonisierung der Kapazitäten im Rahmen der Fertigungssteuerung entstehen (vgl. **Heijunka, Just-in-Time**). Als spezifische Ausprägungen von Mura sind zum einen Verluste durch Warteschlangenbildung (Stau von Aufträgen vor den einzelnen Bearbeitungsstationen bzw. Maschinen) zu nennen, zum anderen Verluste durch nicht optimal ausgelastete Kapazitäten, also unnötige, nicht durch den Prozeß bedingte Leerzeiten.

Die Überlastung (Muri) beschreibt Verluste, die durch Überbeanspruchungen im Rahmen des Arbeitsprozesses entstehen. Dabei wird zwischen der Überlastung des Handhabungs- und der des Herstellungsprozesses unterschieden. Die Verluste im Handhabungsprozeß entstehen durch physische und auch psychische Überbeanspruchung des betreffenden Mitarbeiters und äußern sich in Form von Übermüdung, Streßerscheinungen, erhöhter Fehlerhäufigkeit und steigender Arbeitsunzufriedenheit (vgl. **Kontrollwirkungsgrad**). Meist wird die Überlastung des Mitarbeiters und damit auch der resultierende Verlust durch den Einsatz von Handhabungs- und Rüsthilfen, durch konstruktive Maßnahmen oder auch durch Veränderungen der Arbeitsgestaltung zu vermeiden sein. Im Herstellungsprozeß auftretende Überlastung beruht oft auf fehlerhaft ermittelten Vorgabezeiten für Arbeitstakt und Werkzeugwechsel sowie auf mangelnder Harmonisierung des Produktionsflusses. Die Folge sind Warteschlangen vor den Maschinen und Bildung von Zwischenlagern, die wiederum Störungen und Fehler im Produktionsablauf verdecken. Abhilfe schafft hier die Optimierung der Prozesse und die Harmonisierung der Kapazitäten (vgl. **Heijunka**).

Neben ihrer Bedeutung für die Verlustphilosophie des Toyota Production System (TPS) als Ausgangspunkt sowohl für die Identifizierung als auch für die Eliminierung von Verschwendung werden die drei Mu auch im Rahmen der Kaizen-Strategie verwendet (vgl. **Kaizen**). Sie dienen in diesem Zusammenhang als Prüfsystem (Checkpoint-System), um allen Mitarbeitern zu helfen, sich stets über die vorhandenen Potentiale zur Verbesserung bewußt zu sein. Im folgenden wird eine häufig angewandte 3-Mu-Checkliste wiedergegeben [Shingo 81]:

- Mitarbeiter, menschliche Arbeitskraft;
- Technik;
- Methode;
- Zeit;
- Möglichkeiten;
- Vorrichtungen und Werkzeuge;
- Material;
- Produktionsvolumen;
- Bestände, Vorräte;
- Denkweise, Art zu denken;
- Arbeitsplatz.

Poka Yoke

Der japanische Ausdruck Poka Yoke bezeichnet ein aus mehreren Elementen bestehendes Prinzip, welches technische Vorkehrungen und Einrichtungen zur Fehlerverhütung bzw. zur sofortigen Fehleraufdeckung umfaßt. Es ist dabei besonders auf die unbeabsichtigten Fehler ausgerichtet, die den Menschen bei ihrer Mitwirkung innerhalb von Fertigungsprozessen unterlaufen können, und soll verhindern, daß aus einer Fehlhandlung ein Fehler am Produkt entsteht. Poka Yoke wurde von dem Japaner Shigeo Shingo zusammen mit der Fehlerquelleninspektion (Source Inspection) im Rahmen des Toyota Production System (TPS) entwickelt [Shingo 69] (vgl. **Toyota Production System**).

Poka bedeutet im Japanischen der unbeabsichtigte Fehler, Yoke bedeutet Vermeidung oder Verminderung, so daß sich der Ausdruck Poka Yoke als Vermeidung unbeabsichtigter Fehler übersetzen läßt. Die Bezeichnung fehlhandlungssicher in bezug auf einen Fertigungsprozeß ist in diesem Sinne ebenfalls möglich. Da stets davon ausgegangen wird, daß niemand absichtlich Fehler macht, ist eine Übersetzung mit narrensicher nicht zutreffend und deshalb abzulehnen [Sondermann 92].

Ausgangsbasis für Poka Yoke ist die Erkenntnis, daß kein Mensch und auch kein System in der Lage ist, unbeabsichtigte Fehler vollständig zu vermeiden. Bei Systemen, also Maschinen und Anlagen, können in der Regel Angaben über Fehler durch die Kenngröße Mean Time Between Failure (MTBF) oder mittlerer Ausfallabstand gemacht werden (vgl. **Zuverlässigkeit**). Fehlhandlungen wie Unaufmerksamkeit, Auslassen, Vertauschen, Vergessen, Falschablesen, Mißinterpretieren u.ä., die außerdem durch Streß, belastende Umwelteinflüsse und schlechte Arbeitsbedingungen noch verstärkt werden können, liegen in der Natur des Menschen und lassen sich trotz aller Bemühungen nicht mit Sicherheit ausschließen (vgl. **Kontrollwirkungsgrad**).

Mit Hilfe von Poka Yoke wird nun durch meist einfache, aber wirkungsvolle Systeme dafür gesorgt, daß derartige Fehlhandlungen im Fertigungsprozeß nicht zu Fehlern am Endprodukt führen bzw. nicht unentdeckt bleiben. Da von Poka Yoke sämtliche in einem Fertigungsprozeß hergestellten Teile bzw. Produkte betroffen sind, kann man auch in diesem Zusammenhang von einer 100%- oder Vollprüfung sprechen (vgl. **Vollprüfung**). In weitestem Sinne werden Poka Yoke-Systeme auch zur Vermeidung von Bedienungsfehlern bei der Benutzung von Produkten eingesetzt.

Um auch ein weiteres Auftreten von einmal entdeckten Fehlern ausschließen zu können, wird Poka Yoke stets in Verbindung mit einer Inspektionsmethode angewendet. Hierbei hat sich die ebenfalls von Shigeo Shingo entwickelte Fehlerquelleninspektion (Source Inspection) als besonders effektiv erwiesen. Nur in der Kombination Poka Yoke - Fehlerquelleninspektion ist ein wirkungsvolles Abstellen des Fehlers möglich, da die gesamte Kausalkette zwischen Fehlhandlung im Prozeß und Fehler am Produkt betrachtet und so die tatsächliche Fehlerursache gefunden und beseitigt wird. Auf diese Weise wird das wiederholte Auftreten eines Fehlers wirksam verhindert im Sinne einer Fehlervermeidung.

In der praktischen Anwendung besteht ein Poka Yoke-System grundsätzlich aus den beiden Grundelementen Initialisierungs- bzw. Auslösemechanismus und Regulierungsmechanismus [Shingo 69]. Als drittes Element werden in der Sekundärliteratur noch die Detektionsmechanismen unterschieden [Sondermann 91], die aber auch eine Art der Initialisierung darstellen. Hinzu kommen spezielle Vorkehrungen in Form von Gestaltungsmaßnahmen, die eine mögliche Fehlhandlung von vornherein ausschließen, wie z.B. Positionierstifte.

Unter den Detektionsmechanismen werden Sensoren und Sensorsysteme verstanden, die in vielfältiger Ausprägung eingesetzt werden können: als End- und Näherungsschalter, als Sensoren für Position, Dimension, Form, Druck, Temperatur, Vibration, Farbe oder Strom sowie als Zähler und Zeitüberwachungseinrichtungen.

Die Auslöse- bzw. Initialisierungsmechanismen bestimmen die Art, wie ein Fehler im Fertigungsprozeß erkannt wird. Im einzelnen sind drei Methoden zu unterscheiden [Shingo 69]:

- Kontakt-Methode

  Unzulässige Abweichungen von der Arbeitsfolge, die zu Fehlhandlungen führen können, werden von Sensoren über geometrische Kenngrößen festgestellt. Je nach Art des Sensors kann der Kontakt berührend oder auch berührungslos sein.

- Fixwert-Methode

  Abweichungen oder Unregelmäßigkeiten im Verlauf des Fertigungsprozesses werden durch das Überprüfen des Erreichens einer bestimmten Anzahl von Teilarbeitsschritten erkannt. Die hierbei eingesetzten technischen Mittel sind meist sehr einfach, aber wirkungsvoll, wie z.B. mechanische Zähleinrichtungen.

- Schrittfolgenmethode

  Die Standardbewegungsabfolge eines Arbeitsprozesses wird erkannt und mit möglichst einfachen Hilfsmitteln auf Fehlhandlungen hin überprüft.

Nach der Art der Maßnahme, die nach festgestellter Abweichung bzw. Fehlhandlung getroffen wird, sind die Reguliermechanismen in zwei Methoden zu unterteilen [Shingo 69]:

- Eingriffsmethode (Abschaltmethode)

  Beim Auftreten von Abweichungen oder Prozeßunregelmäßigkeiten, die Fehler zur Folge haben können, wird die Maschine sofort abgeschaltet. Mit dem Fertigungsprozeß verbundene Vorgänge wie Transportieren oder Spannen werden ebenfalls sofort unterbrochen. Dadurch werden Korrekturmaßnahmen und die Vermeidung von Wiederholungsfehlern möglich.

- Alarmmethode

  Hierzu zählen sämtliche Arten von optischen und/oder akustischen Signalen, die auf die Situation der entstehenden oder gerade entstandenen Fehlhandlung hinweisen.

Durch den gezielten Einsatz von Poka Yoke in Verbindung mit Fehlerquelleninspektion kann mit relativ einfachen technischen Hilfsmitteln sehr wirkungsvoll verhindert werden, daß aus unbeabsichtigten Fehlhandlungen im Fertigungsprozeß vermeidbare Fehler am Produkt entstehen. Dabei ist jedoch zu beachten, daß die Fehlerursachen oft in einem früheren Stadium des Produktentstehungsprozesses liegen und dort auch mit wesentlich geringerem Aufwand verhindert werden können. Beispielhaft für eine fehlervermeidende Methode bereits in der Konstruktionsphase sei hier die Fehlermöglichkeits- und -einflußanalyse (FMEA) genannt (vgl. **Fehlermöglichkeits- und -einflußanalyse**). Besonders hervorzuheben bleibt, daß die Auseinandersetzung mit Poka Yoke eine Änderung derjenigen Geisteshaltung verlangt, welche Fehler und Fehlerquoten akzeptiert und als unvermeidbar ansieht. Vor dem Hintergrund der Unvermeidbarkeit von menschlichen Fehlhandlungen darf jedoch das Entstehen von Fehlern auf keinen Fall als normal angesehen werden [Sondermann 91].

Seiri, Seiton, Seiso, Seiketsu, Shitsuke - Die fünf S

Die fünf S beschreiben eine Vorgehensweise, um in fünf Schritten ein neues System der Instandhaltung von Produktionsmitteln bei der Einführung zu unterstützen bzw. zu stabilisieren. Dieses System wird als Total Productive Maintenance (TPM) bezeichnet (vgl. **Total Productive Maintenance**). Der Total Productive Maintenance-Ansatz zielt darauf ab, dem Maschinenbediener auch die Verantwortung für den einwandfreien Zustand seines gesamten Arbeitsplatzes zu übertragen, wobei der Arbeitsplatz nicht nur die Maschine als solche umfaßt, sondern auch alle benötigten Werkzeuge sowie die Ausführung von Tätigkeiten im Rahmen der Instandhaltung. Das alte System der Arbeitsteilung nach Taylor wird durchbrochen und ein neues System geschaffen, welches den Maschinenführer durch sinnvollen Einsatz seiner Fachkenntnisse zum Experten für Bedienung, Wartung und Fertigung, also für den gesamten Produktionsprozeß macht.

Die fünf S werden auch im Zusammenhang mit der Kaizen-Strategie genannt (vgl. **Kaizen**). Sie sind dann Teil eines das gesamte Unternehmen umfassenden Programms zur Verbesserung, welches jeden einzelnen Arbeitsplatz miteinbezieht [Imai 86]. Die Bedeutung der fünf S ist sowohl in Verbindung mit Kaizen als auch in Verbindung mit Total Productive Maintenance (TPM) die gleiche. In beiden Fällen zielen die fünf S jedoch in erster Linie auf die Werkstattarbeitsplätze ab, wobei der Arbeitsplatz im Sinne von Gemba als der Ort verstanden wird, an dem die wertschöpfenden Prozesse im Unternehmen stattfinden (vgl. **Gemba**).

Die fünf S	
Seiri	Ordnung schaffen
Seiton	Ordnungsliebe
Seiso	Sauberkeit
Seiketsu	Persönlicher Ordnungssinn
Shitsuke	Disziplin

Im folgenden werden die Inhalte des fünf S kurz dargestellt [Imai 86]:

1. Seiri (Ordnung schaffen)

   Ordnung schaffen bedeutet hier, das Notwendige vom nicht Notwendigen zu unterscheiden und alles nicht Notwendige vom Arbeitsplatz zu entfernen. Dies bezieht sich speziell auf zu hohe Umlaufbestände, unnötiges Werkzeug, unnötige Maschinen, fehlerhafte Teile sowie überflüssige Papiere und Dokumente.

2. Seiton (Ordnungsliebe)

   Zur Aufrechterhaltung der geschaffenen Ordnung werden die für notwendig erachteten Arbeitsmittel in einwandfreien Zustand gebracht und zum Gebrauch bereitgestellt, wobei jeder Gegenstand griffbereit an seinem richtigen Platz aufzubewahren ist.

3. Seiso (Sauberkeit)

   Der geordnete Arbeitsplatz einschließlich Maschinen und Werkzeuge ist sauber zu halten.

4. Seiketsu (persönlicher Ordnungssinn)

   Persönliche Sauberkeit und Ordnung sollen zur Gewohnheit werden, indem jeder Mitarbeiter damit bei sich selbst und an seinem eigenen Arbeitsplatz beginnt.

5. Shitsuke (Disziplin)

   Standards, Regeln und Vorschriften im Rahmen des Arbeitsprozesses sind unbedingt einzuhalten.

Literaturhinweise zur Vertiefung

Imai, M.:
Kaizen: The Key to Japan's competitive Success.
New York/NY/USA: McGraw-Hill Book Company 1986.
(Dt. Ausgabe: 4. Aufl., München: Wirtschaftsverlag Langen-Müller/Herbig 1992.)

Ohno, T.:
Toyota Production System: Beyond Large-Scale Production.
Cambridge/Mass./USA: Productivity Press 1988.

Shingo, S.:
Study of 'Toyota' Production System from Industrial Engineering Viewpoint.
Tokyo/Japan: Japan Management Association 1981.

Shingo, S.:
Zero Quality Control: Source Inspection and the Poka-Yoke System.
Cambridge/Mass./USA: Productivity Press 1986.

Shingo, S.:
A Revolution in Manufacturing: The SMED System.
Cambridge/Mass./USA: Productivity Press o.J.

Hirano, H.:
Poka-Yoke.
Cambridge/Mass./USA: Productivity Press 1988.
(Dt. Übersetzung: Sondermann, J. P.; Landsberg/Lech: Verlag Moderne Industrie 1992.)

Akao, Y. (Hrsg.):
Practical Application of Management by Policy.
Tokyo/Japan: Japan Standards Association 1988.

King, B.:
Hoshin Planning.
Methuen/Mass./USA: Goal/QPC 1989.

Wildemann, H.:
Computergestütztes Produktionsmanagement, Band 2: Flexible Werkstattsteuerung durch Integration von Kanban-Prinzipien.
München: CW-Publikationen 1984.

Imai, M.:
Gemba Kaizen - Permanente Qualitätsverbesserung, Zeitersparnis und Kostensenkung am Arbeitsplatz.
München: Wirtschaftsverlag Langen-Müller/Herbig 1997.

Just-in-Time (JiT)

Das Prinzip der Just-in-Time Production ist ein Logistik-orientiertes, dezentrales Organisations- und Steuerungskonzept, welches die Materialver- und -entsorgung für eine Produktion auf Abruf zum Ziel hat. Die Grundidee ist dabei die flexible Anpassung der kurzfristigen Kapazitäts- und Materialbedarfsplanung an die aktuelle Fertigungs- und Auftragssituation. So wird die Produktion auf allen Fertigungsstufen, von der Rohmaterialbeschaffung bis zur Ablieferung der Endprodukte, mit Hilfe geeigneter Instrumente zur Material- und Informationsflußsteuerung in die Lage versetzt, die richtigen Teile am richtigen Ort, in der richtigen Menge, zum richtigen Zeitpunkt und in der richtigen Qualität zu erhalten bzw. zu liefern.

Das Just-in-Time-Prinzip wurde von dem Japaner Taiichi Ohno im Rahmen des Toyota Production System (TPS) bei der Toyota Motor Company, Ltd. entwickelt. In diesem Zusammenhang ist Just-in-Time ein Konzept zur flexiblen, zeitgenauen Fertigung und Anlieferung, welches in ein schlankes Produktionsmanagementsystem (Lean Production), eben das des Toyota Production System (TPS), eingebunden ist [Shingo 81] (vgl. **Toyota Production System**).

Außerdem kann Just-in-Time auch als Synonym für eine Grundeinstellung, sogar als eine Produktionsphilosophie, angesehen werden, welche die Planung, Steuerung und Kontrolle aller zur Fertigung notwendigen Material- und Informationsströme beinhaltet [Zibell 90]. Zur Realisierung eines als Philosophie betrachteten Just-in-Time-Konzeptes werden mehrere Elemente bzw. Voraussetzungen benötigt. Sie sind in der Regel auch mit den wesentlichen Bestandteilen des schlanken Produktionsmanagementsystems (Lean Production) identisch und werden bei der integrierten Betrachtung von Just-in-Time bereits in diesem Rahmen geschaffen bzw. zur Verfügung gestellt. Als Referenzanwendung kann das Toyota Production System (TPS) herangezogen werden (vgl. **Toyota Production System**).

Im folgenden werden diese Elemente bzw. Voraussetzungen der Just-in-Time Production kurz beschrieben [Soom 86]:

- Harmonisierung der Kapazitäten durch ablauforientierte Fertigung

  Der gesamte Produktionsfluß soll im Sinne eines mengenmäßigen Produktionsausgleichs verstetigt werden. Dazu wird der klassische Organisationstyp für die Produktion, die Werkstattfertigung mit ihren langen Transport- und Liegezeiten sowie der starken Arbeitsteilung, aufgegeben. Statt dessen wird das Fließprinzip mit kontinuierlichem Fertigungsablauf und Anordnung der Arbeitsstationen entsprechend der Arbeitsgangfolge eingeführt (Continuous Flow Manufacturing, CFM). Dies beinhaltet ausdrücklich auch ein dem Fließprinzip angenähertes Fabriklayout in Fertigungs-, Montage- und Lagerbereichen [Warnecke/ Dangelmaier 81]. Auf diese Weise werden kurze Transportwege und -zeiten ermöglicht sowie die Tendenz zur Komplettbearbeitung in Bearbeitungszentren oder flexiblen Fertigungszellen gefördert. Durch eine gleichmäßige Kapazitätsauslastung werden Warteschlangen vor den einzelnen Bearbeitungsstationen und damit auch die Wartezeiten vermieden (vgl. **Heijunka**).

- Bildung teilautonomer Arbeitsgruppen

  Da im Rahmen der Fließfertigung oft mehrere Mitarbeiter an einer Bearbeitungsstation tätig sind, werden diese auch zu einer Arbeitsgruppe zusammengefaßt. Hierfür eignet sich besonders das Konzept der selbststeuernden (teilautonomen) Gruppe als eines der Grundprinzipien moderner Arbeitsstrukturierung [Blohm et al. 87]. Die Gruppe kann längere Zeit ohne externe Steuerung und Kontrolle arbeiten, wobei der Tätigkeits- und Entscheidungsspielraum des einzelnen Gruppenmitgliedes bereichert und erweitert wird.

- Absolute Qualitätssicherung

  Zur Gewährleistung eines einwandfrei ablaufenden Fertigungsprozesses ist es unbedingt erforderlich, daß ausschließlich einwandfreie Teile (Gutteile) an die nachfolgende Fertigungsstufe übergeben werden. Um dies zu erreichen, wird ein System zur selbststeuernden Fehlererkennung eingesetzt, das auch als selbststeuernde Automatisierung (Autonomation, Jidoka) bezeichnet wird. Die einzelnen Maschinen erhalten dabei Sensoren als Prüfeinrichtungen, die Fehlfunktionen automatisch erkennen und die weitere Fertigung fehlerhafter Teile verhindern (vgl. **Jidoka**). Weiterhin werden spezielle Konzepte zur Vermeidung unbeabsichtigter Fehler der Mitarbeiter im gesamten Fertigungsprozeß angewendet (vgl. **Poka Yoke**). Derartige, vorwiegend technisch orientierte Maßnahmen zielen auf die Qualitätsfähigkeit der Fertigungsprozesse ab. Eine echte Verbesserung und die dauerhafte Sicherstellung der Qualität kann aber nur erreicht werden, wenn sämtliche Arbeitsprozesse im gesamten Unternehmen betrachtet werden. Dazu muß auch das Potential aller Mitarbeiter, insbesondere der Maschinenarbeiter, genutzt werden. Der Weg dazu führt wiederum über die Einrichtung von Qualitätszirkeln, nicht nur in der Fertigung, sondern auch in allen übrigen Unternehmensbereichen (vgl. **Qualitätszirkel**).

- Verkürzung von Rüst- und Einrichtezeiten

  Als wesentliche Voraussetzung für die Erhöhung der Flexibilität in der Produktion ist vor allem bei variantenreicher Fertigung die deutliche Senkung der für das Einrichten und Umrüsten der Maschinen aufzuwendenden Zeit anzusehen. Die sich daraus ergebenden Vorteile liegen in einem schnellen Wechsel der jeweils zu fertigenden Variante, in kürzeren Durchlaufzeiten sowie in der Verringerung von Lagerbeständen. Maßnahmen zur Erreichung von kürzeren Rüst- und Einrichtezeiten können produktbezogen, produktionsbezogen oder organisatorischer Art sein. Die auf das Produkt bezogenen Maßnahmen setzen in den Bereichen Konstruktion und Entwicklung an. Beispiele sind die Einführung einer Baukastensystematik, Standardisierung und Typisierung der Produkte, Verringerung des Teilespektrums durch gezielte Vielfachverwendung sowie fertigungs- und automatisierungsgerechtes Konstruieren (Design for Manufacture, DFM) und montagegerechtes Konstruieren (Design for Assembly, DFA). Produktionsbezogene Maßnahmen bestehen in erster Linie in der flexiblen Automatisierung der Fertigung. Darunter sind flexible Fertigungssysteme, also flexible Fertigungszellen, -linien und -netze zu verstehen (vgl. Bild 23) [Spur/Mertins 81]. Zu den organisatorischen Maßnahmen gehört vor allem die Trennung der Rüst- und Einrichtearbeiten in vorbereitende Tätigkeiten und den eigentlichen Werkzeugwechsel, der Einsatz von spezialisierten Rüstteams sowie die Festlegung einer rüstoptimalen Reihenfolge für die Bearbeitung der einzelnen Fertigungsaufträge (vgl. **Single Minute Exchange of Die**).

- Reduzierung der Durchlaufzeiten

  Unter der Durchlaufzeit (DLZ) eines Fertigungsauftrages wird die Zeitspanne von der Auftragserteilung bis zur Ablieferung des hergestellten Produktes verstanden. Sie setzt sich zusammen aus Bearbeitungszeiten, Transportzeiten, Rüstzeiten und Liegezeiten. Die Verkürzung der Durchlaufzeiten wird gelegentlich auch als Schlüssel zu Just-in-Time bezeichnet [Zibell 90], denn lange Durchlaufzeiten erschweren flexibles Reagieren auf Änderungen, erhöhen die Werkstattbestände und verdecken oft die wahren Probleme in der Fertigung. Neben der Einführung des Fließprinzips (Continuous Flow Manufacturing, CFM) und einer flexiblen Automatisierung der Fertigung kann die Senkung der Durchlaufzeiten insbesondere durch die Weitergabe von bereits bearbeiteten Teillosen an die folgende Arbeitsstation (überlappte Fertigung), durch die Zerlegung eines Fertigungsauftrages in mehrere Teilaufträge und deren parallele Bearbeitung (Splittung), sowie durch die Verkürzung der Übergangszeiten aufgrund einer Optimierung der Auftragsreihenfolge erreicht werden [Blohm et al. 87].

- Kleine Lose in Fertigung und Montage

  In der traditionellen Werkstattfertigung wird in der Regel eine sogenannte optimale Losgröße bestimmt und gefertigt. Diese berechnet sich aus verschiedenen Kostengrößen, der Lagerzeit sowie dem Gesamtbedarf der Periode [Blohm et al. 87] und führt meist zu relativ großen Losen mit Reichweiten von einem Jahr oder mehr. Dadurch kann in der Werkstatt eine gleichmäßige Auslastung und beim Lieferanten ein günstiger Preis erzielt werden. Wegen der zum Teil sehr unrealistischen Prämissen [Blohm et al. 87] sowie der fast völlig fehlenden Flexibilität in der Fertigung muß diese Art der Bestimmung der Losgrößen insbesondere auch im Rahmen einer Just-in-Time-Konzeption abgelehnt werden. Die Forderung nach vollständiger Flexibilität, die theoretisch eine Losgröße von einem Stück (Losgröße 1) ermöglichen würde, ist unter Berücksichtigung von Kostenaspekten sicher auch nicht haltbar. Die Realität ist also in einem gesunden Mittelweg zu sehen, der eine möglichst große Flexibilität bei sinnvollen Losgrößen und damit hinreichender Wirtschaftlichkeit gewährleistet.

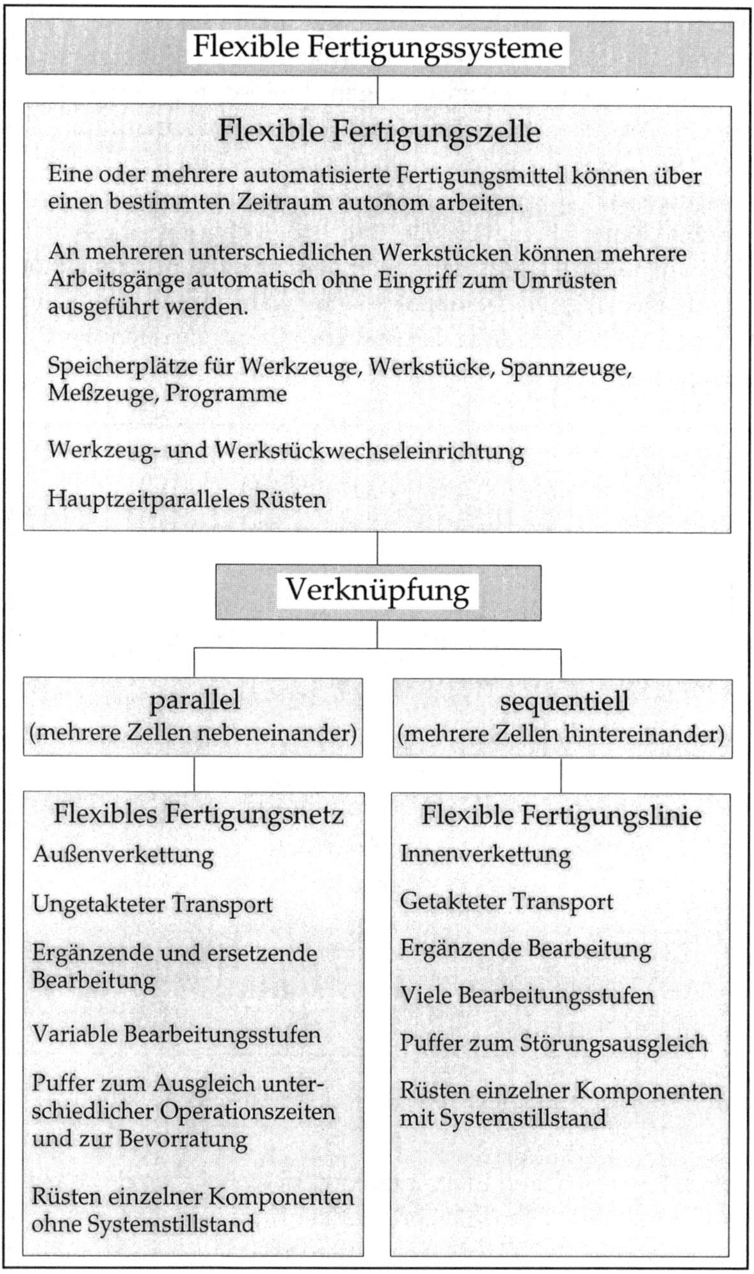

Bild 23: Flexible Fertigungssysteme im Rahmen der flexiblen Automatisierung

Unabhängig davon, ob Just-in-Time als integraler Bestandteil eines schlanken Produktionsmanagementsystems oder übergreifend mit dem Charakter einer eigenständigen Philosophie betrachtet wird, erfolgt die Ausgestaltung der Material- und Informationsflußsteuerung auf Werkstattebene innerhalb der Just-in-Time Production in der Regel durch das Kanban-System (vgl. **Kanban**). In der Literatur [Soom 86a] wird aber auch die Synchronfertigung als eine zweite Spielart der Just-in-Time Production genannt, die prinzipiell die gleichen Aufgaben wie das Kanban-System wahrnimmt, aufgrund ihrer Bedarfsorientierung jedoch auch Züge einer zentralen Fertigungssteuerung trägt.

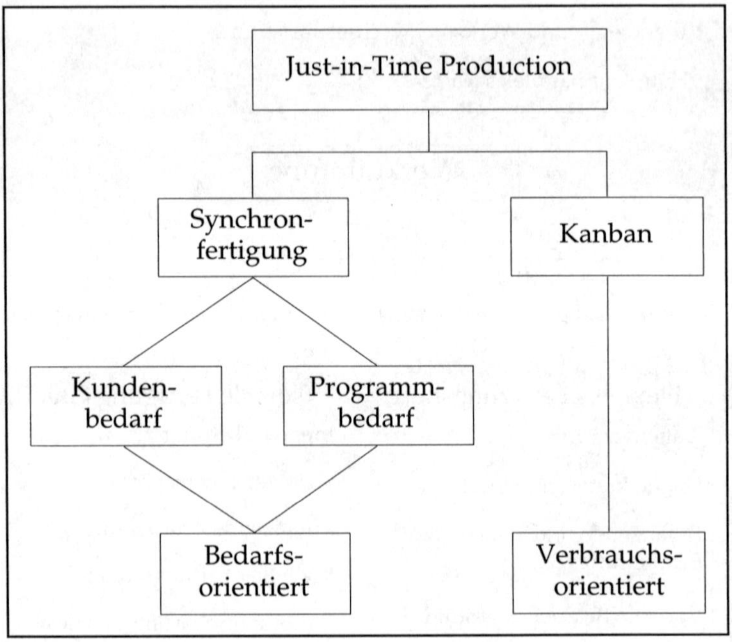

Bild 24: Die beiden Spielarten der Just-in-Time Production

Die oben beschriebenen Elemente bzw. Voraussetzungen der Just-in-Time Production gelten gleichermaßen für beide der ansonsten zu unterscheidenden Spielarten von Just-in-Time (vgl. Bild 24) [Soom 86a].

Da die Funktionsweise des Kanban-Systems ausführlich erläutert wurde (vgl. **Kanban**), sind die wesentlichen Unterschiede zur Synchronfertigung in der folgenden Tabelle lediglich schlagwortartig dargestellt [Soom 86a]:

Kriterien	**Synchronfertigung**		**Kanban**
	Kunden-bedarf	Programm-bedarf	
Gestaltung der Tages-programme	aus Kunden-bestellungen	aus Jahres-programm	aus Lagerbezügen (letztendlich aus Kundenbestellungen)
Lagersituation	Zwischen-lager möglich	keine Zwischen-lager	zumindest kleine Zwischenlager erforderlich
Kapazitäts-situation	ausgeglichen		unausgeglichen
Planung	bedarfsorientiert		verbrauchsorientiert
Planungs-richtung	Vorwärtsplanung		Rückwärtsplanung
Steuerung	zentral		dezentral
EDV-Einsatz	Dialog-EDV		ohne EDV möglich
Materialfluß	Push-Prinzip		Pull-Prinzip
Material-anlieferung	Bring-Prinzip		Hol-Prinzip

Literaturhinweise zur Vertiefung

Meyer, J.:
Anforderungen an die Qualitätssicherung bei Just-In-Time-Zulieferung.
In: Wildemann, H. (Hrsg.): Just-in-Time Produktion.
2. Aufl., GFMT-Verlag, München 1987, Band 1, S. 403-424.

Ohno, T.:
Toyota Production System: Beyond Large-Scale Production.
Cambridge/Mass./USA: Productivity Press 1988.

Shingo, S.:
Study of 'Toyota' Production System from Industrial Engineering Viewpoint.
Tokyo/Japan: Japan Management Association 1981.

Wildemann, H. (Hrsg.):
Just-in-Time-Produktion.
2. Aufl., München: GFMT-Verlag 1987.

Wildemann, H.:
Produktionssynchrone Beschaffung.
München: GFMT-Verlag 1988.

Zibell, R. M.:
Just-in-Time: Philosophie, Grundlagen, Wirtschaftlichkeit.
München: Huss-Verlag 1990.

Kernkompetenz/Core Competence

Unter Kernkompetenzen versteht man die ganz spezifischen Fähigkeiten und Fertigkeiten eines Unternehmens, die sein besonderes Know-how ausmachen, beispielsweise die Beherrschung einer speziellen Fertigungstechnologie. Kernkompetenzen charakterisieren sich dadurch, daß sie von entscheidender Bedeutung für die strategische Zielsetzung des Unternehmens sind. Eine wichtige Rolle als Ausgangsbasis spielt hierbei die Definition von unternehmerischen Schlüsselprozessen, da diese die Kernkompetenzen abbilden (vgl. **Prozeßorientierung**).

Kernkompetenzen beinhalten immer auch wertschöpfende Aspekte, die kontinuierlich einen überlegenen, langfristig verteidigbaren und wahrgenommenen Kundennutzen schaffen und damit einen nachhaltigen Wettbewerbsvorteil erzeugen [Deutsch et al. 97]. Vor diesem Hintergrund lassen sich folgende Merkmale von Kernkompetenzen bestimmen [Hinterhuber et al. 97]:

- Sie durchziehen als integrierte Gesamtheit die Prozesse der Wertschöpfungskette im Unternehmen.
- Sie spiegeln sich in der Unternehmenskultur als gemeinsame Werthaltung wider.
- Sie sind gegenüber Wettbewerbern einmalig und schwer imitierbar.
- Sie resultieren aus organisationalen Lernprozessen.
- Sie sind dezentral im Unternehmen verteilt und wurzeln nicht nur in individuellen, sondern auch in kollektiven Strukturen.
- Sie beziehen sich auf ein Kundenproblem, das in gleicher oder ähnlicher Form in verschiedenen Zusammenhängen auftritt, so daß potentiell der Zugang zu einer Vielzahl von Märkten eröffnet wird.

Insgesamt lassen sich drei Bereiche unternehmerischer Aktivitäten identifizieren, in denen Kernkompetenzen eine herausragende Rolle für den strategischen Erfolg zukommt [Hamel 94]:

- Marktbezogene Kernkompetenzen

  ermöglichen eine gezielte Marktbearbeitung und stellen den Kontakt zu den Kunden her. Dabei sind in erster Linie Fähigkeiten in den Bereichen Vertrieb, Verkauf und Marketing angesprochen.

- Integrationsbezogene Kernkompetenzen

  sorgen dafür, daß die Teilbereiche des Unternehmens schnell, flexibel und zuverlässig zusammenarbeiten. Sie sind ein wesentlicher Faktor dafür, daß dem Kunden eine Leistung angeboten wird, auf deren Qualität er sich verlassen kann, und beziehen sich daher auf Basis- und Leistungsanforderungen.

- Funktionsbezogene Kernkompetenzen

  verleihen den Endprodukten herausragende Funktionseigenschaften. Sie sind dafür verantwortlich, daß ein Unternehmen Produkte oder Dienstleistungen anbieten kann, die sich aus Kundensicht deutlich von denen der Wettbewerber abheben und den Kunden nach Möglichkeit sogar begeistern.

Die sinnvolle Nutzung von Kernkompetenzen als Antrieb für den zukünftigen und nachhaltigen Erfolg erfordert eine Reihe von Maßnahmen bzw. Verhaltensweisen im Unternehmen:

- Zielgerichtete Auswahl derjenigen Fähigkeiten, Fertigkeiten und Technologien als Kernkompetenzen, die einen außerordentlichen Beitrag zum vom Kunden wahrgenommenen Nutzen darstellen und dem Unternehmen damit einen einzigartigen Wettbewerbsvorteil verschaffen.
- Erschließung von internem und externem Wissen durch organisationsübergreifende Kommunikation und Lernanstrengungen zum schnellen und wirtschaftlichen Aufbau und Erhalt von Kernkompetenzen.
- Synergetische Nutzung von Kernkompetenzen zwischen Unternehmensbereichen zur leichteren Erschließung neuer Geschäftsfelder.
- Schutz der Kernkompetenzen durch laufende Unterstützung in organisatorischer und finanzieller Hinsicht.

Die vermehrte Rückbesinnung auf die Kernkompetenz von Unternehmen begann im Gefolge der „schlanken Unternehmensführung“. Dieser Zeitströmung voraus ging, etwa in den 70er Jahren, die Welle der Diversifizierungsversuche. Hohe Unternehmensgewinne suchten nach einer Anlage, die z.B. in Technologiekonzernen gefunden wurde. Die nachlassende Wettbewerbsfähigkeit deutscher Unternehmen - und nicht nur dieser - in preislicher Hinsicht zwang zum Umdenken. Den Weg zeigte die bekannte Studie des Massachusets Institute of Technology (MIT) auf [Krafcik 88, Womack et al. 90] (vgl. **Toyota Production System**).

Die völlige Beschränkung auf die Kernkompetenz kann am Beispiel der Automobilindustrie zu der Erstellung von Lastenheft und Zielkatalog einerseits sowie der Fahrzeugmontage andererseits führen. Aggregate- und Detailkonstruktion sowie Anlieferung kompletter Module geht an sogenannte Systemlieferanten über. Von Systemlieferanten erwartet man ein höheres Expertenwissen, als es die Mitarbeiter des eigenen Unternehmens bieten können.

Weitgefaßt bedeutet Kernkompetenz beim Zusammenschluß von Unternehmen, daß nur solche aus derselben Branche zusammengehen und nach Synergien suchen.

Literaturhinweis zur Vertiefung

Hamel, G.; Prahalad, C. K.:
Wettlauf um die Zukunft.
Wien: Wirtschaftsverlag Ueberreuter 1995.

Kontrollwirkungsgrad

Der Kontrollwirkungsgrad einer Qualitätsprüfung ist das Verhältnis von ausgelesenen zu tatsächlich vorhandenen fehlerhaften Stücken bei Durchführung von subjektiven Vollprüfungen. Er liegt bei einer Größenordnung von 80-95% [Masing 70], d.h. es muß mit einem Durchschlupf von 5-20% des im Los vorhandenen Fehleranteils gerechnet werden (vgl. **Vollprüfung**).

Unter Durchschlupf versteht man den mittleren Anteil fehlerhafter Einheiten an den insgesamt vom Abnehmer angenommenen Einheiten (eines oder mehrerer Lose). Der Durchschlupf wird auch als Average Outgoing Quality (AOQ) bezeichnet.

$$\textit{Kontrollwirkungsgrad} = \frac{\textit{ausgelesene fehlerhafte Einheiten}}{\textit{vorhandene fehlerhafte Einheiten}} \times 100\%$$

Eine Objektivierung der Prüfvorgänge durch Automatisierung ist zur Vermeidung des subjektiv bedingten Durchschlupfes sowie aus Gründen der Wirtschaftlichkeit unbedingt anzustreben. Der größere apparative Aufwand, z.B. für Sortiermaschinen, steht den Personalkosten, den sogenannten Fehlerfolgekosten und den Kosten der irrtümlich als schlecht ausgelesenen, fehlerfreien Stücken gegenüber (vgl. **Fehlleistungsaufwand**).

Läßt sich ein Prüfvorgang aus technischen Gründen nicht objektivieren, bleibt nur die Möglichkeit einer subjektiven Stück-für-Stück-Prüfung. Bei der Durchführung derartiger Vollprüfungen werden aber nicht unbedingt alle vorhandenen Fehler entdeckt. Es kommt zu einem unvermeidlichen Durchschlupf, wie systematische Untersuchungen gezeigt haben. Gründe hierfür liegen einerseits in der Umwelt, andererseits im Menschen selbst.

Die wichtigsten Umwelt- und Arbeitsbedingungen sind Umgebungseinflüsse wie Lärmbelastung und Lichtverhältnisse sowie die Unterscheidbarkeit zwischen Gutteil und Schlechtteil. Eine nicht zu vernachlässigende Einflußgröße stellt auch die menschliche Unzulänglichkeit dar. Hierzu zählen persönliche Leistungsschwankungen (z.B. bei leichter Krankheit oder Problemen seelischer Art), Ermüdung, nachlassendes Sehvermögen bei Dauerbeanspruchung sowie Unaufmerksamkeit. Hinzu kommt ein signifikanter Einfluß des Fehleranteils im Los auf den Kontrollwirkungsgrad (vgl. Bild 25). Die Qualifikation des Prüfenden ist nur von untergeordneter Bedeutung [Masing 70].

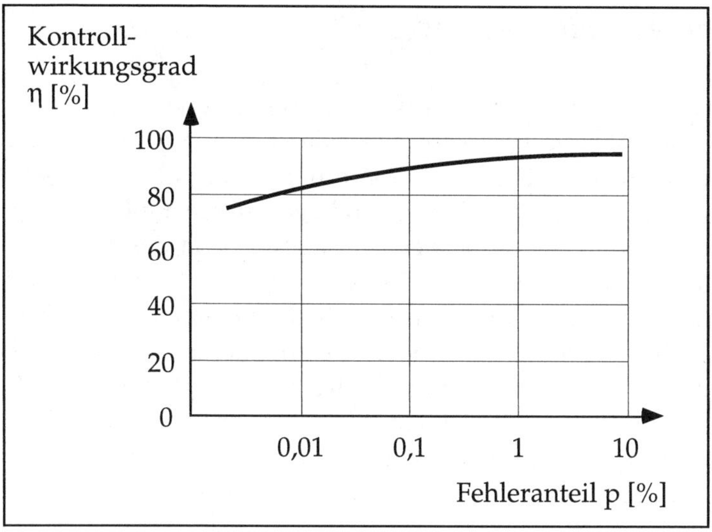

Bild 25: Qualitativer Verlauf des Kontrollwirkungsgrades

Die Erklärung für diesen Verlauf liegt darin, daß die Aufmerksamkeit des Prüfers immer wieder angeregt und damit wachgehalten wird, wenn er relativ häufig ein fehlerhaftes Stück findet. Erst bei sehr viel größeren Fehleranteilen sinkt der Kontrollwirkungsgrad wieder ab, weil dann verstärkt Ermüdungserscheinungen und Irrtümer einsetzen. Es wird häufig angenommen, daß durch mehrfache Prüfung die Anzahl der im Los verbleibenden fehlerhaften Stücke beliebig verringert werden kann. Diese Annahme trifft nur bedingt zu, da der Kontrollwirkungsgrad mit abnehmendem Fehleranteil ebenfalls sinkt (vgl. Bild 25). Es wird nämlich bei jeder nachfolgenden Prüfung immer unwahrscheinlicher, daß noch ein fehlerhaftes Teil entdeckt wird. Der Restanteil nicht entdeckter, fehlerhafter Einheiten tendiert erfahrungsgemäß gegen einen Grenzwert, der etwa in der Größenordnung von 0,2% liegt [Masing 70].

Die Aussagen zum Kontrollwirkungsgrad sind jedoch nur relevant bei der Durchführung von subjektiven Sortierarbeitsgängen, die bei nicht fähigen bzw. nicht beherrschten Fertigungsprozessen (Prozeßfähigkeitsindex $c_{pk} < 1{,}33$) erforderlich werden (vgl. **Statistische Prozeßregelung**).

Kundenorientierung

Unter Kundenorientierung kann die Ausrichtung sämtlicher Tätigkeiten und Abläufe (Prozesse bzw. Geschäftsprozesse) eines Unternehmens auf die Wünsche, Anforderungen und Erwartungen seiner Kunden verstanden werden. Grundlage ist die Einbeziehung einer kunden- bzw. anwenderbezogenen Sichtweise in die möglichen Ausprägungen des Qualitätsbegriffs, wobei Qualität dann als Erfüllung von Anforderungen aufgefaßt wird (vgl. **Qualitätsbegriff**). Diese Anforderungen, Eigenschaften oder Spezifikationen werden dabei vom Kunden als Anwender eines Produktes bzw. Empfänger einer Dienstleistung explizit geäußert oder stillschweigend erwartet. Ein Kunde kann dabei jeder sein, der von einem Produkt oder Prozeß betroffen ist. Dabei läßt sich zwischen internen und externen Kunden unterscheiden.

Externe Kunden haben etwas mit dem Produkt zu tun, gehören aber nicht dem herstellenden Unternehmen an. Dies schließt also nicht nur den speziellen Käuferkreis ein, sondern kann sich auf die gesamte Gesellschaft, den Staat und die Öffentlichkeit beziehen, etwa im Falle von Sicherheits- oder Umweltschäden. Eine entsprechende Auffassung vom Kunden liegt insbesondere der gesamtwirtschaftlich-gesellschaftsbezogenen Sichtweise des Qualitätsbegriffs zugrunde, wie sie von dem Japaner Taguchi mit Hilfe seiner Qualitätsverlustfunktion beschrieben wird (vgl. **Taguchi**, **Qualitätsverlustfunktion**).

Interne Kunden haben mit dem Produkt in ihrer Eigenschaft als Mitarbeiter des herstellenden Unternehmens zu tun. In diesem Sinne sind sie zwar keine Käufer, aber dennoch Empfänger eines Produktes oder einer Produktvorstufe.

Der Differenzierung zwischen internen und externen Kunden liegt ein Gedanke des Just-in-Time-Prinzips zugrunde, welches u.a. die auftragsgesteuerte Materialver- und -entsorgung für eine Produktion auf Abruf zum Ziel hat (vgl. **Just-in-Time**). Dabei wird die Produktion auf allen Fertigungsstufen in die Lage versetzt, die richtigen Teile am richtigen Ort, in der richtigen Menge, zum richtigen Zeitpunkt und in der richtigen Qualität zu erhalten bzw. zu liefern. Hierfür wird insbesondere das Kanban-System als spezielle Methode zur Material- und Informationsflußsteuerung eingesetzt (vgl. **Kanban**). Zur Gewährung eines einwandfrei ablaufenden Fertigungsprozesses nach dem Just-in-Time-Prinzip ist es unbedingt erforderlich, daß ausschließlich einwandfreie Teile (Gutteile) an die nachfolgende Bearbeitungsstufe übergeben werden. Dies beinhaltet oft die Übertragung von Qualitätsverantwortung auf die Mitarbeiter durch Einführung von Selbstprüfung anstelle von Fremdkontrolle. Voraussetzung dafür sind die Fähigkeit der Prozesse, ein hohes Engagement der Mitarbeiter und gegenseitiges Vertrauen von Vorgesetzten und Mitarbeitern (vgl. **Mitarbeiterorientierung, Prozeßorientierung**).

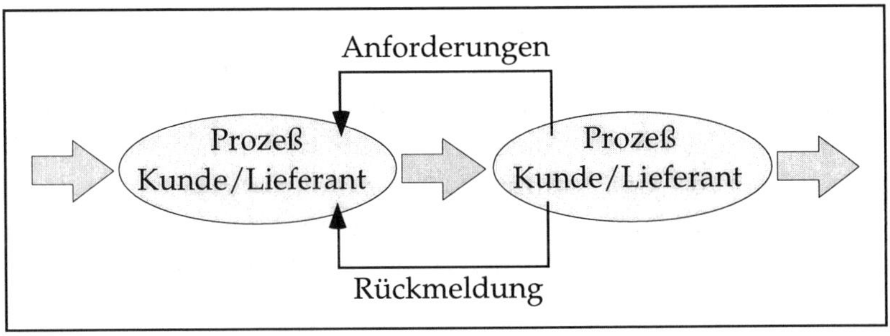

Bild 26: Prinzip der Kunden-Lieferanten-Beziehung

Es wird also jeder Output eines Verarbeitungsschrittes zum Input für den nächsten Schritt. Jeder Mitarbeiter ist demnach interner Kunde des im Herstellungsprozeß vor ihm liegenden Mitarbeiters und zugleich Anbieter seines Arbeitsergebnisses an den nachfolgenden Mitarbeiter (Next Operation as Customer, NOAC). Voraussetzung ist, daß jedem Mitarbeiter die Erwartungen seines unmittelbaren Kunden bekannt sind. Damit kann die gesamte Wertschöpfungskette, die das Unternehmen durchzieht und noch darüber hinausreicht, als Verknüpfung von Kunden-Lieferanten-Beziehungen betrachtet werden (vgl. Bild 26) [DIN 94].

Aus diesem Grunde ist es genauso bedeutsam, die Qualität der Produkte und Dienstleistungen innerhalb des Unternehmens einzuhalten, wie gegenüber den externen Kunden. Erst wenn jeder interne Kunde einwandfreien Input erhält und gleichzeitig die Anforderungen seines eigenen Kunden erfüllt, entsteht ein optimales Endergebnis: Ein zufriedener externer Kunde. Dieses Konzept der Orientierung am internen und externen Kunden bildet die Basis für die Umsetzung und Durchführung von Total Quality Management als die Koordination eines komplexen Systems von Aktivitäten bzw. Prozessen, das von der Erfassung der Kundenwünsche bis zur Plazierung des Produkts bzw. der Dienstleistung beim Kunden und noch darüber hinaus reicht (vgl. **Total Quality Management**).

In diesem Zusammenhang wird die Verbindung der Kundenorientierung zur Prozeßorientierung deutlich (vgl. **Prozeßorientierung**). Die Erfüllung der Kundenanforderungen hängt direkt von der Gestaltung der Fertigungs- und Geschäftsprozesse im Unternehmen ab. Erst eine hohe Qualität der einzelnen Prozesse bzw. Teilprozesse ermöglicht einen qualitativ hochwertigen Ablauf des Gesamtprozesses und damit die Optimierung des Gesamtsystems Unternehmen. Dabei ergeben sich jedoch zwei Schlüsselfragen der Kundenorientierung: Die Ermittlung der Kundenanforderungen einschließlich ihrer Umsetzung sowie die kundenorientierte Bewertung der erbrachten Leistungen.

Zur Ermittlung und Umsetzung der Kundenanforderungen stehen eine ganze Reihe von Methoden zur Verfügung. Zunächst bietet sich die Qualitätsplanungsmethodik des Quality Function Deployment an, mit deren Hilfe Kundenwünsche systematisch erfaßt und in konkrete Produktmerkmale umgesetzt werden können (vgl. **Quality Function Deployment**). Weiterhin lassen sich vor allem aus dem Bereich Marketing verschiedene Methoden anwenden (z.B.: Kundenbefragungen, Marktanalysen, Untersuchungen über das zu erwartende Markt- und Käuferverhalten). Diese und ähnliche Instrumente können auch zur Bewertung der Kundenzufriedenheit sowie der eigenen Produkte gegenüber dem Wettbewerb (Benchmarking) herangezogen werden (vgl. **Benchmarking**).

Von besonderer Bedeutung sind hier jedoch Methoden zur direkten Messung der Kundenzufriedenheit, die sich aus dem Grad der Übereinstimmung von gestellter Anforderung und erbrachter Leistung ergibt. Ohne hier auf derartige Methoden näher einzugehen, soll jedoch das Modell des Japaners Noriaki Kano erwähnt werden, welches den

Zusammenhang zwischen der Erfüllung der Kundenanforderungen und der Kundenzufriedenheit darstellt (vgl. Bild 27) [Kano et al. 84]. Qualität erscheint hier als bewegliches Ziel. Dabei wird besonders deutlich, daß sich die Zufriedenheit der Kunden durch die Erfüllung von selbstverständlichen Erwartungen (Basisanforderungen) oder explizit geäußerten Wünschen (Leistungsanforderungen) nur begrenzt steigern läßt. Fehlerfreie und qualitativ hochwertige Produkte und Dienstleistungen werden zunehmend vorausgesetzt. Um den Kunden überproportional zufriedenzustellen, ihn also zu begeistern, sind außergewöhnliche Anstrengungen vorzunehmen [Bokelmann 92].

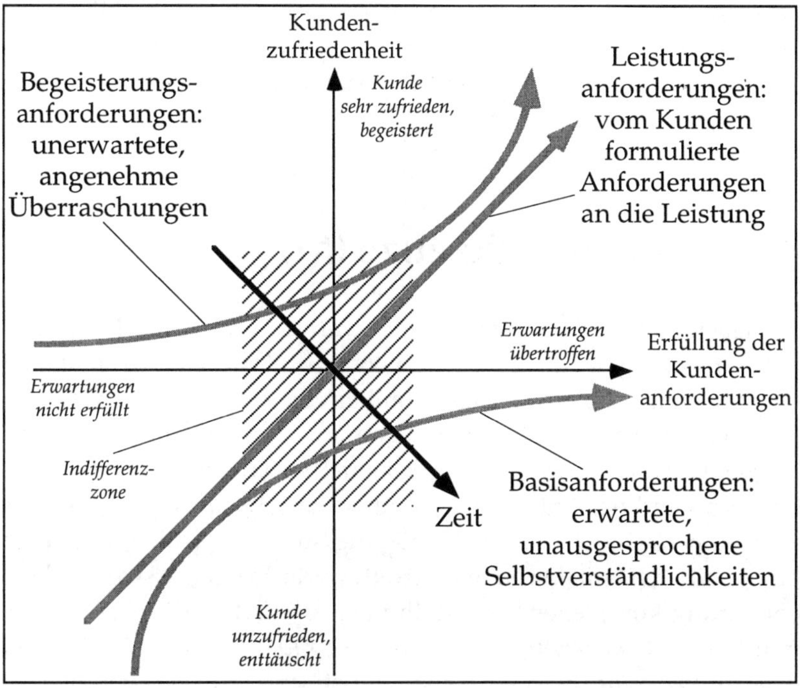

Bild 27: Kano-Modell

Umgekehrt ist eine Unzufriedenheit der Kunden unter dem Blickwinkel der Kundenzufriedenheit als Unternehmensziel unbedingt zu vermeiden. Wenn diese bereits eingetreten ist, sind ernsthafte Anstrengungen zu unternehmen, sie zu beseitigen. Dazu gehört auch ein wirkungsvolles Beschwerdemanagement, denn mit ihren Beschwerden äußern Kunden nicht nur Unzufriedenheit, sondern geben gleichzeitig wertvolle Hinweise zur Verbesserung (vgl. **Beschwerdemanagement**).

Literaturhinweise zur Vertiefung

Saatweber, J.:
Kundenorientierung durch Quality Function Deployment.
München: Carl Hanser Verlag 1997.

VDA - Verband der Automobilindustrie (Hrsg.):
VDA-Schriftenreihe Qualitätsmanagement in der Automobil industrie, Band 4 Teil 1: Sicherung der Qualität vor Serieneinsatz - Partnerschaftliche Zusammenarbeit, Abläufe, Methoden.
3. Aufl., Frankfurt/Main 1996.

Managementwerkzeuge (M7)

Die sieben Managementwerkzeuge werden auch als „New Seven Tools for Quality Control" oder „New Seven" bezeichnet. Es handelt sich dabei um Problemlösungstechniken, die unter Anwendung visueller Hilfsmittel zur Analyse verbaler Informationen dienen. Die Managementwerkzeuge werden insbesondere im Rahmen von Gruppenarbeit während der Entwicklungs- und Planungsphase eingesetzt, wo kaum numerische Daten zur Verfügung stehen. Darüber hinaus fördern sie eine systematische und strukturierte Vorgehensweise, die zur Bearbeitung komplexer Fragestellungen unerläßlich ist. Die elementaren Qualitätswerkzeuge (Q7, Tools of Quality) und andere Qualitätstechniken, wie beispielsweise Statistische Prozeßregelung, werden überwiegend im Bereich der Fertigung und somit während der Produktions- bzw. Serienphase eingesetzt, wo in der Regel numerische Daten vorliegen (vgl. **Qualitätswerkzeuge**, **Statistische Prozeßregelung**). Die Managementwerkzeuge bieten hier eine sinnvolle Ergänzung, da sie vor allem in den frühen Vorserienphasen angewendet werden können [Nayatani et al. 94].

Die Managementwerkzeuge wurden erstmals 1978 in Japan veröffentlicht, wo im Auftrag der Japanese Union of Scientists and Engineers (JUSE) eine Arbeitsgruppe unter dem Vorsitz von Yoshinobu Nayatani eine Vielzahl bekannter Managementtechniken auf ihre Eignung untersucht und daraus sieben Elemente zusammengestellt hat:

Die sieben Managementwerkzeuge

AFFINITÄTSDIAGRAMM

RELATIONENDIAGRAMM

BAUMDIAGRAMM

MATRIXDIAGRAMM

MATRIX-DATEN-ANALYSE (PORTFOLIO-ANALYSE)

PROBLEM-ENTSCHEIDUNGS-PLAN

NETZPLAN

Obwohl die einzelnen Managementwerkzeuge auch unabhängig voneinander wirkungsvoll eingesetzt werden können, entfaltet sich ihr voller Nutzen erst in der kombinierten Anwendung. Die Managementwerkzeuge sind so konzipiert, daß sie aufeinander aufbauend alle Phasen eines Problemlösungsprozesses unterstützen und dabei mit den anderen Qualitätstechniken in enger Wechselwirkung stehen. Ausgangspunkt einer Problemlösung kann das Affinitätsdiagramm oder das Relationendiagramm zur Setzung von Schwerpunkten für die weitere Untersuchung sein. Sind diese Schwerpunkte identifiziert, können sie mit Hilfe des Baumdiagramms operationalisiert werden. Anschließend können mit dem Problem-Entscheidungs-Plan bereits im Vorfeld Gegenmaßnahmen für eventuell auftretende Schwierigkeiten bei der Umsetzung festgelegt werden. Der Netzplan dient schließlich zur Unterstützung bei der Detailplanung sowie bei der Durchführung der beschlossenen Maßnahmen [Gogoll 94].

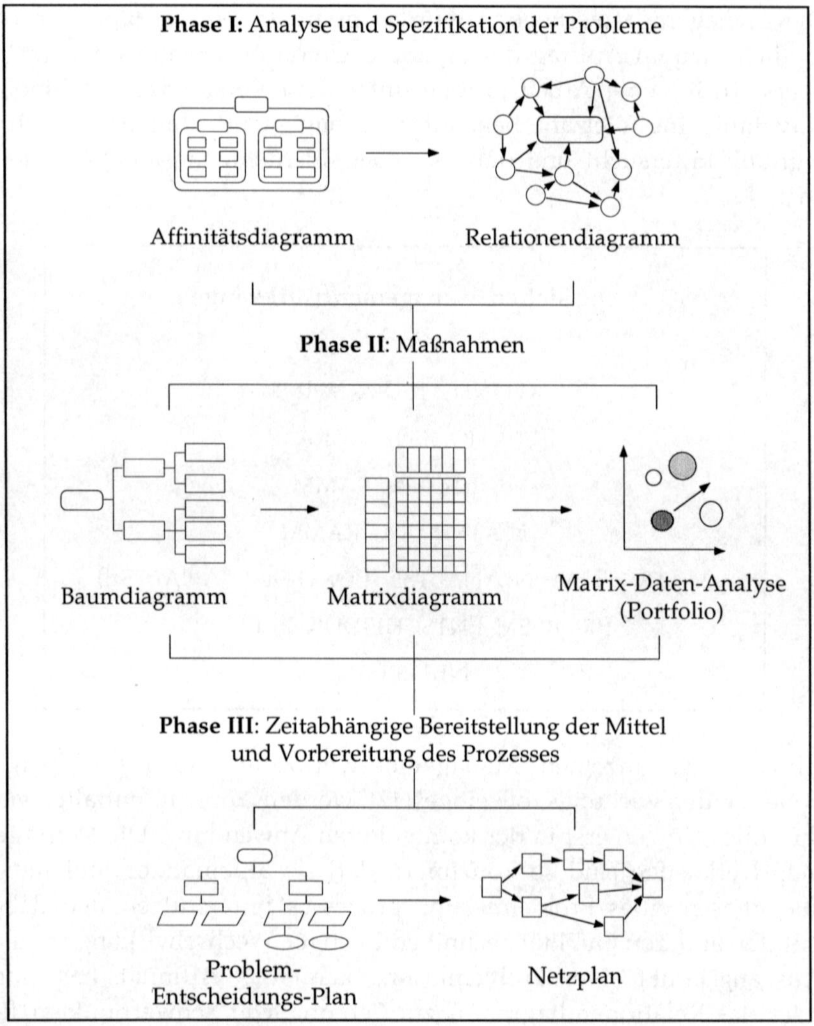

Bild 28: Die Sieben Managementwerkzeuge im Überblick

Betrachtet man den Problemlösungsvorgang als mehrstufigen Prozeß, so lassen sich prinzipiell drei Phasen identifizieren (vgl. Bild 28) [Nayatani et al. 94]:

Phase I: Analyse der ungeordneten Informationen und Beschreibung des zu lösenden Problems.

Phase II: Herausfinden der Mittel und Maßnahmen zur Lösung des Problems sowie Klären der Beziehungen von Mitteln und Maßnahmen für das zu erreichende Ziel.

Phase III: Spezifizieren eines realisierbaren Programms. Mittel und Maßnahmen werden in einen zeitlichen Ablauf gebracht, wobei gegebenenfalls zusätzliche Mittel einbezogen werden, um den Prozeß noch zu verbessern.

Affinitätsdiagramm

Das Affinitätsdiagramm (Affinity Diagram) verwendet man bei der Bearbeitung von zukünftigen Problemen, insbesondere, wenn eine Vielzahl schwer überschaubarer und ungeordneter Informationen vorliegt. In dieser frühen Problemlösungsphase werden relevante Informationen in beschreibender, verbaler Form gesammelt. Sie beruhen auf Fakten, Schätzungen, Prognosen, Meinungen und der Intuition der Gruppenmitglieder. Hierfür verwendet man auch die Methode des Brainstormings (vgl. **Brainstorming**). Affinität bedeutet, daß die gesammelten Daten verglichen und in Gruppen eingeteilt werden, deren Elemente in bezug auf ihre Bedeutung in einem engen Zusammenhang stehen. Die so entstandenen Cluster werden mit Oberbegriffen versehen und hinsichtlich ihrer Relevanz bewertet, so daß ein strukturierter Pool von Fakten bzw. Ideen entsteht (vgl. Bild 29).

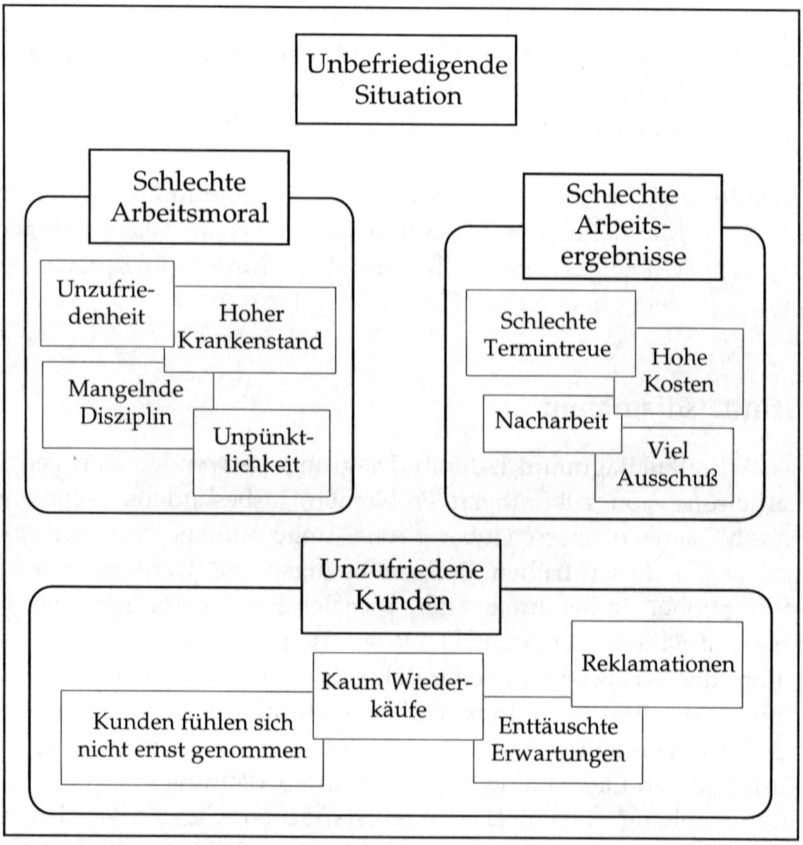

Bild 29: Beispiel für ein Affinitätsdiagramm

Das Affinitätsdiagramm hilft damit vor allem bei der eindeutigen Formulierung des Problems sowie bei der Konsensfindung innerhalb der Gruppe [Nayatani et al. 94].

Relationendiagramm

Das Relationendiagramm (Interrelationship Diagram) geht von einem zentralen Problem oder einer zentralen Idee aus (z.B. als Ergebnis des Affinitätsdiagramms) und veranschaulicht die Wechselwirkungen zwischen den Ursachen des Problems. Die Beziehungen zwischen den Ursachen werden mit Pfeilen gekennzeichnet, die in Haupteinflußrichtung weisen. Dabei werden Ursachen gleichzeitig nach ihrer Bedeutung klassifiziert (Ursachen erster, zweiter und dritter Ordnung). So erhält man eine strukturierte Darstellung der Hauptursachen des Problems und deren Wechselwirkungen (vgl. Bild 30) [Gogoll 94]. Daraus läßt sich bereits ableiten, welche Möglichkeiten als Lösung geeignet sind.

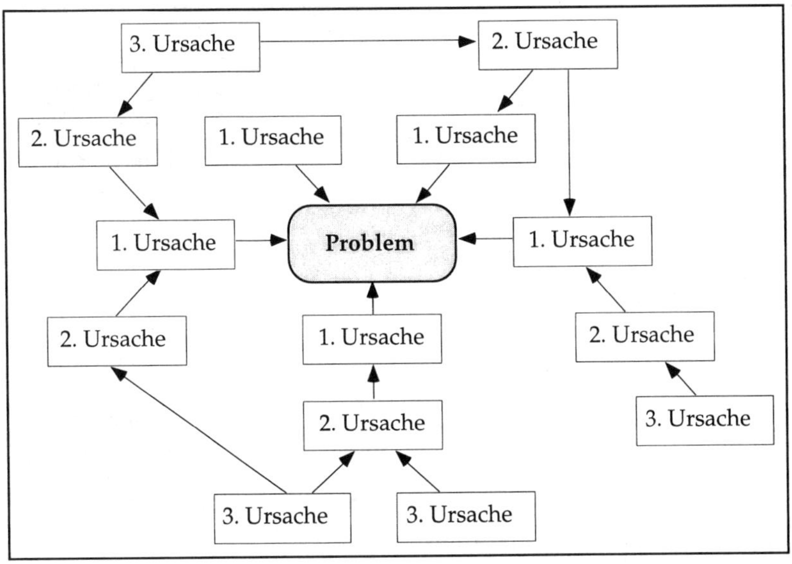

Bild 30: Schematische Darstellung eines Relationendiagramms

Darüber hinaus hilft dieser Prozeß, irrtümliche Vorstellungen der Teilnehmer zu ändern und Übereinstimmung zwischen den Mitgliedern über die wesentlichen Ursachen und deren Beseitigung zu erzielen [Nayatani et al. 94].

Baumdiagramm

Das Baumdiagramm (Tree Diagram) wird angewendet, um die zur Lösung eines Problems erforderlichen Mittel und Maßnahmen herauszufinden. Dazu wird das angestrebte Ziel oder Problem zunächst im Hinblick auf alle möglichen Ursachen in mehreren Schritten mit zunehmendem Detaillierungsgrad analysiert. Um von einer Betrachtungsebene in die nächste zu gelangen, wird untersucht, wie man das jeweilige (Teil-)Ziel erreichen kann. Dabei besitzen die Mittel der vorhergehenden Ebene in der Regel Zielcharakter für die folgende Ebene (vgl. Bild 31). Der Unterschied zum Ursache-Wirkungs-Diagramm von Ishikawa besteht in der strikt sequentiellen Vorgehensweise (vgl. **Ursache-Wirkungs-Diagramm**).

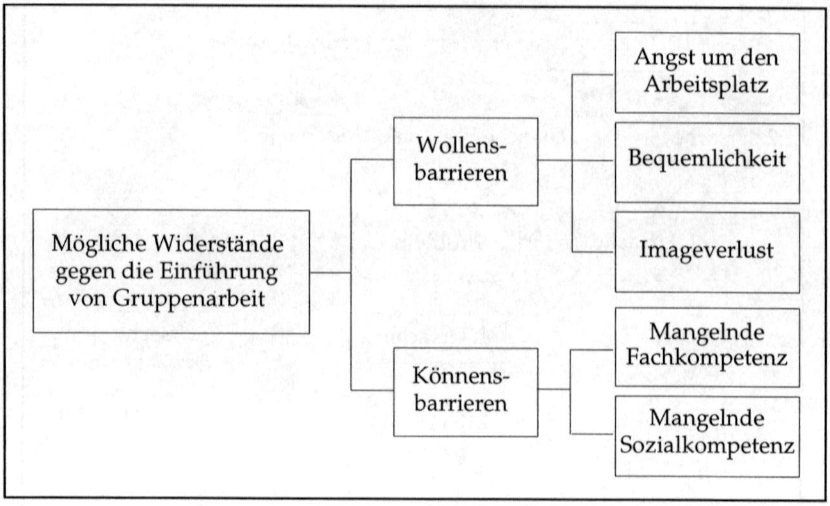

Bild 31: Beispiel für ein Baumdiagramm

Als Ergebnis erhält man eine systematische Übersicht in Form des Baumdiagramms über alle relevanten Mittel zur Lösung des betreffenden Problems. Dadurch wird das Risiko minimiert, daß wesentliche Lösungsansätze übersehen werden. Außerdem erleichtert es die Offenlegung der Mittel, einzelne Teilnehmer zu überzeugen und Konsens in der Gruppe herzustellen [Nayatani et al. 94].

Matrixdiagramm

Komplexe Probleme sind häufig durch Überschneidungen ihrer Ursachen und mehrfache Auswirkungen der geplanten Maßnahmen gekennzeichnet. Mit Hilfe des Matrixdiagramms (Matrix Diagram) lassen sich die Beziehungen und Wechselwirkungen innerhalb einer

Fragestellung systematisch untersuchen und anschaulich darstellen [Nayatani et al. 94].

Je nach Aufbau unterscheidet man zwischen L-, T- und X-Matrix. In der L-Matrix können zwei Dimensionen eines Problems miteinander in Beziehung gesetzt werden. In den Zellen der Matrix trägt man die Wechselwirkungen ein, die entsprechend der Stärke ihres Einflusses bewertet werden. Eine typische Anwendung dieser Technik erfolgt beim House of Quality im Rahmen des Quality Function Deployment, wo die Designanforderungen aus den Kundenanforderungen hergeleitet werden [Gogoll 94] (vgl. **Quality Function Deployment**).

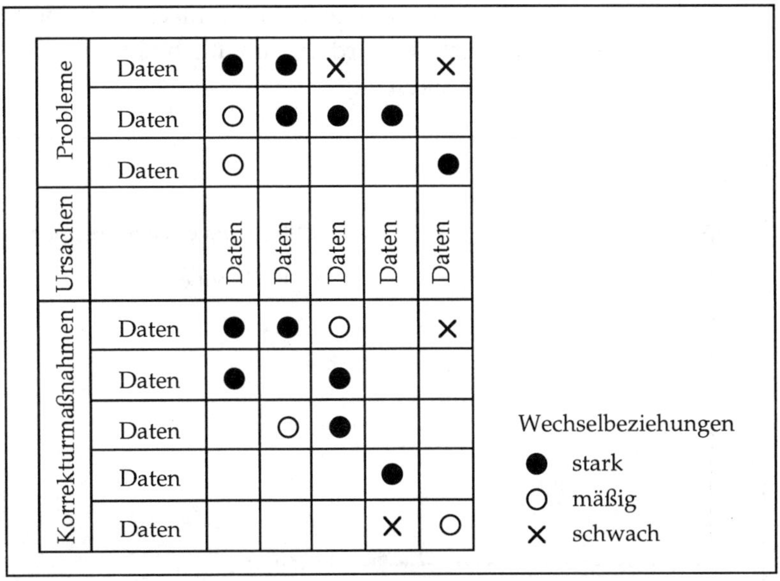

Bild 32: Schematische Darstellung eines Matrixdiagramms

Die T-Matrix stellt eine Kombination aus zwei L-Matrizen dar. Hier werden zwei Dimensionen eines Problems (z.B. Fehlermerkmal und Korrekturmaßnahme) auf Wechselwirkungen mit einer gemeinsamen dritten (z.B. Fehlerursache) untersucht (vgl. Bild 32). Die X-Matrix ist eine Verknüpfung von vier L-Matrizen, ihr Informationsgehalt ist entsprechend komplexer.

Matrix-Daten-Analyse (Portfolio-Analyse)

Die im Matrixdiagramm erfaßten Daten lassen sich mit Hilfe der Matrix-Daten-Analyse (Matrix-Data Analysis) weiter auswerten. Als einziges Verfahren innerhalb der Managementwerkzeuge, welches numerische Daten verwendet, erlaubt es, große Datenmengen auf wenige zweidimensionale Zahlen zu reduzieren [Nayatani et al. 94]. Die so gewonnenen Daten werden in ein Achsenkreuz eingetragen, wodurch ein qualitativer Vergleich bezüglich zweier charakteristischer Merkmale möglich ist. Dieses Verfahren ähnelt stark der Portfolio-Analyse, die im Marketing und bei der strategischen Planung eingesetzt wird. Als Ergebnis erhält man eine Darstellung, die eine große Zahl numerischer Daten überschaubar macht (vgl. Bild 33). Durch den Einsatz dieser Technik wird die inhaltliche Diskussion der Gruppe visuell unterstützt [Gogoll 94].

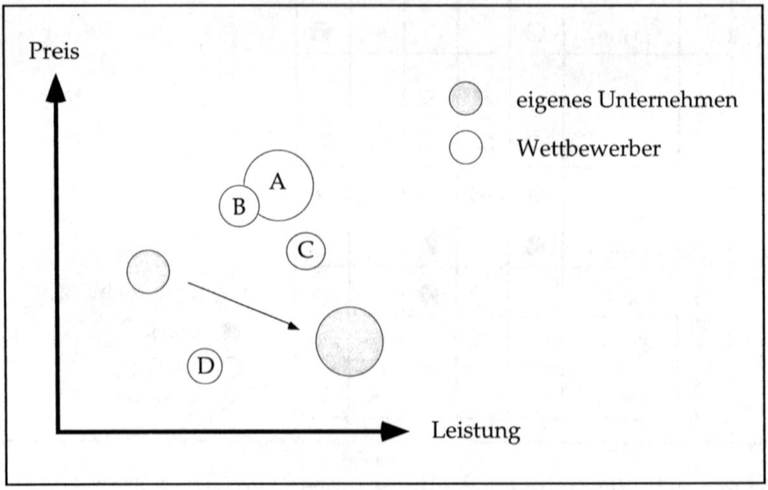

Bild 33: Schematische Darstellung einer Matrix-Daten-Analyse (Portfolio-Analyse)

Problem-Entscheidungs-Plan

Der Problem-Entscheidungs-Plan (Problem Decision Program Chart) wird eingesetzt, um Maßnahmen für unvorhergesehene Schwierigkeiten bei der Umsetzung von Teilschritten vorzubereiten. Analog dem Vorgehen bei der Fehlermöglichkeits- und -einflußanalyse, werden auch hier bereits im Vorfeld potentielle Störungen systematisch erfaßt und geeignete Gegenmaßnahmen festgelegt (vgl. **Fehlermöglichkeits- und -einflußanalyse**). Die Entwicklung des Problem-Entscheidungs-Plans erfolgt am besten entlang der Struktur des Baumdiagramms. Die Teilschritte werden so in ihrer logischen und zeitlichen Folge untersucht. Die Darstellung der Störungen und der zu ihrer Behebung vereinbarten Maßnahmen kann entweder grafisch (vgl. Bild 34) oder verbal in Textform erfolgen [Gogoll 94].

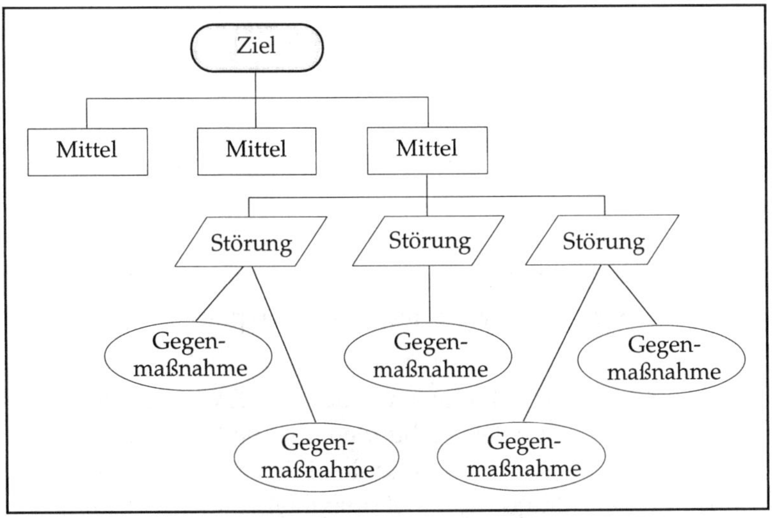

Bild 34: Schematische Darstellung eines Problem-Entscheidungs-Plans

Netzplan

Der Netzplan (Arrow Diagram, Activity-Network Diagram) erlaubt eine gut überschaubare Darstellung der zeitlichen Verknüpfung der Maßnahmen, die zur Verwirklichung des Ziels geplant sind. Insbesondere bei unübersichtlichen Projekten ermöglicht dieses Verfahren ein strukturiertes Abbild der gegenseitigen Abhängigkeiten von Ereignissen und erleichtert damit die Planung und Überwachung des gesamten Ablaufs [Nayatani et al. 94].

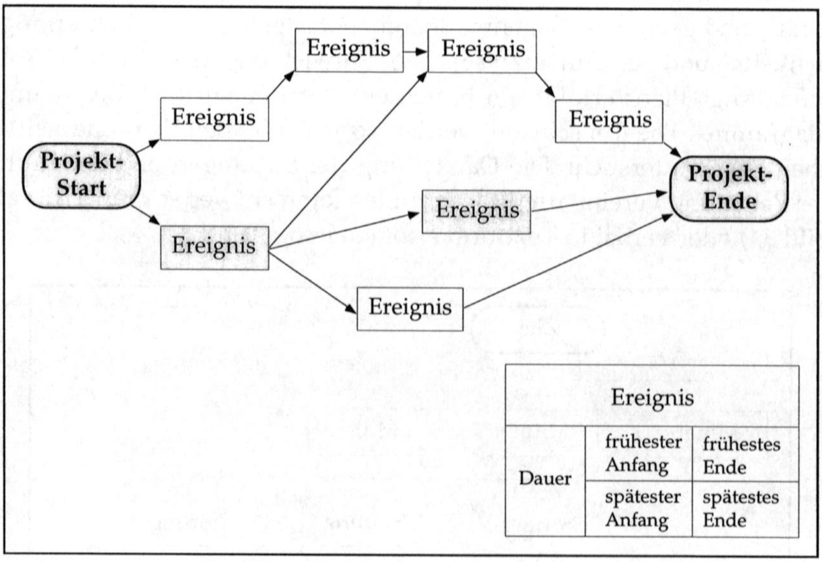

Bild 35: Schematische Darstellung eines Netzplans

Zur Entwicklung des Netzplans werden die Ereignisse in Kästchen eingetragen und mit Pfeilen verbunden, die die Vorgänge symbolisieren (vgl. Bild 35). Außerdem wird in den Kästchen oder an ihren Ecken die Dauer der Vorgänge (minimal/maximal) und der Anfangstermin (frühestens/spätestens) eintragen. Mittels dieser Daten läßt sich durch Vorwärts- und Rückwärtsterminierung die Dauer sowie der Anfangs- und Endtermin des Projektes bestimmen. Diejenigen Vorgänge, die auf dem kritischen Pfad liegen, d.h. deren Verzögerungen unmittelbar den Endtermin des gesamten Projektes beeinflussen, können farbig gekennzeichnet werden, um sie besonders hervorzuheben.

Literaturhinweise zur Vertiefung

Nayatani, Y.; Eiga, T.; Futami, R.; Miyagawa, H.:
The Seven New QC Tools: Practical Applications for Managers.
White Plains/NY/USA: Quality Resources 1994.

Mizuno, S.:
Management for Quality Improvement: The 7 New QC Tools.
Cambridge/Mass./USA: Productivity Press 1988.

Ozeki, K.; Tesuichi, A.:
Handbook of Quality Tools.
Camebridge/Mass./USA: Productivity Press 1990.

Theden, P.; Colsman, H.:
Qualitätstechniken.
In: Kamiske, G. F. (Hrsg.): Reihe PocketPower.
2. Aufl., München: Carl Hanser Verlag 1997.

Malorny, Chr.; Langner, M. A.:
Moderationstechniken.
In: Kamiske, G. F. (Hrsg.): Reihe PocketPower.
München: Carl Hanser Verlag 1997.

Malorny, Chr.; Schwarz, W.; Backerra, H.:
Die sieben Kreativitätswerkzeuge.
In: Kamiske, G. F. (Hrsg.): Reihe PocketPower.
München: Carl Hanser Verlag 1997.

Mitarbeiterorientierung

Unter Mitarbeiterorientierung in einem Unternehmen kann eine Grundhaltung verstanden werden, bei der jeder einzelne Mitarbeiter als bedeutendes Problemlösungs- und Kreativitätspotential betrachtet und entsprechend behandelt wird. Dem liegt die Erkenntnis zugrunde, daß die Wertschöpfung im Unternehmen zwar durch den Einsatz technischer Hilfsmittel unterstützt, aber letztlich vom Menschen erbracht und gesteuert wird. Dies entspricht der Auffassung, daß Qualität unter Anwendung geeigneter Techniken, aber auf der Basis einer entsprechenden Geisteshaltung entsteht [Kamiske 90]. Ziel der Mitarbeiterorientierung ist einerseits die Hebung des Interesses der Mitarbeiter an der Arbeit im Unternehmen, andererseits die Nutzung des Know-Hows der Mitarbeiter zur Ständigen Verbesserung sämtlicher Prozesse im Hinblick auf Qualität und Produktivität (vgl. **Prozeßorientierung**). Zur Institutionalisierung derartiger Aktivitäten ist insbesondere Gruppenarbeit mit Delegation von Teilverantwortung geeignet. Besonders bei Mitarbeitern der ausführenden Ebene wurden in der Vergangenheit deren geistige Fähigkeiten nicht in gleichem Maße in Anspruch genommen wie die physischen. Ausgangspunkt sind dabei folgende Überlegungen [Runge 92, Warnecke 92]:

- Eine auf Vorbeugung basierende Qualitätsstrategie wie Total Quality Management benötigt das Engagement aller am Wertschöpfungsprozeß beteiligten Mitarbeiter, um Fehler frühzeitig zu erkennen und nachhaltig zu beseitigen, denn niemand kennt die Prozesse so gut wie die sie ausführenden Mitarbeiter.
- Die Hinwendung zu Qualität und Ständiger Verbesserung sämtlicher Beteiligten bildet den Mittelpunkt aller Bemühungen.
- Die Problemlösungskapazität und Kreativität der Mitarbeiter stellt ein unausgeschöpftes Potential an Ideen zur Erreichung und Verbesserung des Qualitätsziels dar.
- Flexibilität und Anpassungsfähigkeit zur Erfüllung von Kundenanforderungen lassen sich im Unternehmen dauerhaft nur mit Hilfe gut ausgebildeter Mitarbeiter erreichen, die in der Lage sind, „unternehmerisch" zu denken.
- Ein Unternehmen ist nur dann fähig, sich den ständig steigenden Herausforderungen des Wettbewerbs zu stellen, wenn der Grundsatz des lebenslangen Lernens von allen Mitarbeitern (einschließlich der Führungskräfte) befolgt wird.

Vor diesem Hintergrund wird insbesondere deutlich, daß die Mitarbeiter als langfristig zu pflegendes und weiterzuentwickelndes Erfolgspotential im Sinne von Human Resources anzusehen sind, das den höchsten Stellenwert für die Sicherung von Überleben und Erfolg eines Unternehmens hat [Bleicher 96]. In die gleiche Richtung zielt die Betrachtung des Unternehmens als Sinn-Gemeinschaft, in der die Menschen miteinander verbunden sind und eine entsprechende Vertrauenskultur herrscht [Lietz 94].

Ein weiterer Ansatz ist die Übertragung von (Qualitäts-)Verantwortung auf die Mitarbeiter durch die Einführung von Selbstprüfung anstelle von Fremdkontrolle. Dazu ist jedoch neben einer Reihe von technischen und organisatorischen Voraussetzungen eine konsequente Kunden- und Prozeßorientierung im gesamten Unternehmen notwendig (vgl. **Kundenorientierung**, **Prozeßorientierung**). Folgende Punkte sind in diesem Zusammenhang besonders zu beachten [Schildknecht 92]:

- Dem Mitarbeiter muß seine Position im Netz der Kunden-Lieferanten-Beziehungen bekannt sein, insbesondere jedoch die Erwartungen seines unmittelbaren Kunden, also des nächsten Arbeitsprozesses (Next Operation as Customer, NOAC).
- Die Prozesse müssen beherrscht und robust gegenüber Störgrößen sein (Robust Design) sowie klare Eingriffsmöglichkeiten zur Prozeßregelung enthalten (vgl. **Qualitätsverlustfunktion**, **Statistische Prozeßregelung**).
- Zur selbständigen Beurteilung der Qualität durch die Mitarbeiter müssen geeignete Kennzahlen vorliegen, die zusammen mit verbindlichen Zielvereinbarungen, an deren Formulierung die Mitarbeiter beteiligt sind (Management by Objectives), die Grundlage für systematische Verbesserungsmaßnahmen bilden.
- Geeignete Arbeitsstrukturierungsmaßnahmen sowie die Übertragung von eigenverantwortlichen Aufgaben im Rahmen eines umfassenden Systems zur produktiven, vorbeugenden Instandhaltung der Produktionsanlagen (Total Productive Maintenance) erhöhen die Identifikation der Mitarbeiter mit ihrer Arbeit und ihrem gesamten Arbeitsumfeld (vgl. **Total Productive Maintenance**).

Literaturhinweise zur Vertiefung

DGQ - Deutsche Gesellschaft für Qualität (Hrsg.):
DGQ-Schrift 14-61: Qualitätspolitik und Mitarbeiterorientierung.
Berlin: Beuth Verlag 1997.

Bühner, R.:
Der Mitarbeiter im Total Quality Management.
Stuttgart: Schäffer-Poeschel-Verlag 1993.

Bühner, R.:
Mitarbeiterführung als Qualitätsfaktor.
München: Carl Hanser Verlag 1997.

Wunderer, R.; Gerig, V; Hauser, R. (Hrsg.):
Qualitätsorientiertes Personalmanagement.
München: Carl Hanser Verlag 1997.

Kostka, C.:
Coaching-Techniken.
In: Kamiske, G. F. (Hrsg.): Reihe PocketPower.
München: Carl Hanser Verlag 1998.

Null-Fehler-Programm/Zero Defects Concept

Das Null-Fehler-Programm (Zero Defects Concept) wurde von Philip B. Crosby 1961 entwickelt und zielt auf eine fehlerfreie Produktion ohne Ausschuß und ohne Nacharbeit ab (vgl. **Crosby**). Crosby vertritt die Auffassung, daß es keine akzeptable Fehlerquote und keine Nachbesserung geben sollte, sondern daß eine Null-Fehler-Produktion anzustreben ist. In seinen Kostenbetrachtungen dazu stellt er fest, daß nicht die Fertigung von Qualität Kosten verursacht, sondern die Fehler bzw. die Nicht-Erfüllung von Anforderungen die Gesamtkosten in die Höhe treiben (vgl. **Fehlleistungsaufwand**).

Im folgenden werden die einzelnen Schritte des Null-Fehler-Programms nach Crosby kurz aufgeführt [Crosby 79]:

1. Verpflichtung des Managements: Den Standpunkt des Managements in bezug auf Qualität klarstellen.

2. Lenkungsgruppe Qualität: Das Qualitätsverbesserungsprogramm durchführen.
3. Qualitätsmessung: Aktuelle und potentielle Qualitätsabweichungen in einer Form darstellen, die eine objektive Bewertung und Korrekturmaßnahmen erlaubt.
4. Qualitätsbezogene Kosten: Die Bestandteile der qualitätsbezogenen Kosten definieren und ihren Nutzen als Instrument des Managements erklären.
5. Qualitätsbewußtsein: In der gesamten Belegschaft des Betriebes das persönliche Verantwortungsgefühl für die Qualität des Produktes bzw. der Dienstleistung erhöhen und das Ansehen der Firma in bezug auf Qualität verbessern.
6. Korrekturmaßnahmen: Eine systematische Methode erarbeiten, um die bei den vorausgegangenen Schritten festgestellten Probleme auf Dauer zu lösen.
7. Null-Fehler-Planung: Die verschiedenen Vorbereitungsmaßnahmen prüfen, die zur offiziellen Einführung des Null-Fehler-Programms erforderlich sind.
8. Mitarbeiterschulung: Feststellen, welche Art von Schulung für Vorgesetzte und Mitarbeiter angezeigt ist, damit diese ihre Aufgabe innerhalb des Qualitätsverbesserungs-Programms aktiv ausführen können.
9. Tag der Qualität: Eine Veranstaltung organisieren, die allen Beschäftigten durch eigenes Erleben begreiflich macht, daß sich etwas geändert hat.
10. Zielsetzung: Vorsätze und Verpflichtungen in die Tat umsetzen, indem die einzelnen Mitarbeiter ermutigt werden, sich selbst und ihren Gruppen Verbesserungsziele zu setzen.
11. Beseitigung von Fehlerursachen: Ein Kommunikationssystem einrichten, damit der einzelne Beschäftigte das Management über die Probleme verständigen kann, die es dem Beschäftigten schwer machen, seinen Verbesserungsvorsatz einzuhalten.
12. Anerkennung: Die Leistungen der Teilnehmer würdigen.
13. Expertengruppen: Die Qualitätsfachleute in offizieller Form zu regelmäßiger Verständigung zusammenbringen.

14. Wieder von vorn anfangen: Verdeutlichen, daß das Programm zur Qualitätsverbesserung nie beendet ist.

Mit seinem Null-Fehler-Leistungsstandard spricht Crosby die zwiespältige Einstellung an, die oft am Arbeitsplatz vorherrscht: In einigen Bereichen besteht die Bereitschaft, sich mit Nachlässigkeit abzufinden, in anderen Bereichen wiederum wird Perfektion erwartet. Diese Einstellung ist eigentlich nur menschlich, und Menschen machen Fehler. Die Null-Fehler-Methode hingegen zielt darauf ab, daß Menschen wesentlich näher an das Ziel der Perfektion herankommen können, wenn sie es sich zur Aufgabe machen, auch auf Kleinigkeiten zu achten und Irrtümer zu vermeiden. Der Leistungsstandard, der also zu setzen ist, lautet „Null-Fehler", nicht nur „annehmbare Qualitätsgrenzlage" (AQL, Acceptable Quality Level) (vgl. **Stichprobenprüfung**).

Irren ist menschlich, Fehler vollständig zu vermeiden problematisch. Deshalb sollten Vorhaltungen gegenüber den Mitarbeitern unbedingt vermieden werden. Die Ursachen der „Minderleistungen" sind regelmäßig im (vorgeschriebenen) System zu suchen. Deming weist zu Recht darauf hin, daß nicht die Menschen sich ändern müssen, sondern die Systeme (vgl. **Deming, Demings Management-Programm**). Trotzdem darf auch vor dem Hintergrund der Unvermeidbarkeit von menschlichen Fehlhandlungen das Entstehen von Fehlern am Produkt nicht als normal angesehen werden. Somit ist eine Änderung beider Geisteshaltungen notwendig. Weder dürfen Fehler und Fehlerquoten akzeptiert und als unvermeidbar ansehen werden, noch sind Schuldzuweisungen an die Mitarbeiter angebracht. Dazu sind die Arbeitssysteme in einer Weise zu gestalten, die eine ständige Aufmerksamkeit der Arbeitsperson nicht erforderlich macht (vgl. **Kontrollwirkungsgrad**). Derartige Arbeitssysteme sind nur durch sichere Beherrschung der Fertigung, also durch robuste Prozesse, zu erreichen. Voraussetzung dazu ist wiederum eine Strategie der Fehlervermeidung, die am wirkungsvollsten in der Entwicklungs- und Konstruktionsphase der Produkte und Prozesse ansetzt (Robust Design) [Kamiske 92] (vgl. **Poka Yoke, Simultaneous Engineering und Quality Engineering**). In diesem Sinne äußert sich Crosby selbst auch in der Zusammenfassung seiner Gedanken zum Thema Qualität (vgl. **Crosby**). Dort beschreibt er Qualitätsmanagement als Denkweise und als Aufgabe der Führungskräfte, die sich vorwiegend mit der Einführung von Vorbeugungsmechanismen im oben genannten Sinne der Fehlervermeidung beschäftigen sollten. Crosby deutet hier sein Null-Fehler-Konzept als Ansatz, um die Denkweise in „annehmbaren Qualitätsgrenzlagen" (AQL, Acceptable Quality Level) abzuschaffen und so eine Senkung der Kosten für Qualitätsabweichungen zu erreichen. Er sieht das Management und dessen Mangel an Einsicht und Selbstkritik als Ursache für viele Probleme im Unternehmen an. Er empfiehlt ein von gegenseitigem Vertrauen, Respekt und Anerkennung geprägtes Verhalten im Zusammenwirken von Kunden, Lieferanten, Management und Mitarbeitern, das er als Completeness bezeichnet [Crosby 94].

Literaturhinweise zur Vertiefung

Crosby, Ph. B.:
Cutting the Cost of Quality.
2. Aufl., New York/NY/USA: McGraw-Hill Book Company 1990.

Crosby, Ph. B.:
Quality is Free.
New York/NY/USA: McGraw-Hill Book Company 1979.

Crosby, Ph. B.:
Quality without Tears.
New York/NY/USA: McGraw-Hill Book Company 1984.

Crosby, Ph. B.:
Qualität 2000 (Completeness).
München: Carl Hanser Verlag 1994.

Produkthaftung

Produkthaftung (Product Liability) ist allgemein die Verpflichtung zum Ersatz eines durch ein fehlerhaftes Produkt enstandenen Schadens. Sie ist in der Bundesrepublik Deutschland seit dem 01.01.1990 in einer eigenen Rechtsnorm, dem Produkthaftungsgesetz (ProdHaftG), geregelt. Es sei jedoch darauf hingewiesen, daß dieses Gesetz keine grundsätzliche Neugestaltung des Rechts der Produkthaftung darstellt. Es tritt vielmehr ergänzend neben die unverändert weiterbestehenden Anspruchsgrundlagen aus Vertrag (Vertragsrecht) und aus unerlaubter Handlung (Deliktsrecht, § 823 BGB).

Als entscheidender Unterschied zu den meisten gesetzlichen Vorschriften und rechtsfortbildenden Konstruktionen ist für die Entstehung einer Haftung aus dem Produkthaftungsgesetz lediglich zu prüfen, ob das betrachtete Produkt fehlerhaft war (vgl. **Fehler und Mangel**). Wer diesen Fehler verursacht und verschuldet hat, ist unerheblich [HDI 88]. Auf ein Verschulden wird also nicht mehr abgestellt, es kommt zu einer verschuldensunabhängigen Haftung des Herstellers aus Gesetz, hier aus dem Produkthaftungsgesetz.

Die Begriffe Produkt, Fehler und Hersteller sind im Produkthaftungsgesetz gesondert geregelt und werden sehr weit gefaßt (vgl. §§ 2, 3 und 4 ProdHaftG). Als fehlerhaft gemäß § 3 I ProdHaftG gilt ein Produkt, wenn es nicht die Sicherheit bietet, die unter Berücksichtigung aller Umstände, insbesondere seiner Darbietung, des Gebrauchs, mit dem billigerweise gerechnet werden kann, und des Zeitpunkts, in dem es in den Verkehr gebracht wurde, berechtigterweise erwartet werden kann. Insbesondere als Hersteller im Sinne dieses Gesetzes gilt jeder, der einen Grundstoff, ein Teilprodukt oder das Endprodukt hergestellt oder auch nur ein entsprechendes Kennzeichen an dem Produkt angebracht hat (vgl. § 4 ProdHaftG). Damit kann auch ein Händler bzw. Vertreiber als Hersteller im Sinne dieses Gesetzes gelten, insbesondere dann, wenn der eigentliche Hersteller nicht zu ermitteln ist. Alle diesbezüglich an der Herstellung des fehlerhaften Produktes Beteiligten haften für den vollen Schaden als Gesamtschuldner (vgl. § 5 ProdHaftG).

Der Hersteller (bzw. Vertreiber) haftet aus dem Produkthaftungsgesetz für Schäden, die als Folge eines fehlerhaften Produktes entstanden sind (Folgeschäden). Dies können immer Personenschäden sein, Sachschäden jedoch nur im privaten, nicht im gewerblichen Bereich. Ein wirksamer Ausschluß dieser Haftung ist gemäß § 14 ProdHaftG nicht möglich. Fehler bzw. Schäden am Produkt selbst fallen jedoch nicht unter das Produkthaftungsgesetz, sie werden im Rahmen der Gewährleistungspflicht betrachtet.

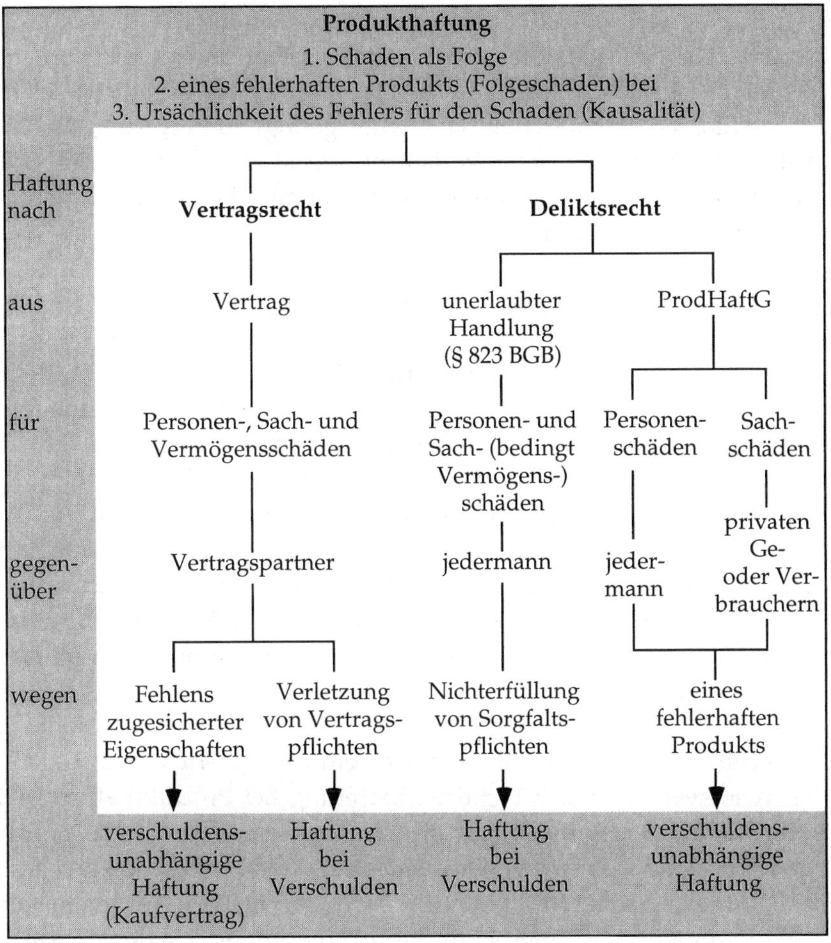

Bild 36: Haftungsgrundlagen der Produkthaftung

Als Voraussetzung für die Haftung sind vom Anspruchsteller lediglich ein vorliegender Personen- oder Sachschaden, der Fehler des Produktes sowie die Ursächlichkeit dieses Fehlers für den entstandenen Schaden (Kausalität) zu beweisen (vgl. Bild 36) [HDI 88]. Das Verschulden des Herstellers an diesem Fehler muß nicht mehr bewiesen werden (verschuldensunabhängige Haftung). Aus der Rechtsprechung des Bundesgerichtshofes (BGH) wurden die im Deliktsrecht (§ 823 BGB) bereits institutionalisierte Verschuldensvermutung und die damit einhergehende Beweislastumkehr zugunsten des Anspruchstellers in das Produkthaftungsgesetz übernommen (§ 1 II und IV ProdHaftG). Damit ist es dem Hersteller übertragen, sich von der vermuteten Schuld zu befreien. Die Haftung ist im wesentlichen dann ausgeschlossen, wenn es dem Hersteller gelingt zu beweisen, daß der Fehler zum Zeitpunkt des Inverkehrbringens noch nicht vorlag oder nach dem Stand der Wissenschaft und Technik nicht erkannt werden konnte (vgl. § 1 II ProdHaftG).

Diese rechtswirksame Schuldbefreiung (Exkulpation) kann unter Umständen durch den Nachweis des Vorhandenseins eines nach DIN EN ISO 9001, 9002 oder 9003 zertifizierten Qualitätsmanagementsystems erleichtert werden [Adams/Löhr 91] (vgl. **Qualitätsmanagementsystem, Zertifizierung**). Dies gilt vor allem dann, wenn es um die Abwendung des Vorwurfs eines Organisationsverschuldens geht. Eine Haftung aus Produkthaftungsgesetz wird aber auch dann begründet, wenn es sich bei dem fehlerhaften Produkt um einen Ausreißer handelt, also um einen einzelnen, plötzlich und unvorhersehbar aufgetretenen Fehler oder um Durchschlupf bei der industriellen Produktion [HDI 90a]. In diesem Fall ist eine Exkulpation nicht möglich [Schramm 90].

Grundsätzlich bleibt festzuhalten, daß ein zertifiziertes Qualitätsmanagementsystem an sich nicht die Befreiung bei Produkthaftungsfällen bedeutet, sondern vielmehr die Chance bietet, eine diesbezügliche Fehlleistung zu vermeiden. Dies entspricht auch der Rechtsprechung des Bundesgerichtshofes, wonach ein Qualitätsmanagementsystem zu den immanenten Unternehmenspflichten gehört [Malorny/Kassebohm 94]. In diesem Zusammenhang ist auch auf die besondere strafrechtliche Verantwortung der Unternehmensleitung bzw. der leitenden Angestellten für Produktfehler und Mißstände in der Aufbau- und Ablauforganisation hinzuweisen [Kassebohm/Malorny 94].

Literaturhinweise zur Vertiefung

Bauer, C.-O.; Hinsch, Chr. (Hrsg.):
Produkthaftung.
Berlin: Springer-Verlag 1994.

Malorny, Chr.; Kassebohm, K.:
Brennpunkt TQM: Rechtliche Anforderungen, Führung und Organisation, Auditierung und Zertifizierung nach DIN ISO 9000 ff.
Stuttgart: Schäffer-Poeschel Verlag 1994.

Brendl, E. (Hrsg.):
Produkt- und Produzentenhaftung - Handbuch für die betriebliche Praxis.
Freiburg i. Br.: Rudolf Haufe Verlag 1987.

DGQ - Deutsche Gesellschaft für Qualität (Hrsg.):
DGQ-Schrift 19-30: Qualität und Recht.
Berlin: Beuth Verlag 1988.

Schmidt-Salzer, J.:
Entscheidungssammlung Produkthaftung, 6 Bände.
Frankfurt/Main: Alfred Metzner Verlag 1976-1990.

Sattler, E.:
Produkthaftung und Risikominimierung.
München: Carl Hanser Verlag 1995.

Prozeßorientierung

Unter Prozeßorientierung in einem Unternehmen kann eine Grundhaltung verstanden werden, wobei das gesamte betriebliche Handeln als Kombination von Prozessen bzw. Prozeßketten betrachtet wird. Ziel ist die Steigerung von Qualität und Produktivität im Unternehmen durch eine ständige Verbesserung der Prozesse. Eine besonders wichtige Rolle spielen dabei die Ausrichtung auf die Wünsche und Anforderungen der Kunden sowie die Einbeziehung aller Mitarbeiter auf allen Hierarchieebenen (vgl. **Kundenorientierung, Mitarbeiterorientierung**).

Dieser Ansatz geht bereits auf Deming zurück, der Prozeßorientierung als Voraussetzung für eine erfolgreiche Anwendung seines Management-Programms zur Steigerung von Qualität und Produktivität beschreibt (**Demings Management-Programm, Ständige Verbesserung**). Dies drückt Deming auch in einer seiner Grundhaltungen aus, die hier noch einmal wiedergegeben wird [Deming 86]:

Jede Aktivität kann als Prozeß aufgefaßt und entsprechend verbessert werden.

Dabei ist unter einem Prozeß grundsätzlich eine Folge von wiederholt ablaufenden Aktivitäten mit meßbarer Eingabe, meßbarer Wertschöpfung und meßbarer Ausgabe zu verstehen [Striening 92]. Gekennzeichnet wird ein Prozeß durch das systematische Zusammenwirken von Menschen (als Kunden und Lieferanten), Maschinen, Material und Methoden entlang der Wertschöpfungskette zur Erreichung eines Ziels. Dies kann die Erbringung einer Dienstleistung oder die Erzeugung eines Produktes sein. Von einem einmalig durchzuführenden Projekt unterscheidet sich der Prozeß durch seinen repetitiven Charakter [Haist/Fromm 89]. Damit zeigen sich Parallelen der Prozeßorientierung zum Prinzip der Ständigen Verbesserung (Kaizen), während ein Projekt eher auf Innovation ausgerichtet ist (vgl. **Kaizen, Ständige Verbesserung**). Hier ist auch ein wesentlicher Unterschied zum Ansatz des ebenfalls projektmäßig durchzuführenden Reengineering zu sehen (vgl. **Reengineering**).

Vor diesem Hintergrund und in Übereinstimmung mit Demings Sichtweise kann sich also ein Prozeß sowohl auf technische als auch auf administrative Tätigkeiten beziehen. Diese Fertigungs- und Verwaltungsprozesse können unter der Bezeichnung Geschäftsprozeß (Business Process) zusammengefaßt werden. Entscheidend ist dabei die Abkehr von der funktionalen Trennung der Tätigkeiten und Abläufe im Sinne der Taylorschen Arbeitsteilung. Geschäftsprozesse setzen sich in der Regel aus mehreren Teil- oder Subprozessen zusammen, die wiederum bis hin zu einzelnen Aktivitäten zerlegt werden können (Dekomposition). Es kann von einer Prozeßhierarchie gesprochen werden. Eine wichtige Rolle als Ausgangsbasis spielt hierbei die Definition von Schlüsselprozessen, die von entscheidender Bedeutung für die strategische Zielsetzung des Unternehmens sind, da sie die Kernkompetenzen abbilden (vgl. **Kernkompetenz**).

Dabei sind vor allem folgende Anforderungen an Prozesse zu berücksichtigen [Haist/Fromm 89, Füermann 97]:

- Effektivität (Wirksamkeit) im Hinblick auf vorgegebene Aufgaben und Ziele.
- Effizienz (Wirtschaftlichkeit).
- Kontrollierbarkeit und Steuerbarkeit durch die verantwortlichen Personen in Kenntnis des Prozeßzustandes und mit der Möglichkeit, Korrekturmaßnahmen einleiten zu können.
- Anpassungsfähigkeit an Veränderungen der Prozeßumgebung oder an gestellte Anforderungen, insbesondere der Kunden.

Zur konkreten Umsetzung der Prozeßorientierung im Rahmen einer strukturierten Vorgehensweise dient das langfristig angelegte Prozeßmanagement (Process Management), das auch als Geschäftsprozeßmanagement (Business Process Management oder Business Process Engineering) bezeichnet wird. Dieses Konzept wurde Anfang der 80er Jahre entwickelt. Es umfaßt planerische, organisatorische und kontrollierende Maßnahmen zur zielorientierten Steuerung der Prozesse eines Unternehmens hinsichtlich Qualität, Zeit, Kosten und Kundenzufriedenheit. Dabei erfolgt die Aufgabenteilung im gesamten Unternehmen nach einer durch die Wertschöpfungskette vorgegebenen Prozeßnotwendigkeit, wie sie im Fertigungsbereich schon immer als normal angesehen wurde [Gaitanides et al. 94].

Bei der Einführung des Prozeßmanagements empfiehlt sich eine Orientierung an drei grundlegenden Phasen, wie sie nachfolgend skizziert werden [Haist/Fromm 89]. Insbesondere zur ersten Phase weist der Reengineering-Ansatz eine starke Ähnlichkeit auf (vgl. **Reengineering**).

- Phase 1: Einführung

  Möglichkeiten der Prozeßverbesserung werden beim Prozeßmanagement insbesondere in Maßnahmen gesehen, die auf der Basis bisheriger Strukturen bereichsübergreifend wirken. Aus diesem Grunde ist zunächst die Verantwortlichkeit für den betrachteten Prozeß klar festzulegen. Dazu wird ein Prozeßverantwortlicher benannt, der in der Lage sein muß, den gesamten Prozeß in seinen komplexen Wirkzusammenhängen zu überschauen und zu beurteilen. Die Prozeßverantwortung erstreckt sich dabei auf die Definition des Prozesses und der Teilprozesse, die Identifikation von Schnittstellen, die Spezifikation von Input-Output-Beziehungen, die Dokumentation der Prozesse, die Bestimmung von Anforderungen an den Prozeß und die diesbezügliche Abstimmung mit Kunden und Lieferanten sowie die Festlegung von Meßgrößen und Methoden zur Erfolgsmessung. Dazu gehört auch die Benennung der Prozeßverantwortlichen für die Teilprozesse. Weiterhin stellt der Prozeßverantwortliche ein interdisziplinär und funktionsübergreifend besetztes Prozeßmanagement-Koordinationsteam zusammen, das ihn berät und die Aktivitäten der Prozeßverbesserung durchführt. Gemeinsam mit dem Prozeßmanagement-Koordinationsteam führt der Prozeßverantwortliche die Erfassung und Beschreibung des Ist-Zustandes des betrachteten Prozesses durch. Dabei sind neben sämtlichen Informationsflüssen vor allem die Anforderungen von Kunden und Lieferanten an den Prozeß zu berücksichtigen (vgl. **Kundenorientierung**). Um den Geschäftsprozeß zu überwachen und Probleme frühzeitig erkennen zu können, ist die Festlegung von Kontrollpunkten erforderlich. Dies sind definierte Stellen im Prozeßablauf, an denen Messungen der für den Prozeß relevanten Kennzahlen vorgenommen werden. Auf diese Weise wird die Kontrollierbarkeit des Prozesses hergestellt. Die Ziele des Prozesses und seiner Verbesserung ergeben sich insbesondere aus den Anforderungen der Kunden sowie aus der Notwendigkeit von Wirtschaftlichkeit, Produktivität und Termintreue.

- Phase 2: Kontinuierliche Verbesserung

  Als Voraussetzung für eine Verbesserung ist zunächst eine sorgfältige Analyse des Prozesses notwendig, um Fehler oder

Schwachstellen zu erkennen und entsprechende Potentiale abzuleiten. Dabei läßt jede Abweichung der Prozeßergebnisse von den Anforderungen auf einen Fehler schließen. Jeder Fehler ist genau zu untersuchen, um seine Ursache zu ermitteln und entsprechende fehlervermeidende Maßnahmen einleiten zu können, die eine Beseitigung der Fehlerursache zum Ziel haben müssen. Hier kann insbesondere der Einsatz der elementaren Qualitätswerkzeuge (Q7) von Nutzen sein (vgl. **Qualitätswerkzeuge**). Haben in der Prozeßanalyse erkannte Fehler ihre Ursachen in der Konzeption des Prozesses selbst, so ist diese entsprechend zu modifizieren, damit die Fehler nachhaltig abgestellt werden können. Darüber hinaus ist die Prozeßkonzeption derart zu verändern, daß alle Aktivitäten und Teilprozesse zu einem optimalen Prozeßergebnis führen. Dabei sind jedoch stets Änderungsaufwand und Wirtschaftlichkeit gegeneinander abzuwägen. Änderungen, bei denen der Aufwand den Nutzen übersteigt, sind zu vermeiden. In einem solchen Falle ist eine vollständige Neugestaltung des Prozesses in Betracht zu ziehen, die im engeren Sinne auch als Prozeß-Engineering (Process Engineering oder Business Process Engineering) bezeichnet wird. Fehler in der Ausführung sind in der Regel auf das Verhalten der Mitarbeiter zurückzuführen. Aus diesem Grunde kommt hier der Motivation und vor allem auch der Qualifikation der Mitarbeiter eine besondere Bedeutung zu (vgl. **Mitarbeiterorientierung**). Das Prozeßmanagement schließt deshalb immer auch die Durchführung von entsprechenden Mitarbeiterschulungen ein. Durch diese Schulungen und vor allem durch eine konsequente Beteiligung vom Beginn der Einführung des Prozeßmanagements an werden die Mitarbeiter motiviert, die neuen Regeln des Prozesses, an denen sie selbst mitgearbeitet haben, zu akzeptieren und zu befolgen.

- Phase 3: Beherrschung

Wenn der Prozeß durch Beseitigung von Fehlern und konzeptionellen Verbesserungen eine gewisse Stabilität erreicht hat, ist sein weiterer Verlauf zu überwachen, um nötigenfalls frühzeitig Korrekturmaßnahmen einleiten zu können. Dadurch wird sichergestellt, daß der Prozeß auch unter sich ändernden Bedingungen die an ihn gestellten Anforderungen erfüllt. Ziel ist ein gegenüber äußeren Störgrößen möglichst unempfindlicher Prozeß (Robust Design). Zur weiteren Überwachung kann ein Regelsystem mit Rückkopplungsschleifen eingeführt werden. Insbesondere für Fertigungsprozesse bietet sich hier die Statistische Prozeßregelung an (vgl. **Statistische Prozeßregelung**). Für administrative Prozesse eignet sich ein entsprechendes Beobachtungs- und Berichtssystem unter Verwendung geeigneter Kennzahlen (Qualitätskennzahlen), wie es beispielsweise im Rahmen des Qualitätscontrollings installiert wird (vgl. **Qualitätscontrolling**).

Abschließend bleibt festzustellen, daß andere Ansätze zur Unternehmensumgestaltung, wie beispielsweise Wertanalyse (kostenorientiert) oder Reengineering (prozeßorientiert), das Potential einer kontinuierlichen inkrementalen Verbesserung nicht erkennen (vgl. **Reengineering, Wertanalyse, Ständige Verbesserung**). Sie stellen im Gegensatz zum Prozeßmanagement kein Instrumentarium zur Verfügung, um einen einmal erreichten Zustand zu stabilisieren und kontinuierlich zu verbessern oder das Unternehmen an veränderte Umweltbedingungen anzupassen [Gaitanides et al. 94]. Vor diesem Hintergrund ist Prozeßmanagement nicht als Programm zur kurzfristigen Lösung von Problemen anzusehen. Es strebt vielmehr ein Umdenken bei der Betrachtung von Tätigkeiten an und somit einen langfristigen Wandel der Unternehmenskultur hin zu einer Orientierung auf Prozesse, aber auch auf Kunden und Mitarbeiter. Ziel ist dabei eine kontinuierliche Qualitätsverbesserung [Kleinsorge 99]. In diesem Sinne legt Prozeßmanagement die systematische und methodische Basis für die Einführung von Total Quality Management und die Ausrichtung eines Unternehmens auf Qualität (vgl. **Total Quality Management**).

Literaturhinweise zur Vertiefung

Gaitanides, M.; Scholz, R.; Vrohlings, A.; Raster, M. (Hrsg.):
Prozeßmanagement.
München: Carl Hanser Verlag 1994.

Haist, F.; Fromm, H.:
Qualität im Unternehmen.
München: Carl Hanser Verlag 1989.

Füermann, T.; Dammasch, C.:
Prozeßmanagement.
In: Kamiske, G. F. (Hrsg.): Reihe PocketPower.
München: Carl Hanser Verlag 1997.

Harrington, H. J.:
Business Process Improvement.
New York/NY/USA: McGraw-Hill Book Company 1991.

Melan, E. H.:
Process Management.
New York/NY/USA: McGraw-Hill Book Company 1991.

Striening, H.-D.:
Prozeßmanagement.
Frankfurt: Verlag Peter Lang 1988.

QS-9000

Die im August 1994 erstmals veröffentlichte Richtlinie „QS-9000 - Quality System Requirements“ (Qualitätsmanagementsystem-Forderungen) ist das Ergebnis einer gemeinsamen Arbeitsgruppe der US-amerikanischen Automobilhersteller Chrysler Corporation, Ford Motor Company und General Motors Corporation („Big Three“). Aufgabe der Arbeitsgruppe war es, die unterschiedlichen Referenzhandbücher, Berichtsformulare, technischen Bezeichnungen, Qualitätsmanagementhandbücher für Lieferanten und die Bewertungswerkzeuge anzugleichen. Auf diese Weise sollten einheitliche Auditierungsweisen und Anforderungen an die Dokumentation sowie einheitliche, länder-, industrie und unternehmensübergreifende Regeln geschaffen werden.

Seit Inkrafttreten der QS-9000 muß nun ein Lieferant für Chrysler, Ford und General Motors nur noch diese eine Richtlinie erfüllen. Sie enthält spezifische Forderungen und Empfehlungen für die Entwicklung eines Qualitätsmanagementsystems nach den Vorstellungen der drei US-amerikanischen Automobilhersteller sowie der Nutzfahrzeughersteller Freightliner, Mack Trucks, Navistar, Paccar und Volvo GM, die sich an der Entwicklung der Richtlinie beteiligt haben.

Von Anfang an war es Ziel der QS-9000, das Qualitätsmanagementsystem weiterzuentwickeln, die kontinuierliche Verbesserung sicherzustellen, Fehlervermeidung zu fördern und die Prozeßfähigkeit in der Wertschöpfungskette zu stärken (vgl. **Prozeßorientierung, Qualitätsmanagementsystem, Ständige Verbesserung**). Die zweite Auflage der QS-9000 vom Februar 1995 weist spezifische Änderungen auf, um die Einführung in Europa zu erleichtern. Die Änderungen der dritten Auflage, herausgegeben im April 1998, betreffen vor allem die formale Gestaltung der QS-9000.

Die QS-9000 ist sowohl die Bezeichnung für die gesamte Richtlinie, die sich aus insgesamt sieben Dokumenten zusammensetzt, als auch der Titel für das Handbuch „QM-Systemforderungen". Dieses Handbuch (die QS-9000 im engeren Sinne) besteht aus zwei Abschnitten und acht Anhängen und bildet die Grundlage für ein Qualitätsmanagementsystem nach QS-9000.

Der Abschnitt I enthält ISO 9001-basierte Forderungen, die vollständig und wörtlich übernommen und um zusätzliche Forderungen ergänzt wurden. Diese stammen zum Teil aus der Norm ISO 9004 und aus den ehemals branchenspezifischen Forderungen der zweiten Auflage der QS-9000. Abschnitt II enthält kundenspezifische Forderungen, die durch die Richtlinie nicht vereinheitlicht werden konnten.

Die Anhänge der QS-9000 liefern ergänzend wichtige und hilfreiche Informationen: Anhang A enthält eine Beschreibung des Zertifizierungsprozesses; Anhang B beschreibt die Vorgehensweise für Zertifizierer; Anhang C erläutert die besonderen Merkmale und Symbole der US-amerikanischen Automobilhersteller; in Anhang E finden sich Abkürzungen und ihre Bedeutung; die Änderungen der dritten Auflage sind übersichtlich in Anhang F dargestellt; Anhang G wendet sich an Akkreditierungsorgane und deren Anerkennung durch die „Big Three" und enthält Anforderungen an Zertifizierer und Auditoren; mit Hilfe von Anhang H läßt sich der Zeitbedarf für ein Zertifizierungsaudit planen. Ergänzt wird die Richtlinie durch fünf Referenzhandbücher:

- Production Part Approval Process (PPAP) - Produktionsteil-Abnahmeverfahren
- Advanced Product Quality Planning (APQP) - Produktqualitätsvorausplanung
- Failure Mode and Effects Analysis (FMEA) - Fehlermöglichkeits- und -einflußanalyse
- Measurement System Analysis (MSA) - Meßmittelfähigkeits analyse
- Statistical Process Control (SPC) - Statistische Prozeßregelung

Zur Anwendung der beiden erstgenannten Referenzhandbücher (PPAP und APQP) ist der Lieferant zwingend verpflichtet. Zusätzlich enthält ein sechstes Handbuch mit dem Fragenkatalog „Quality System Assessment (QSA) - Bewertung von Qualitätsmanagement-Systemen" eine Anweisung zur Durchführung von Qualitätsmanagementsystemaudits einschließlich der Liste der Fragen und der Beschreibung des Bewertungssystems. Dieser Fragenkatalog kann Grundlage für interne Systemaudits, für Lieferantenaudits und Zertifizierungsaudits sein (vgl. **Systemaudit, Zertifizierung**). Dabei sind immer Verfahren und Ergebnisse zu auditieren, damit Rückschlüsse auf die Wirksamkeit des Systems möglich sind. Mit der dritten Auflage wurde darüber hinaus ein Arbeitsbuch herausgegeben, das die Änderungen von der zweiten zur dritten Auflage in einfacher und übersichtlicher Form gegenüberstellt.

Um eine einheitliche Interpretation und Anwendung sicherzustellen, gibt eine Arbeitsgruppe „Offizielle Interpretationen" der QS-9000 heraus. Diese Interpretationen, die im Internet unter der Adresse „http://www.asq.org/standcert/qs-9000/sancl.html" kostenlos einzusehen sind, enthalten u.a. aktuelle Änderungen sowie Antworten auf oft gestellte Fragen, die sich auf den Zertifizierungsvorgang an sich, aber auch auf die Auslegung der einzelnen Elemente der QS-9000 beziehen. Da die Interpretationen eine bindende Erweiterung der QS-9000 darstellen, ist die Kenntnis für jeden QS-9000-Lieferanten und QS-9000-Zertifizierer Pflicht.

Dabei ist zu berücksichtigen, daß die QS-9000 keine Norm ist, sondern eine Vorgabe der US-amerikanischen Automobilindustrie, die auf einer individuellen Vertragsgestaltung zwischen Kunde und Lieferant beruht. Sie ist eine vertragliche Forderung für alle internen und externen Lieferanten von Produktionsmaterialien, Produktions- und Ersatzteilen oder Wärmebehandlung, Lackierung, Beschichtung oder anderen Oberflächenbehandlungen, die direkt an Unternehmen liefern, die die QS-9000 zur Grundlage für die Forderungen an ein Qualitätsmanagementsystem erhoben haben. Für Lieferanten von Werkzeugen und Ausrüstungen wurde im August 1996 die freiwillige Ergänzung „QS-9000: TE-Supplement" veröffentlicht.

Die QS-9000 ist jedoch nicht ausschließlich für den Automobilsektor von Bedeutung, sondern bietet Möglichkeiten für Unternehmen aller Branchen, eine eigene Bewertung ihres bestehenden Qualitätsmanagementsystems vorzunehmen und anhand dessen Verbesserungsmaßnahmen durchzuführen. Die QS-9000, wie auch die VDA 6.1 als Forderung der deutschen Automobilhersteller an ihre Lieferanten, sind Wegweiser für Unternehmen, die sich in Richtung eines ganzheitlichen unternehmensweiten Qualitätsmanagements im Sinne des Total Quality Management entwickeln wollen (vgl. **VDA 6.1, Total Quality Management**).

Literaturhinweise zur Vertiefung

Rösch, B.; Hummel, T.:
QS-9000 und VDA 6.1 umsetzen.
In: Kamiske, G. F. (Hrsg.): Reihe PocketPower.
München: Carl Hanser Verlag 1998.

Loos, S.:
QS-9000 und VDA 6.1.
München: Carl Hanser Verlag 1998.

Qualität/Qualitätsbegriff

Im Zuge der Normungsbestrebungen nationaler und internationaler Organisationen wurden der Qualitätsbegriff sowie damit zusammenhängende Begriffe des Qualitätsmanagements definiert (vgl. **Qualitätsmanagement**). Die Normen DIN 55 350, Teil 11, und DIN EN ISO 8402 (einschließlich Beiblatt 1) stellen in ihrer jeweils neuesten Ausgabe aufeinander abgestimmte Verständigungsnormen dar, um die Terminologie im Bereich des Qualitätsmanagements zu klären [Geiger 94]. Die internationale Norm DIN EN ISO 8402 definiert den Qualitätsbegriff wie folgt [ISO 95]:

„**Qualität**
Gesamtheit von Merkmalen (und Merkmalswerten) einer Einheit bezüglich ihrer Eignung, festgelegte und vorausgesetzte Erfordernisse zu erfüllen. ...
Anmerkung 3:
Erfordernisse werden gewöhnlich in Merkmale mit vorgegebenen Werten umgesetzt (Qualitätsforderung). Erfordernisse können z.B. Gesichtspunkte der Leistung, Brauchbarkeit, Zuverlässigkeit (Verfügbarkeit, Funktionsfähigkeit, Instandhaltbarkeit), Sicherheit, Umwelt (Forderungen der Gesellschaft), der Wirtschaftlichkeit und der Ästhetik mit einbeziehen.
Anmerkung 4:
Die Benennung „Qualität" sollte weder als einzelnes Wort gebraucht werden, um einen Vortrefflichkeitsgrad im vergleichenden Sinn auszudrücken, noch sollte sie in einem quantitativen Sinn für technische Bewertungen verwendet werden. Um diese Bedeutungen auszudrükken, sollte ein qualifizierendes Adjektiv benutzt werden. Z.B. können folgende Benennungen verwendet werden:
a) „Relative Qualität", wo Einheiten auf relativer Grundlage nach dem „Vortrefflichkeitsgrad" oder im vergleichenden Sinn geordnet werden (was nicht verwechselt werden darf mit der Anspruchsklasse).
b) „Qualitätslage" in einem quantitativen Sinn (wie bei der Annahmestichprobenprüfung benutzt) sowie „Qualitätsmeßgröße", wo genaue technische Bewertungen erfolgen.

Anmerkung 5:
Die Erzielung einer zufriedenstellenden Qualität bezieht alle Stadien des ganzheitlichen Qualitätskreises ein. Zur Betonung sind die Beiträge zur Qualität aus diesen verschiedenen Stadien manchmal getrennt ausgeweisen; z.B. die von der Festlegung der Erfordernisse herrührende Qualität, die vom Produkt-Design herrührende Qualität, die von der Forderungserfüllung herrührende Qualität, die von der Produktpflege überall während seiner Lebensdauer herrührende Qualität. ..."

Diese definitorische Festlegung des Qualitätsbegriffs erscheint vor allem wegen der schwer zu handhabenden Formulierung für die ungeschulte Anwendung nicht immer uneingeschränkt geeignet. Sie erfaßt jedoch den Qualitätsbegriff nahezu in seiner ganzen Komplexität und Vielschichtigkeit. Dabei wird nicht nur das Produkt oder die Dienstleistung allein betrachtet, sondern die Gesamtheit von Merkmalen der dem Kunden angebotenen Leistungen und auch deren Zusammenwirken. Aus der Sicht des Kunden, die auch in den Normen immer stärker Berücksichtigung findet, ist Qualität also vor allem durch die von ihm wahrgenommenen Eigenschaften im weitesten Sinne determiniert.

Ein entsprechend umfassendes Bild wird auch von der Norm DIN EN ISO 9004 (Ausgabe August 1994) mit dem Qualitätskreis gezeichnet, der in der DIN EN ISO 8402, Anmerkung 5, erwähnt ist. Dieser bezieht sich zur einen Hälfte auf die betriebliche Herstellung eines Produktes, zur anderen Hälfte auf den Kunden (vgl. Bild 37) [DIN 94a]. Im Qualitätskreis sind die wichtigsten Stationen der Wertschöpfungskette dargestellt, die auch jeweils einen entsprechenden Wechsel des Qualitätsbegriffs widerspiegeln. Ebenso wie in der DIN EN ISO 8402 ist auch in der DIN EN ISO 9004 die Einbeziehung des Umweltaspekts bemerkenswert, der durch das Qualitätskreis-Element „Beseitigung oder Wiederverwendung am Ende der Nutzungsdauer" seinen Ausdruck findet.

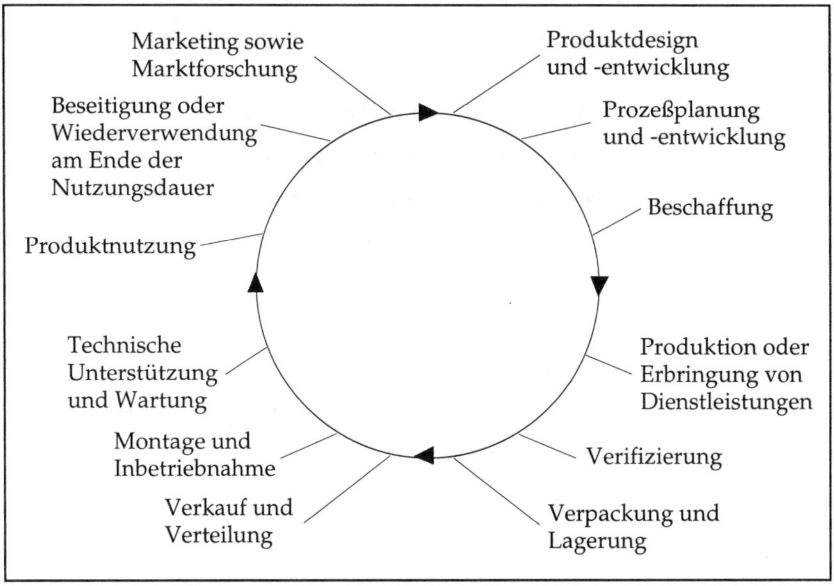

Bild 37: Qualitätskreis nach DIN EN ISO 9004

Vor dem Hintergrund dieser Definitionselemente ergibt sich also Qualität als eher summarische Größe. Dem Qualitätsbegriff selbst können demnach auch verschiedene Betrachtungsweisen zugrunde liegen. Da diese meist subjektiven Eindrücke jedoch individuell verschieden sind, stellt ihre Meßbarkeit ein grundsätzliches Problem dar, sofern keine genauen technischen Bewertungen vorgegeben sind.

Der Amerikaner Garvin hat hier einen pragmatischen Ansatz zur Operationalisierung von Qualität vorgestellt. Er basiert auf mehreren unterschiedlichen Sichtweisen, den fünf Blickrichtungen des Qualitätsbegriffes, die im folgenden stichwortartig umrissen werden. Durch deren Verknüpfung wird der Vielschichtigkeit des Begriffes Qualität in umfassender Weise Rechnung getragen [Garvin 84]. Um in der Qualitätsdiskussion nicht aneinander vorbeizureden, ist es deshalb erforderlich, sich auf eine gemeinsame Sichtweise zu einigen.

Die fünf Blickrichtungen des Qualitätsbegriffes
Die transzendente Sichtweise
Die produktbezogene Sichtweise
Die anwenderbezogene Sichtweise
Die prozeßbezogene Sichtweise
Die Preis-Nutzen-bezogene Sichtweise

1. Die transzendente Sichtweise

   Qualität ist absolut und universell erkennbar, ein Zeichen von kompromißlos hohen Ansprüchen und Leistungen, sie ist nicht präzise zu definieren und wird nur durch Erfahrung empfunden.

2. Die produktbezogene Sichtweise

   Qualität ist präzise und meßbar, Qualitätsunterschiede werden durch bestimmte Eigenschaften oder Bestandteile eines Produktes auch quantitativ widergespiegelt.

3. Die anwenderbezogene Sichtweise

   Qualität liegt im Auge des Betrachters und weniger im Produkt, individuelle Konsumenten haben unterschiedliche Wünsche und Bedürfnisse, wobei diejenigen Güter, welche diese Bedürfnisse am besten befriedigen, als qualitativ besonders hochstehend betrachtet werden.

4. Die prozeßbezogene Sichtweise

   Qualität ist das Einhalten von Spezifikationen, jede Abweichung impliziert eine Verminderung, hervorragende Qualität entsteht durch eine gut ausgeführte Arbeit, deren Ergebnis die Anforderungen zuverlässig und sicher erfüllt.

5. Die Preis-Nutzen-bezogene Sichtweise

   Qualität wird durch Kosten und Preise ausgedrückt, ein Qualitätsprodukt erfüllt eine bestimmte Leistung zu einem akzeptablen

Preis bzw. steht in Übereinstimmung mit Spezifikationen zu akzeptablen Kosten.

Als Grundlage der Umsetzung von Qualität und ersten Schritt zu einem bewußten Qualitätsmanagement im Unternehmen nennt Garvin die Bereitschaft, Qualität als Strategie begreifen zu wollen (vgl. **Qualitätsmanagement, Total Quality Management**). Zur weiteren Beschreibung führt er die acht Dimensionen der Produktqualität ein, die als Zerlegung des Qualitätsbegriffes in handhabbare Einheiten zu verstehen sind [Garvin 88]:

Die acht Dimensionen der Produktqualität

Gebrauchsnutzen	Haltbarkeit
Ausstattung	Kundendienst
Zuverlässigkeit	Ästhetik
Normgerechtigkeit	Qualitätsimage

Eine Operationalisierung des Qualitätsbegriffs darf jedoch nicht so weit vorgenommen werden, daß der Blick auf den integrativen Charakter von Qualität und Qualitätsmanagement verstellt wird. Diesem umfassenden Ansatz folgt sinngemäß auch die neuere Normung, indem Qualität als Querschnittsfunktion dargestellt wird, die sich durch das gesamte Unternehmen zieht und für die alle Mitarbeiter verantwortlich sind. Denn letztlich entsteht Qualität vor allem in den Köpfen der Beteiligten - innerhalb wie außerhalb des Unternehmens [Borgward 87].

Der Qualitätsbegriff ist seit dem Altertum bekannt. In der lateinischen Sprache z.B. wird *qualitas* mit der Beschaffenheit (eines Gegenstandes) übersetzt. So alt wie der Begriff selbst ist auch die Diskussion um seine Inhalte, die bis heute andauert. Auf eine Betrachtung der Qualität im Sinne eines volkswirtschaftlichen Verlustes nach Taguchi (Qualitätsverlustfunktion) ist jedoch hinzuweisen, ebenso auf eine monetäre Maßgröße, den sogenannten Qualitätsschattenpreis (vgl. **Taguchi, Qualitätsverlustfunktion, Qualitätsschattenpreis**).

Qualität = Technik + Geisteshaltung

Daneben soll an dieser Stelle stellvertretend der formelmäßige Ansatz Qualität = Technik + Geisteshaltung hervorgehoben werden. Er besagt insbesondere, wie Qualität entsteht, nämlich mit Hilfe der Technik auf der Basis einer entsprechenden Geisteshaltung [Kamiske 90]. Dies kann auch eine Betrachtung der Qualität des gesamten Unternehmens (Unternehmensqualität) einschließen und führt dann in einer konsequenten Weiterentwicklung schließlich zu einem Qualitätsbegriff im Sinne von Total Quality Management (TQM) (vgl. **Total Quality Management**).

Literaturhinweis zur Vertiefung

DGQ - Deutsche Gesellschaft für Qualität (Hrsg.):
DGQ-Schrift 11-04: Begriffe zum Qualitätsmanagement.
6. Aufl., Berlin: Beuth Verlag 1995.

Qualitätsauszeichnungen/Quality Awards

Zur Förderung und Anerkennung der Bemühungen um Qualität sind in Japan, den USA und schließlich auch in Europa Qualitätsauszeichnungen (Quality Awards) geschaffen worden. Die Auszeichnungen stellen eine Anerkennung für hervorragende Leistungen bei der Umsetzung umfassender Qualitätskonzepte im Sinne von Total Quality Management dar und sind mit erheblichem Prestige für das jeweilige Unternehmen verbunden (vgl. **Total Quality Management**). Gleichzeitig dienen die Beurteilungskriterien, nach denen die Bewerber begutachtet werden, für viele Unternehmen als interner Leitfaden und gleichzeitig als Bewertungsmaßstab für ihre Qualitätsbemühungen (Quality bzw. Self-Assessment, Selbstbewertung), denn die Anforderungen gehen über diejenigen der bisherigen Normenreihe DIN EN ISO 9000 hinaus und können somit als Maßstäbe für ein Unternehmen auf seinem Weg in Richtung Total Quality Management eingesetzt werden [Malorny 99] (vgl. **Selbstbewertung**). Damit leisten der Deming Prize in Japan, der Malcolm Baldrige National Quality Award in den USA, der European Quality Award in Europa und der davon abgeleitete deutsche Ludwig-Erhard-Preis einen wesentlichen Beitrag zur Verbreitung von Qualität als Führungskonzept und Unternehmensphilosophie.

Die Auszeichnungen weisen trotz der Übereinstimmung in wesentlichen Punkten spezifische Unterschiede auf, die aus den unterschiedlichen Kriterienmodellen resultieren und nachfolgend kurz dargestellt werden.

Deming Prize

Der Deming Prize ist die älteste Auszeichnung für Unternehmen und Organisationen, der ein umfassendes Qualitätsverständnis zugrunde liegt. Er wurde erstmals 1951 von der Japanese Union of Scientists and Engineers (JUSE) verliehen. In Anerkennung seiner Verdienste um die japanische Wirtschaft wurde die Auszeichnung nach W. Edwards Deming, einem der Begründer der weltweiten Qualitätsbewegung, benannt (vgl. **Deming**).

Der Deming Prize ist besonders auf umfassende Qualitätsanstrengungen im gesamten Unternehmen ausgerichtet und zielt damit direkt auf Total Quality Management als unternehmensweit wirksames Qualitätskonzept ab (vgl. **Total Quality Management**). Wichtigster Aspekt ist dabei das wirkungsvolle und auch wirtschaftliche Erreichen von Unternehmens- und Qualitätszielen, um Produkte und Dienstleistungen zur vereinbarten Zeit, zu einem angemessenen Preis und mit einer vom Kunden akzeptierten Qualität zu erstellen. Eine zentrale Bedeutung wird auch der Ständigen Verbesserung, der Einführung von Qualitätszirkeln sowie der konsequenten Anwendung statistischer Methoden in allen Unternehmensbereichen beigemessen [JUSE 96] (vgl. **Qualitätszirkel, Ständige Verbesserung, Statistische Prozeßregelung**).

Der Deming Prize wird in folgenden Kategorien vergeben:

- Deming Prize for Individuals (an Einzelpersonen)
- Deming Application Prize
  - for Companies (an Unternehmen allgemein)
  - for Small Companies (an Kleinbetriebe)
  - for Divisions (an Bereiche eines größeren Unternehmens)
  - for Overseas Companies (an ausländische Firmen)
- Quality Control Award for Factories (an Unternehmen)
- Japan Quality Medal (seit 1969 an Unternehmen, die vor mindestens fünf Jahren bereits den Deming Application Prize gewonnen haben, aber ihr Qualitätsengagement nochmals deutlich verbessert haben)

Hinsichtlich der möglichen Teilnehmer an der Ausschreibung unterscheidet sich der Deming Prize von anderen nationalen Qualitätsauszeichnungen dadurch, daß sich nicht nur Unternehmen des eigenen Landes, sondern seit 1986 auch ausländische Firmen sowie öffentliche und gemeinnützige Organisationen um den Deming Application Prize und die Japan Quality Medal bewerben können.

Dem Beurteilungsprozeß zum Deming Prize liegt kein formales Bewertungsmodell zugrunde, wie es bei anderen Qualitätspreisen regelmäßig der Fall ist. Statt dessen gibt die Japanese Union of Scientists and Engineers (JUSE) eine Checkliste mit Hauptkriterien heraus, die in ihrer Bedeutung erläutert werden. Unterschiedliche Bewertungsgewichtungen der einzelnen Kriterien gibt es nicht. Alle Bewerber, die 70 von maximal 100 erreichbaren Punkten erzielt haben, werden ausgezeichnet. Bewerber, die diesen anspruchsvollen Mindeststandard nicht erfüllt haben, können sich im folgenden Jahr erneut bewerben und werden dann nur in denjenigen Kriterien geprüft, in denen die Punktzahl nicht ausreichend war.

Nachfolgend wird die Checkliste für den Deming Application Prize mit stichpunktartig gefaßten Erläuterungen zu den Hauptkriterien wiedergegeben [JUSE 96]:

1. Unternehmenspolitik

- Bedeutung von Qualitätsaspekten für Politik und Strategie
- Prozeß zur Festlegung von Qualitätspolitik und -zielen
- Einbeziehung der Mitarbeiter in die Zielfestlegung
- Gewichtung der Qualitätsziele zu anderen Unternehmenszielen
- Klarheit und Verständlichkeit der Qualitätsziele
- Durchgängige Umsetzung der Ziele auf allen Ebenen
- Vorbildfunktion und aktive Führungsrolle des Managements

2. Organisation

- Angemessenheit und Wirksamkeit organisatorischer Regelungen
- Eindeutige Festlegung von Verantwortlichkeiten
- Klare Schnittstellenregelungen zwischen Bereichen
- Mitwirkungs- und Beteiligungsmöglichkeiten für Mitarbeiter
- Unterstützung der Zusammenarbeit von Abteilungen
- Umfang abteilungsübergreifender Teamarbeit
- Ausgestaltung der Beziehungen zu verbundenen Unternehmen

3. Information

- Umgang mit internen und externen Informationen
- Weitergabe von Informationen zwischen Bereichen/Werken
- Datengewinnung, Ableitung von Informationen
- Verwaltung, Schutz und Nutzung von Daten/Informationen
- Einsatz statistischer Analysen und Auswertungen

4. Standardisierung/Normung

- Inhalt und praktische Anwendung von Normen und Regelwerken
- Angemessenheit und Einhaltung
- Vorgehen zur ständigen Aktualisierung
- Gewinnung und Pflege von technologischem Wissen

5. Personalentwicklung, Aus- und Weiterbildung

- Systematische Personalplanung und -entwicklung

- Vermittlung von qualitätsrelevantem Wissen
- Gründlichkeit der Ausbildung für die praktische Anwendung
- Orientierung an statistischen Methoden
- Ausbildung der Mitarbeiter in der Qualitätszirkel-Arbeit
- System für Verbesserungsvorschläge

6. Qualitätssicherungsaktivitäten

- Qualitätssicherung in allen Phasen des Produktlebenszyklus
- Produktsicherheit und Einhaltung gesetzlicher Bestimmungen
- Prozeßüberwachung und ständige Verbesserung
- Untersuchungen zur Prozeßfähigkeit
- Wirkungsvolle Prüfungen und Messungen in den Prozessen
- Regelmäßige Überprüfung des Qualitätsmanagementsystems
- Einsatz statistischer Methoden
- Durchführung von Qualitätsuntersuchungen und Audits

7. Steuerung, Überwachung und Regelung

- Steuerungssysteme für Qualität, Kosten und Mengen
- Zyklische Überwachung und Regelung der Qualitätsaktivitäten
- Einsatz statistischer Methoden, z.B. Qualitätsregelkarten
- Steuerungssysteme für Fertigungs- und Geschäftsprozesse

8. Verbesserungsaktivitäten

- Prozeß der Ständigen Verbesserung im gesamten Unternehmen
- Anwendung statistischer Methoden
- Gezielte Identifikation von Verbesserungspotentialen
- Durchführung von Qualitäts- und Prozeßanalysen
- Analyse und Bewertung realisierter Verbesserungen
- Stabilisierung über Regelungs- und Kontrollmechanismen

9. Ergebnisse

- Leistungsfähigkeit des gesamten Unternehmens
- Messung finanzieller und nicht-finanzieller Geschäftsergebnisse
- Wirksamkeit von Erfolgen hinsichtlich Kundenzufriedenheit
- Instrumente und Verfahren zur Erfolgsmessung

- Bewertung nicht monetär meßbarer Erfolge
- Auswirkung der Geschäftstätigkeit auf die Gesellschaft

10. Zukunftsplanung

- Perspektiven für die zukünftige Entwicklung
- Reaktionen auf Veränderungen der Rahmenbedingungen
- Schaffung von Voraussetzungen für Neuerungen
- Anpassung an wechselnde Kundenanforderungen
- Förderung von Plänen für die Zukunft
- Zukünftige Entwicklungen des Qualitätsmanagements
- Umsetzung der langfristigen Pläne des Unternehmens

Malcolm Baldrige National Quality Award (MBNQA)

Der Malcolm Baldrige National Quality Award wurde 1987 vom US-amerikanischen Kongreß zur Verbesserung der Wettbewerbsfähigkeit der Wirtschaft per Gesetz ins Leben gerufen. Damit wurde Produkt- und Servicequalität als ein Anliegen von nationaler Bedeutung erkannt. Benannt wurde der Award nach dem 1987 verstorbenen Handelsminister Malcolm Baldrige, der sich um die Gestaltung und politische Durchsetzung der Auszeichnung verdient gemacht hat. Die Preisverleihung erfolgt seit 1988 jährlich durch den Präsidenten der USA, wodurch das hohe Ansehen dieser Auszeichnung unterstrichen wird. Die Entwicklung des Malcolm Baldrige Award erfolgt unter Federführung des National Institute of Standards and Technology (NIST).

Ziel des Malcolm Baldridge Award ist es, das Gedankengut des Total Quality Management zu verbreiten (vgl. **Total Quality Management**). Dazu heißt es in den Ausschreibungsunterlagen: „Es wird beabsichtigt, das Bewußtsein für Qualität als entscheidenden Wettbewerbsfaktor zu stärken, die Notwendigkeit für hervorragende Qualität bewußt zu machen und Informationen über erfolgreiche Qualitätskonzepte und die Vorteile, die aus ihrer Einführung herrühren, publik zu machen" [NIST 97].

Der Malcolm Baldrige Award fokussiert stark auf Kundenzufriedenheit als wesentliches Qualitätsmerkmal und enthält mit der Betonung von Wettbewerbervergleichen (Benchmarking) ein starkes Konkurrenzelement (vgl. **Kundenorientierung, Benchmarking**). In diesem Sinne wird er auch nur an jeweils maximal zwei Bewerber in drei Kategorien verliehen:

- Produzierende Unternehmen
- Dienstleistungsunternehmen
- Kleine Unternehmen mit weniger als 500 Vollzeitbeschäftigten

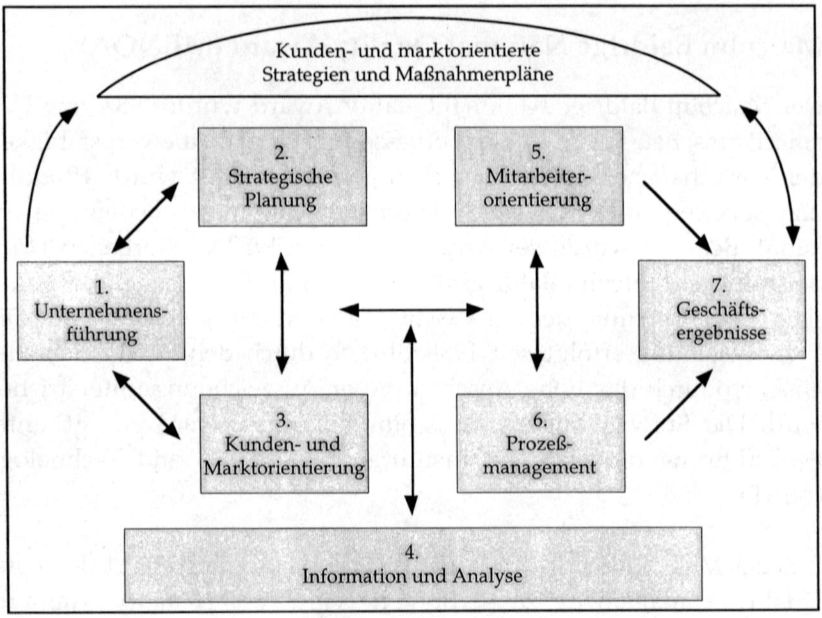

Bild 38: Das Modell des Malcolm Baldrige Award

Dem Beurteilungsprozeß für den Malcolm Baldrige Award liegt ein Kriterienmodell zugrunde, das auf einem umfassenden Verständnis von Qualität beruht. Dieses Modell wurde 1997 deutlich weiterentwickelt und besteht aus sieben Haupt- und 20 Einzelkriterien mit expliziten Gewichtungsfaktoren (vgl. Bild 38) [NIST 97]. Aufgrund des hohen Detaillierungsgrades wird der Kriterienkatalog von vielen Unternehmen auch als interner Leitfaden zur Selbstbewertung (Quality Assessment, Self-Assessment) auf dem Weg der Umsetzung von Total Quality Management benutzt (vgl. **Selbstbewertung, Total Quality Management**).

Das Kriterienmodell des Malcolm Baldrige Award basiert auf Grundprinzipien (Core Values), die von vielen Fachleuten als die Säulen des Qualitätsmanagements angesehen werden [Nakhai/Neves 94]. Darüber hinaus ist das Modell auch stark auf Aspekte allgemeiner Unternehmensführung ausgerichtet, um den Gedanken an ganzheitliche Unternehmensqualität, Wettbewerbsfähigkeit und ausgezeichnete Unternehmensführung (Business Excellence) noch deutlicher in den Vordergrund zu stellen.

Nachfolgend wird der Kriterienkatalog für den Malcolm Baldrige Award 1998 wiedergegeben [NIST 97]:

Beurteilungskriterien		max. Punktzahl
1.	Unternehmensführung	110
1.1	System und Organisation der Unternehmensführung	80
1.2	Gesellschaftliche Verantwortung	30
2.	Strategische Planung	80
2.1	Entwicklungsprozeß der strategischen Planung	40
2.2	Durchgängigkeit der Unternehmensplanung	40
3.	Kunden- und Marktorientierung	80
3.1	Wissen über Kunden und Markt	40
3.2	Kundenzufriedenheit und Kundenbeziehungen	40
4.	Information und Analyse	80
4.1	Auswahl und Nutzung von Informationen und Daten	25
4.2	Vergleiche mit Wettbewerbern und Benchmarking	15
4.3	Analyse und Beurteilung der Leistungsfähigkeit auf Unternehmensebene	40
5.	Mitarbeiterorientierung	100
5.1	Leistungsfähigkeit des Arbeitssystems	40
5.2	Aus- und Weiterbildung, Personalentwicklung	30
5.3	Wohlbefinden und Zufriedenheit der Mitarbeiter	30

6.	Prozeßmanagement	100
6.1	Management von Produkt- und Dienstleistungsprozessen	60
6.2	Management von unterstützenden Prozessen	20
6.3	Prozeßmanagement bei Zulieferern und Partnern	20
7.	Geschäftsergebnisse	450
7.1	Erzielte Kundenzufriedenheit	125
7.2	Finanzielle und marktbezogene Geschäftsergebnisse	125
7.3	Erfolge bei der Mitarbeiterorientierung	50
7.4	Leistungsniveau der Zusammenarbeit mit Zulieferern und Partnern	25
7.5	Ergebnisse unternehmensspezifischer Leistungen	125
	Erreichbare Punkte insgesamt	1000

Die Bewertung nach dem Modell des Molcolm Baldrige Award erfolgt für die ersten sechs Hauptkriterien über einen zweidimensionalen Ansatz. Dabei werden einerseits die Angemessenheit der verfolgten Konzepte und Maßnahmen zur Erfüllung der Modellforderungen erfaßt, andererseits wird auch der Umfang der Anwendung berücksichtigt. Diese beiden Aspekte stehen gleichberechtigt nebeneinander und zielen darauf ab, daß hohe Bewertungsergebnisse nur dann erreicht werden können, wenn ein zielführendes und systematisches Vorgehen im gesamten Unternehmen zur Anwendung kommt. Der Bewertung des Hauptkriteriums „Geschäftsergebnisse" liegt formal ein eindimensionaler Ansatz zugrunde, da lediglich die Qualität der Ergebnisse (realisiertes Leistungsniveau und erkennbare Trends) betrachtet wird. Doch findet hier auch die Bedeutung der erbrachten Leistungen für das Unternehmen Eingang in die Bewertung [Zink 98].

European Quality Award (EQA)

Vor dem Hintergrund der verstärkten Qualitätsförderung in Japan und in den USA wurde auch eine europäische Qualitätsauszeichnung geschaffen und 1992 erstmals verliehen. Entwickelt wurde diese Auszeichnung von der European Foundation for Quality Management

(EFQM) in Zusammenarbeit mit der European Organization for Quality (EOQ) und der Kommission der Europäischen Gemeinschaft [Peacock 92]. Die EFQM mit Sitz in Brüssel ist ein 1988 gegründeter Zusammenschluß von Unternehmen, die das Ziel verfolgen, die Position europäischer Firmen auf dem Weltmarkt zu stärken. Dazu soll die Bedeutung von Qualität als Erfolgsfaktor und die Akzeptanz von Total Quality Management in den Unternehmen verbreitet werden. Der European Quality Award zeichnet solche Unternehmen aus, die besondere Anstrengungen auf dem Gebiet von Total Quality Management vorzuweisen haben. Für alle anderen Unternehmen soll er ein Ansporn sein, es diesen „Quality Leaders" gleichzutun [Zink 95].

Der European Quality Award wird in vier Kategorien vergeben [EFQM 99]:

- Large Business: An ein einzelnes Unternehmen oder eigenständige Unternehmenseinheiten als den „erfolgreichsten Vertreter von Total Quality Management in Westeuropa".
- Operational Units of Companies: An wesentliche Unternehmensteile, die sich nicht als selbständige Unternehmen bewerben können, jedoch als unabhängige Geschäftseinheiten (Cost Center) geführt werden, beispielsweise Fabriken, Montagewerke, Forschungsbereiche oder andere Funktionseinheiten.
- Public Sector Organisations: An öffentliche Dienstleistungsbetriebe, die nicht gewinnorientiert arbeiten und nicht dem Unternehmenssteuerrecht unterliegen.
- Small and Medium-Sized Enterprises (SME): An gesamte Unternehmen oder unabhängige Geschäftseinheiten, die weniger als 250 Mitarbeiter beschäftigen.

Hinzu kommt noch der European Quality Prize, der an mehrere Unternehmen, die hervorragende Leistungen auf dem Gebiet des Qualitätsmanagements erbracht haben, gemeinsam verliehen werden kann.

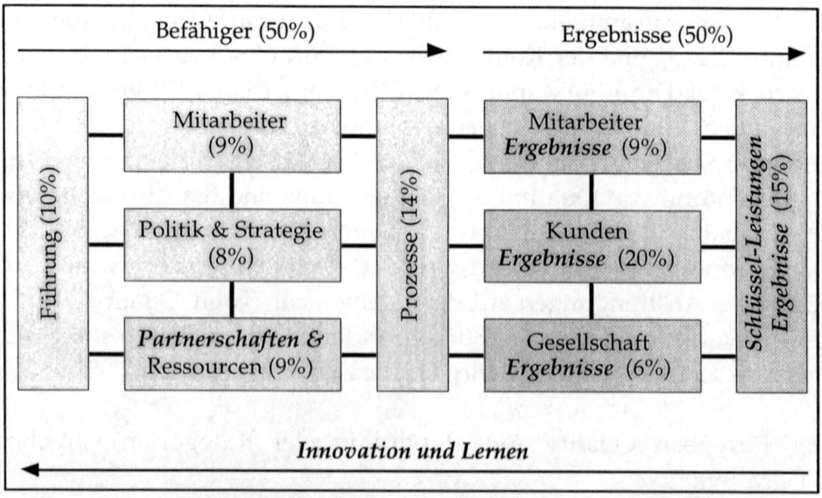

Bild 39: Das EFQM-Modell für Business Excellence

Das Beurteilungsmodell des European Quality Award ist in den Jahren 1998 und 1999 überarbeitet worden und tritt in seiner neuen Fassung für das Jahr 2000 in Kraft. Mit der Überarbeitung ist auch die Änderung des Namens in „EFQM Excellence Model" verbunden, um die erweiterte Ausrichtung auf hervorragende Leistungen im Wettbewerb auszudrücken. Auch das neue EFQM-Modell ist in neun Hauptkriterien unterteilt, die Änderungen gegenüber dem bislang gültigen Modell sind im Bild 39 hervorgehoben.

Insgesamt ähneln die Kriterien des European Quality Award stark denen des Malcolm Baldrige Award. Es werden allerdings durch eine stärkere Akzentuierung des Themenbereichs der gesellschaftlichen Verantwortung, der Aspekte der Lebensqualität, des Umweltschutzes und des Ressourcenschutzes mit in die Bewertung einbezieht, sowie durch die im Zuge der Überarbeitung veränderten Kriterien etwas andere Schwerpunkte gesetzt. Nachfolgend werden die überarbeiteten Kriterien für den European Quality Award in der Fassung für das Jahr 2000 wiedergegeben [EFQM 99]:

Nr.	Kriterium	Unterkriterien/Spezifikation	max. Punkte
1.	Führung	• Beitrag aller Führungskräfte zur Förderung einer Kultur der Exzellenz • Persönlicher Einsatz der Führungskräfte zur Entwicklung, Umsetzung und kontinuierlichen Verbesserung des Managementsystems • Kontakt der Führung mit Kunden, Partnern und Vertretern der Gesellschaft • Aktive Rolle der Führungskräfte bei Motivation, Unterstützung und Anerkennung der Mitarbeiter	100
2.	Politik und Strategie	• Gegenwärtige und zukünftige Notwendigkeiten sowie Erwartungen der Anspruchsgruppen • Leistungsmessung, Forschung, Lernen und Kreativität als Basis • Weiterentwicklung, Überprüfung und Aktualisierung • Umsetzung über ein Netzwerk von Schlüsselprozessen • Kommunikation und Einführung in der gesamten Organisation	80
3.	Mitarbeiter	• Personalplanung und -entwicklung • Identifizierung, Entwicklung und Förderung von Wissen und Fähigkeiten • Einbeziehung und Befähigung • Offene Kommunikation • Anerkennung und aktive Führung	90

4.	Partnerschaften und Ressourcen	• Umgang mit externen Partnern • Umgang mit finanziellen Mitteln • Umgang mit Gebäuden, Ausrüstung und Material • Umgang mit Technologien • Umgang mit Informationen und Wissen	90
5.	Prozesse	• Systematische Entwicklung und Management aller wertschöpfenden Prozesse • Ständige Verbesserung aller Prozesse zur vollständigen Erfüllung sowie Schaffung steigender Werte für Kunden und andere Anspruchsgruppen • Festlegung und Entwicklung von Produkten und Leistungen auf der Basis der Kundenanforderungen • Erstellung, Vertrieb und Betreuung von Produkten und Leistungen • Proaktiver Umgang mit Kundenbeziehungen	140
6.	Kunden - Ergebnisse	• Messung der Wahrnehmung • Leistungsindikatoren	200
7.	Mitarbeiter - Ergebnisse	• Messung der Wahrnehmung • Leistungsindikatoren	90
8.	Gesellschaft - Ergebnisse	• Messung der Wahrnehmung • Leistungsindikatoren	60
9.	Schlüssel-Leistungen - Ergebnisse	• Erreichte Ergebnisse in den Schlüssel-Leistungen • Indikatoren für die Schlüssel-Leistungen	150

Im Beurteilungsprozeß für den European Quality Award werden die eingereichten Unterlagen von speziell ausgebildeten Assessoren bewertet und anschließend einer Jury vorgelegt, die darüber entscheidet, in welchen Unternehmen Audits durchgeführt werden. Die Preisträger werden in einem Schlußreview ermittelt. Zur Neufassung des EFQM-Modells gehört auch eine überarbeitete Bewertungsmethode, die sich aus mehreren Schritten zusammensetzt und nach ihren Anfangsbuchstaben „Radar“ genannt wird:

- **R** esults (Ergebnisse) spiegeln den Grad der erreichten Exzellenz wider. Sie sollen positive Trends über Jahre aufweisen, also Nachhaltigkeit auf dem Weg, die gesetzten Ziele zu erreichen. Der erreichte positive Stand muß sich dabei ursächlich auf den Einsatz von Total Quality Management in der Organisation zurückführen lassen.
- **A** pproach (Vorgehen) beschreibt die geplante Vorgehensweise unter Angabe der Gründe. Basis sind die umfassenden Kundenbedürfnisse (Stakeholder Needs). Die Prozeßorientierung dient dabei der Unterstützung von Politik und Strategie.
- **D** eployment (Umsetzung) soll systematisch in allen Bereichen der Organisation erfolgen.
- **A** ssessment (Bewertung) der Vorgehensweise und des Standes der erreichten Ergebnisse sowie Initiierung von weiteren Verbesserungsmöglichkeiten.
- **R** eview (Überprüfung) des Umsetzungsweges und der erzielten Ergebnisse im Vergleich zu anderen Unternehmen (Benchmarking), um entsprechende Lernaktivitäten einleiten zu können.

Die Bedeutung des European Quality Award wird durch die Tatsache gemindert, daß bisher noch keine europäische Autorität für die Vergabe der Auszeichnung gefunden wurde, die in allen Ländern der Europäischen Union (Europäische Gemeinschaft) ein gleichermaßen hohes Ansehen genießt. Eine solche Autorität stellt z.B. der Präsident der USA in den USA dar, der den Malcolm Baldrige Award überreicht. Zur Imagebildung der Auszeichnung ist dieses nicht unerheblich.

Ludwig-Erhard-Preis (LEP)

Der Ludwig-Erhard-Preis als Deutscher Qualitätspreis für Spitzenleistungen im Wettbewerb wurde erstmalig 1997 ausgelobt. Er schließt die Lücke zwischen einzelnen Landespreisen (Bayern, Nordrhein-Westfalen, Sachsen) und dem Europäischen Qualitätspreis (European Quality Award). Gleichzeitig ist er in Verbindung mit anderen nationalen Qualitätsauszeichnungen, insbesondere dem Deming Prize (Japan) und dem Malcolm Baldrige National Quality Award (USA), zu sehen.

Benannt ist die Auszeichnung nach dem deutschen Wirtschaftsminister und Bundeskanzler Ludwig Erhard (1897-1977), dem „Vater des Wirtschaftswunders" in der Zeit nach dem Zweiten Weltkrieg. Der Ludwig-Erhard-Preis steht unter der Schirmherrschaft des Deutschen Bundespräsidenten und ist eine Initiative des Vereins Deutscher Ingenieure - Gesellschaft Systementwicklung und Projekgestaltung (VDI-GSP) sowie der Deutschen Gesellschaft für Qualität (DGQ). Weitere Träger sind die Spitzenverbände der deutschen Wirtschaft: Bundesvereinigung der Deutschen Arbeitgeberverbände (BDA), Bundesverband der Deutschen Industrie (BDI), Bundesverband des Deutschen Groß- und Außenhandels (BGA), Deutscher Industrie- und Handelstag (DIHT), Hauptverband des Deutschen Einzelhandels (HDE) und Zentralverband des Deutschen Handwerks (ZDH). Die Geschäftsführung der Initiativgemeinschaft Ludwig-Erhard-Preis teilen sich VDI-GSP (ungerade Jahre) und DGQ (gerade Jahre).

Mit dem Ludwig-Erhard-Preis werden vorbildliche Unternehmen und Institutionen in Deutschland ausgezeichnet, die durch hervorragende Leistungen nachweislich Spitzenpositionen im internationalen Wettbewerb erzielt haben. Damit sollen Organisationen angeregt werden, sich mit den Besten zu messen, um ihre Wettbewerbs- und Innovationsfähigkeit langfristig zu sichern. Mit dieser Zielsetzung fördert der Ludwig-Erhard-Preis die Auseinandersetzung mit den Ideen des umfassenden Qualitätsmanagements im Sinne von Total Quality Management (TQM) als ganzheitlichem Ansatz der Unternehmensführung (vgl. **Total Quality Management**). Angesprochen ist damit ein breiter Adressatenkreis, zu dem nicht nur Unternehmen aller Branchen und

Größen gehören, sondern beispielsweise auch Behörden, Gesundheits- und Bildungseinrichtungen.

Die Bewerbungsabsicht zum Ludwig-Erhard-Preis ist mit einem Bewerbungsformular zu erklären, das in der jeweils aktuellen Bewerbungsbroschüre enthalten ist. Die Bewerbungsunterlagen müssen in deutscher Sprache abgefaßt sein und dürfen nicht mehr als 75 Seiten umfassen.

Alle Bewerber unterziehen sich dem gleichen Bewertungsverfahren, das auf dem Modell zum Ludwig-Erhard-Preis basiert. Dieses Modell hat inhaltlich das Umsetzungsmodell für Total Quality Management der European Foundation for Quality Management (EFQM) übernommen, das auch der Bewertung für den Europäischen Qualitätspreis (European Quality Award) zugrunde liegt (vgl. **European Quality Award**). Unterschiede beschränken sich auf kleinere formale Abweichungen wie die Bezeichnung der Elemente (Hauptkriterien) und die Beschreibung der Unterkriterien [Zink 98].

Das Bewertungsverfahren selbst ist in mehrere Schritte unterteilt. Dabei wird zunächst vom Bewerber eine Selbstbewertung (Self-Assessment) auf der Basis des Kriterienmodells zum Ludwig-Erhard-Preis durchgeführt (vgl. **Selbstbewertung**). Auf dieser Basis wählt eine unabhängige Jury die besten Bewerber als Finalteilnehmer aus. Diese werden dann einer zusätzlichen Vor-Ort-Bewertung durch unabhängige, speziell ausgebildete Assessorenteams unterzogen. Die von den Assessoren erstellten, abschließenden Bewertungsberichte dienen einer Jury zur Festlegung des Gewinners des Ludwig-Erhard-Preises. Weitere überdurchschnittlich erfolgreiche Bewerber werden ebenfalls ausgezeichnet. In der unabhängigen Jury zur Vergabe des Ludwig-Erhard-Preises sind neun Führungskräfte aus Groß- und mittelständischen Unternehmen, Banken, Universitäten sowie der Ludwig-Erhard-Stiftung vertreten.

Die Preisverleihung findet jährlich im November in Berlin statt und ist eingebettet in eine Forumsveranstaltung, auf der das Bewertungsmodell des Ludwig-Erhard-Preises sowie die Konzepte erfolgreicher Unternehmen einer breiten Fachöffentlichkeit vorgestellt werden.

Literaturhinweise zur Vertiefung

JUSE - Japanese Union of Scientists and Engineers (Hrsg.):
The Deming Prize Guide for Overseas Companies.
Tokyo/Japan: JUSE Press 1999.

United States Department of Commerce; NIST - National Institute of Standards and Technology (Hrsg.):
Malcolm Baldridge National Quality Award - 1999 Award Criteria.
Gaithersburg/USA: 1999.

EFQM - European Foundation for Quality Management (Hrsg.):
The European Quality Award 1999 Application Form.
Eindhoven/Niederlande: 1999.

DGQ - Deutsche Gesellschaft für Qualität; VDI - Verein Deutscher Ingenieure (Hrsg.):
Bewerbungsbroschüre Ludwig-Erhard-Preis.
Frankfurt/M. und Düsseldorf: 1999.

Qualitätsbezogene Kosten

Das sogenannte magische Dreieck von Kosten, Zeit und Qualität drückt aus, daß höhere Qualität nur mit höheren Kosten zu erkaufen ist oder eine kürzere Durchlaufzeit schlechtere Qualität bedeuten muß (vgl. Bild 40). Das zugrundeliegende Konzept ging von mehr Fehlerverhütung, organisiert von einem verstärkten Qualitätswesen, und dafür weniger Ausschuß und Nacharbeit aus. Damit sollten in erster Linie die „Kosten der Qualität" des Unternehmens auf ein Optimum gebracht werden. Damit sollte lediglich die Aussage untermauert werden, daß ein höherer Aufwand an qualitätssichernden Maßnahmen bis zu einer bestimmten Höhe überproportional Fehlerkosten einsparen kann.

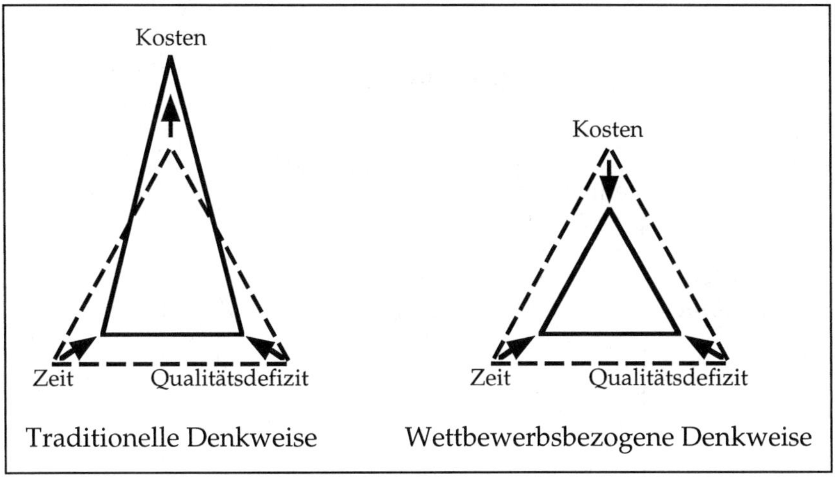

Bild 40: Das magische Dreieck von Kosten, Zeit und Qualität

In den folgenden Jahrzehnten verselbständigte sich der Begriff der „Qualitätskosten" [Crosby 79, Feigenbaum 83]. In den westlichen Industriestaaten herrschte das Grundverständnis vor, daß Fehler unvermeidbar waren und man sich diese auch leisten konnte - im Gegenteil: Fehler müßten sogar sein, um ein Unternehmen wirtschaftlich führen zu können. Dies bewies die sogenannte Qualitätskostenrechnung, die ihr Minimum, die optimale Qualitätskostenlage, nicht etwa bei „Null-Fehler" hat (vgl. Bild 41).

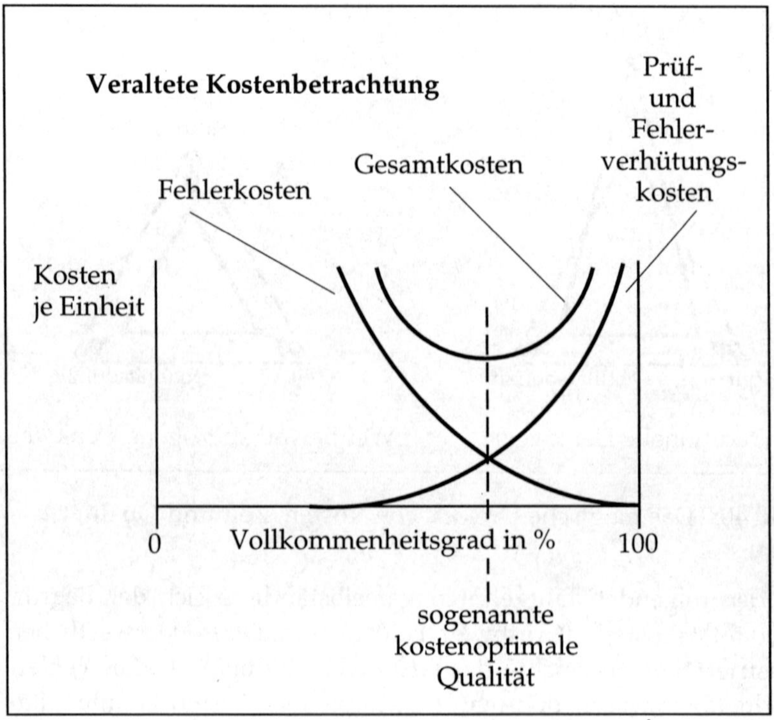

Bild 41: Das Konzept der sogenannten Qualitätskosten

Unter dem zunehmenden Wettbewerbsdruck aus Japan, basierend auf einem schlanken Produktionsmanagement (Lean Production), erfolgte eine Abkehr von der Fokussierung auf die optimale Qualitätskostenlage. Vor dem Hintergrund der MIT-Studie, die u.a. das Toyota Production System (TPS) als Referenzmodell einer exzellenten Betriebsführung aufzeigte, setzte sich die Null-Fehler-Theorie von Crosby immer stärker durch (vgl. **Crosby, Null-Fehler-Programm, Toyota Production System**). Damit hatte auch die klassische „Qualitätskostenrechnung" ausgedient, die von der Betriebswirtschaftslehre ohnehin nie wirklich angenommen worden war. Realistischerweise wurde nun jeder einzelne Mitarbeiter im Unternehmen für Qualität zuständig und verantwortlich gemacht.

Diese neue Denkweise trifft mittlerweile auf einen breiten Konsens und hat auch Eingang in die international gültige Begriffsnorm DIN

EN ISO 8402 gefunden. Dort sind die qualitätsbezogenen Kosten definiert als diejenigen Kosten, die „durch das Sicherstellen zufriedenstellender Qualität und durch das Schaffen von Vertrauen, daß die Qualitätsforderungen erfüllt werden, entstehen, sowie Verluste infolge des Nichterreichens zufriedenstellender Qualität. ..." [ISO 95].

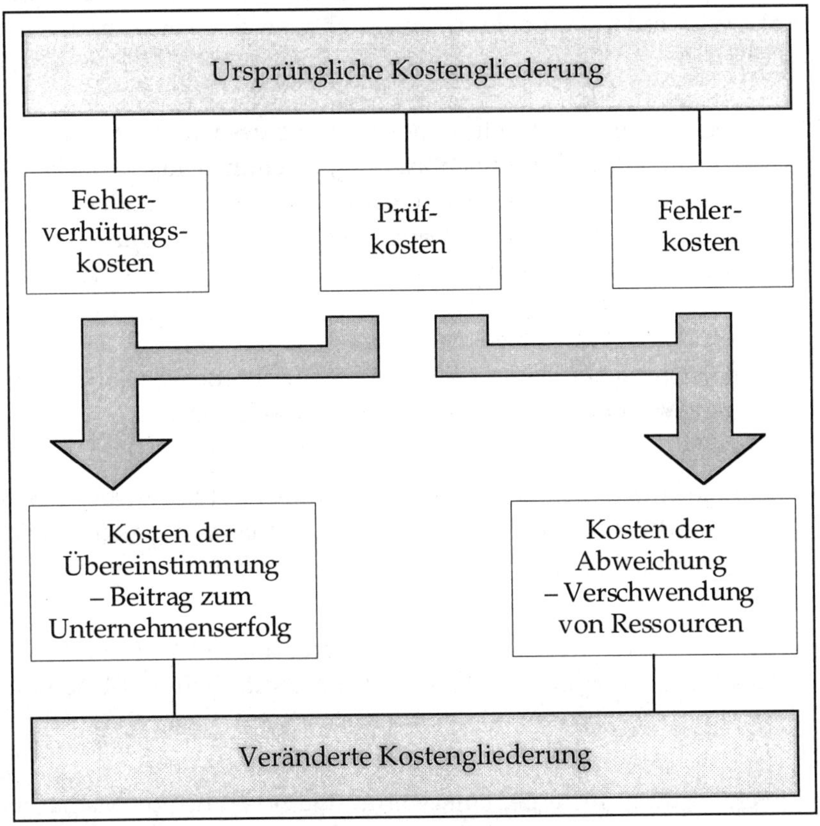

Bild 42: Ansatz einer Neugliederung qualitätsbezogener Kosten

Die betriebswirtschaftliche Kostenrechnung sucht noch immer nach neuen Wegen bei der Betrachtung von Qualität und Kosten. Eine erste Konkretisierung war die Auflösung der ursprünglichen Dreiteilung (Fehlerverhütungs-, Prüf- und Fehlerkosten) mit einer neuen Zusammenführung zu den erwünschten und geplanten Kosten der Übereinstimmung sowie den ungewollten und ungeplanten Kosten der Abweichung (vgl. Bild 42) [Wildemann 92]. Dadurch erweitert sich jedoch der Umfang der Kostenerfassung nicht in der erforderlichen Weise, so daß die Wertschöpfungskette auch nicht in ihrer Gesamtheit darstellbar ist. Dies läßt sich erreichen, indem die Erwartungen des Kunden auf das Geschehen im Unternehmen projiziert werden. Dafür genügt jedoch eine reine Kostenbetrachtung nicht mehr, sondern sie sollte überlagert werden von dem damit erzielbaren Wert bzw. Nutzen für den Kunden.

Eine zweckmäßige Unterteilung der Leistung des Unternehmens, z.B. in Nutz-, Stütz-, Blind- und Fehlleistung, macht hier klar, welche Geschäftsprozesse aus Kundensicht tatsächlich wertschöpfender Art sind (vgl. **Fehlleistungsaufwand**). Dabei lassen sich die einzelnen Leistungsarten in der Wertschöpfungskette wie folgt erläutern [Tomys 94]:

- Nutzleistung: geplant, werterhöhend (z.B. Bearbeitungsoperationen, Veredelungsprozesse, Montagevorgänge);

- Stützleistung: geplant, nicht werterhöhend (z.B. Arbeitsvorbereitung, Rüstvorgänge, Einlege- und Entnahmetätigkeiten, Prüfungen zur Qualitätsregelung, Werkzeugwechsel);

- Blindleistung: nicht geplant, nicht werterhöhend (z.B. auf fehlendes Material oder Werkzeug wartende Mitarbeiter, Maschinenstörung, Überproduktion, Sortierprüfungen);

- Fehlleistung: nicht geplant, wertmindernd (führt zu Nacharbeit) oder wertvernichtend (führt zu Ausschuß).

Auf diese Weise läßt sich die Wertschöpfungskette im gesamten Unternehmen charakterisieren (vgl. Bild 43). Auch lassen sich die zu Verlusten führenden Verschwendungen erkennen, so daß vorbeugende, fehler- und kostenvermeidende Maßnahmen getroffen werden können.

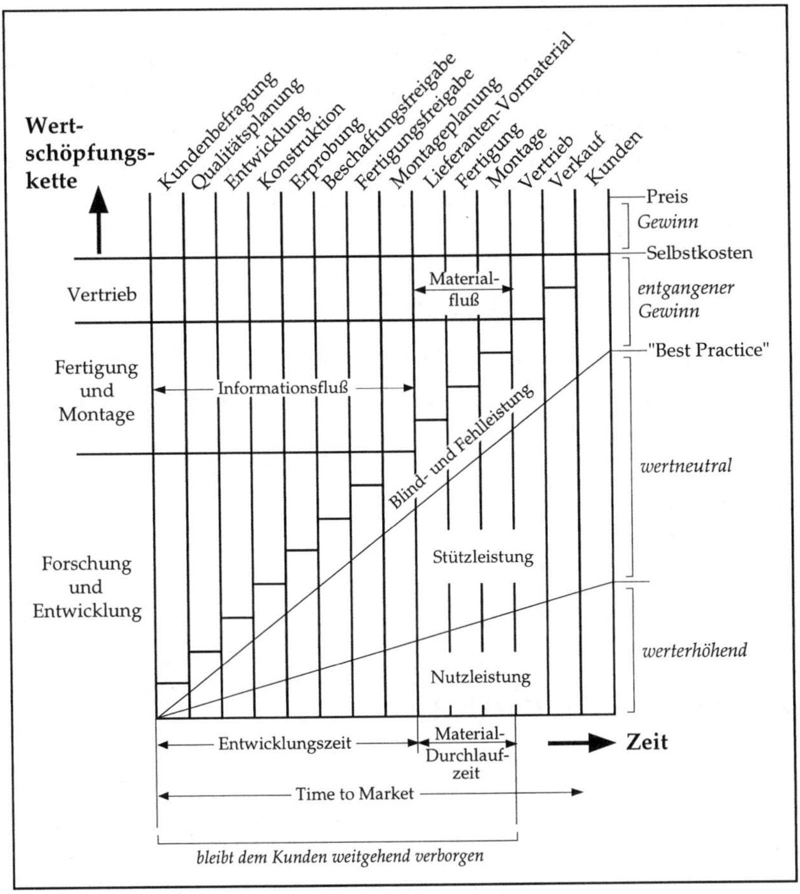

Bild 43: Wertschöpfungskette

Somit schließt sich der Kreis: Qualität der Arbeit jedes einzelnen Mitarbeiters, Qualität der Prozesse und schließlich des gesamten Unternehmens ergeben wie selbstverständlich Erzeugnisse hoher Qualität zu angemessenen Kosten, die nun mit Recht als qualitätsbezogen bezeichnet werden können. Maßnahmen, die eine ständige Verbesserung bewirken - die sogenannten Qualitätstreiber - sorgen für eine hohe Kapitalrentabilität, den Return on Investment (ROI) (vgl. **Qualitätstreiber**). Ähnliches hat bereits W. Edwards Deming in seiner Reaktionskette zum Ausdruck gebracht (vgl. **Demingsche Reaktionskette**). Im übertragenen Sinne, aber auch zur Verdeutlichung der ursprünglichen Zusammenhänge ist dies der Qualitätsrentabilität, dem Return on Quality (RoQ), gleichzusetzen. Vor diesem Hintergrund existieren qualitätsbezogene Kosten nicht etwa nur am Rande der eigentlichen Kostenrechnung, sondern repräsentieren die Aufwände entlang der Wertschöpfungskette, die bei qualitätsorientierter Unternehmensführung entstehen [Kamiske 99].

Literaturhinweise zur Vertiefung

DGQ - Deutsche Gesellschaft für Qualität (Hrsg.):
DGQ-Schrift 14-18: Wirtschaftlichkeit durch Qualitätsmanagement.
Berlin: Beuth Verlag 1995.

Kamiske, G. F. (Hrsg.):
Rentabel durch TQM.
Berlin: Springer-Verlag 1996.

Qualitätscontrolling

Ohne Inhalt und Umfang des Controllingbegriffs in betriebswirtschaftlichem Sinne zu diskutieren, ist zunächst festzuhalten, daß Qualität endgültig als wettbewerbsentscheidender Erfolgsfaktor erkannt wurde. Infolgedessen entwickelte sich in jüngster Zeit neben verschiedenen bereits bestehenden Controllingansätzen zu einzelnen Teilaspekten des Unternehmens das Qualitätscontrolling [Niemand et al. 90, Horváth 97].

Abgeleitet aus den beiden Bestandteilen des Begriffs läßt sich Qualitätscontrolling gleichzeitig als Teil des Controllingsystems wie auch des Qualitätsmanagements in einem Unternehmen verstehen. Die generellen Aufgaben des Qualitätscontrollings bestehen in der Unterstützung der Unternehmensleitung bei der Entscheidungsfindung im Hinblick auf kunden- und wettbewerbsgerechte Qualität sowie in der Erweiterung des eher technisch geprägten Qualitätsmanagements um wirtschaftliche Aspekte. Hinzu kommt die gezielte Informationsversorgung von Geschäftsprozessen sowie eine entsprechende Planung und Überwachung zur Sicherstellung von Wirksamkeit (Effektivität) und Wirtschaftlichkeit (Effizienz) der Maßnahmen des Qualitätsmanagements. Ziel des Qualitätscontrollings ist es also, unternehmensweit qualitätsrelevante Prozesse so zu koordinieren, daß hohe Qualität bei gleichzeitig wettbewerbsfähigen Kosten erreicht und Veränderungen, möglichst Verbesserungen, der Prozesse gemessen und bewertet werden können. Vor diesem Hintergrund ergibt sich für das Qualitätscontrolling - wie auch für das Qualitätsmanagement - eine Einordnung als Querschnittsfunktion im Unternehmen, wobei sich nach der Reichweite in strategisches bzw. operatives Qualitätscontrolling unterscheiden läßt.

Das strategische Qualitätscontrolling ist auf die langfristige Sicherung des Unternehmens in einer sich schnell verändernden Umwelt ausgerichtet. Es werden langfristig wirkende Qualitätsziele vorgegeben, die auf umfassenden Untersuchungen des Marktes, der Wettbewerber und des eigenen Unternehmens mit seinen Stärken und Schwächen basieren. Dazu müssen die zukünftigen Anforderungen der potentiellen Kunden und die Stärken der Wettbewerber richtig eingeschätzt werden, um Ziele und Potentiale der Qualität für das eigene Unternehmen in einer geeigneten Qualitätsstrategie zum Ausdruck bringen zu können. Die nicht-monetären Kennzahlen bilden dabei die Grundlage für entsprechende monetäre Zielgrößen.

Das operative Qualitätscontrolling zielt auf die möglichst wirtschaftliche Umsetzung der Qualitätsstrategie, wie sie im Rahmen des strategischen Qualitätscontrollings entwickelt wurde. Zielgrößen sind z.B. Gewinn, Wirtschaftlichkeit und Rentabilität, betrachtet unter Qualitätsaspekten. Es beschäftigt sich vornehmlich mit unternehmensinternen, qualitätsorientierten Prozessen und deren Kennzahlen, um Aussagen über deren erzielte Wertschöpfung zu erhalten [Eversheim et al. 98]. Qualitätskennzahlen im Sinne des operativen Qualitätscontrollings beziehen sich vor allem auf monetäre Größen und dienen dazu, die Wertschöpfungskette transparent zu machen und die nicht-werterhöhenden Bestandteile zu identifizieren (vgl. **Fehlleistungsaufwand**). Dies geschieht zunächst auf der Grundlage von Qualitätsmerkmalen, die basierend auf Kundenanforderungen und Wettbewerbsbedingungen festzulegen sind. Die Qualitätsmerkmale für Produkte und Prozesse müssen dabei in ausreichendem Maße operationalisierbar sein, um sich als Beurteilungsmaßstab für erzielte Ergebnisse zu eignen und die Bildung entsprechender Qualitätskennzahlen zu ermöglichen. Damit ist das Qualitätscontrolling nicht nur auf eine vorausschauende Fehlervermeidung, sondern auch auf eine frühzeitige Fehlererkennung ausgerichtet [Wolter 97].

Um die auch im Rahmen des Qualitätscontrollings notwendige interdisziplinäre Zusammenarbeit zwischen den verschiedenen, an Planung und Entwicklung beteiligten Bereichen des Unternehmens zu gewährleisten, lassen sich entsprechende Methoden des Quality Engineering anwenden, wie beispielsweise Simultaneous Engineering, Fehlermöglichkeits- und -einflußanalyse, Quality Function Deployment und Benchmarking (vgl. **Benchmarking, Fehlermöglichkeits- und -einflußanalyse, Quality Function Deployment, Simultaneous Engineering und Quality Engineering**). In diesem Zusammenhang wird nicht mehr nach einzelnen Aktivitäten unterschieden, die von getrennten Abteilungen wahrzunehmen sind. Vielmehr setzt sich immer stärker eine prozeßorientierte Sichtweise durch, die zusammenhängende Tätigkeiten auch als Wertschöpfungskette im Sinne von Geschäftsprozessen betrachtet (vgl. **Prozeßorientierung**).

Zusammenfassend ist festzuhalten, daß die wichtigste Aufgabe des Qualitätscontrollings in der Bereitstellung von Kennzahlen besteht, die das Qualitätsgeschehen mit der Kostenseite in Verbindung bringen sowie den Fortschritt auf dem Weg zu Total Quality Management messen (vgl. **Total Quality Management**).

Diese Aufgabe kann von herkömmlichen Kostenrechnungssystemen in der Regel nicht ausreichend abgebildet bzw. gelöst werden, da sich diese nicht an den Erfordernissen des Qualitätsmanagements orientieren. Es stehen jedoch mehrere geeignete Verfahren zur Verfügung, mit deren Hilfe Aussagen über qualitätsorientierte Prozesse und deren erzielte Wertschöpfung getroffen werden können. Beispielhaft werden einige dieser teilweise sehr neuen Verfahren nachfolgend kurz skizziert.

Prozeßkostenrechnung

Der Grundgedanke der Prozeßkostenrechnung ist es, den Block der Gemeinkosten im indirekten Bereich (Verwaltung) verursachungsgerecht anstelle der Zuschlagskalkulation auf die Leistungen zu verrechnen und so leistungswirtschaftliche Beziehungen zwischen Ressourcen und Produkten aufzudecken. Daraus ergeben sich als Hauptzielsetzungen der Prozeßkostenrechnung die Erhöhung der Kostentransparenz in den indirekten Leistungsbereichen, die Verbesserung der Produktkalkulation, die verursachungsgerechte Zuordnung der Gemeinkosten sowie die Aufdeckung von Potentialen zum effizienteren Ressourceneinsatz [Horváth 97].

Der Ansatz der Prozeßkostenrechnung existiert seit den 80er Jahren und wird auch aktivitätsorientierte Kostenrechnung genannt. Entsprechend ist im anglo-amerikanischen Sprachraum die Bezeichnung Activity-Based Costing verbreitet, obwohl es sich hierbei eigentlich um eine Variante handelt [Cooper/Kaplan 93].

Wesentlicher Unterschied der Prozeßkostenrechnung gegenüber traditionellen Kostenrechnungssystemen ist die Verwendung direkter Bezugsgrößen (Maßgrößen). Die Bezugsgrößen entsprechen in der Regel den sogenannten Kostentreibern (Cost Driver). Dies sind Faktoren, die den größten Einfluß auf die Kosten eines Prozesses haben (kostenverursachende Größen). Ein Prozeß kann dabei die Herstellung eines Produktes oder auch die Erbringung einer Dienstleistung zum Ziel haben. Grundsätzlich wird bei der Prozeßkostenrechnung das Unternehmen als Summe vieler Aktivitäten bzw. Prozesse angesehen, deren Kosten und Leistungen sich auf direkte Bezugsgrößen zurückführen lassen. Somit ergeben sich die Kosten eines Produktes (oder einer Leistung) aus der Summe der Kosten aller Prozesse, die für die Produktion dieses Produktes entstanden sind.

Vor diesem Hintergrund läuft die Prozeßkostenrechnung in der Regel nach einem aus vier Schritten bestehenden Schema ab: Analysieren der Tätigkeiten bzw. Prozesse, Identifizieren von Kostentreibern, Ermitteln von Prozeßmengen, Kalkulieren der Prozeßkosten [Coenenberg/Fischer 91, Horváth 97].

Bei dieser Vorgehensweise ist die Analyse der Prozesse (Tätigkeitsanalyse) der aufwendigste Schritt und wird auch als Dekomposition bezeichnet (vgl. **Prozeßorientierung**). Ausgangspunkt ist dabei die genaue Darstellung der Tätigkeiten in den Gemeinkostenbereichen und ihre Zerlegung in Hauptprozesse, die dann weiter in Teilprozesse und einzelne Aktivitäten bzw. Arbeitsgänge (vergleichbar mit Kostenstellen in den Produktionsbereichen) aufgeschlüsselt werden. Hierbei können möglicherweise vorliegende Ergebnisse einer Gemeinkostenwertanalyse oder eines Zero-Base-Budgeting wertvolle Unterstützung bieten.

Im Rahmen des Qualitätscontrollings stellt die Prozeßkostenrechnung ein wichtiges Instrument zur Analyse und Steuerung der Gemeinkosten dar. Weiterhin dient sie als Hilfsmittel, um neben dem werterhöhenden Anteil der Nutzleistung den Anteil von Stütz-, Blind- und Fehlleistung zu erkennen [Tomys 94] (vgl. **Fehlleistungsaufwand**).

Target Costing/Zielkostenrechnung

Target Costing läßt sich prinzipiell als Kostenplanungssystem beschreiben, bei dem die Planwerte für die Produktkosten (Zielkosten/Target Costs) nicht vergangenheitsbezogen ermittelt (herstellerorientierter Ansatz), sondern aus dem am Markt voraussichtlich erzielbaren Preis in einem systematischen Prozeß abgeleitet werden (wettbewerbsorientierter Ansatz).

Herstellerorientierter Ansatz:

Preis = Kosten + Gewinn

Wettbewerbsorientierter Ansatz:

Preis - Plangewinn = Zielkosten

Ausgehend von den Kundenerwartungen und einer vom Unternehmen gewünschten Zielrendite werden beim Target Costing die erlaubten Kosten auf die einzelnen Produktkomponenten heruntergebrochen und den entsprechenden Stufen im Entwicklungsprozeß zugeordnet. Dadurch wird schon sehr früh im Entwurfsstadium ersichtlich, ob ein Produkt mit seinen Qualitätsforderungen zu einem konkurrenzfähigen Preis am Markt angeboten werden kann. Hierbei können die Zielkosten entweder unmittelbar und pragmatisch aus der Fortschreibung der Produktstruktur abgeleitet oder in einem stärker auf die Kundenanforderungen ausgerichteten Verfahren ermittelt werden. Dabei kommen dann Instrumente der Marktforschung, wie beispielsweise Conjoint Measurement, zum Einsatz, so daß die Kostenstrukturen des zu entwickelnden Produkts entsprechend der Kundenpräferenz bestimmt werden. Die so ermittelten Daten können im weiteren Entwicklungsverlauf Eingang in die Qualitätsplanung mittels Quality Function Deployment finden (vgl. **Quality Function Deployment**).

Wertanalyse (WA)/Value Engineering (VE)

Die Wertanalyse kann als eine vom Produkt unabhängige, systematische Methode zur Problemerkennung und -lösung betrachtet werden, um den vom Kunden bzw. Anwender gewünschten Nutzen mit den geringstmöglichen Kosten zu realisieren, ohne dabei Qualität, Zuverlässigkeit und Marktfähigkeit negativ zu beeinflussen. In den 40er und 50er Jahren in den USA zur Senkung der Kosten entwickelt, ist die Wertanalyse heute auch in Deutschland weit verbreitet. Die im angloamerikanischen Sprachgebrauch verwendeten Bezeichnungen Value Engineering, - Analysis, - Assurance, - Control und - Improvement lassen sich zwar nuancenhaft unterscheiden, werden aber in allgemeiner Übereinstimmung unter dem Oberbegriff Value Engineering zusammengefaßt, der direkt dem Ausdruck Wertanalyse entspricht [Hoffmann 93].

Die Wertanalyse war ursprünglich auf die Massenfertigung als Anwendungsgebiet ausgerichtet. Der Produktionsbereich einschließlich Kleinserien- und Einzelfertigung ist bis heute ein Schwerpunkt geblieben, jedoch wird die Wertanalyse auch erfolgreich in anderen Gebieten wie beispielsweise Qualität, Verkauf oder Marktforschung angewendet. Als Sonderform wird im Rahmen der Gemeinkostenwertanalyse (GWA) auch speziell der administrative Bereich (Verwaltung) betrachtet.

Der beste Zeitpunkt für den Einsatz der Wertanalyse liegt möglichst früh im Produktentstehungsprozeß, also in der Entwurfs- und Planungsphase, da hier die größte Kostenbeeinflussung möglich ist. Unnötige Kosten, also Fehlleistungen bzw. Verschwendung, sollen erkannt und vermieden werden. Dazu dient eine systematische Vorgehensweise in fünf Phasen, der Wertanalyse-Arbeitsplan. Er wird von den etwa fünf bis sechs Mitgliedern eines interdisziplinär besetzten Wertanalyse-Teams abgearbeitet. In der Informations-Phase geht es zunächst um die Beschaffung von Grundlagen-Informationen über die wichtigen Funktionen und ihre Bewertung mit Kosten. In der anschließenden schöpferischen Phase werden unter Anwendung von Kreativitätstechniken wie beispielsweise Brainstorming möglichst viele Ideen hervorgebracht und Alternativen zur Erfüllung der geforderten Funktionen entwickelt (vgl. **Brainstorming**). Die genaue Untersuchung der Alternativen sowie ihre technische und kostenmäßige Überprüfung wird in der Bewertungs-Phase vorgenommen. Alle in Betracht gezogenen Alternativen werden in der Planungs-Phase insbesondere unter Berücksichtigung des eventuell notwendigen zusätzlichen Zeitbedarfs detailliert. In der abschließenden Vorschlags-Phase wird eine Alternative ausgewählt und einschließlich genauer Kalkulationen der Entwicklungskosten sowie der erwarteten Einsparungen präsentiert.

Als meßbare Ergebnisse der Wertanalyse werden allgemein Einsparungen von 10% oder mehr angegeben [Hoffmann 93]. Hinzu kommen nur schwer quantifizierbare positive Auswirkungen, beispielsweise bessere Zusammenarbeit zwischen einzelnen Bereichen bzw. Abteilungen, gestiegenes Kostenbewußtsein sowie Transparenz der Abläufe und offener Informationsfluß im Unternehmen.

Insgesamt kann die Wertanalyse als gut strukturiertes, transparentes Verfahren bezeichnet werden, das auf kurze und mittelfristige Kostensenkung ausgerichtet ist. Auch zur Lösung krisenhafter Situationen durch strenge Kosteneinsparungsziele einsetzbar, nimmt es aber keine strategiegerichtete Neuverteilung der Mittel vor, wie es beispielsweise beim Zero-Base-Budgeting der Fall ist (vgl. **Zero-Base-Budgeting**).

Zero-Base-Budgeting (ZBB)

Das Hauptziel des in den 60er Jahren entwickelten Verfahrens des Zero-Base-Budgeting ist der rationelle Einsatz verfügbarer Mittel im Hinblick auf das Unternehmensziel. Dies wird nicht durch eine Gemeinkostensenkung im operativen Bereich unter Beibehaltung bestehender Strukturen erreicht, sondern durch eine Umverteilung der finanziellen Ressourcen von weniger wichtigen auf wichtigere Aufgaben. Dazu sind sämtliche Aktivitäten bzw. Prozesse in einem Unternehmen neu zu gestalten, als ob das Unternehmen selbst neu errichtet würde. Das bisher vorhandene Kosten-Mengen-Gerüst wird im Gegensatz zu anderen Verfahren als durchaus veränderlich angesehen. In jedem Bereich des Unternehmens wird in einer neun Schritte umfassenden Analyse geprüft, ob und in welcher Qualität die Leistungen am kostengünstigsten erbracht werden können. Damit stellt sich Zero-Base-Budgeting als eher komplexes Verfahren dar, das einen hohen Zeitaufwand erfordert und deshalb für mittel- bis langfristige Kosteneinsparungen anzuwenden ist. Vorteilhaft ist vor allem die gute Strukturierung und Transparenz sowie die Unterstützungsfunktion im Hinblick auf strategische Ziele [Horváth/Reichmann 93].

Literaturhinweise zur Vertiefung

Horváth & Partner (Hrsg.):
Qualitätscontrolling.
2. Aufl., Stuttgart: Schäffer-Poeschel-Verlag 1997.

Horváth, P. (Hrsg.):
Target Costing.
Stuttgart: C. E. Poeschel Verlag 1993.

Seidenschwarz, W.:
Target Costing - Marktorientiertes Zielkostenmanagement.
München 1993.

Olshagen, Chr.:
Prozeßkostenrechnung: Aufbau und Einsatz.
Wiesbaden: Gabler-Verlag 1991.

DIN - Deutsches Institut für Normung (Hrsg.):
DIN 69 910: Wertanalyse.
Berlin: Beuth Verlag 1987.

VDI - Verein Deutscher Ingenieure (Hrsg.):
VDI-Richtlinie 2802: Wertanalyse Vergleichsrechnung.
Düsseldorf: VDI-Verlag 1976.

Hoffmann, H. J.:
Wertanalyse.
München: Wirtschaftsverlag Langen-Müller/Herbig 1993.

Kamiske, G. F. (Hrsg.):
Rentabel durch TQM.
Berlin: Springer-Verlag 1996.

Wildemann, H. (Hrsg.):
Controlling im TQM.
Berlin: Springer-Verlag 1996.

Wilmes, D.; Ratke, Ph.; Aurich, M.:
TQM-gerechtes Controlling.
In: Kamiske, G. F. (Hrsg.): Reihe PocketPower.
München: Carl Hanser Verlag 1998.

DGQ - Deutsche Gesellschaft für Qualität (Hrsg.):
DGQ-Schrift 14-23: Qualitätskennzahlen (QKZ) und Qualitäts kennzahlen-Systeme.
2. Aufl., Berlin: Beuth Verlag 1990.

Qualitätsmanagement und Qualitätssicherung

Qualitätsmanagement ersetzt nach DIN EN ISO 8402, ab der Ausgabe März 1992, den bisherigen Oberbegriff Qualitätssicherung [ISO 95]. Um die Terminologie im Bereich des Qualitätsmanagements zu klären, stellen die Normen DIN 55 350, Teil 11, und DIN EN ISO 8402 (einschließlich Beiblatt 1) in ihrer jeweils neuesten Ausgabe aufeinander abgestimmte Verständigungsnormen dar [Geiger 98].

Grundlage ist dabei die internationale Norm DIN EN ISO 8402. Qualitätsmanagement umfaßt „alle Tätigkeiten des Gesamtmanagements, die im Rahmen des Qualitätsmanagementsystems die Qualitätspolitik, die Ziele und Verantwortungen festlegen sowie diese durch Mittel wie Qualitätsplanung, Qualitätslenkung, Qualitätssicherung/Qualitätsmanagement-Darlegung und Qualitätsverbesserung verwirklichen." [ISO 95].

Dabei sind im Rahmen des Qualitätsmanagements vielfältige Einflußfaktoren zu berücksichtigen, insbesondere Aspekte der Wirtschaftlichkeit, der Gesetzgebung und der Umwelt. Hinzu kommen die Wünsche und Anforderungen der Kunden. Die Unternehmensleitung trägt eine nicht delegierbare Verantwortung für das Qualitätsmanagement und muß darüber hinaus auch aktiv für die konsequente Umsetzung auf allen Hierarchieebenen sorgen [Kamiske 91].

Umfang und Inhalte des Qualitätsmanagements werden oft in einem Qualitätsmanagementhandbuch (früher: Qualitätssicherungshandbuch) schriftlich niedergelegt und im Rahmen eines Qualitätsmanagementsystems (früher: Qualitätssicherungssystem) angewendet (vgl. **Qualitätsmanagementsystem**, **Qualitätsmanagementhandbuch**). Als Teil des Qualitätsmanagements stellt die Qualitätspolitik, die Ziele und Absichten der obersten Unternehmensleitung sowie Verantwortungen in bezug auf Qualität ausdrückt, einen wichtigen Bestandteil der Unternehmensziele bzw. -politik dar. Bei einer Einbeziehung des gesamten Unternehmens und umfassender Ausrichtung auf diese Zielsetzungen kann eine erste Annäherung von Qualitätsmanagement (vgl. Bild 44) an die übergeordnete Strategie des Total Quality Management (TQM) erreicht werden (vgl. **Total Quality Management**). Die Festlegungen der Qualitätspolitik werden durch Qualitätsplanung, Qualitätslenkung und Qualitätssicherung/Qualitätsmanagementdarlegung (Qualitätsmanagementsystem) zur Ausführung gebracht.

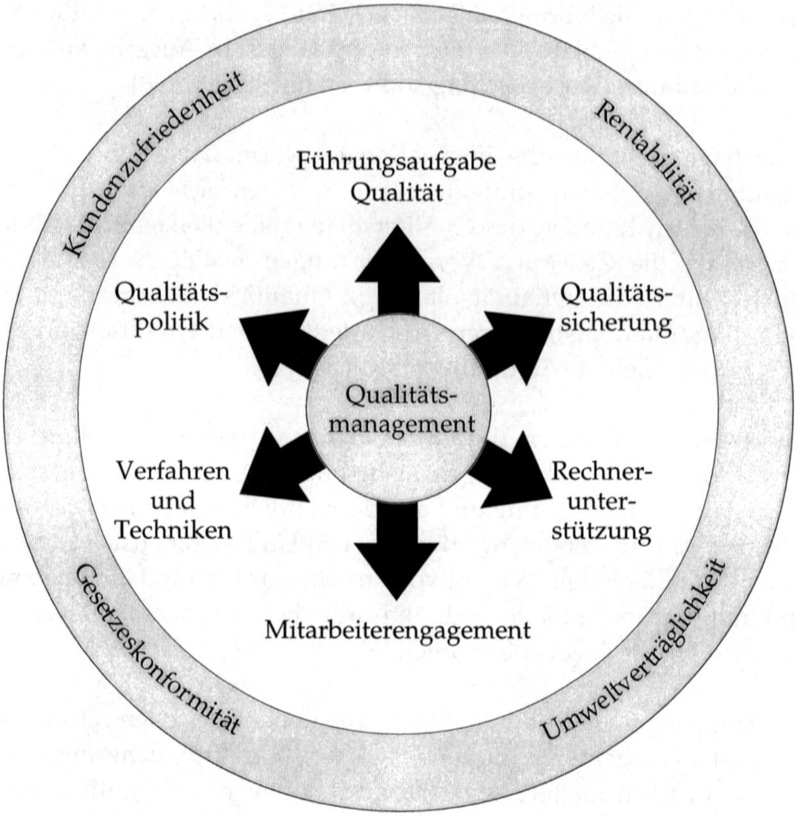

Bild 44: Ziele und Instrumente des Qualitätsmanagements

Von der Qualitätsplanung werden zunächst die einzelnen Tätigkeiten vorausschauend festgelegt. Die entsprechende Detaillierung und Umsetzung der Anforderungen sowie die notwendigen Arbeitstechniken werden dabei von der Qualitätslenkung bereitgestellt. Die Einbindung der qualitätsbezogenen Aktivitäten in die bestehende Aufbau-

und Ablauforganisation des Unternehmens ist Aufgabe der Qualitätssicherung bzw. Qualitätsmanagementdarlegung, die alle geplanten Tätigkeiten strukturiert und systematisch realisiert. Diese Einbindung in die Organisationsstruktur findet ihren Niederschlag in der Regel im Aufbau eines unternehmensweiten Qualitätsmanagementsystems. Dabei bestehen teilweise enge Wechselbeziehungen zur Qualitätslenkung [ISO 95].

Als eher übergeordneter Bestandteil des Qualitätsmanagements ist die Qualitätsverbesserung zu sehen. Dazu zählen sämtliche Maßnahmen zur Steigerung von Wirksamkeit und Wirtschaftlichkeit der Prozesse innerhalb des Unternehmens, um einen entsprechend höheren Nutzen zu erzielen - sowohl für das Unternehmen selbst als auch für die Kunden.

Die speziell mit den Aufgaben des Qualitätsmanagements befaßte organisatorische Einheit im Unternehmen wird zweckmäßigerweise mit „Qualitätswesen" bezeichnet [DIN 95], um ein Verwechseln von Tätigkeiten bzw. Inhalten mit aufbauorganisatorischen Elementen zu vermeiden.

Literaturhinweise zur Vertiefung

Pfeifer, T.:
Qualitätsmanagement.
2. Aufl., München: Carl Hanser Verlag 1996.

Pfeifer, T.:
Praxishandbuch Qualitätsmanagement.
München: Carl Hanser Verlag 1996.

Qualitätsmanagementhandbuch

Das Qualitätsmanagementhandbuch (früher: Qualitätssicherungshandbuch) ist die Dokumentation eines Qualitätsmanagementsystems und gibt gleichzeitig die grundsätzliche Einstellung des Managements sowie ihre Absichten und Maßnahmen zur Sicherung und Verbesserung der Qualität im Unternehmen wieder (vgl. **Qualitätsmanagementsystem**).

Dabei kann sich das Qualitätsmanagementhandbuch auf das gesamte Unternehmen oder nur auf einzelne Teilbereiche beziehen. Es beinhaltet grundsätzliche Aussagen über die Qualitätspolitik des Unternehmens und Regelungen über Verantwortung und Zuständigkeiten sowie Einbeziehung der Mitarbeiter. Hinzu kommt die Festlegung der organisatorischen Ausgestaltung sowie der Verfahren und Anweisungen zur Umsetzung einzelner Maßnahmen bzw. Elemente des Qualitätsmanagementsystems [DIN 94, ISO 95]. Diese Inhalte werden in verschiedenen, klar voneinander abgegrenzten Teilen des Qualitätsmanagementhandbuchs dargestellt. Es enthält einen Anhang, in dem die wichtigsten verwendeten Formblätter beigefügt werden.

Das Qualitätsmanagementhandbuch sollte sich sinnvollerweise in Aufbau und Inhalt an den einschlägigen Normen, also DIN EN ISO 9001 und 9004, orientieren. Die Herausgabe erfolgt stets von der Unternehmensleitung, und zwar in zwei Ausgaben. Zum internen Gebrauch muß das Qualitätsmanagementhandbuch ständig aktualisiert werden, insbesondere die Verfahrens-, Arbeits- und Prüfanweisungen. Es sollte jedem Mitarbeiter ständig zur Verfügung stehen. Die zweite, für externe Zwecke bestimmte Ausgabe dient der Selbstdarstellung des Unternehmens nach außen sowie zur Kundeninformation und als Werbung. Dabei ist besonders darauf zu achten, daß unternehmensspezifisches Wissen und Firmengeheimnisse auf keinen Fall veröffentlicht werden.

Darüberhinaus dient das Qualitätsmanagementhandbuch oft als Vertragsgrundlage zwischen Kunden und Lieferanten sowie als Nachweis über ein bestehendes Qualitätsmanagementsystem einschließlich Art und Inhalt der getroffenen Maßnahmen (vgl. **Qualitätsmanagementsystem**).

Qualitätsmanagementsystem

Unter einem Qualitätsmanagementsystem (früher: Qualitätssicherungssystem) versteht man die Gesamtheit der aufbau- und ablauforganisatorischen Gestaltung, sowohl zur Verknüpfung der qualitätsbezogenen Aktivitäten untereinander wie auch im Hinblick auf eine einheitliche, gezielte Planung, Umsetzung und Steuerung der Maßnahmen des Qualitätsmanagements im Unternehmen. Dabei wird nicht nur die Produktion mit ihren vor- und nachgelagerten Bereichen einbezogen, sondern das gesamte Unternehmen einschließlich der Beziehungen zu seinem Umfeld.

Es entsteht ein System vernetzter Regelkreise auf allen betrieblichen Ebenen, wodurch Ziele, Struktur, Verantwortlichkeiten, Verfahren, Prozesse und die zur Durchführung erforderlichen Mittel festgelegt werden. Das Qualitätsmanagementsystem dient somit der Strukturierung und der systematischen Umsetzung von Qualitätsaufgaben im Unternehmen. Da die Festlegung und Verwirklichung dieser Aufgaben als Bestandteil des Qualitätsmanagements angesehen werden, wurde in der DIN EN ISO 8402, ab der Ausgabe März 1992, eine Änderung der bisherigen Bezeichnung von Qualitätssicherungssystem in Qualitätsmanagementsystem vorgenommen [ISO 95] (vgl. **Qualitätsmanagement**). Diese Änderung wurde in den Normen DIN 55 350, Teil 11, und DIN EN ISO 8402 (einschließlich Beiblatt 1) in ihrer jeweils neuesten Ausgabe noch einmal bestätigt und vereinheitlicht.

Aufbau und Umfang eines Qualitätsmanagementsystems hängen von den individuellen Zielsetzungen des jeweiligen Unternehmens ab. Hinzu kommen interne und externe Einflüsse und Festlegungen, unterschiedliche Produkte, spezifische organisatorische Abläufe sowie unterschiedliche Größe der Organisation. Aus diesen Gründen kann es kein einheitliches Qualitätsmanagementsystem geben.

Eine weltweit anerkannte Rahmenempfehlung für die Ausgestaltung wird in der branchenneutralen Normenreihe DIN EN ISO 9000-9004 gegeben [DIN 94, DIN 94a, DIN 94b, DIN 94c, DIN 94d]. Diese Normenreihe wird derzeit von den zuständigen Gremien auf internationaler Ebene einer grundlegenden Überarbeitung unterzogen. Ergebnis wird voraussichtlich eine noch stärkere Prozeßorientierung und eine Verschlankung des gesamten Regelwerkes zum Qualitätsmanagement sowie zum Qualitätsmanagementsystem sein. Mit dem Erscheinen der überarbeiteten Normenreihe ist im Jahre 2000 oder 2001 zu rechnen.

In der aktuell gültigen Fassung werden inhaltlich in DIN EN ISO 9000 neben einer Erklärung der Begrifflichkeiten insbesondere die grundsätzlichen Konzepte und Charakteristika von Situationen und Anwendungen eines Qualitätsmanagementsystems sowie die Funktionen der Dokumentation beschrieben. DIN EN ISO 9000 stellt vor allem eine Anleitung zur entsprechenden Auswahl und Anwendung der sogenannten Modelle zur Qualitätssicherung/Qualitätsmanagementdarlegung (früher: Qualitätssicherungs-Nachweisstufen) dar. Diese Modelle bzw. Darlegungen sind Inhalt der Normen DIN EN ISO 9001-9003. Dort sind spezielle Anforderungen als Elemente eines Qualitätsmanagementsystems (Forderungen an die Qualitätssicherung/Qualitätsmanagementdarlegung) unter jeweils bestimmten Aspekten zusammengestellt. Dabei bezieht sich DIN EN ISO 9001 auf Design, Entwicklung, Produktion, Montage und Wartung, DIN EN ISO 9002 nur noch auf Produktion, Montage und Wartung. In DIN EN ISO 9003 wird auf die Endprüfung eingegangen. Aufgrund ihrer nationalen und internationalen Gültigkeit dienen diese Normen immer häufiger als Basis für vertragliche Vereinbarungen zwischen Kunden und Lieferanten. Als Leitfaden zum Qualitätsmanagement und den Elementen eines Qualitätsmanagementsystems stellt DIN EN ISO 9004 schließlich eine besonders wichtige Grundlage für die Gestaltung eines solchen Systems dar.

Zur Beurteilung eines Unternehmens im Hinblick auf einzelne Elemente bzw. das gesamte Qualitätsmanagementsystem kann ein Systemaudit durchgeführt werden (vgl. **Systemaudit**). Nach erfolgreichem Abschluß des Systemaudits erhält das auditierte Unternehmen ein Zertifikat, womit Existenz, Wirksamkeit und Anwendung des Qualitätsmanagementsystems entsprechend der DIN EN ISO 9000-9004 bescheinigt wird (vgl. **Zertifizierung**).

Um den sich stets verändernden Anforderungen der Praxis Rechnung zu tragen, wird die Normenreihe DIN EN ISO 9000-9004 ständig weiterentwickelt und aktualisiert. Trotzdem bestehen daneben vereinzelt unternehmensinterne Regelungen über ein Qualitätsmanagementsystem, wie seinerzeit z.B. die Q 101 der Ford Motor Company, die ebenfalls Vertragsbestandteil werden können, bzw. branchenspezifische Regelungen wie die QS-9000 der US-amerikanischen Automobilindustrie (vgl. **QS-9000**). Das in einem Unternehmen bestehende Qualitätsmanagementsystem wird in der Regel mit Hilfe eines Qualitätsmanagementhandbuches dokumentiert und kann auch bei Fragen der Produkthaftung von Nutzen sein (vgl. **Qualitätsmanagementhandbuch, Produkthaftung**).

Die wesentlichen Leistungen eines Qualitätsmanagementsystems bestehen in der Sicherstellung einer kundengerechten Entwicklung und Produktion, in der Optimierung der Übereinstimmung von Kundenanforderungen und Prozeßmerkmalen unter wirtschaftlichen Gesichtspunkten sowie in der Schaffung qualitätsfähiger Prozesse im gesamten Unternehmen [Wildemann 92]. Weiterhin stellt ein (zertifiziertes) Qualitätsmanagementsystem eine gute Basis für die Einführung eines umfassenden Qualitäts- und Führungskonzeptes im Sinne von Total Quality Management dar (vgl. **Total Quality Management**).

Literaturhinweis zur Vertiefung

Gaster, D.:
DGQ-Schrift 12-61: Aufbauorganisation des Qualitätswesens.
Hrsg.: DGQ - Deutsche Gesellschaft für Qualität.
2. Aufl., Berlin: Beuth Verlag 1995.

Qualitätsschattenpreis

Der monetäre Qualitätsschattenpreis ist eine ökonomische Maßgröße für die Qualität eines Produktes. Er enthält neben dem Kaufpreis im wesentlichen die Versicherungs- und Betriebsmittelkosten sowie die recyclingbezogenen Kosten. Es handelt sich also um die Summe derjenigen Kosten, deren Höhe in direktem Zusammenhang mit technischen Qualitätsmerkmalen des betrachteten Produktes steht. Die unterschiedliche Erfüllung von Qualitätsanforderungen führt also zu einem Vergleichsmaßstab, der mehrere Faktoren ins Kalkül zieht und dadurch wesentlich aussagefähiger ist als z.B. ein Vergleich auf der Basis der Anschaffungspreise alleine. Auf diese Weise kann Qualität bei gleichen oder ähnlichen Produkten als Differenzierungsmerkmal angegeben werden. Problematisch ist dabei, daß der Qualitätsschattenpreis exakt erst nach einer längeren Benutzung der Produkte ermittelt werden kann [Genth 81]. Hier besteht eine große Ähnlichkeit zu den sogenannten Life Cycle Costs. Im Entwicklungsstadium ist man auf Hochrechnungen auf Basis von Vorgängermodellen angewiesen. Auch die Verwandtschaft zu den Überlegungen von Taguchi ist unübersehbar (vgl. **Taguchi**).

Qualitätstechniken

Der Begriff der Qualitätstechniken wird weder in der internationalen Begriffsnorm DIN EN ISO 8402 definiert noch in der Literatur einheitlich benutzt. Aus der Anwendung in der betrieblichen Praxis lassen sich jedoch unter Qualitätstechniken diejenigen Instrumente und Methoden des Qualitätsmanagements verstehen, die zum Lösen spezifischer Probleme auf verschiedenen Ebenen im Unternehmen eingesetzt werden können [Gogoll/Theden 94].

Qualitätstechniken zeichnen sich durch strukturiertes, systematisches Vorgehen zur Verringerung der Komplexität aus und unterstützen die operative Umsetzung des Qualitätsmanagements (vgl. **Qualitätsmanagement**). Dabei sind hinsichtlich des Begriffsinhalts zwei Aspekte zu unterscheiden:

- Auf der prozeduralen Ebene erfolgt die Betrachtung der angewendeten Vorgehensweise, also der Methoden (Untersuchungsmethode, planmäßiges Vorgehen) bzw. Verfahren (bestimmte Herangehensweise, Prozeß).

- Auf der instrumentalen Ebene stehen die eingesetzten Mittel, also die Instrumente (Mittel, Geräte, Werkzeuge) bzw. Werkzeuge (handwerkliche Geräte) im Vordergrund.

Somit sind Qualitätstechniken ein Oberbegriff für die Gesamtheit der Methoden (= Verfahren) und Instrumente (= Werkzeuge), die auf dem Gebiet des Qualitätsmanagements eingesetzt werden. Eine eindeutige Trennung von Methoden und Instrumenten erscheint jedoch nicht immer möglich, gelegentlich werden diese beiden Begriffe auch synonym verwendet.

Bild 45: Abgrenzung von Qualitätstechniken

Die praktische Anwendung in Unternehmen bezieht sich häufig nicht nur auf die eigentlichen Qualitätstechniken, sondern auch auf organisatorische Maßnahmen, z.B. Qualitätszirkel, oder Techniken, die nicht speziell für das Qualitätsmanagement entwickelt wurden, beispielsweise Wertanalyse (vgl. **Qualitätszirkel, Wertanalyse**). Zur genaueren Abgrenzung lassen sich qualitätsunterstützende Tätigkeiten, Qualitätstechniken im engeren Sinne sowie Qualitätstechniken im weiteren Sinne (Hilfstechniken) unterscheiden (vgl. Bild 45) [Gogoll/Theden 94].

Bei den Qualitätstechniken im engeren Sinne handelt es sich um unterschiedlich komplexe Methoden. Ihre Durchführung setzt intensive Schulungen des ausführenden Personals voraus und verlangt teilweise spezielle Kenntnisse aus anderen Bereichen, z.B. der Statistik. Qualitätstechniken im engeren Sinne sind:

- Quality Function Deployment (vgl. **Quality Function Deployment),**
- Fehlermöglichkeits- und -einflußanalyse/Failure-Mode-and-Effects Analysis (vgl. **Fehlermöglichkeits- und -einflußanalyse**),
- Versuchsplanung nach Taguchi und Shainin/Design of Experiments (vgl. **Versuchsplanung**),
- Statistische Prozeßregelung/Statistical Process Control (vgl. **Statistische Prozeßregelung**),
- Elementare Qualitätswerkzeuge/Tools of Quality (vgl. **Qualitätswerkzeuge**),
- Managementwerkzeuge (vgl. **Managementwerkzeuge**).

Die einzelnen Qualtätstechniken wurden zum Lösen spezieller Aufgaben in bestimmten Phasen des Produktentstehungsprozesses entwickelt (vgl. **Simultaneous Engineering und Quality Engineering**). Obwohl ihr Einsatzgebiet nicht auf diese jeweiligen Phasen beschränkt ist, werden einzelne Abschnitte der Produktentstehung doch besonders wirkungsvoll unterstützt. Unter Zugrundelegung ihrer jeweils typischen Anwendungsgebiete kann eine aufeinander aufbauende Einsatzfolge der Qualitätstechniken im engeren Sinne abgeleitet werden (vgl. Bild 46) [Theden 97].

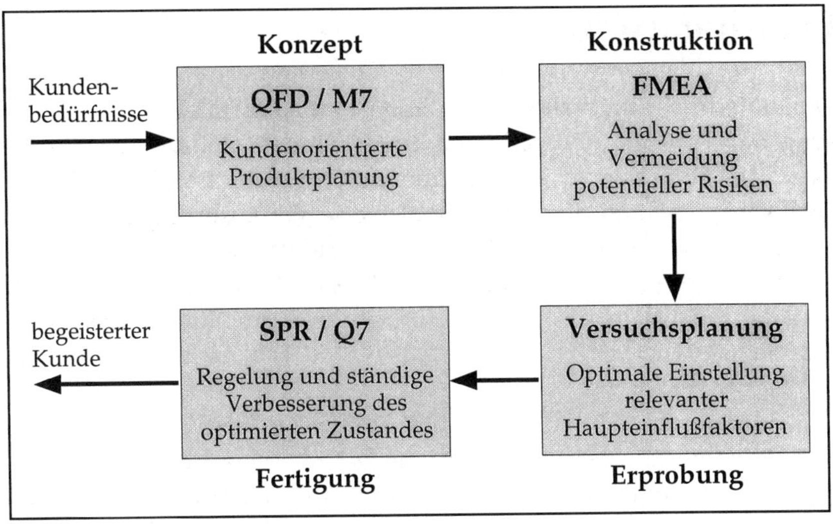

Bild 46: Einsatzfolge der Qualitätstechniken

Der Einsatz von Qualitätstechniken führt zu einer verbesserten Gestaltung von Abläufen und unterstützt die gezielte Problemlösung in allen betrieblichen Bereichen. Dabei beschränkt sich das Einsatzgebiet von Qualitätstechniken nicht auf eine spezielle Branche, sondern es werden sowohl produzierenden Unternehmen als auch Dienstleistern erhebliche Nutzenpotentiale eröffnet. Ebenso lassen sich Qualitätstechniken in angepaßter Form im Rahmen des Umweltmanagements anwenden (vgl. **Umweltmanagement**).

Literaturhinweis zur Vertiefung

Theden, P.; Colsman, H.:
Qualitätstechniken.
In: Kamiske, G. F. (Hrsg.): Reihe PocketPower.
2. Aufl., München: Carl Hanser Verlag 1997.

Qualitätstreiber

Qualitätstreiber sind alle Maßnahmen und Aktivitäten zur Verbesserung der Produkt-, Prozeß- und Unternehmensqualität [Wolter 97]. Das Spektrum der zu implementierenden Qualitätstreiber ist demnach sehr weit und umfaßt beispielsweise Verbesserungen durch die Mitarbeiter während ihrer täglichen Arbeit. Ebenso gehören Projekte mit Zulieferern zur Verbesserung der Prozeßqualität sowie Maßnahmen der Öffentlichkeitsarbeit zur Darstellung der Unternehmensqualität dazu.

Das gemeinsame Ziel aller Qualitätstreiber ist letztlich das Erhöhen der Rentabilität über das Zusammenwirken verschiedenster Maßnahmen des Total Quality Management zur Steuerung der kritischen Erfolgsfaktoren des Unternehmens (vgl. **Total Quality Management**). Die Qualitätstreiber setzen direkt an den kritischen Erfolgsfaktoren an, d.h. an den direkt beeinflußbaren Parametern. Deren erfolgreiche Steuerung schlägt sich wiederum in den Ergebnisgrößen nieder. Eine Beurteilung nicht nur der Ergebnisgrößen, sondern auch der Wirkungen von Qualitätstreibern ist mit nichtfinanziellen und finanziellen Kennzahlen möglich. Dabei zeigen die nichtfinanziellen Qualitätskennzahlen die Wirkungen von Qualitätstreibern schon frühzeitig an, weil sie den finanziellen Kennzahlen der Werteebene vorgelagert sind (vgl. Bild 47). Somit läßt sich eine Wirkungskette von den einzelnen Qualitätstreibern bis hin zur Rentabilität darstellen. Diese für jedes Unternehmen individuelle Wirkungskette kann mit Hilfe von Nutzeffektketten sowie Relationendiagrammen dargestellt werden [Theden/Colsman 97] (vgl. **Managementwerkzeuge**).

Einen umfassenden und strukturierten Überblick über mögliche Qualitätstreiber gibt das Berliner TQM-Umsetzungsmodell mit seinen Modulen und Arbeitspaketen [Radtke 98] (vgl. **Berliner TQM-Umsetzungsmodell**). Entscheidend für die richtig Auswahl der dort aufgeführten Qualitätstreiber ist neben der Ausrichtung an den individuellen strategischen Erfolgsfaktoren der von Unternehmen bereits erreichte Entwicklungsstand auf dem Weg zu TQM [Malorny 99].

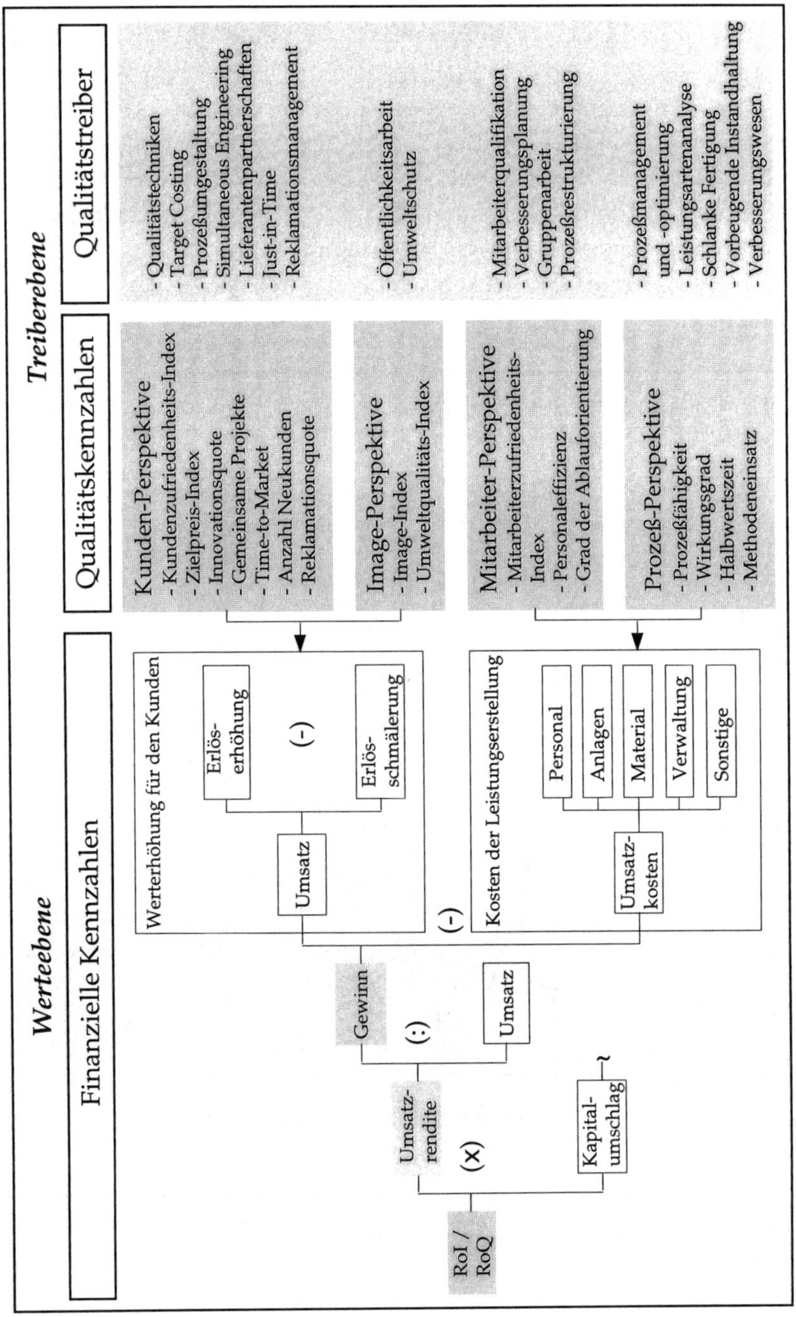

Bild 47: Qualitätstreiber und -kennzahlen

Qualitäts-Trilogie/Juran-Trilogie

Die Qualitäts-Trilogie ist ein systematischer, kontinuierlicher Prozeß zur Qualitätsverbesserung, der in drei Stufen erfolgt und sich ständig wiederholt. Diese Vorgehensweise wurde von dem Amerikaner Juran im Hinblick auf sein Ziel „Managing for Quality" entwickelt und kann als management-orientierte Unternehmensphilosophie betrachtet werden (vgl. **Juran**). Sie wird auch als Juran-Trilogie (Juran Trilogy) bezeichnet.

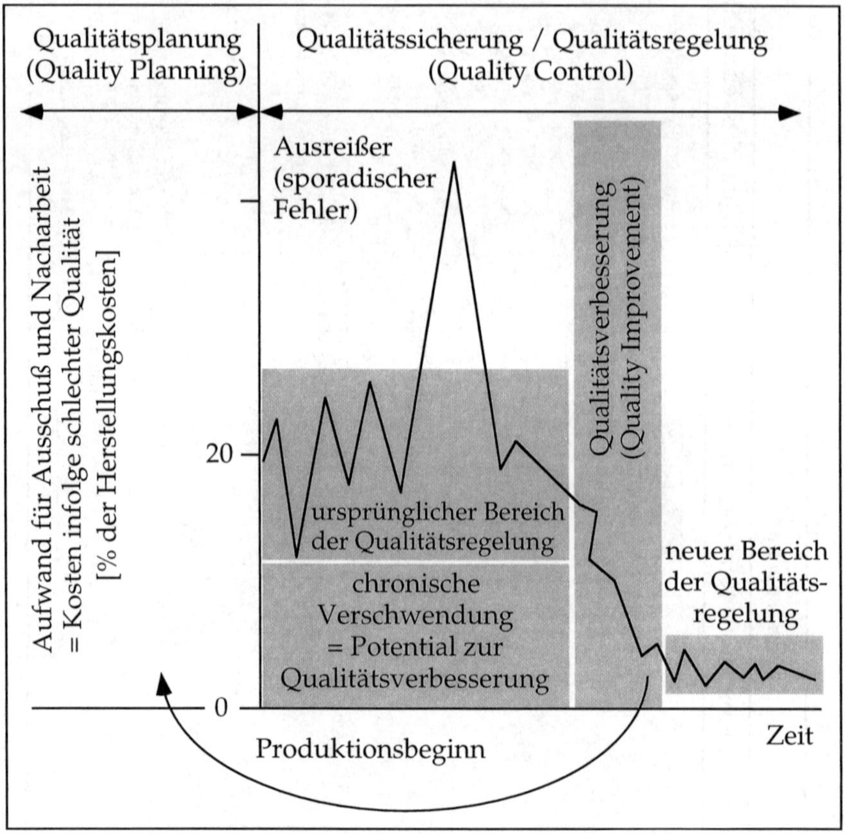

Bild 48: Qualitäts-Trilogie nach Juran

Die drei Schritte (Einzelprozesse) der Trilogie werden von Juran als Managementprozesse angesehen. Sie bestehen aus der Qualitätsplanung, der Qualitätsregelung (Implementierung und Absicherung) sowie der eigentlichen Qualitätsverbesserung (vgl. Bild 48) [Juran 64, Juran 92]. Ein Vergleich mit Demings Prinzip der Ständigen Verbesserung drängt sich hier geradezu auf, zumal Juran und Deming mit ihren Unternehmensphilosophien beide zu fast den gleichen Schlußfolgerungen gelangen (vgl. **Deming, Ständige Verbesserung**).

Die Qualitäts-Trilogie ist ähnlich dem Deming-Zyklus in einer mehrstufigen Vorgehensweise angelegt (vgl. **Deming-Zyklus**). Auch hier tauchen die Schritte Planung und Aktivität (im Sinne einer Verbesserung) auf. Die Anwendung erfolgt jeweils bezogen auf einzelne Projekte bzw. Prozesse, wird Projekt für Projekt wiederholt und mündet schließlich in einer Prozeßverbesserung (Breakthrough). Dieses Schema einer sich wiederholenden Vorgehensweise und Verbesserung ist nach Juran ein Grundbaustein der Umsetzung seiner Philosophie. Besonders betont wird dabei die Rolle der Qualitätsplanung, die als grundlegende Aufgabe die Entwicklung von Produkten und Prozessen zur Erfüllung der Kundenwünsche beinhaltet. Sie nimmt somit maßgeblichen Einfluß auf die Festlegung und spätere Erreichung von Qualitätszielen, die vorausschauende Vermeidung von Fehlern schon im Planungsstadium und damit die Senkung von Kosten durch Vermeidung von Verschwendung [Juran 93].

Ein Fertigungsprozeß beginnt nach Juran in der Regel mit der Ausnutzung oder Überschreitung einer Toleranz bzw. mit einer Fehlerquote. Diese Anfangsfehlerquote wird als eingeplant angesehen, da sie in der Fertigungsplanung nicht ausdrücklich vorhergesehen und vermieden wurde. Damit wurden aber auch automatisch alle Folgen aus dieser Anfangsfehlerquote mit eingeplant, wie z.B. höhere Fertigungskapazitäten sowie höherer Aufwand für Nacharbeit und Prüfung. Dieser zusätzliche Aufwand wird von Juran als chronische Verschwendung (Chronic Waste) bezeichnet und fällt oft in einer Größenordnung von 20% an. Dies stellt aber gleichzeitig das Verbesserungspotential dar, welches ausgeschöpft werden kann. Dafür ist der zusätzlich betriebene Aufwand durch Managementmaßnahmen zu verringern, indem die Anlaufkurve des Fertigungsprozesses stabilisiert, also von Toleranzüberschreitungen und überhöhten Fehlerquoten befreit wird. Ziel ist hierbei ein vorhersehbarer Anlauf der Fertigung bei gleichzeitiger Vermeidung der chronischen Verschwendung. Ist dies erreicht, treten lediglich noch sporadische Fehler auf.

Damit ist jedoch noch keine Verbesserung im Sinne Jurans erreicht, sondern erst die Fertigung von einer unnötigerweise eingeplanten Fehlerquote befreit. Im eigentlichen Vorgang der Qualitätsverbesserung, der dritten Stufe der Trilogie, sind dann natürlich auch noch die sporadisch auftretenden Fehler zu beseitigen. Dies geschieht durch die Änderung der Prozeßparameter im Rahmen einer methodischen Versuchsplanung (Design of Experiments, DoE) und wird im Rahmen der Statistischen Prozeßregelung (SPR, Statistical Process Control, SPC) mit Hilfe von Prozeßfähigkeitsindizes bzw. Fehlerraten beschrieben [Kirstein 88, Juran 64, Juran 92] (vgl. **Statistische Prozeßregelung, Versuchsplanung**).

Literaturhinweise zur Vertiefung

Juran, J. M.:
Managerial Breakthrough.
New York/NY/USA: McGraw-Hill Book Company 1964.

Juran, J. M.:
Upper Management and Quality.
New York/NY/USA: McGraw-Hill Book Company 1982.

Juran, J. M.:
Quality Control Handbook.
4. Aufl., New York/NY/USA: McGraw-Hill Book Company 1988.

Juran, J. M.:
Juran on Planning for Quality.
New York/NY/USA: The Free Press 1988.

Juran, J. M.; Gryna, F. M.:
Quality-Planning and Analysis.
2. Aufl., New York/NY/USA: McGraw-Hill Book Company 1980.

Juran, J. M.:
Juran on Quality by Design.
New York/NY/USA: The Free Press 1992.

Qualitätsverlustfunktion/Quality Loss Function (QLF)

Die Qualitätsverlustfunktion ist mathematische Darstellung und theoretische Grundlage der Qualitätsphilosophie des Japaners Taguchi, wie er sie in seinen Arbeiten über Design of Experiments (DoE, Versuchsplanung) beschreibt (vgl. **Taguchi**, **Versuchsplanung**). Danach wird derjenige volkswirtschaftliche Verlust (Verlust für die Gesellschaft), der entsteht, wenn ein ausgeliefertes Produkt seine Funktion nicht wie vom Kunden gewünscht erfüllt und bei der Benutzung schädliche Nebeneffekte auftreten, als Maß für die Qualität angesehen (vgl. **Qualitätsbegriff**). Damit sind z.B. Probleme bei der Fertigung, unzufriedene Kunden, erhöhte Wartungskosten oder größerer Verschleiß gemeint.

Dieser sogenannte Qualitätsverlust wird in seiner gesamtwirtschaftlich-gesellschaftsbezogenen Sichtweise durch die von Taguchi definierte Qualitätsverlustfunktion beschrieben. Deren beste Approximation ist eine stetige quadratische, also parabolische Funktion eines qualitätsbestimmenden Merkmals, die ihr Minimum im Zielwert erreicht. Sie stellt die Abweichung des charakteristischen Qualitätsmerkmals von ihrem Zielwert dar. Diese Abweichung wird außerdem in eine einfache Kostenrechnung transformiert [Taguchi/Clausing 90]. Dabei ist $L(y)$ der monetär gemessene Qualitätsverlust und k der Koeffizient für diejenigen Kosten, die bei zielgenauer Fertigung anfallen würden. Die Abweichung wird durch das Quadrat der Differenz aus dem Qualitätsmerkmal y und dem Zielwert T angegeben [Taguchi/Clausing 90, Brunner 89].

$$\boxed{\textit{Qualitätsverlust} \quad L(y) = k(y-T)^2}$$

Entsprechend dieser Funktion ist der Qualitätsverlust, also die mit Kosten bewertete Abweichung vom Zielwert, nur dann Null, wenn der Istwert des Qualitätsmerkmals mit dem Sollwert übereinstimmt. Je weiter Istwert und Sollwert auseinanderliegen, desto größer wird der Qualitätsverlust.

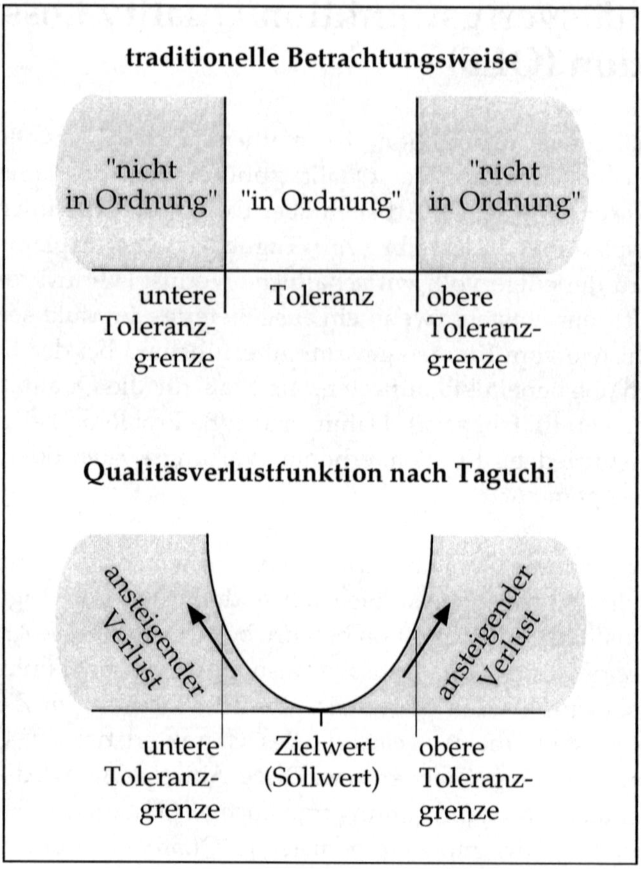

Bild 49: Qualitätsverlustfunktion nach Taguchi

Diese Sichtweise drückt eine völlige Abkehr von der normalerweise vorherrschenden Denkweise in Toleranzbereichen aus. Nach traditioneller Ansicht sind alle Ergebnisse (Istwerte), die innerhalb eines vorgegebenen Toleranzfeldes liegen, qualitativ gleichwertig und damit ohne Unterschied als gut anzusehen [Sondermann/Leist 89]. Nach

Taguchi und der Qualitätsverlustfunktion ist hingegen jede Abweichung vom Zielwert bereits ein Verlust, selbst wenn diese Abweichung noch innerhalb der Toleranz liegt (vgl. Bild 49).

Taguchi unterscheidet insgesamt vier Typen von charakteristischen Qualitätsmerkmalen mit den dazugehörigen quadratischen Verlustfunktionen. Die in der Produktion wohl am häufigsten anzuwendende ist in Bild 49 wiedergegeben und beschreibt den Sollwert als Bestwert. Darüber hinaus kann auch Null als Bestwert anzusehen sein (z.B. bei Wärmeausdehnung) oder auch der kleinste (z.B. Antwortzeit eines Computers) bzw. der größte Wert (z.B. Lebensdauer).

Qualität entsteht also nach Taguchi nicht allein schon durch die Einhaltung von Toleranzen. Vielmehr ist die Übereinstimmung des Mittelwertes aller Werte eines funktionsbestimmenden Qualitätsmerkmals mit dem Sollwert bei gleichzeitig minimaler Streuung erforderlich. Als Qualitätsmaßstab führte Taguchi das sogenannte Signal-Rauschverhältnis (Signal-to-Noise Ratio, S/N) ein, das aus dem durchschnittlichen Qualitätsverlust Q abgeleitet wird. Dabei ist Q der Mittelwert aller einzelnen Qualitätsverluste $L(y)$ der Teile eines Fertigungsloses, die wiederum mit der quadratischen Qualitätsverlustfunktion ermittelt werden (vgl. **Versuchsplanung nach Taguchi**).

Um höchste Qualität zu erzielen, also den Qualitätsverlust als Abweichung vom Zielwert m zu minimieren, ist nach Taguchi ein beherrschter und optimierter Produktionsprozeß (Robust Design) nötig, der unempfindlich ist gegenüber den qualitätsmindernden Störeinflüssen der Umwelt. Ausgangspunkt dafür ist der nichtlineare Zusammenhang (Prozeßcharakteristik) zwischen dem Qualitätsmerkmal y des betrachteten Prozesses sowie den Prozeßparametern (Steuergröße z und Störgrößen). Diese Nichtlinearität wird ausgenutzt, um die Werte der Steuergröße z so einzustellen, daß die Störgrößen nur eine minimale Abweichung des Qualitätsmerkmals y von seinem Zielwert m verursachen.

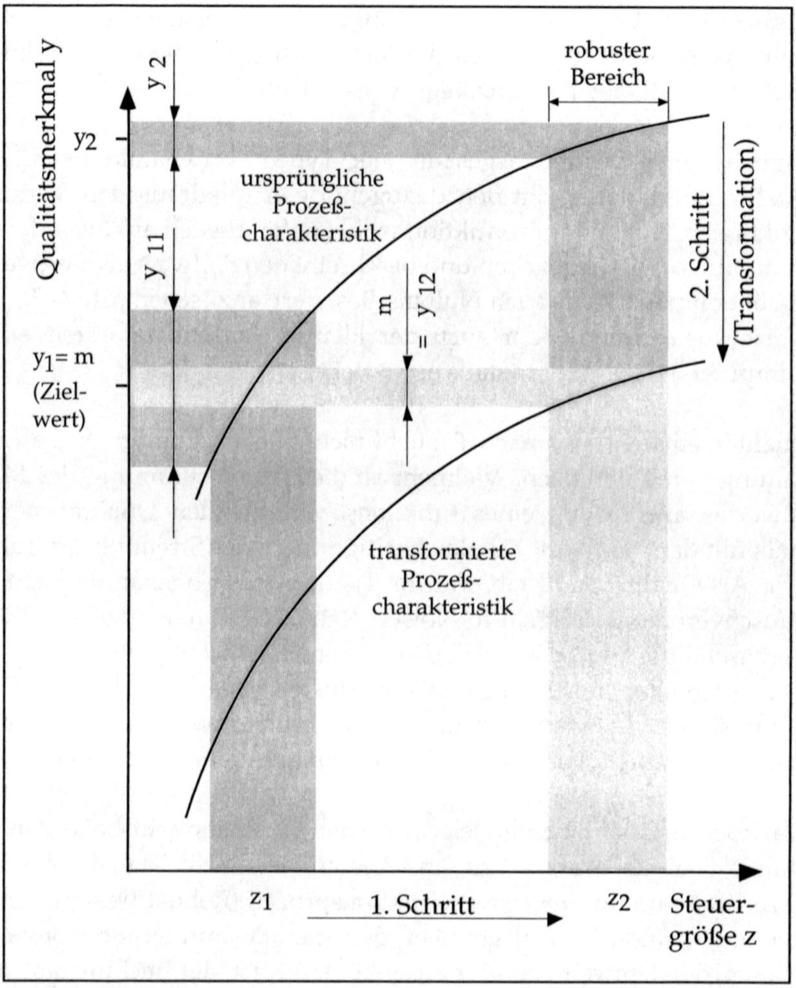

Bild 50: Robust Design

Diese Einstellung erfolgt in der Regel in zwei Schritten (vgl. Bild 50). Zunächst wird im 1. Schritt von einem Qualitätsmarkmal y_1 ausgegangen, welches mit dem Zielwert m übereinstimmt, aber bei der bestehenden Einstellung der Steuergröße z_1 hohen Schwankungen unterworfen ist (Δy_{11}). Mit Hilfe der Prozeßcharakteristik nun wird eine Einstellung der Steuergröße z_2 ermittelt, die bei hohen möglichen Schwankungen nur geringe Abweichungen des Qualitätsmerkmals zuläßt. Die veränderte Einstellung der Steuergröße führt zu einer neuen Ausprägung des Qualitätsmerkmals (y_2). Deshalb wird nun in einem 2. Schritt die gefundene Einstellung durch eine Transformation der Prozeßcharakteristik auf das ursprüngliche Qualitätsmerkmal y_1 (= Zielwert m) übertragen. Dieses unterliegt jetzt nur noch einer Schwankung von Δy_{12} (= Δm). Damit ist das Qualitätsmerkmal y robust gegenüber Störgrößen, was nach Taguchi als gleichbedeutend mit hoher Qualität anzusehen ist.

Ein robuster Prozeß wird erreicht über die Schritte System Design, Parameter Design und Tolerance Design mit Hilfe der Versuchsplanung nach Taguchi, wobei Parameter Design das Kernstück darstellt (vgl. **Versuchsplanung nach Taguchi**). Diese drei Schritte werden von Taguchi auch als Off-Line Quality Control bezeichnet und sind im Gegensatz zur On-Line Quality Control bereits vor Produktionsbeginn einzusetzen.

Qualitätssichernde Maßnahmen sind am schnellsten, wirkungsvollsten und damit auch am kostengünstigsten während der Konstruktion bzw. Produktentwicklung und der Prozeßplanung zu treffen, da in dieser Phase die erste und einflußreichste Festlegung von Qualitätsmerkmalen erfolgt. Somit liegt hier auch im Sinne einer vorausschauenden Fehlervermeidung das größte Potential, um Produkte und Prozesse robust zu gestalten und damit die Qualität zu verbessern sowie die Kosten zu senken (vgl. **Simultaneous Engineering und Quality Engineering**). Qualitätsverbesserung und gleichzeitige Kostensenkung sind die ausdrücklichen Ziele von Taguchis Qualitätsphilosophie.

Literaturhinweise zur Vertiefung

Taguchi, G.:
System of Experimental Design, Vol. I und II.
Dearborn/Mich./USA: American Supplier Institute Press 1987.

Taguchi, G.; Wu, Y.:
Introduction to Off-Line Quality Control.
Nagaya/Japan: Central Japan Quality Control Association 1985.

Taguchi, G.:
Introduction to Quality Engineering.
Tokyo/Japan: Asian Productivity Organization 1986.

Phadke, M. S.:
Quality Engineering using Robust Design.
Englewood Cliff/NJ/USA: Prentice Hall 1989.

Wu, Y.; Moore, W. H.:
Quality Engineering, Product and Process Optimisation.
Dearborn/Mich./USA: American Supplier Institute Press 1986.

Qualitätswerkzeuge/Tools of Quality (Q7)

Die Qualitätswerkzeuge (Tools of Quality) werden oft auch als „Elementare Werkzeuge der Qualitätssicherung" oder als „Sieben Qualitätswerkzeuge", kurz „Q7", bezeichnet. Sie wurden von dem Japaner Ishikawa, der auch das Ursache-Wirkungs-Diagramm als eines dieser Werkzeuge entwickelte, ursprünglich zur Anwendung in den Qualitätszirkeln zusammengestellt (vgl. **Ishikawa, Qualitätszirkel**).

Die sieben elementaren Qualitätswerkzeuge

FEHLERSAMMELLISTE

HISTOGRAMM (SÄULENDIAGRAMM)

QUALITÄTSREGELKARTE

PARETO-DIAGRAMM

KORRELATIONSDIAGRAMM (STREUDIAGRAMM)

BRAINSTORMING

URSACHE-WIRKUNGS-DIAGRAMM (ISHIKAWA-DIAGRAMM)

Die Qualitätswerkzeuge sind visuelle Hilfsmittel, um Probleme zu erkennen, zu verstehen und zu lösen. Sie basieren meist auf mathematisch-statistischen Grundlagen, die speziell für die Anwendung im Werkstattbereich aufbereitet wurden, ohne die Regeln der Statistik zu verletzen. Ihre Anwendung ist besonders wirkungsvoll, da sie schon mit einfachen Methoden viele auftretende Probleme lösen können.

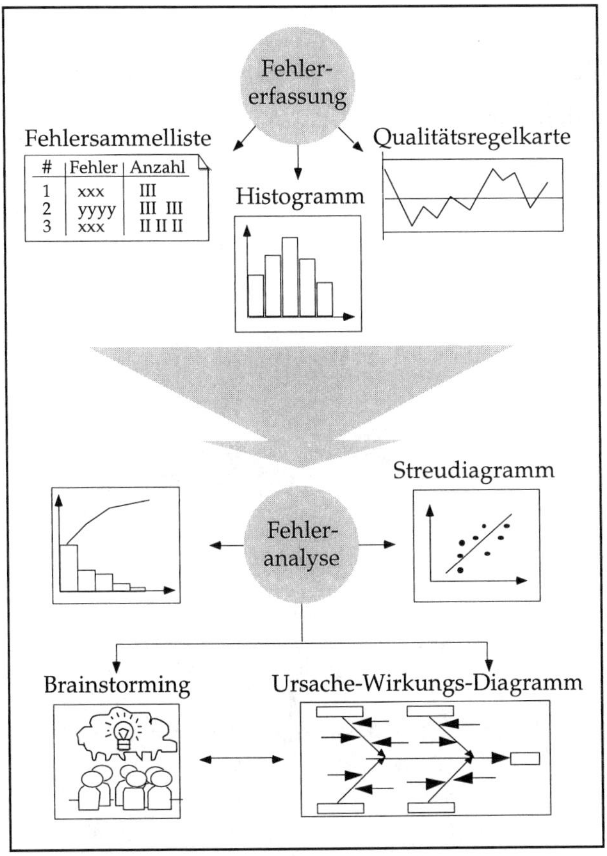

Bild 51: Zusammenwirken der Qualitätswerkzeuge

Als die grundlegenden Funktionen der Qualitätswerkzeuge können angesehen werden (Bild 51) [Theden/Colsman 97]:

- Feststellen von Problemen (Fehlererfassung).

- Eingrenzen von Problemgebieten.
- Bewerten von Faktoren, die die Ursache des Problems zu seien scheinen (Fehleranalyse).
- Feststellen, ob die angenommenen Fehlerursachen zutreffen oder nicht.
- Verhindern von Fehlern, die durch Versäumnis, Hast oder Unachtsamkeit entstehen.
- Bestätigen der Wirkung von Verbesserungen.
- Feststellen von Ausreißern.

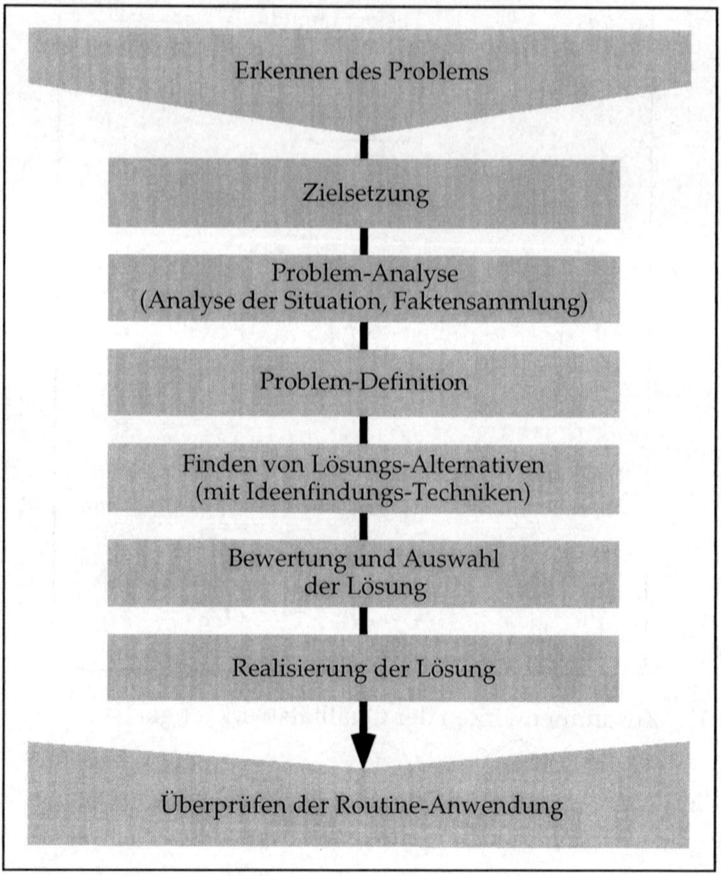

Bild 52: Allgemeiner Ablauf einer Problemlösung

Unverzichtbare Voraussetzung zur effektiven Anwendung der Qualitätswerkzeuge ist allerdings eine geplante Vorgehensweise. Sie trägt in wesentlichem Maße zum Erfolg des schließlich eingesetzten Werkzeuges bei und kann auch als allgemeiner Ablauf einer Problemlösung angesehen werden (vgl. Bild 52). Die Anwendung der elementaren Werkzeuge erlaubt den Mitgliedern der Qualitätszirkel auch dann eine systematische Vorgehensweise, wenn sie sich aus Werkern und Werkerinnen zusammensetzen, die seit vielen Jahren ein schulungsmäßiges Vorgehen nicht mehr geübt haben.

Im folgenden werden die oben in der Übersicht genannten Qualitätswerkzeuge einzeln vorgestellt.

Fehlersammelliste

Die Fehlersammelliste (Check Sheet) ist eine einfache Methode zur rationellen Erfassung und übersichtlichen Darstellung attributiver Daten (Fehler) nach Art und Anzahl. Zur weiteren Auswertung der Daten stehen verschiedene Möglichkeiten zur Verfügung, beispielsweise das Pareto-Diagramm, welches auf der Basis von Fehlersammellisten erstellt wird (vgl. **Pareto-Diagramm**).

Nr.	Fehlerart	Anzahl
1	Kratzer	III
2	Beule	IIII
3	Korrosion	𝍸 IIII
4	fehlendes Teil	IIII
5	Montagefehler	III
6	Lackfehler	𝍸 IIII
7	Sonstiges	II

Bild 53: Beispiel für eine Fehlersammelliste

Die zu erfassenden Fehler bzw. Fehlerarten (Kategorien) sollten vorher überwiegend bekannt sein und in einer Tabelle oder einem Zählblatt aufgeführt werden, wobei zusätzlich noch eine Zeile für unvorhergesehene Fehler (z.B. „Sonstiges") einzufügen ist, um die Erfassung neu aufgetretener Fehler zu erleichtern. Um die Übersichtlichkeit zu wahren, sollten nicht zu viele Kategorien erfaßt werden, verwandte Fehlerarten können in einer Kategorie gemeinsam aufgeführt werden. Aus dem gleichen Grunde werden Häufigkeiten mit einem Wert kleiner als zwei der Kategorie „Sonstiges" zugeschlagen (vgl. Bild 53). Bei der Anwendung von Fehlersammellisten kann allerdings weder die zeitliche Abfolge der Daten noch die Ursache der Entstehung miterfaßt werden. Auch eine Rückmeldung der Ergebnisse an die verursachende Stelle ist in der Regel nicht vorgesehen.

Präzise Informationen (Antworten auf Fragen) und gesicherte Daten (Fakten) stellen die Grundlage jeder weiteren Analyse dar. Sie sind Voraussetzung für die erfolgreiche Durchführung daraus abgeleiteter Maßnahmen. Der Datengewinnung kommt deshalb eine entscheidende Bedeutung zu. Sie muß als wichtiger Prozeß betrachtet, verstanden und entsprechend verbessert werden. Bei der Datensammlung sind einige wichtige Punkte zu beachten:

- Exakte Formulierung von Fragen.
- Sammlung der tatsächlich benötigten Daten.
- Einrichtung umfassender Datensammlungspunkte an Stellen, wo der Arbeitsablauf möglichst wenig beeinträchtigt wird, aber dennoch aussagekräftige und verläßliche Daten verfügbar sind.
- Unvoreingenommene Erhebung mit leichtem Zugang zu den benötigten Fakten.
- Verständnis für das Erhebungspersonal und seine Situation.
- Unkomplizierte Erhebungsunterlagen.
- Gebrauchsanweisungen für die Erhebungsformulare.
- Überprüfung der Erhebungsformulare und der Gebrauchsanweisungen vor dem Einsatz.

- Schulung des Erhebungspersonals unter Hinweis auf die Bedeutung von vollständigem und unvoreingenommenem Datenmaterial.
- Überwachung des Datensammlungsprozesses und Bewertung der Ergebnisse.

Histogramm/Säulendiagramm

Das Histogramm ist ein Säulendiagramm (Treppenpolygon), das auch in der Statistik benutzt wird, um die Häufigkeitsverteilung klassierter Daten graphisch darzustellen. Es besteht aus Rechtecken (Säulen), die über den einzelnen Klassen (Intervallen) so errichtet werden, daß die Säulenfläche proportional zur jeweiligen Klassenhäufigkeit ist. Es gilt das Prinzip der Flächentreue und die Annahme der Gleichverteilung innerhalb der Klassen. Eine Proportionalität der Klassenhäufigkeit zur Länge der Säulen liegt nur bei gleicher Klassenbreite vor.

Zweckmäßigerweise werden bei der Darstellung der absoluten Klassenhäufigkeiten h_j aus dem Stichprobenumfang n im Histogramm die Empfehlungen aus DIN 55 302 berücksichtigt, die 10 Klassen bei n = 100, 13 Klassen bei n = 1000 und 16 Klassen bei n = 10.000 vorschlägt. Die folgenden Formeln sind als Näherung zu betrachten:

$$\text{Anzahl der Klassen} \quad k \approx \sqrt{n} \quad \text{bei } n \leq 250$$

$$\text{Anzahl der Klassen} \quad k \approx 10 \log n \quad \text{bei } n > 250$$

Die Anzahl der Klassen k sollte mindestens 5, höchstens aber 25 betragen. Dabei ist zu beachten, daß zu wenige Klassen nur ein grobes, zu viele Klassen hingegen ein breites und unübersichtliches Verteilungsbild ergeben. Die Klassenbreite b_j ergibt sich aus der Spannweite R und der Anzahl der Klassen k:

$$\text{Spannweite} \quad R = x_{max} - x_{min}$$

$$\text{Klassenbreite} \quad b_j = \frac{R}{k}$$

Das Ergebnis dient jedoch nur als Anhaltswert. Es sind stets glatte Klasseneinteilungen anzustreben, leere Klassen sind zu vermeiden.

Stichprobe $n = 100$ Meßwerte

Spannweite $R = x_{max} - x_{min} = 53 - 48 = 5$

Anzahl der Klassen $k = \sqrt{n} = \sqrt{100} = 10$

Klassenbreite $b = \frac{R}{k} = \frac{5}{10} = 0{,}5$

Klasse von ... bis unter ...	Klassen-häufigkeit
48,0 - 48,5	2
48,5 - 49,0	6
49,0 - 49,5	8
49,5 - 50,0	10
50,0 - 50,5	16
50,5 - 51,0	22
51,0 - 51,5	14
51,1 - 52,0	10
52,0 - 52,5	8
52,5 - 53,0	4

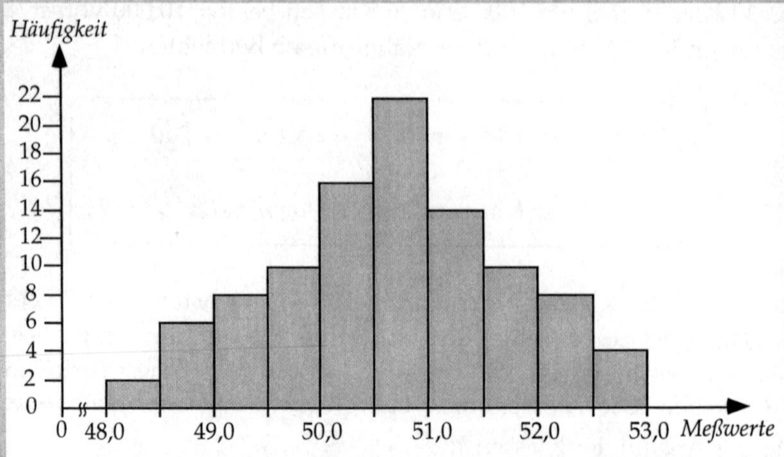

Bild 54: Beispiel für ein Histogramm

Das eigentliche Histogramm entsteht, indem auf der Abszisse die Merkmalswerte in ihrer berechneten Klassenbreite und auf der Ordinate die zugehörigen absoluten Klassenhäufigkeiten abgetragen werden (vgl. Bild 54). Anschließend wird über jeder Klasse ein Rechteck in Höhe der Häufigkeitswerte erstellt. Bei Bedarf können nun auch Zielwert sowie obere und untere Toleranzgrenze eingetragen werden. Anhand des fertigen Histogramms läßt sich erkennen, ob sich die gemessenen Werte innerhalb der Toleranzgrenzen befinden und in welchem Bereich bzw. welcher Klasse die meisten Meßwerte liegen.

Qualitätsregelkarte

Die Qualitätsregelkarte (Control Chart) stellt allgemein eine Methode zur Überwachung von Fertigungsprozessen auf statistischer Basis dar und findet Anwendung im Rahmen der Statistischen Prozeßregelung (SPR, Statistical Process Control, SPC) (vgl. **Statistische Prozeßregelung**). Dazu werden Daten, die bei der Prüfung von Stichproben aus einem Fertigungsprozeß ermittelt wurden, in ein Formblatt mit Koordinatensystem eingetragen (vgl. **Stichprobenprüfung**). Bei den Daten handelt es sich um Meßwerte oder daraus errechnete Kennzahlen, die in Verbindung mit vorher eingezeichnetem Mittelwert sowie Warn-, Eingriffs- und Toleranzgrenzen zur Untersuchung und zur Steuerung des betrachteten Prozesses dienen [Kirschling 94].

In Abhängigkeit von den zu untersuchenden Merkmalen (variablen oder attributiven) stehen verschiedene Arten von Qualitätsregelkarten zur Verfügung, die hier jedoch nicht detailliert beschrieben werden. Zur Untersuchung von variablen Merkmalen, die in Form von konkreten Meßwerten vorliegen, sind Qualitätsregelkarten für Urwert, für Mittelwert und Standardabweichung ($\bar{x}$-s-Karte), für Mittelwert und Spannweite ($\bar{x}$-R-Karte) sowie für Median und Spannweite ($\tilde{x}$-R-Karte) gebräuchlich. Der Median $\tilde{x}$ dient hier als Näherung an den wahren Prozeßmittelwert.

Bei attributiven Merkmalen kann lediglich zwischen zwei gegensätzlichen Ausprägungen unterschieden werden (gut/schlecht, vorhanden/nicht vorhanden). Es werden Qualitätsregelkarten für den Anteil fehlerhafter Einheiten (p-Karte), für die Anzahl fehlerhafter Einheiten (np-Karte), für die Fehlerzahl (c-Karte) und für die Fehlerzahl pro Einheit (u-Karte) verwendet.

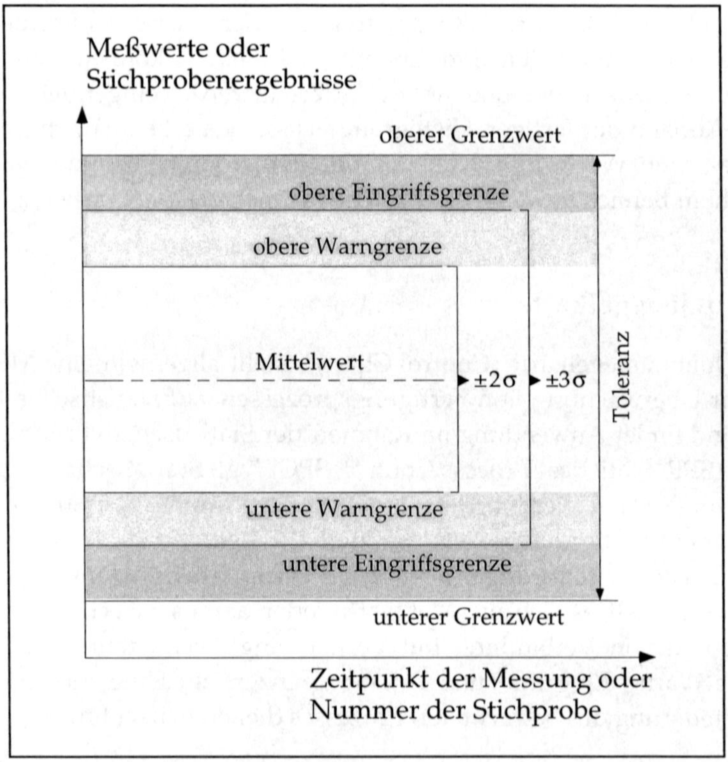

Bild 55: Schematische Darstellung einer Qualitätsregelkarte

Es sei noch kurz erwähnt, daß sich der Mittelwert aus einem Vorlauf langfristiger Beobachtungen des Prozesses ergibt. Die oberen und unteren Warn- und Eingriffsgrenzen können berechnet, graphisch ermittelt oder Verteilungstabellen entnommen werden. Sie stellen Zufallsstreubereiche des betrachteten Prozesses dar, also den Betrag, um den die Mittelwerte und die Standardabweichungen der Stichproben streuen würden, wenn ausschließlich zufällig bedingte Streuungen vorhanden wären. Sie sind keine Toleranzen, sondern geben nur Grenzwerte der natürlichen Prozeßstreuung wieder. Meßwerte außerhalb der Eingriffsgrenzen sind von systematischen Einflüssen verursacht. Üblicherweise werden obere (OWG) und untere (UWG)

Warngrenze als Grenzen des 95%-Zufallsstreubereiches ($\pm 2\sigma$), obere (OEG) und untere (UEG) Eingriffsgrenze als Grenzen des 99,73%-Zufallsstreubereiches ($\pm 3\sigma$) gewählt (vgl. Bild 55). Die sich daraus ergebende statistische Aussage lautet, daß mit einer Wahrscheinlichkeit von 99,73% erwartet werden kann, daß der Stichprobenwert innerhalb dieses Zufallsstreubereiches liegt.

Diese Wahrscheinlichkeit erübrigt jedoch keinesfalls die richtige Interpretation der Darstellung der zeitlichen Veränderungen des Prozesses auf der Qualitätsregelkarte. Dies geschieht mit Hilfe von vorgegebenen Entscheidungsmustern (vgl. Bild 56) [Gogoll/Theden 94]. Aufgrund der geringen Wahrscheinlichkeit für eine einseitige Häufung läßt sich statistisch nachweisen, daß eine Folge von sieben Werten unterhalb bzw. oberhalb des Mittelwertes (Run) einem systematischen Einfluß unterliegen muß. Ebenso verhält es sich bei sieben Werten, die in die gleiche Richtung laufen (Trend). Bei einer Häufung von Werten nahe dem Mittelwert muß man davon ausgehen, daß die Eingriffsgrenzen falsch berechnet wurden.

Liegen die Eintragungen hingegen außerhalb einer Warngrenze, so ist der Prozeß mit erhöhter Aufmerksamkeit zu beobachten, insbesondere, wenn sich die Werte weiter in Richtung auf eine Eingriffsgrenze bewegen. Ein sofortiges Eingreifen ist erforderlich, wenn auch nur eine Eintragung außerhalb der Eingriffsgrenzen liegt, denn dann ist der Prozeß nicht mehr beherrscht. Die systematischen Streuungseinflüsse sind abzustellen, die Eingriffsgrenzen sind neu festzulegen. Auf diese Weise werden vorbeugend-fehlerverhütende Maßnahmen ermöglicht.

Dieses rechtzeitige Erkennen von Abweichungen und die dadurch erreichte Verminderung von Ausschußproduktion sowie die Darstellung zeitlicher Veränderungen des Prozesses zählen zu den Vorzügen der Qualitätsregelkarte. Von besonderer Bedeutung sind auch die oben bereits erwähnten Möglichkeiten der Untersuchung und der Steuerung des betrachteten Prozesses.

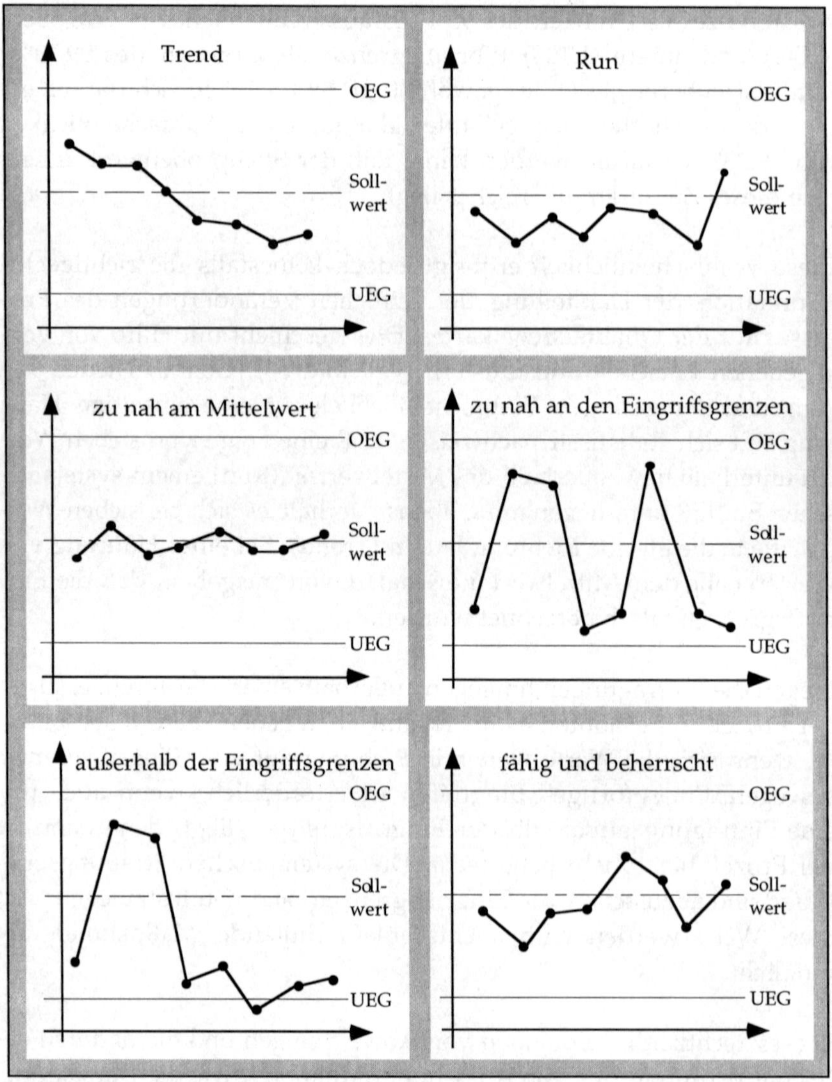

Bild 56: Interpretation der Qualitätsregelkarte

Untersuchungen von Prozessen werden im Hinblick auf einen beherrschten Ablauf vorgenommen. Ein beherrschter Prozeß weist lediglich eine zufällige und keine systematische Streuung auf, er läuft also langfristig innerhalb der vorgegebenen Grenzen ab. Ein beherrschter Prozeß wird im Rahmen der Statistischen Prozeßregelung

(SPR, Statistical Process Control, SPC) mit Kennzahlen, den Prozeßfähigkeitsindizes, bewertet, und dann als qualitätsfähig bezeichnet, wenn bestimmte Werte (c_p und $c_{pk} \geq 1{,}33$) erreicht werden (vgl. **Statistische Prozeßregelung**). Ein beherrschter Prozeß ist Voraussetzung, um die Qualitätsregelkarte sinnvoll zur Qualitätssteuerung in der Fertigung einzusetzen.

Als Instrument zur Ursachenanalyse für Prozeßzustand oder Abweichungen ist die Qualitätsregelkarte nicht geeignet. Die genaue Ermittlung der Abweichungsursache und das Wiederherstellen der Qualitätsfähigkeit des Prozesses ist jedoch unbedingt notwendig.

Pareto-Diagramm

Das Pareto-Diagramm (Pareto Chart) ist ein Säulendiagramm zur graphischen Darstellung der Ursachen von Problemen in der Reihenfolge der Bedeutung ihrer Auswirkungen.

Auftretende Probleme sind oft so zahlreich, daß es nicht klar ist, in welcher Reihenfolge sie behandelt werden sollen. Das Pareto-Diagramm gibt hierbei eine wirkungsvolle Entscheidungshilfe [Burr 90a], indem es diejenigen Ursachen klar herausstellt, die den größten Einfluß ausüben oder z.B. die meisten Kosten verursachen. Auf diese Weise wird auch der Einsatz von Ressourcen auf die tatsächliche Ursache des Problems konzentriert und setzt dort an, wo die größten Erfolge zu erwarten sind [Relyea 89].

Das Pareto-Diagramm basiert auf der empirisch festgestellten Tatsache, daß nur 20-30% der Fehlerarten für 70-80% aller Fehler verantwortlich sind. Hierfür prägte Juran den Ausdruck „vital few, useful many", der eine Anwendung des Pareto-Prinzips auf die Qualitätssicherung wiedergibt und auch als 80-20-Regel bezeichnet wird (vgl. **Juran**). Dieses Prinzip, benannt nach dem italienischen Nationalökonomen und Soziologen Vilfredo Pareto, drückt aus, daß die meisten Auswirkungen auf eine relativ kleine Zahl von Ursachen zurückzuführen sind. Quantitativ dargestellt, resultieren 80% der Wirkungen aus 20% der möglichen Ursachen bzw. Einflußgrößen. Diese 20% der möglichen Ursachen bezeichnet Juran als die „vital few" (entscheidende Wenige), die übrigen möglichen Ursachen als die „useful many" (nützliche Viele) [Juran 88].

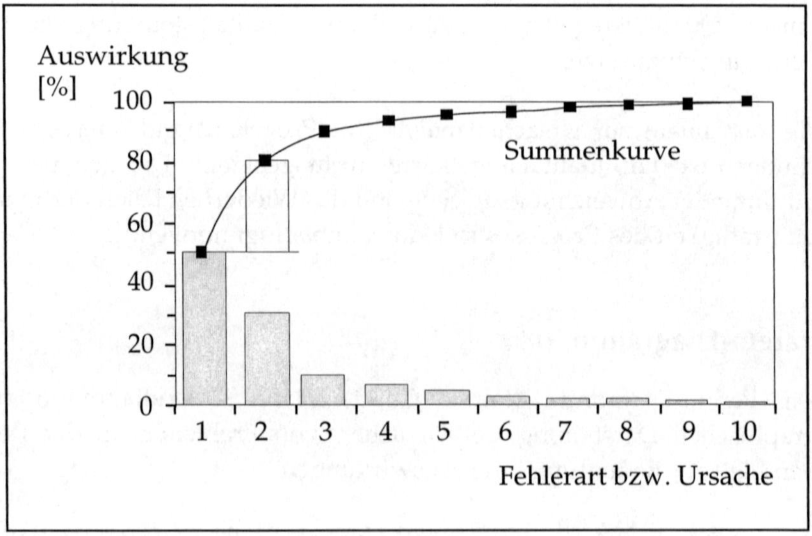

Bild 57: Beispiel für ein Pareto-Diagramm mit Summenkurve

Um ein Pareto-Diagramm zu erstellen, müssen zunächst die relevanten Daten gesammelt werden. Dies kann z.B. mit Hilfe einer Fehlersammelliste erfolgen (vgl. **Fehlersammelliste**). Die aufgelisteten Fehlerarten werden nach absteigender Fehleranzahl sortiert, kumuliert (aufsummiert) und in ein Pareto-Diagramm eingetragen. Hierbei werden die Fehlerarten in absteigender Folge von links nach rechts auf der Abszisse abgetragen. Auf der Ordinate können die Auswirkungen abgelesen werden, z.B. die Fehlerzahl oder auch Kostengrößen. Zur Verdeutlichung können die kumulierten Auswirkungen zusätzlich durch eine Summenkurve visualisiert werden (vgl. Bild 57). Erfolgt auch die Darstellung der Fehlerarten (Ursache) in kumulierter Form, so wird in diesem Fall die Summenkurve als Lorenz-Kurve bezeichnet.

Eine besondere Anwendung des Pareto-Prinzips in Verbindung mit einer Kostenbetrachtung ist die ABC-Analyse, die im Bereich der

Materialwirtschaft eingesetzt wird, oft z.B. im Rahmen von Lagerbestands- oder Bestellmengenoptimierungen. Hierbei erfolgt eine Klassifizierung der Materialien nach ihrem jeweiligen Anteil am Gesamtwert [Blohm et al. 87]. Die Materialien, die ca. 70% des kumulierten Verbrauchswertes darstellen, gehören zur Gruppe A (A-Teile), die nächsten ca. 20% sind B-Teile und die letzten 10% mit dem geringsten Verbrauchswert sind C-Teile.

Pareto-Diagramme werden, wie oben bereits erwähnt, als Entscheidungshilfe zur Festlegung der Reihenfolge der Problemlösung herangezogen. Sie werden weiterhin eingesetzt, um das Ausmaß eines Problems darzustellen, den erfolgversprechendsten Ansatzpunkt zur Lösung aufzuzeigen und auch, um den Kommunikationsprozeß im Unternehmen zu verbessern, insbesondere zwischen der ausführenden Ebene und dem Management [Relyea 89]. Ein direkter Unterschied zwischen zwei betrachteten Objekten, z.B. zwei Produkten, oder ein Vergleich von Daten vor und nach einem bestimmten Ereignis, z.B. einer Veränderung des Fertigungsprozesses, kann mit Hilfe eines doppelten Pareto-Diagramms verdeutlicht werden. Dazu wird die Abszisse in negativer Richtung über den Ursprung hinaus verlängert, so daß die ersten beiden Quadranten eines Koordinatensystems aufgespannt werden. Der positive Teil der Abszisse wird also an der Ordinate gespiegelt. Nun können in dem einen Quadranten z.B. Fehlerarten eines Fertigungsprozesses und deren Auswirkungen vor einer Prozeßveränderung dargestellt werden, im anderen Quadranten die gleichen Daten nach der Prozeßveränderung [Burr 90a].

Korrelationsdiagramm/Streudiagramm

Das Korrelationsdiagramm (Scatter Diagram) ist eine graphische Darstellung der Beziehung zwischen zwei veränderlichen Faktoren. Es wird auch in der Statistik benutzt, um Intensität (Stärke) und Richtung (Vorzeichen) eines linearen Zusammenhanges zwischen zwei zufallsfehlerbehafteten Variablen darzustellen. Kausale Zusammenhänge können aus dem Korrelationsdiagramm jedoch nicht abgeleitet werden, so daß vor einer Fehlinterpretation in dieser Richtung gewarnt werden muß [Burr 90].

Zur Erstellung eines Korrelationsdiagramms ist eine Reihe von Merkmalspaaren (zweidimensionales Datenmaterial) notwendig, zwischen denen eine Beziehung in Form von einseitigen oder wechselseitigen Abhängigkeiten vermutet wird. Trägt man die Merkmalspaare in ein x/y-Koordinatensystem ein, so erhält man eine als Korrelationsdiagramm oder auch als Streudiagramm bezeichnete Punktwolke, deren Form weitere Rückschlüsse auf die vermutete Beziehung erlaubt. Kann durch alle eingetragenen Punkte eine Gerade gelegt werden, so korrelieren die Merkmale in positiver oder negativer Richtung, es liegen also Zusammenhänge vor (vgl. Bild 58).

Als Maßgröße für mögliche Zusammenhänge bei kardinalskalierten Merkmalspaaren dient der Bravais-Pearson-Korrelationskoeffizient *r*. Er berechnet sich aus der Kovarianz der Merkmalspaare und den Standardabweichungen der Einzelmerkmale:

$$\text{Korrelationskoeffizient } r_{xy} = \frac{\sum_{i=1}^{n}(x_i - \bar{x})\,(y_i - \bar{y})}{\sqrt{\sum_{i=1}^{n}(x_i - \bar{x})^2 \sum_{i=1}^{n}(y_i - \bar{y})^2}}$$

Der Korrelationskoeffizient nimmt bei positiven Zusammenhängen Werte von größer Null bis +1 an, bei negativen Zusammenhängen Werte von kleiner Null bis -1.

Grundsätzlich sind bei der Korrelationsrechnung beide Merkmale gleichberechtigt (symmetrisch), sie wird deshalb auch als Interdependenzanalyse bezeichnet. Dagegen werden bei der Regressionsanalyse abhängige und unabhängige Variablen unterschieden (Dependenzanalyse). Hierbei werden funktionale, also kausale Beziehungen zwischen den Variablen untersucht [Bamberg/Baur 84].

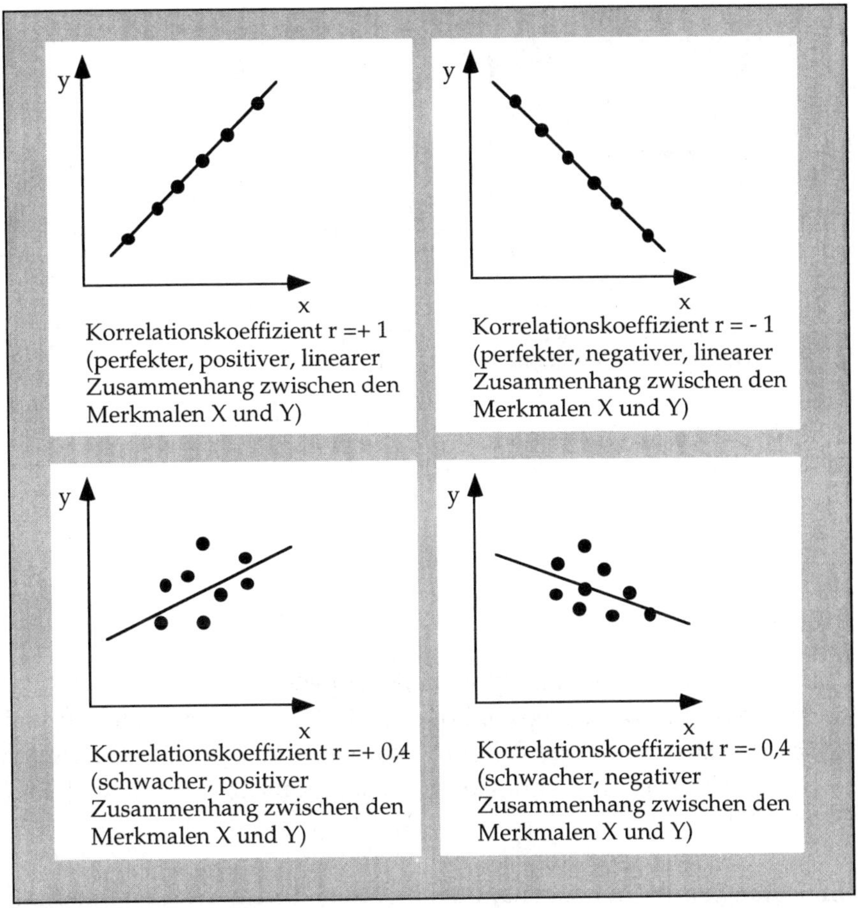

Bild 58: Beispiele für korrelierte Merkmale im Streudiagramm

Nimmt der Korrelationskoeffizient *r* den Wert Null an, so bestehen keinerlei Zusammenhänge zwischen den betrachteten Merkmalen (vgl. Bild 59).

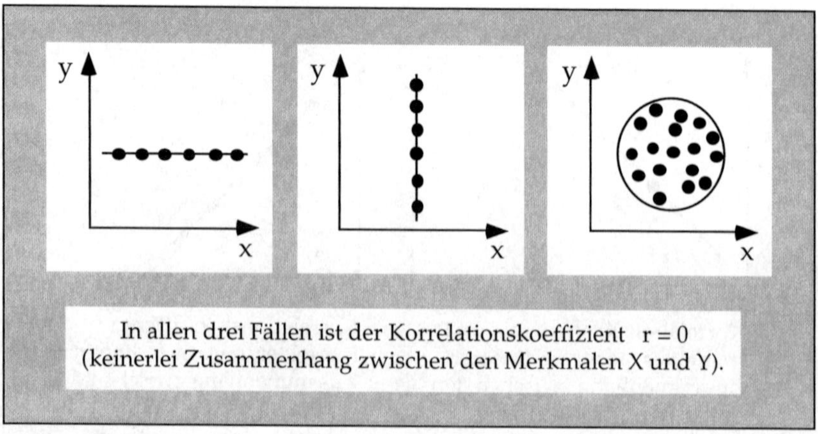

Bild 59: Beispiele für unkorrelierte Merkmale im Streudiagramm

Brainstorming

Das Brainstorming ist eine typische, gruppenorientierte Kreativitätstechnik oder Ideenfindungsmethode, die in zwei Schritten abläuft und durch Verlassen der gewöhnlich vorherrschenden Denkschemata neue Vorschläge und innovative Lösungsansätze anstrebt [Zink/ Schick 87].

Im ersten Schritt, der sogenannten kreativen Phase, werden innerhalb einer Gruppe zu einer vorgegebenen Fragestellung oder einem bestimmten Problem die Äußerung von Gedanken, Ideen oder Assoziationen seitens der Gruppenmitglieder erwartet. Dabei kommt es in erster Linie auf eine möglichst große Anzahl von Lösungsvorschlägen an, die Qualität dieser Vorschläge wird zunächst nicht betrachtet. Jede Kritik an einem geäußerten Vorschlag ist während der kreativen Phase verboten.

In einem zweiten Schritt, der Bewertungsphase, werden die gesammelten Ideen dann strukturiert und bewertet.

Zur Durchführung erfolgreicher Brainstorming-Sitzungen sollten die nachfolgend aufgeführten Regeln unbedingt eingehalten werden [Zink/Schick 87]:

- Exakte Formulierung der Fragestellung.
- Absolutes Kritikverbot während der kreativen Phase.
- Vorschläge stellen Anregungen dar und sind weiterzuentwickeln.
- Schriftliche Fixierung der geäußerten Ideen.
- Stimulation der Ideensammlung durch den Moderator.
- Hervorbringung möglichst vieler Ideen.
- Keinerlei Zeitdruck während der kreativen Phase.

Die Brainstorming-Technik erscheint auf den ersten Blick als leicht anwendbare Methode zur Problemlösung. Eine gewisse Einschränkung des Anwendungsbereiches ergibt sich zum einen aus der Tatsache, daß die ad-hoc-Vorschläge der Gruppenmitglieder nicht immer zu einer erfolgreichen Lösung des Problems führen müssen. Brainstorming eignet sich also in erster Linie für die Anwendung bei relativ einfachen Problemen. Andererseits können Verstöße in Form von destruktiven Kommentaren („Killerphrasen") gegen das nur schwer einzuhaltende Kritikverbot den Ideenfluß leicht unterbrechen. Dies kann dann zu Hemmungen bei der spontanen Äußerung von Ideen führen, was eine Vorwegnahme der Bewertungsphase bedeuten und damit den Kreativitätsprozeß in Frage stellen kann [Zink/Schick 87].

Trotz der genannten Einschränkungen trifft der Gedanke Ishikawas, in Qualitätszirkeln mit relativ einfachen Methoden gute Ergebnisse erzielen zu können, auch auf das Brainstorming zu, insbesondere wenn die Regeln entsprechend berücksichtigt werden (vgl. **Qualitätszirkel**).

Ursache-Wirkungs-Diagramm/Ishikawa-Diagramm

Das Ursache-Wirkungs-Diagramm (Cause-and-Effect Diagram) ist eine einfache Technik zur Problemanalyse, bei der Ursache und Wirkung voneinander getrennt werden. Die möglichen und bekannten Ursachen (Einflüsse), die zu einer bestimmten Wirkung (Problem) führen, werden in Haupt- und Nebenursachen zerlegt und in einer übersichtlichen Gesamtbetrachtung graphisch strukturiert. Auf diese Weise können sowohl negative als auch positive Einflußgrößen identifiziert und mit Hilfe des Diagramms ihre Abhängigkeiten zur Zielgröße dargestellt werden.

Der Japaner Ishikawa entwickelte das Ursache-Wirkungs-Diagramm speziell zur Anwendung in Qualitätszirkeln (Quality Circle) (vgl. **Ishikawa, Qualitätszirkel**). Es wird nach seinem Erfinder auch oft als Ishikawa-Diagramm bezeichnet oder nach seinem Aussehen als Fischgräten-Diagramm (Fishbone Diagram). Bei der Anwendung des Ursache-Wirkungs-Diagramms können in einer speziellen Arbeitstechnik auch Karten benutzt werden. Um diese Methode besonders zu kennzeichnen, wird gelegentlich die Bezeichnung Ursache-Wirkungs-Diagramm unter Einsatz von Karten (Cause-and-Effect Diagram with Addition of Cards, CEDAC) verwendet.

Die Vorgehensweise zur Erstellung eines Ursache-Wirkungs-Diagramms besteht in der Regel aus sechs aufeinanderfolgenden Schritten [Schulz 87], denen eine genaue Beschreibung des zu untersuchenden Problems vorausgehen sollte:

1. Festlegen der möglichen Ursachen erster Ordnung (Ursachengruppen)

   Es wird häufig mit der 5-M-Methode begonnen, die als grundsätzliche Ursachen die Felder Mensch, Maschine, Methode, Material und „Milieu“ (Umfeld) vorsieht. Ein Zwang zur Anwendung dieser Methode besteht jedoch nicht. In Erweiterung der 5-M-Methode wird auch die 6-M-Methode angewendet, die als zusätzliche Ursachengruppe das Feld Messung einführt. Die Ursachen erster Ordnung werden im Diagramm an einem Grundpfeil, der auf das Problem zielt, eingezeichnet.

2. Erfassen von Ursachen weiterer Ordnung (Einzelursachen und Nebenursachen)

Mit Hilfe eines Brainstormings werden weitere Ursachen gesucht und in das Diagramm eingetragen, die die Ursachengruppen verzweigen (vgl. Bild 60). Hierfür bieten sich die 6 W's an: Was, Wann, Wo, Warum, Wer, Wie.

3. Auswahl der wahrscheinlichsten Ursache

   Nach Betrachtung der möglichen Ursachen werden diese mit verschiedenen Symbolen durch die Gruppenmitglieder bzw. Fachleute im Diagramm gewichtet. Die Symbole kennzeichnen Bedeutung und mögliche Einflußnahme. Anschließend wird die wahrscheinlichste Ursache bestimmt. Eine andere Vorgehensweise ist die Versuchsplanung nach Shainin, die weniger von der Meinung der Fachleute abhängt und die Fakten sprechen läßt (vgl. **Versuchsplanung nach Shainin**).

4. Überprüfung der wahrscheinlichsten Ursache auf Richtigkeit

   In einer genauen Untersuchung, ggf. mit Rückgriff auf Kenntnisse und Erfahrungen von Fachleuten, wird geprüft, ob auch tatsächlich die richtige Ursache für das Problem gefunden wurde.

5. Entwicklung von Lösungsalternativen und Entscheidung für die optimale Lösung

   Um das Problem zu lösen, werden verschiedene Möglichkeiten ausgearbeitet und nach Qualität, Kosten und Einführungsdauer bewertet. Anschließend wird daraus eine optimale Lösung gewählt.

6. Realisierung des Lösungsvorschlages

   Die als optimal bewertete Lösung wird in die Praxis umgesetzt.

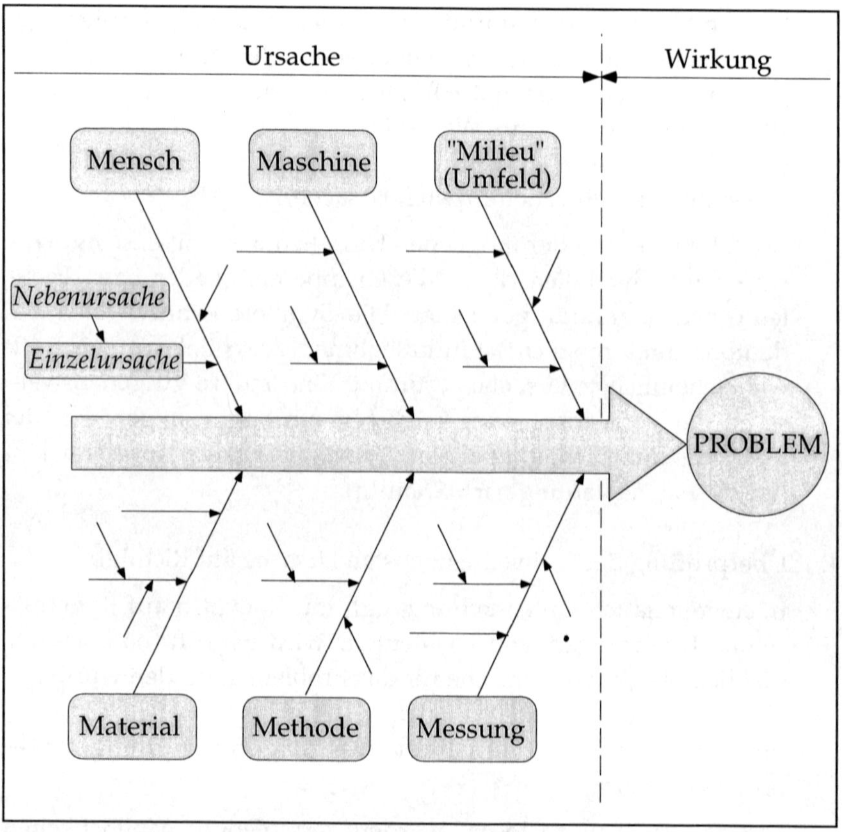

Bild 60: Schematische Darstellung des Ursache-Wirkungs-Diagramms

Neben der oben erwähnten Bestimmung von Einflußgrößen lassen sich aus dem Ursache-Wirkungs-Diagramm noch weitere wichtige Erkenntnisse ableiten. Es wird offenbar, welche Grundkenntnisse über das Problem vorliegen und in welchem Umfang der betrachtete, dem Problem zugrunde liegende Prozeß technisch beherrscht wird (vgl. **Statistische Prozeßregelung**). Außerdem wird durch die Gewichtung der Ursachen (Schritt 3) deutlich, wo eine schnelle und erfolgversprechende Einflußnahme möglich erscheint bzw. wo noch nicht genügend Wissen über die vorliegenden Zusammenhänge verfügbar ist.

Literaturhinweise zur Vertiefung

DGQ - Deutsche Gesellschaft für Qualität (Hrsg.):
DGQ-Schrift 16-32: SPC 2 - Qualitätsregelkartentechnik.
5. Aufl., Berlin: Beuth Verlag 1995.

Berlik, H. D.:
DGQ-Schrift 14-11: Qualitätszirkel.
Hrsg.: DGQ - Deutsche Gesellschaft für Qualität.
3. Aufl., Berlin: Beuth Verlag 1996.

Ishikawa, K.:
Guide to Quality Control.
Tokyo/Japan: Asian Productivity Organization 1980.

Mittag, H.-J.:
Qualitätsregelkarten.
München: Carl Hanser Verlag 1993.

Qualitätswissenschaft

Der Begriff Qualitätswissenschaft setzt sich aus zwei Bestandteilen zusammen, die zunächst getrennt zu betrachten sind, bevor sie zusammengeführt werden.

Der Wissenschaftsbegriff ist außerordentlich vielschichtig und läßt sich aus verschiedenen Blickrichtungen definieren. Allgemein läßt sich Wissenschaft beschreiben als das durch methodische Forschung gebildete, geordnete und begründete, für gesichert erachtete Wissen seiner Zeit. Ihr Hauptziel ist die rational nachvollziehbare Erkenntnis der Zusammenhänge, Abläufe, Ursachen und Gesetzmäßigkeiten in der Wirklichkeit. Wissenschaft strebt methodisch nach Erweiterung; die Lehre vermittelt das Wissen.

Der Ursprung der Wissenschaft ist in der Philosophie des Altertums und des Mittelalters zu finden. Die philosophischen Vertreter dieser Epochen unternahmen die ersten Schritte in Richtung einer wissenschaftlichen Denkweise. So eröffnete Platon (427-347 v. Chr.) eine philosophische Schule, die den Namen des griechischen Sagenhelden Akademos trug. Die daraus abgeleitete Bezeichnung Akademie hat bis heute Bestand.

Der Begriff Qualität ist seit dem Altertum bekannt und leitet sich aus dem lateinischen Wort *qualitas* (Beschaffenheit, Eigenschaft) her. Die inhaltlichen Grundlagen können bis auf Aristoteles (384 bis 322 v. Chr.) zurückverfolgt werden, der Substanz, Relation, Quantität und Qualität in seiner Schrift „Metaphysik" als die grundlegenden Kategorien zur Beschreibung des Wesens der Dinge nennt. Eine ausführliche Darstellung von Definitionsansätzen, Inhalt und Ursprung des Qualitätsbegriffes ist bereits an anderer Stelle vorgenommen (vgl. **Qualität/Qualitätsbegriff**).

In technischen Zusammenhängen definiert heute die internationale Norm DIN EN ISO 8402 Qualität als „Gesamtheit von Merkmalen einer Einheit bezüglich ihrer Eignung, festgelegte und vorausgesetzte Erfordernisse zu erfüllen" [ISO 95]. Qualität ist jedoch nicht eine rein technische Größe, sondern lebt vor allen Dingen von der Einstellung der Menschen zu ihr. Auf dieser grundlegenden Sichtweise basiert auch der Ansatz Qualität = Technik + Geisteshaltung. Er besagt insbesondere, wie Qualität entsteht, nämlich mit Hilfe der Technik auf der Basis einer entsprechenden Geisteshaltung [Kamiske 90].

Mit der Technik als einem wesentlichen Bestandteil stellt die Qualitätswissenschaft eine Querschnittsverbindung zu weiteren industriellen Wissenschaftsdisziplinen dar (vgl. Bild 61): Die Ingenieurwissenschaften repräsentieren den technischen Anteil, die Sozialwissenschaften den humanen, die Umweltwissenschaften den ökologischen und die Wirtschaftswissenschaften den ökonomischen Aspekt. Verbindendes Element ist die Erforschung des Einflusses und der Auswirkung von Qualität in ihrer vielschichtigen Bedeutung.

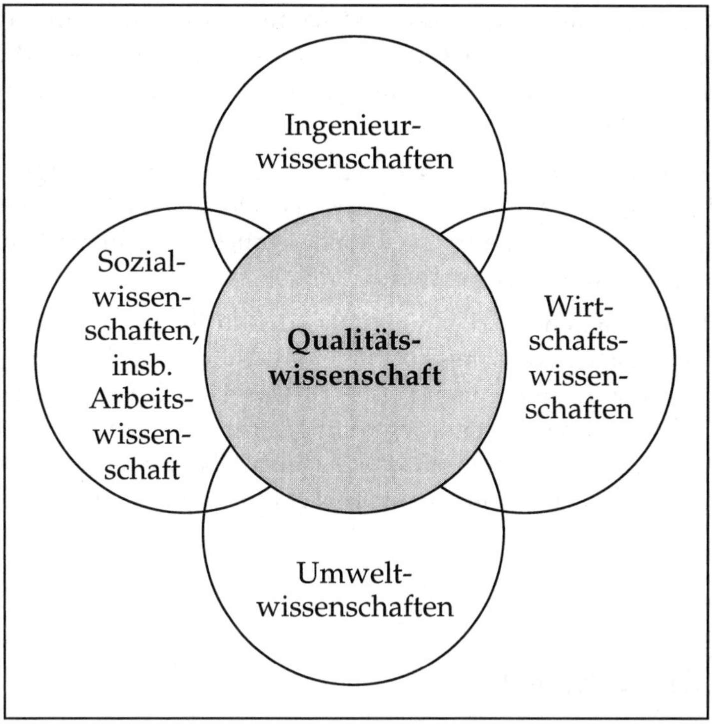

Bild 61: Qualitätswissenschaft als interdisziplinäres Fachgebiet

Dabei erfolgt eine systematische wissenschaftliche Beschäftigung mit dem Thema Qualität im Vergleich zu anderen, schon traditionellen Disziplinen erst seit Anfang bis Mitte der 80er Jahre. Seit dieser Zeit jedoch hat sich Qualität als eigenständiges Wissenschaftsgebiet etabliert [Materne 93]. Dies belegt der Vergleich allgemeingültiger Kriterien zur Beschreibung einer Wissenschaft mit den Inhalten des Fachgebietes Qualität, so daß auch aus wissenschaftstheoretischer Sicht von einer eigenständigen wissenschaftlichen Disziplin, der Qualitätswissenschaft, gesprochen werden kann:

- Es besteht das Bestreben, neue Erkenntnisse zu gewinnen und praktisch umzusetzen. Die Resultate werden im Rahmen der sich ständig erweiternden Inhalte der Qualitätswissenschaft deutlich.

- Rund um das Erkenntnisobjekt Qualität werden bestimmte Erkenntnisziele verfolgt, die sich in Normen, Definitionen, Publikationen, Theorien, Problemlösungen und Entscheidungsmodellen ausdrücken.
- Beim Erkenntnisstreben werden verschiedene Forschungsmethoden angewendet, beispielsweise die klassischen Methoden der Systematisierung, aber insbesondere auch mathematisch-statistische Methoden und Analysen.
- Die gewonnenen Erkenntnisse werden in ihrer Wahrheit mittels theoretischer Nachweise sowie praktischer Versuche und Umsetzungen in Unternehmen gesichert. Dabei wird die systematische Ordnung des Qualitätswissens angestrebt, was z.B. in Form von Regelwerken, Fachliteratur oder auch Übersichten über das gesamte Spektrum von Qualitätserkenntnissen erfolgt.

Qualitätszirkel

Ein Qualitätszirkel (Quality Circle) ist eine kleine, institutionalisierte Gruppe von ca. fünf bis zwölf Mitarbeitern, die regelmäßig zusammentreffen, um in ihrem Arbeitsbereich auftretende Probleme freiwillig und selbständig zu bearbeiten. Die Sitzungen werden meist von einem Kollegen geleitet bzw. moderiert, dauern etwa eine bis zwei Stunden und finden in der Regel wöchentlich während der Arbeitszeit statt. Von den Gruppenmitgliedern selbst ausgewählte, arbeitsbezogene Schwachstellen oder Probleme, häufig aus dem Bereich der Qualitätssicherung, werden diskutiert und systematisch untersucht. Die Umsetzung von Lösungen bzw. Verbesserungsvorschlägen erfolgt eigenverantwortlich durch die Gruppe, sofern sie nicht externe Unterstützung benötigt. Auch der bei der Umsetzung erzielte Erfolg wird durch die Gruppe selbst kontrolliert. Im Gegensatz dazu werden Werkstattkreise von einem Vorgesetzten gezielt auf ein bestimmtes Problem angesetzt. Auch die Durchführung von Lösungsmaßmahmen erfolgt erst nach Genehmigung des Entscheidungsträgers.

Die ersten Ansätze und Grundlagen des Qualitätszirkel-Konzeptes waren gruppenorientierte Aktivitäten in den USA und stammen aus den 20er und 30er Jahren. Etwas später wendeten die Amerikaner Deming und Juran diese Idee auf die Qualitätssicherung an [Bocker/ Evard 82] (vgl. **Deming, Juran**). Der Japaner Ishikawa übertrug in den frühen 50er Jahren dieses gruppenarbeitsorientierte Konzept auf japanische Verhältnisse und führte dessen breite Anwendung ein (vgl. **Ishikawa**). 1962 wurde es offiziell Qualitätssicherungs-Zirkel (Quality Control Circles) genannt und ist seitdem unter der Bezeichnung Qualitätszirkel weltweit bekannt und verbreitet.

Ishikawa hat den Qualitätszirkeln eine neue und entscheidende Richtung gegeben, indem er Freiwilligkeit, Respekt vor dem Menschen und Mitarbeiterorientierung als wichtige Elemente betonte [Ishikawa 82]. Ursprünglich waren Qualitätszirkel für die Anwendung innerhalb der ausführenden Ebene (Werkstattebene, Fertigung) vorgesehen. Für diese Zielgruppe stellte Ishikawa auch die elementaren Qualitätswerkzeuge (Q7, Tools of Quality) als einfache, aber wirkungvolle Hilfsmittel zusammen (vgl. **Qualitätswerkzeuge**). Sie basieren meist auf mathematisch-statistischen Grundlagen und sind speziell für den Werkstattbereich aufbereitet, wo sie dem Erkennen, Verstehen und Lösen von Problemen dienen. Das Ursache-Wirkungs-Diagramm als eines dieser Werkzeuge wurde von Ishikawa selbst entwickelt (vgl. **Ursache-Wirkungs-Diagramm**). Es wird deshalb auch als Ishikawa-Diagramm bezeichnet.

Weiterhin hat Ishikawa als erster die Einführung und konsequente Anwendung von Qualitätszirkeln auf allen Ebenen der Unternehmenshierarchie gefordert und sie als wichtigen Bestandteil in sein Company-Wide Quality Control-Konzept (CWQC) aufgenommen (vgl. **Company-Wide Quality Control**). Damit erkannte er die besondere Bedeutung der Gruppe und der Gruppenarbeit für das Individuum, also den einzelnen Mitarbeiter. Dies trifft zwar speziell auf Japan zu, kann aber wohl aufgrund der inzwischen weltweiten und erfolgreichen Verbreitung der Qualitätszirkel mit geringen Einschränkungen und unter Berücksichtigung der jeweiligen Gegebenheiten als allgemeingültig angesehen werden.

Eine unternehmensweite Einführung von Qualitätszirkeln beinhaltet natürlich auch die Verwaltungsbereiche (sogar reine Dienstleistungsbetriebe wie z.B. Banken, Versicherungen, Speditionen) sowie die Managementebene. Diese Tendenz ist inzwischen auch in der praktischen Umsetzung zu beobachten [Marciniak 94]. Dabei muß besonders herausgestellt werden, daß für den sinnvollen Einsatz der Qualitätszirkel als Problemlösungsgruppen die Aufgabe des Top-Managements nicht nur in der Übernahme der Verantwortung bestehen darf. Vielmehr ist auch die volle und tatkräftige Unterstützung sowie die eigene Beteiligung der obersten Unternehmensleitung im Rahmen eines umfassenden Programms zur Qualitätsverbesserung, etwa im Sinne von Total Quality Management (TQM), unbedingt erforderlich (vgl. **Total Quality Management**). Ebenso notwendig ist die Zustimmung und aktive Beteiligung der Arbeitnehmervertretung.

Die Qualitätszirkel waren zunächst lediglich auf die Erhaltung und Verbesserung der Produktqualität ausgerichtet. Mit der Ausdehnung dieses Konzeptes und aufgrund positiver Erfahrungen sind inzwischen weitere Zielrichtungen hinzugekommen, so daß sich die folgende Einteilung anbietet:

- Qualitätsorientierte Zielsetzungen

  Ständige Verbesserung der Qualität, aktive und vorausschauende Fehlervermeidung, Erhöhung der Zufriedenheit von internen und externen Kunden, Senkung der Reklamationen, Steigerung der Chancen im Wettbewerb.

- Produktivitätsorientierte Zielsetzungen

  Steigerung der Produktivität, Kostensenkung, Berücksichtigung der Auswirkungen auf vor- und nachgelagerte Bereiche, Verbesserung von Koordination und Kommunikation, schnelles Erkennen und Beseitigen von innerbetrieblichen Störungen, Senkung der Anzahl fehlerhafter Teile.

- Mitarbeiterorientierte Zielsetzungen

  Steigerung der Arbeitsmotivation, Entfaltung der persönlichen Fähigkeiten und Bedürfnisse, Nutzung von Kreativität und geistigem Potential, Steigerung von Arbeitszufriedenheit und Selbstbewußtsein, Verbesserung der sozialen Beziehungen, Aus- und Weiterbildung, Erlernung von Werkzeugen und Methoden der Qualitätssicherung.

Damit sind Qualitätszirkel auch als ein wesentlicher Baustein des Total Quality Management-Führungsmodells (TQM) anzusehen (vgl. **Ständige Verbesserung, Total Quality Management**). Bei der Einführung von Qualitätszirkeln dürfen jedoch keine allzu schnellen und quantifizierbaren Erfolge erwartet werden. Oft sind zunächst nur qualitative Verbesserungen im Bereich der mitarbeiterorientierten Ziele zu bemerken. Diese sind jedoch von höchster Wichtigkeit und dürfen keinesfalls als belanglos abgetan werden. Sie bilden die Grundlage für eine aussichtsreiche Arbeit der Qualitätszirkel. Eine weitere wichtige Voraussetzung für den Erfolg eines Qualitätszirkel-Programms ist die vollständige organisatorische Einbindung in die vorhandene Unternehmensstruktur. Darüber hinaus müssen Interesse und Unterstützung des Managements für alle Mitarbeiter sichtbar gemacht und durch aktive Teilnahme unterstrichen werden [Zink 82].

Organisatorische Elemente eines Qualitätszirkel-Programms sind neben der eigentlichen Zirkelgruppe eine Koordinations- und Betreuungsstelle sowie der Qualitätszirkelleiter bzw. Moderator. Die Koordinationsstelle, auch als Steuergruppe bezeichnet, ist für die Initiierung, Planung, Organisation und Umsetzung sowie die Betreuung und Steuerung der Qualitätszirkel-Aktivitäten zuständig. Sie beurteilt und genehmigt Lösungsvorschläge, stellt die Kommunikation zwischen den Zirkelgruppen untereinander sowie mit den Fachabteilungen sicher und kontrolliert die Ergebnisse. Der Moderator ist meist ein Kollege der Zirkelmitglieder. Er hat die Aufgabe, den Diskussionsablauf innerhalb der Gruppe zu steuern und die Gruppenmitglieder im Gebrauch der benötigten Methoden und Qualitätswerkzeuge auszubilden. Entsprechend den Anforderungen muß der Moderator unbedingt an einer gründlichen Schulung teilgenommen haben, um die Anwendung der Moderationstechniken sowie der Qualitätswerkzeuge zu erlernen. Häufig werden Qualitätszirkel gleichzeitig von zwei Moderatoren angeleitet, die sich gegenseitig ergänzen und unterstützen.

Aufgaben und Arbeitsweise der Qualitätszirkel lassen sich prinzipiell in vier Bereiche unterteilen. Da sich die Vorgehensweise nicht wesentlich von einem allgemeinen Problemlösungsprozeß unterscheidet, werden hier nur kurz einige Besonderheiten aufgezählt (vgl. **Qualitätswerkzeuge**):

- Problemidentifikation und -auswahl

  Eigene Auswahl der zu untersuchenden Probleme, intensive Betrachtung des eigenen Arbeitsbereiches, Vorschlagen möglicher Projekte, Einsatz von Qualitätstechniken in Verbindung mit hervorragenden Fachkenntnissen bezüglich Produkt, Material und Prozeß zur Identifikation und Analyse von Schwachstellen, Erstellung einer Rangfolge (Priorität) nach Bedeutung, Dringlichkeit und Lösungswahrscheinlichkeit nach dem Pareto-Prinzip (ABC-Analyse) (vgl. **Pareto-Diagramm**).

- Problembearbeitung

  Genehmigung des ausgewählten und zu bearbeitenden Problems durch die Entscheidungsstelle (Steuergruppe), ggf. Abstimmung mit anderen Qualitätszirkeln, Trennung von Haupt- und Nebenursachen bzw. -einflußgrößen mit Hilfe des Ursache-Wirkungs-Diagramms (vgl. **Ursache-Wirkungs-Diagramm**), Erstellung konkreter Zielsetzungen, Entwicklung zeitlicher Durchführungspläne, Suche nach Lösungsmöglichkeiten mit Hilfe der Brainstorming-Technik (vgl. **Brainstorming**), Bewertung der Alternativen und Auswahl der geeignetsten Lösung.

- Präsentation des Ergebnisses

  Die ausgewählte Lösung wird dem Vorgesetzten (Machtpromotor) sowie der Steuergruppe präsentiert und zur Umsetzung vorgeschlagen, wenn sie die Befugnisse der Gruppe überschreitet.

- Lösungseinführung und Erfolgsüberwachung

  Nach Genehmigung durch die Steuergruppe eigenständige Einführung der gefundenen Lösung, Dokumentation von Problem, Lösungsweg und Ergebnis, Erfolgsüberwachung, nach Möglichkeit quantifizierbare Verbesserungen, Vorher-Nachher-Vergleich, Übertragbarkeit der Lösung auf andere Bereiche.

Die Auszeichnung positiver Qualitätszirkelergebnisse erfolgt entweder durch immaterielle Anerkennung oder durch Teilnahme am Vorschlagswesen über einen Gruppenantrag.

Literaturhinweise zur Vertiefung

Berlik, H. D.:
DGQ-Schrift 14-11: Qualitätszirkel.
Hrsg.: DGQ - Deutsche Gesellschaft für Qualität.
3. Aufl., Berlin: Beuth Verlag 1996.

Ishikawa, K.:
Guide to Quality Control.
Tokyo/Japan: Asian Productivity Organization 1980.

Ishikawa, K.:
How to operate QC Circle Activities.
Tokyo/Japan: Japanese Union of Scientists and Engineers Press 1985.

Ishikawa, K.:
QC Circle Koryo.
Tokyo/Japan: Japanese Union of Scientists and Engineers Press 1980.

Strombach, M. E.; Johnson, G.:
Qualitätszirkel im Unternehmen - Ein Leitfaden für Praktiker.
Köln: Deutscher Instituts-Verlag 1983.

Engel, P.:
Japanische Organisationsprinzipien - Verbesserung der Produktivität durch Qualitätszirkel.
Zürich: Verlag Moderne Industrie 1981.

Zink, K. J.; Schick, G.:
Quality Circles, Bd. 1 Grundlagen.
2. Aufl., München: Carl Hanser Verlag 1987.

Quality Function Deployment (QFD)

Quality Function Deployment ist eine umfassende Methodik zur Qualitätsplanung. Sie koordiniert und steuert unter Einbeziehung aller Beteiligten den Produktentstehungsprozeß kundenorientiert durch die systematische Anwendung aufeinander abgestimmter Hilfsmittel im Hinblick auf Zeit-, Kosten- und Qualitätsziele. Als Werkzeug zur gezielten Umsetzung der Kundenwünsche und Qualitätsanforderungen in technische Spezifikationen dient dabei das House of Quality (HoQ). Dies ist ein auf mehreren Tabellen basierendes Analyse-, Kommunikations- und Planungsinstrument, das in jeder Phase der Produktentstehung die Systematik und den Zusammenhang der Vorgehensweise visualisiert.

Erstmals wurde Quality Function Deployment Ende der 60er Jahre auf der Schiffswerft Mitsubishi Heavy Industries in Kobe (Japan) eingesetzt. Dabei wurde eine Matrix benutzt, in der die Kundenwünsche auf der vertikalen und die Methoden oder Zielsetzungen, wie diese Wünsche zu erfüllen sind, auf der horizontalen Achse abgetragen wurden. Nachdem die Toyota Motor Company, Ltd. Anfang der 70er Jahre diese Idee übernommen und weiterentwickelt hatte, verbreitete sich Quality Function Deployment zunächst in Japan, später dann in den USA und inzwischen auch in Europa [Clausing/Hauser 88].

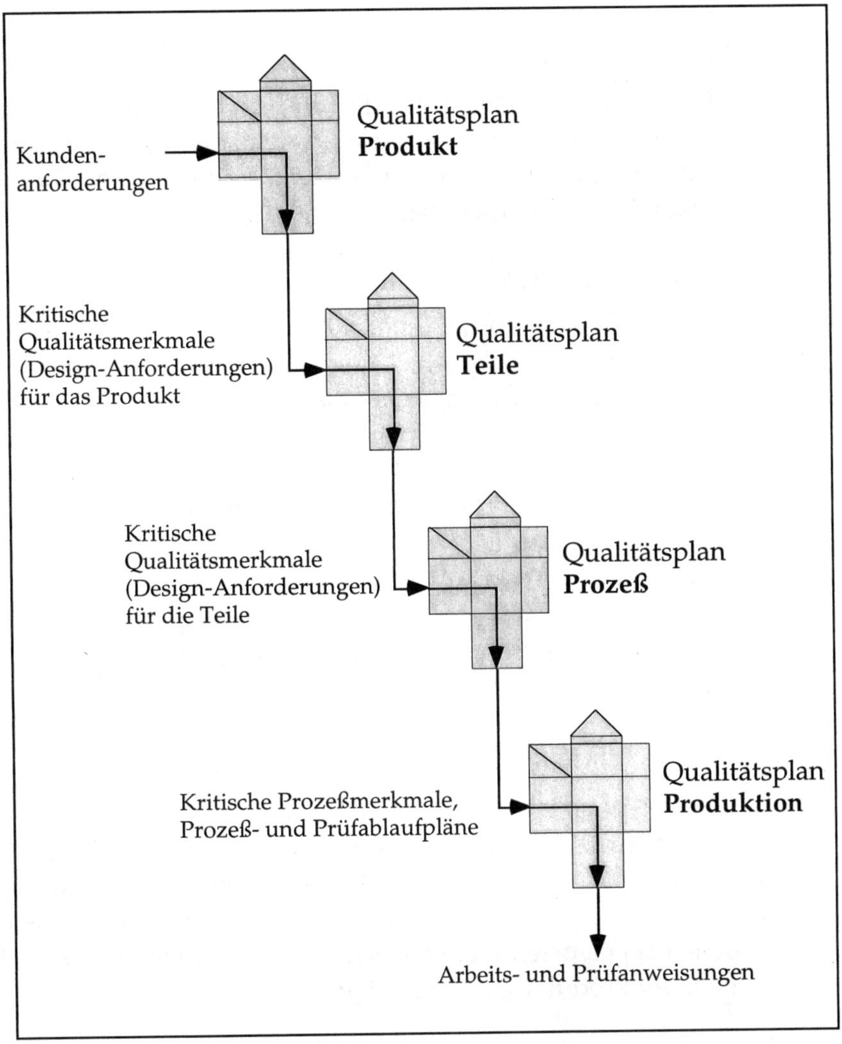

Bild 62: Die vier Phasen des Quality Function Deployment

Die gesamte Quality Function Deployment-Methodik besteht aus einer Reihe von aufeinander aufbauenden Planungsschritten, die sich in vier Entwicklungsphasen einteilen lassen (vgl. Bild 62) [Clausing/ Hauser 88]. Dabei wird für jede dieser Phasen ein eigenes House of Quality erstellt. Der Ablauf der vier Phasen ist unter Berücksichtigung der jeweils spezifischen Zielsetzung ähnlich [Bläsing 89, ASI 88]:

I: Qualitätsplan Produkt

Die oft vage und emotional geäußerten Kundenwünsche (Sprache des Kunden) werden in meßbare Qualitätsmerkmale des Produktes (Sprache des Ingenieurs) umgesetzt. Die kritischen Qualitätsmerkmale werden identifiziert.

II: Qualitätsplan Konstruktion/Teile

Die kritischen Qualitätsmerkmale des Produktes fließen in die Entwicklung der Baugruppen, Unterbaugruppen und Teile ein, bei denen erneut die kritischen Qualitätsmerkmale herausgestellt werden.

III: Qualitätsplan Prozeß (Prozeß- und Prüfablaufpläne)

Auf der Basis der kritischen Qualitätsmerkmale für die Teile werden die Prozeß- und Prüfablaufpläne erstellt, die sowohl die Produkt- und Prozeßparameter als auch die einzelnen Prüf- und Testpunkte beinhalten. Darüber hinaus werden die kritischen Prozeßmerkmale ermittelt.

IV: Qualitätsplan Produktion (Arbeits- und Prüfanweisungen)

Aus den kritischen Prozeßmerkmalen und den Prozeß- und Prüfablaufplänen werden die Arbeits- und Prüfanweisungen abgeleitet, die die Ablaufpläne ergänzen. Sie bestimmen die Arbeitsvorgänge des Werkstattpersonals mit dem Ziel, die aus den Kundenwünschen abgeleiteten Qualitätsmerkmale zu verdeutlichen und auch auf der Produktionsebene sicher zu erreichen.

Im folgenden wird die Vorgehensweise der Quality Function Deployment-Methodik anhand des Ablaufes einer House of Quality-Analyse kurz dargestellt (vgl. Bild 63) [ASI 88]. Dabei werden beispielhaft die 10 Schritte der Phase I (Qualitätsplan Produkt) betrachtet. Die anderen Phasen laufen, wie bereits erwähnt, in ähnlicher Weise ab. In der Literatur wird die Bezeichnung House of Quality gelegentlich auch allein für die Phase I verwendet. Trotzdem läßt sich die für die Namensgebung entscheidende Visualisierung in allen Phasen vornehmen.

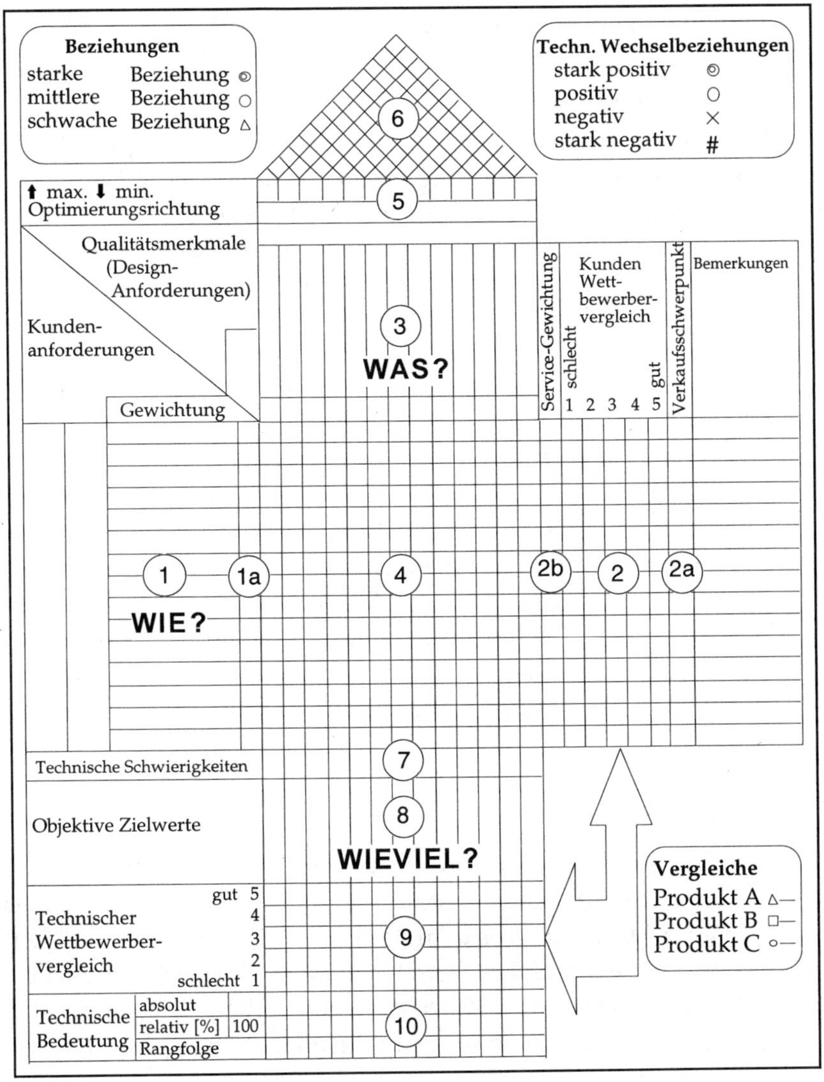

Bild 63: House of Quality

1. Festlegung der Kundenanforderungen

   Die insbesondere in den Bereichen Marketing und Verkauf sowie aus anderen Quellen ermittelten Kundenwünsche werden aufgelistet ①. Dabei empfiehlt es sich, diese nach geeigneten Merkmalen bzw. Oberbegriffen zu ordnen, dann klassenweise zusammenzufassen und anschließend zu gewichten (1a).

2. Kritischer Wettbewerbervergleich aus Kundensicht

Auf der Basis der Kundenanforderungen wird das eigene Produkt in einer kritischen Bewertung mit den Produkten der Wettbewerber verglichen ②. Dieser Vergleich sollte unbedingt aus Kundensicht erfolgen und daher auch durch die Kunden selbst vorgenommen werden. Ist dies nicht möglich, können entsprechende Daten von der Marktforschung ermittelt oder von spezialisierten Institutionen erhoben werden. Eine Durchführung dieses Vergleichs von Ingenieuren ist nicht sinnvoll, da ihr technisches Wissen das Urteil beeinflussen und somit ein verzerrtes Bild entstehen kann. Das Ergebnis des kritischen Wettbewerbervergleichs ist der Grad der Erfüllung der Kundenanforderungen des eigenen Produktes im Verhältnis zu dem der Wettbewerbsprodukte. Daraus können anschließend die zukünftigen Verkaufsschwerpunkte (2a) abgeleitet werden. Weiterhin läßt sich eine Servicegewichtung (2b) vornehmen, die Informationen über Verbraucherprobleme, Gewährleistungsdaten, Kundenbeschwerden und -reklamationen sowie Aktivitäten der Wettbewerber in dieser Richtung enthält.

3. Festlegung der Qualitätsmerkmale (Design-Anforderungen)

Die Kundenanforderungen ① werden in technisch orientierte bzw. real durchführbare Anforderungen (Design-Anforderungen) übersetzt ③, wodurch sie zugleich in produktorientierte Qualitätsmerkmale überführt werden, die nach Möglichkeit meßbare Größen am fertigen Produkt darstellen sollten. Diese Qualitätsmerkmale werden auch als kritische oder signifikante Merkmale bezeichnet.

4. Beziehungen zwischen Kundenanforderungen und Qualitätsmerkmalen

Die Interdependenzen, die zwischen Kundenanforderungen ① und Qualitätsmerkmalen ③ (Design-Anforderungen) bestehen, werden in der Korrelationsmatrix ④, die von diesen beiden Listen eingeschlossen wird, jeweils an den betreffenden Schnittpunkten durch Symbole dargestellt und bewertet. Dabei drückt ein Dreieck eine schwache Beziehung aus, ein Kreis eine mittlere und ein Doppelkreis eine starke Beziehung. Dadurch wird es möglich, die häufig sehr komplexen Relationen zwischen den Wünschen der Kunden und den technischen Qualitätsmerkmalen zu visualisieren und eventuell bestehende Zielkonflikte zu erkennen.

5. Bestimmung der Optimierungsrichtung

   Durch Pfeilsymbole wird für jedes Qualitätsmerkmal (Design-Anforderungen) angegeben, ob eine Verbesserung zu erreichen ist, wenn es vergrößert (Richtungspfeil nach oben) oder verkleinert (Richtungspfeil nach unten) wird. Falls ein Merkmal auf einen konkreten Zielwert eingestellt werden soll, wird dies durch einen Kreis symbolisiert ⑤.

6. Wechselbeziehungen

   In der Wechselbeziehungsmatrix - dem Dach des House of Quality - werden die bestehenden Beziehungen zwischen den einzelnen Qualitätsmerkmalen dargestellt ⑥. Sie verdeutlichen, welche Merkmale sich entsprechend ihrer Optimierungsrichtung unterstützen (gleicher Richtungspfeil) bzw. miteinander in Konflikt stehen (ungleicher Richtungspfeil). Dabei bedeutet ein Doppelkreis sehr gute Unterstützung, ein Kreis gute Unterstützung, ein Kreuz schlechte Unterstützung oder Konflikt und ein Doppelkreuz sehr schlechte Unterstützung oder starker Konflikt. Ist eine Beziehung zwischen den betrachteten Merkmalen nicht feststellbar, erfolgt keine Eintragung.

7. Technische Schwierigkeiten

   Die aufgeführten Qualitätsmerkmale (Design-Anforderungen) werden im Hinblick auf eventuelle Schwierigkeiten bei der technischen Realisierung von den Ingenieuren numerisch bewertet ⑦.

8. Festlegung der objektiven Zielwerte

   Für jedes Qualitätsmerkmal bzw. jede technische Design-Anforderung ist seine Ausprägung als objektiver Zielwert einzutragen ⑧. Darunter sind Einheiten oder Maßgrößen zu verstehen, die das betrachtete Qualitätsmerkmal charakterisieren. Die Erfüllung der Kundenanforderungen, die im 3. Schritt in detaillierte technische Forderungen übersetzt wurden, kann nun durch physikalische Werte oder andere Kenngrößen kontrolliert werden.

9. Kritischer Wettbewerbervergleich aus technischer Sicht

   Wie schon im 2. Schritt die Kundenanforderungen, werden nun auch die Design-Anforderungen (Qualitätsmerkmale) einem kritischen Vergleich gegenüber den Produkten der Wettbewerber unterzogen ⑨. Bei diesem von Ingenieuren auf der Basis objektiver Messungen durchgeführten Vergleich stehen die technischen Spezifikationen im Vordergrund. Als Ergebnis liegt der Grad der Erfüllung der technischen Design-Anforderungen des eigenen Produktes im Verhältnis zu dem der Wettbewerbsprodukte vor.

10. Bewertung der technischen Bedeutung

   Die Bedeutung der technischen Design-Anforderungen (Qualitätsmerkmale) läßt sich mit Hilfe eines einfachen Rechenschemas ermitteln. Dazu wird die Gewichtung der Kundenanforderungen (1a) mit der Bewertung der Beziehungen zwischen Kundenanforderungen und Qualitätsmerkmalen ④ multipliziert und spaltenweise aufaddiert. Hieraus ergibt sich die absolute und relative technische Bedeutung der kritischen Design-Anforderungen und damit die Rangfolge der technischen Bedeutung ⑩. Diese ist dann Eingangsgröße für die QFD-Phase II (Qualitätsplan Teile).

Als besonders umfassende Methodik nimmt Quality Function Deployment gegenüber anderen Methoden und Techniken eine übergeordnete Stellung im gesamten Produktentwicklungszyklus ein. Alle vorhandenen Fähigkeiten innerhalb eines Unternehmens werden koordiniert, um Produkte zu entwerfen, zu fertigen und zu vermarkten, die den Kundenwünschen entsprechen. Im Rahmen dieses Prozesses können viele verschiedene Arbeitstechniken angewendet werden, die häufig in engem Zusammenhang bzw. direktem Informationsaustausch zu Quality Function Deployment stehen. Beispielhaft zu nennen sind hier die sieben Qualitätswerkzeuge (Q7, Tools of Quality), Fehlermöglichkeits- und -einflußanalyse (FMEA), Versuchsplanung (Design of Experiments, DoE) sowie Statistische Prozeßregelung (SPR, Statistical Process Control, SPC) (vgl. **Qualitätswerkzeuge, Fehlermöglichkeits- und -einflußanalyse, Versuchsplanung, Statistische Prozeßregelung**).

Stichwortartig lassen sich die Ziele bzw. Vorteile von Quality Function Deployment wie folgt beschreiben:

- Verbesserung der Qualität

  Durchgängigkeit der Qualitätsforderungen vom Kunden bis zum Werker, bewußtes Planen der Qualität, vorausschauende Vermeidung von Fehlentwicklungen, Basis für Prozeß- und Prüfpläne sowie für Arbeits- und Prüfanweisungen.

- Kosten- und Wettbewerbsvorteile

  Weniger und kürzere Entwicklungsschritte bzw. Iterationen, Reduzierung der Entwicklungszeit, minimale Schnittstellenverluste durch Kooperation/Teamarbeit zwischen den einzelnen am Produktentwicklungsprozeß Beteiligten aus allen Bereichen, Einbindung in Simultaneous Engineering, bessere Verkaufsergebnisse durch verbesserte Befriedigung der Kundenanforderungen im Sinne einer marktgesteuerten Qualität (Market Driven Quality, MDQ), geringere Entwicklungskosten durch weniger Änderungen am Produktentwurf, geringere Anlaufkosten bei Produktionsbeginn (vgl. **Simultaneous Engineering und Quality Engineering**).

- Führungsinstrument zur Förderung der Unternehmensziele

  Verbesserung der horizontalen und vertikalen Kommunikation, bessere Planung und Managementinformation, leichtere Dokumentation durch übersichtliche Ergebnisse, Datenbankanbindung im Rahmen von Computer Aided Quality Assurance (CAQ), Einbeziehung der Quality Function Deployment-Methodik in eine übergeordnete Unternehmensstrategie, etwa im Sinne von Total Quality Management (TQM) (vgl. **Computer Aided Quality Assurance, Total Quality Management**).

Dem scheinbar größeren Arbeitsumfang, der bei der Anwendung von Quality Function Deployment zu Beginn des Entwicklungsprozesses anfällt, stehen wesentliche Zeiteinsparungen in der zweiten Entwicklungshälfte gegenüber. Eine ausschließliche Konzentration auf die explizit geäußerten Kundenanforderungen ist jedoch zu vermeiden, denn der Eigeninitiative und Kreativität der Entwicklungsingenieure soll mit der Quality Function Deployment-Methodik kein Stein in den Weg gelegt werden, sofern damit die noch schlummernden Bedürfnisse potentieller Kunden erfüllt werden.

Literaturhinweise zur Vertiefung

Akao, Y.:
Quality Function Deployment. Integrating Customer Requirements into Product Design.
Cambridge/Mass./USA: Productivity Press 1990.
(Dt. Übersetzung: Landsberg/Lech: Verlag Moderne Industrie 1992.)

King, B.:
Better Designs in Half the Time: Implementing Quality Function Deployment (QFD).
3. Aufl., Methuen/Mass./USA: Verlag Goal/QPC 1989.

Sullivan, L. P.:
Quality Function Deployment.
In: Bläsing, J. P. (Hrsg.): Praxishandbuch Qualitätssicherung, Bd. 4, Baustein B 3.
München: GFMT-Verlag 1988.

ASI - American Supplier Institute (Hrsg.):
Quality Function Deployment - A Collection of Presentations and QFD Case Studies.
Dearborn/Mich./USA: American Supplier Institute Press 1986.

Saatweber, J.:
Kundenorientierung durch Quality Function Deployment.
München: Carl Hanser Verlag 1997.

Reengineering

Als Reengineering wird das grundsätzliche Überdenken und die daraus resultierende radikale Neugestaltung (Redesign) von Unternehmen oder wesentlichen Unternehmens- bzw. Geschäftsprozessen bezeichnet. Dabei werden Verbesserungen um Größenordnungen in den Bereichen Kosten, Qualität und Zeit angestrebt [Hammer/Champy 94].

Reengineering bezeichnet kein geschlossenes Konzept, sondern eher eine skizzierte Vorgehensweise, die jeweils unternehmensspezifisch zu interpretieren und anzuwenden ist. Es handelt sich dabei um einen erst kürzlich in den USA entwickelten Ansatz. Es finden sich auch Bezeichnungen wie Business Reengineering, Process Reengineering oder Business Process Management, die nicht immer eindeutig voneinander abgegrenzt werden. Dennoch lassen sich einige grundlegende Elemente des Reengineerings identifizieren, die diesen Ansatz charakterisieren.

Ausgangspunkt ist zunächst die Erkenntnis, daß sich das Unternehmensumfeld in einer stetigen und schnellen Veränderung befindet, dem durch ein entsprechendes Management des Wandels (Change Management) Rechnung getragen werden muß. Deshalb werden beim Reengineering vorhandene Geschäftsprozesse in Frage gestellt, um durch deren grundlegende Neugestaltung die Tätigkeiten prozeß- und wertschöpfungsorientiert zu organisieren und so eine Wiederbelebung der Wettbewerbsstärke (Revitalisierung) des Unternehmens zu erreichen (vgl. **Prozeßorientierung**).

Ähnlich wie beim Controllingansatz des Zero-Base-Budgeting (ZBB) in bezug auf die Mittelverteilung, steht beim Reengineering also nicht die Frage nach einer Verbesserung bestehender Prozesse im Mittelpunkt, sondern es wird überlegt, warum der Prozeß überhaupt nötig ist und wie er im Idealzustand gestaltet sein müßte. Auf diese Weise werden nicht nur inkrementale Leistungsverbesserungen angestrebt. Reengineering zielt auf Verbesserungen um Größenordnungen (100% oder mehr), die durch Innovationsschübe erreicht werden sollen [Hammer/Champy 94] (vgl. **Kaizen, Ständige Verbesserung**).

Bei der Neugestaltung der Prozesse wird vor allem der innovative Technologieeinsatz als entscheidender Faktor angesehen. Dies bezieht sich nicht nur auf die Fertigungstechnologie, wie beispielsweise CAD/CAM, begleitende organisatorische Maßnahmen wie Simultaneous Engineering oder die Bürokommunikation, sondern vor allem auf die richtige Anwendung der Informationstechnologie (IT) (vgl. **Computer Aided Quality Assurance, Simultaneous Engineering und Quality Engineering**).

Schließlich ist auch die Art des Denkens im Sinne der Herangehensweise an den zu gestaltenden Prozeß entscheidend. Grundlegende Veränderungen können nur durch induktives Denken erreicht werden. Es sind also zuerst überzeugende Lösungen zu generieren, mit deren Hilfe dann Probleme bewältigt werden können. Auf diese Weise sind auch Probleme lösbar, deren Existenz dem Unternehmen bislang nicht explizit bewußt war. Dieses Denken, von der neuen Lösung zum Prozeß hin, steht im Gegensatz zur konventionellen, deduktiven Vorgehensweise. Deduktives Vorgehen heißt, den bestehenden Prozeß zu analysieren und daraus das Potential für Verbesserungen und den Bedarf an Technologien abzuleiten. Dadurch besteht die Möglichkeit, daß suboptimale Prozesse festgeschrieben und Verbesserungen nur in kleinen Schritten erreicht werden.

Vor dem Hintergrund dieser charakteristischen Elemente lassen sich beim Reengineering vier Phasen erkennen, die nachfolgend kurz beschrieben werden [Hammer/Champy 94]:

- Phase 1: Auswahl eines Geschäftsprozesses

  Bevor ein Prozeß zur Neugestaltung durch Reengineering ausgewählt werden kann, sind zunächst die grundlegenden Geschäfts- bzw. Unternehmensprozesse im Sinne von Kernkompetenzen des Unternehmens zu identifizieren. Diese bestimmen sich in der Regel nicht nach Organisationseinheiten, sondern nach Tätigkeiten. Dabei umfaßt die Produktentwicklung beispielsweise alle Aktivitäten vom Entwurf bis zum Prototypen bzw. sogar bis zum Serienstart. Bereits bekannte Fehlfunktionen von Prozessen, ihre Bedeutung für das Unternehmen sowie Machbarkeit und Erfolgschancen einer Verbesserung stellen Auswahlkriterien für zum Reengineering geeignete Prozesse dar. Weiterhin ist ein organisatorischer Rahmen für das Reengineering-Projekt zu schaffen. Dazu gehört ein Machtpromotor aus dem oberen Führungskreis, der über Ressourcen verfügen kann und von dem Auftrag und Motivation zum Reengineering ausgehen. Er benennt einen Prozeßverantwortlichen für den spezifischen Geschäftsprozeß, der wiederum ein Team von fünf bis zehn Mitarbeitern zusammenstellt. Dieses umfaßt auch einige Personen, die nicht direkt von dem betrachteten Prozeß betroffen und darum weitgehend objektiv und unbefangen sind. Das Reengineering-Team bringt Ideen hervor, stellt Pläne auf und setzt diese in die Praxis um. Dabei steht ihnen gegebenenfalls ein Reengineering-Experte zur Seite sowie ein Lenkungsausschuß, der die unternehmensweite Gesamtstrategie des Reengineerings plant.

- Phase 2: Einarbeitung zum Verständnis des Prozesses

  In einer kurzen Einarbeitungsphase wird der bestehende Prozeß im Hinblick auf Funktion, Ablauf, Ergebnisse und Leistungskennzeichen untersucht sowie bewertet. Diese Einarbeitung findet jedoch nur soweit statt, wie es nötig ist, um die elementaren Aufgaben des Prozesses sowie die Anforderungen aus der Sicht der Kunden zu verstehen. Eine Detailanalyse wird hier vor dem Hintergrund der angestrebten Neugestaltung nicht vorgenommen. Hierbei kann sich die Anwendung von Benchmarking zur Gewinnung neuer Perspektiven als hilfreich erweisen (vgl. **Benchmarking**).

- Phase 3: Prozeßredesign (Neugestaltung)

  Das Prozeßredesign stellt den Kern des Reengineerings dar, der Prozeß wird neu entworfen. Dabei lassen sich neben den charakteristischen Elementen des Reengineerings (radikale Neugestaltung, innovativer Technologieeinsatz und induktives Denken) einige typische Merkmale neu gestalteter Prozesse erkennen: Der neue Prozeß faßt mehrere Aufgaben in ihrer natürlichen Reihenfolge zusammen und sollte aus möglichst wenigen verschiedenen Bearbeitungsschritten bestehen. Wenn möglich, soll die Bearbeitung durch nur eine Person erfolgen, um den Abstimmungsaufwand zu vermindern. Für komplexe Abläufe gibt es mehrere Prozeßvarianten, so daß Generalisten die normale Bearbeitung übernehmen und lediglich für Sonderfälle Spezialisten herangezogen werden müssen. Dabei werden den Mitarbeitern auch entsprechende Entscheidungsbefugnisse übertragen (Empowerment).

- Phase 4: Implementierung des neu gestalteten Prozesses

  In der abschließenden Phase wird der neu geplante Prozeß im Unternehmen eingeführt. Da dieser eine fundamentale Änderung bedeutet, hat seine Einführung somit Auswirkungen auf nahezu alle Teilbereiche und Aspekte einer Organisation. Dies betrifft organisatorische Einheiten in ihrer Wandlung zu Prozeßteams, Arbeitsplätze und deren vielschichtige Anforderungen an die Mitarbeiter, Mitarbeiter selbst und ihre Beziehungen untereinander, Aus- und Weiterbildung, Bewertungs- und Vergütungssysteme in ihrer Konzentration auf Leistungsgrößen und Ergebnisse, Wertevorstellungen im Sinne der Unternehmenskultur sowie Organisationsstrukturen in ihrer Veränderung zu schlanken, flachen Hierarchien. Dabei kann es insgesamt auch zu schmerzhaften Anpassungen kommen, die mit Machtverlust und der Aufgabe alter Gewohnheiten verbunden sind.

Insgesamt lassen sich für das Reengineering einige Faktoren ableiten, die den Erfolg eines solchen Vorhabens maßgeblich beeinflussen [Hammer/Champy 94]:

- Radikales Redesign statt Optimierung eines bestehenden Prozesses.
- Fokussierung auf maßgebliche Geschäfts- bzw. Unternehmensprozesse im Zusammenhang mit den Kernkompetenzen.

- Berücksichtigung der Auswirkungen ganzheitlicher Veränderungen und deren konsequenter Umsetzung.
- Beachtung der Wertvorstellungen und Überzeugungen der Mitarbeiter.
- Verbesserungen um Größenordnungen durch Innovationsschübe.
- Top-Down-Ansatz, Managementauftrag und Bereitstellung entsprechender Ressourcen.

Zusammenfassend läßt sich feststellen, daß Innovation und radikale Neugestaltung von Prozessen sicherlich notwendig sind, um signifikante Verbesserungen zu erreichen, wie es das Reengineering anstrebt.

Literaturhinweise zur Vertiefung

Hammer, M.; Champy, J.:
Reengineering the Corporation.
New York/NY/USA: Harper Collins Publishers 1993.
(Dt. Ausgabe: Business Reengineering. Frankfurt/Main: Campus Verlag 1994.)

Lowenthal, J. N.:
Reengineering the Organization: A Step-by-Step Approach to Corporate Revitalization.
Milwaukee/Wisc./USA: ASQC Quality Press 1994.

Risiko- und Krisenmanagement

Risikomanagement befaßt sich mit potentiellen Krisen. Diese gilt es zu entdecken, zu bewerten, zu beobachten und wirksam zu reduzieren bzw. auszuschalten. Aufgabe des Krisenmanagements ist es, mit und nach dem Eintreten einer Krise den möglicherweise entstehenden personellen und/oder materiellen Schaden zu bekämpfen, einzudämmen und schließlich die Krise zu beenden.

Der große Einfluß der Medien auf die öffentliche Meinung, aber auch die Verschärfung der Produkthaftung mit der Umkehr der Beweislast haben das „Risiko des Eintritts von Krisen" erhöht. Ein vorausschauendes und auf Fehlervermeidung ausgerichtetes Qualitätsmanagement im Unternehmen ist hier eine gute Voraussetzungen, um Risiken zu verringern, aufgetretene Krisen wirksam zu begrenzen und schließlich zu beherrschen. Auch die Schuldbefreiung (Exkulpation) im Zusammenhang mit dem Produkthaftungsgesetz kann unter Umständen durch den Nachweis des Vorhandenseins eines durchgängig und logisch aufgebauten, zertifizierten Qualitätsmanagementsystems nach DIN EN ISO 9001 erleichtert werden [Adams/Löhr 91] (vgl. **Produkthaftung, Qualitätsmanagementsystem, Zertifizierung**). Ein Arbeitsschutzmanagementsystem, das gemäß dem SCC-System (Safety Certification Contractors, Sicherheits-Zertifizierung-Kontraktoren) gestaltet ist und Aspekte der Arbeitssicherheit und des Gesundheits- und Umweltschutzes berücksichtigt, kann ebenfalls ein wirksames Risikomanagement darstellen (vgl. **Safety Certification Contractors**).

Unternehmen stehen immer auch in Wechselwirkung mit ihrem Umfeld. Ihre Produkte einerseits müssen gefahrlos nutzbar sein, die Herstellung andererseits darf nicht zur übermäßigen Belastung der Umwelt werden. Dies gilt für Produkte aller Art, z.B. Nahrungsmittel, Medikamente, Maschinen oder auch Energie. Dabei können Gefahrenquellen objektiv vorhanden sein oder aber durch öffentlichkeitswirksames Überzeichnen eines Sachverhaltes hochgespielt werden. In beiden Fällen kann Kaufzurückhaltung oder -verweigerung die Folge sein und Unternehmen bzw. Branchen schädigen oder gar ruinieren.

Zur aktiven Bewältigung von Krisen gehört daher schnelles, aber planvolles und entschlossenes Handeln. Dabei sind entsprechend den vorliegenden Umständen folgende Maßnahmen durchzuführen:

- Beseitigung des „Störfalles" jeder Art, z.B. durch Umkonstruktion oder Änderung des Produktionsverfahrens;
- Abgrenzung des betroffenen Produktbereiches bzw. die Abgrenzung der Auswirkungen des gestörten Produktionsverfahrens;

- Information der zuständigen Behörden und der Kunden bzw. der Öffentlichkeit;
- Entscheidung über die Art der Beseitigung der gefährdeten oder gefährlichen Produkte, z.B. Durchführung einer Rückrufaktion oder Austausch beim Kunden;
- Durchführung der Aktion zur Beseitigung der gefährdeten oder gefährlichen Produkte.

Damit diese Maßnahmen des Krisenmanagements geordnet und kompetent ablaufen, ist die Bildung eines „Krisenstabes" erforderlich. Dessen Aufgaben sind:

- Informationen kurzfristig sammeln, verdichten und aufbereiten;
- die Fachebene zur sofortigen Bewertung und Beurteilung der Situation hinzuziehen;
- Lösungsalternativen vorstellen lassen;
- die Krisensitzung einberufen unter Hinzuziehung der Fachebene und der verantwortlichen Entscheidungsträger.

Insbesondere Vorbereitung und Ablauf der Krisensitzung sind von wesentlicher Bedeutung für den gesamten Ablauf der Krise. In dieser Sitzung sollten Transparenz über Ursache und Wirkung vorliegen, die Lösungsalternativen in ihrer technischen und finanziellen Bewertung bekannt sein und die Entscheidung gefällt werden. Da gerade hierzu Know-how und Routine erforderlich sind, haben Unternehmen oft die Stelle eines Krisenmanagers institutionalisiert, wenngleich diese meist anders bezeichnet wird.

Literaturhinweis zur Vertiefung

Cox, D.; Hoover, J.:
Führungsqualität in Krisenzeiten.
München: Carl Hanser Verlag 1995.

Safety Certification Contractors (SCC)

Das SCC-System (Safety Certification Contractors, deutsch: Sicherheits-Zertifizierung-Kontraktoren) stellt ein Konzept zur Entwicklung, Gestaltung und Einführung bzw. Integration sowie zur Überprüfung der Wirksamkeit mit anschließender Zertifizierung eines Arbeitsschutzmanagementsystems dar. Dabei werden wesentliche Aspekte der Arbeitssicherheit und des Gesundheits- und Umweltschutzes integriert. SCC ist der erste internationale und branchenübergreifende Standard für Arbeitsschutzmanagementsysteme [Ritter 98].

Im wesentlichen beschreibt das SCC-System ein Verfahren zur Zertifizierung eines Sicherheits-, Gesundheits- und Umweltschutzmanagementsystems. Es handelt sich also nicht um Managementsystemansatz im eigentlichen Sinne, sondern eher um einen Fragenkatalog im Rahmen eines Auditierungssystems (vgl. **Audit, Umweltmanagement**).

Den Kern des SCC-Systems bildet ein in zehn Elemente gegliederter Fragenkatalog, die sogenannte SCC-Checkliste. Diese umfaßt rund 60 Fragen bzw. Anforderungen bezüglich des Arbeits-, Gesundheits- und Umweltmanagementsystems des Unternehmens. Diesen Fragen ist je nach Wertigkeit eine Punktzahl zugeordnet. Für eine Zertifizierung müssen eine bestimmte Mindestpunktsumme erreicht, die sogenannten „Kernfragen" zu 100% positiv beantwortet und eine Obergrenze bezüglich der Unfallhäufigkeit unterschritten werden. Gefordert wird also nicht nur das Errichten und Betreiben eines Arbeitsschutzmanagementsystems, sondern auch das nachweisliche Erzielen eines bestimmten Sicherheitsstandards, der über die Unfallhäufigkeit als Kennzahl ausgedrückt wird.

Grundsätzlich wird zwischen zwei Arten von SCC-Zertifikaten unterschieden: Dem eingeschränkten SCC*-Zertifikat für kleinere Unternehmen mit maximal 35 Mitarbeitern und dem uneingeschränkten SCC**-Zertifikat für Unternehmen mit mehr als 35 Mitarbeitern. Dabei gelten folgende Kriterien:

	SCC*-Zertifikat (eingeschränkt)	SCC**-Zertifikat (uneingeschränkt)
Mitarbeiterzahl	≤ 35	> 35
Pflichtfragen	19	27
Mindestpunktzahl	---	50%
Unfallhäufigkeit	≤ 50	≤ 50

$$\mathit{Unfallh\ddot{a}ufigkeit} = \frac{\mathit{Anzahl\ der\ Arbeitsunf\ddot{a}lle}\ x\ 10^{6}}{\mathit{geleistete\ Arbeitsstunden}}$$

Die Zertifizierung eines Unternehmens nach dem SCC-System darf nur von einem akkreditierten Zertifizierer durchführt werden. Sie umfaßt eine Prüfung der Unterlagen sowie ein Zertifizierungsaudit. Das SCC-Zertifikat besitzt eine Gültigkeitsdauer von drei Jahren. Während dieser Zeit hat sich der Zertifizierer regelmäßig, mindestens einmal pro Jahr, von der Anwendung des Arbeitsschutzmanagementsystems durch Audits zu überzeugen. Nach Ablauf der Gültigkeit des Zertifikates kann das Unternehmen das Zertifikat durch eine erneute Zertifizierung verlängern lassen (vgl. **Zertifizierung**).

Die Anstrengungen für die Entwicklung, Ausgestaltung und Umsetzung eines SCC-Managementsystems umfassen in der Regel die Einführung bzw. den Ausbau des Führungskonzeptes und der betrieblichen Organisation von Sicherheit und Gesundheitsschutz sowie die Information und Schulung der Mitarbeiter. Erfahrungen aus der Praxis zeigen, daß diese Aktivitäten etwa einen Zeitaufwand von einem halben Jahr erfordern.

Der Ursprung des SCC-Systems liegt in der petrochemischen Industrie. Die Mineralölunternehmen erachten einen durchgängig hohen Standard in bezug auf Anlagensicherheit, Arbeitssicherheit, Gesundheits- und Umweltschutz nicht nur bei sich selbst, sondern auch bei ihren Unterauftragnehmern als zwingend erforderlich. Bei diesen sogenannten Kontraktoren handelt es sich um beauftragte Fremdunternehmen, die auf dem Werksgelände auch sicherheitsrelevante Arbeiten übernehmen, wie etwa Wartung von Produktionsanlagen, Bauprojekte oder Neu- und Umbauten von Anlagen. Zur Gewährleistung des gewünschten Sicherheitsstandards ist es bei den größeren Mineralölunternehmen seit Jahren üblich, daß diese als Auftraggeber ihre Kontraktoren bezüglich Arbeits- und Anlagensicherheit sowie Gesundheits- und Umweltschutz mittels eigener Checklisten auditieren.

Dieses Vorgehen führte unweigerlich zu Mehrfachauditierungen von Kontraktoren, die für verschiedene Auftraggeber tätig waren. Um diesen unnötigen Aufwand zu vermeiden und um die Auftraggeber zumindest teilweise von den Auditierungen zu entlasten, haben eine Reihe von Mineralöl- und Chemieunternehmen in Zusammenarbeit mit einer Zertifizierungsgesellschaft seit Mitte der 90er Jahre einen gemeinsamen „Sicherheitsstandard" mit einem einheitlichen und gegenseitig anerkannten Auditierungssystem entwickelt - das SCC-System. Mittlerweile verlangen auch Unternehmen anderer Industriezweige von ihren Kontraktoren eine entsprechende SCC-Zertifizierung [Ritter 98].

Literaturhinweise zur Vertiefung

Ritter, A.; Langhoff, Th.:
Arbeitsschutz-Managementsysteme - Vergleich ausgewählter Standards.
Bremerhaven: Wirtschaftsverlag 1998.

Schmager, B.:
Präventiver Arbeitsschutz.
In: Kamiske, G. F. (Hrsg.): Reihe PocketPower.
München: Carl Hanser Verlag 1998.

Sechs Sigma/Six Sigma (6σ)

Sechs Sigma kann in doppelter Bedeutung aufgefaßt werden, die jedoch beide eng zusammenhängen: In der Statistik wird mit Sigma (σ) die Standardabweichung (Streuung um den Mittelwert μ) eines Prozesses bezeichnet, der einer Normalverteilung folgt (vgl. **Statistische Prozeßregelung, Qualitätsregelkarte**). Sechs Sigma steht für einen Prozeß, der mit einer Wahrscheinlichkeit von 99,99960% fehlerfrei ist. Darüber hinaus steht Sechs Sigma als Symbol für hohe Qualitätsfähigkeit von Geschäftsprozessen bzw. als Ziel hierfür, kreiert von der US-amerikanischen Firma Motorola, sowie als Name des gesamten unternehmensweiten Qualitätsförderungsprogramms. Damit ist Sechs Sigma gleichzeitig Synonym für den Total Quality-Ansatz dieses Unternehmens geworden, der ursprünglich 1987 unter der Bezeichnung „Total Customer Satisfaction" mit dem Ziel der Null-Fehler-Produktion gestartet wurde (vgl. **Null-Fehler-Programm**).

Sechs Sigma wurde bei Motorola zunächst im Zusammenhang mit einem einheitlichen Meßsystem für Qualität eingeführt. Dabei bedeutet Sechs Sigma-Qualität die Entwicklung von Produkten und Prozessen, die ein Minimum an Abweichungen vom Zielwert, also Fehler, ermöglichen. Da die Streuung als besonders wichtige Ursache für Fehler anzusehen ist, ist ihre Messung und Analyse unerläßlich. Maßgröße ist hier die Standardabweichung σ. Die als zulässig angesehene Streuung einer Normalverteilung wird in der Regel mit $\pm 3\sigma$ angegeben. Dies bedeutet, daß bei einem entsprechenden Prozeß 99,73% aller Prozeßergebnisse (z.B. gefertigte Teile) in diesen Bereich um den Mittelwert μ fallen. Umgekehrt ergibt sich daraus eine Fehlerrate von 0,27% oder 2700 ppm (Parts per Million). Da jedoch die meisten Produkte aus diversen einzelnen Bauteilen bestehen und außerdem in mehreren Prozessen bzw. Prozeßschritten gefertigt werden, reicht eine zulässige Streuung von $\pm 3\sigma$ nicht aus, um eine nahezu fehlerfreie Produktion sicherzustellen. Es sind also Fertigungsprozesse zu entwickeln, die so robust gegenüber äußeren Einflüssen sind, daß sie eine deutlich größere Streuung zulassen (Robust Design) [McFadden 93].

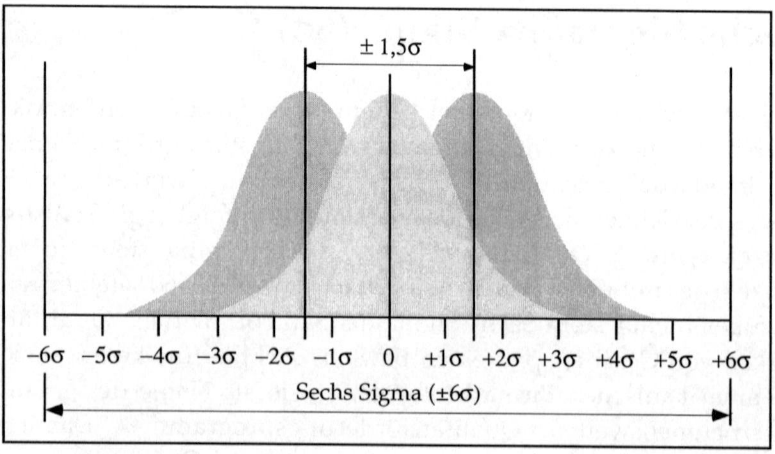

Bild 64: Sechs Sigma-Prozeß

Hinzu kommt die Tatsache, daß real ablaufende Prozesse in der Regel nicht exakt auf den Nullpunkt der Verteilung zentriert sind, also der Prozeßmittelwert μ ungleich Null ist. Es läßt sich jedoch empirisch nachweisen, daß die Verschiebung des Mittelwertes bei realen Prozessen im Durchschnitt innerhalb eines Bereiches von ± 1,5σ liegt [Evans 75]. Damit ergibt sich ein Streubereich von ± 6σ für den anzustrebenden Prozeß: Sechs Sigma-Qualität. In diesen Bereich fallen 99,99960% aller Prozeßergebnisse, was einer Fehlerrate 0,0000034% oder 3,4 ppm (Parts per Million) entspricht (vgl. Bild 64).

Die statistischen Grundlagen eines Sechs Sigma-Prozesses sind bei Motorola in ein umfassendes Managementkonzept zur Erreichung von Kundenzufriedenheit (Customer Satisfaction) eingebettet. Dabei wird Qualität im gesamten Unternehmen einschließlich den Verwaltungs- und Servicebereichen betrachtet und mit Hilfe der folgenden Hauptbestandteile realisiert:

- Unternehmensweites Ziel der vollständigen Kundenzufriedenheit (Total Customer Satisfaction);
- Allgemein gültige und für das gesamte Unternehmen gleiche Meßgröße für Qualität;

- Auf der Meßgröße für Qualität basierende, identische Verbesserungsziele für alle Unternehmensbereiche;
- Zielorientierte Anreizmechanismen für sämtliche Mitarbeiter;
- Koordiniertes Training zur Zielerreichung;
- Sechs Sigma für sämtliche Prozesse.

Zur Einführung dieses Management-Konzepts hat Motorola eine standardisierte Implementierungsstrategie entwickelt, die „Sechs Schritte zu Sechs Sigma". Bei diesen Schritten wird bewußt zwischen Fertigungsbereichen und Verwaltungsbereichen unterschieden und auf diese Weise das gesamte Unternehmen einbezogen [Motorola 93]:

Fertigungsbereiche:

1. Physische und funktionale Kundenwünsche identifizieren.
2. Merkmale der Produkte festlegen.
3. Für jedes Merkmal festlegen, ob es durch Teile, durch den Prozeß oder beides bestimmt wird.
4. Maximal zulässigen Toleranzbereich für jedes Merkmal bestimmen.
5. Prozeßstreuung für jedes Merkmal festlegen.
6. Fertigungsprozeß erst beginnen, wenn ein Prozeßfähigkeitsindex von $c_p \geq 1{,}67$ erreicht ist (vgl. **Statistische Prozeßregelung**).

Verwaltungsbereiche:

1. Produkt im Sinne des Arbeitsprozesses identifizieren.
2. Kunden identifizieren.
3. Material und Zulieferer für den Arbeitsprozeß ermitteln.
4. Prozeß visualisieren.
5. Prozeß fehlerfrei gestalten und Ausfälle eliminieren.
6. Einführen von Meßgrößen für Qualität und Bearbeitungszeit sowie von Verbesserungszielen.

Unter anderem aufgrund dieses unternehmensweiten, mit Sechs Sigma bezeichneten Total Quality Management-Ansatzes gewann Motorola 1988 als erstes Unternehmen überhaupt die US-amerikanische nationale Qualitätsauszeichnung, den Malcolm Baldrige National Quality Award (MBNQA) (vgl. **Qualitätsauszeichnungen, Total Quality Management**). 1992 hatte Motorola bereits eine 150fache Steigerung der Qualität innerhalb von fünf Jahren erreicht und insgesamt über zwei Milliarden US-Dollar weltweit eingespart, zusätzlich zur höheren Kundenzufriedenheit. Der Qualitätsstand in den verschiedenen Werken betrug durchschnittlich 5,4σ, was einer Fehlerrate von 40 ppm (Parts per Million) entspricht [Motorola 93].

Das Sechs Sigma-Konzept kann somit auch als erfolgreiche praktische Anwendung der Demingschen Qualitätsphilosophie angesehen werden. Dies findet seinen Ausdruck vor allem in der Betrachtung jeder Tätigkeit als Prozeß und weiterhin in der Erkenntnis, daß eine Ausrichtung des Unternehmens auf Qualität automatisch auch eine Steigerung von Produktivität und Unternehmenserfolg (Return on Investment, ROI) nach sich zieht sowie eine Senkung der Kosten (vgl. **Demings Management-Programm, Demingsche Reaktionskette**).

Selbstbewertung/Self-Assessment

Unter Selbstbewertung (Self-Assessment) versteht man die regelmäßige und systematische Analyse der eigenen Stärken und Schwächen eines Unternehmens im Sinne einer Standortbestimmung oder Selbstdiagnose. Dabei geht die Initiative für den Bewertungsprozeß von der Organisation selbst aus bzw. die Durchführungsverantwortung liegt dort. Entscheidend bei einer Selbstbewertung ist die Identifizierung von Verbesserungspotentialen und deren Übernahme in eine gezielte Umsetzungsplanung [Zink 95, Conti 98].

Entwickelt hat sich die Selbstbewertung ursprünglich aus dem Audit, das allgemein die Einhaltung festgelegter Regeln bzw. Kriterien überprüft und sich meist auf materielle oder mit einer gewissen Objektivität meßbare Eigenschaften bezieht (vgl. **Audit**). Damit läßt sich ein

(System-)Audit eher als Konformitätsbewertung charakterisieren, dessen Ergebnis positiv ist, wenn es mit dem referenzierten Standard übereinstimmt (vgl. **Systemaudit**). Eine Selbstbewertung geht noch darüber hinaus, indem sie nicht nur das gesamte Unternehmen, sondern auch viele immaterielle Eigenschaften einbezieht, die nur schwer zu messen oder zu bewerten sind. Der Inhalt einer solchen Bewertung ist vergleichsweise diagnostischer und betont insbesondere die Prozesse, welche die untersuchten Ergebnisse erzielen. Auf diese Weise wird es dem sich selbst bewertenden Unternehmen möglich, zu lernen, wo korrigierende Eingriffe denkbar und ggf. notwendig sind. Auch der Vergleich mit den Ergebnissen anderer Unternehmen wird unterstützt (vgl. **Benchmarking, Prozeßorientierung**).

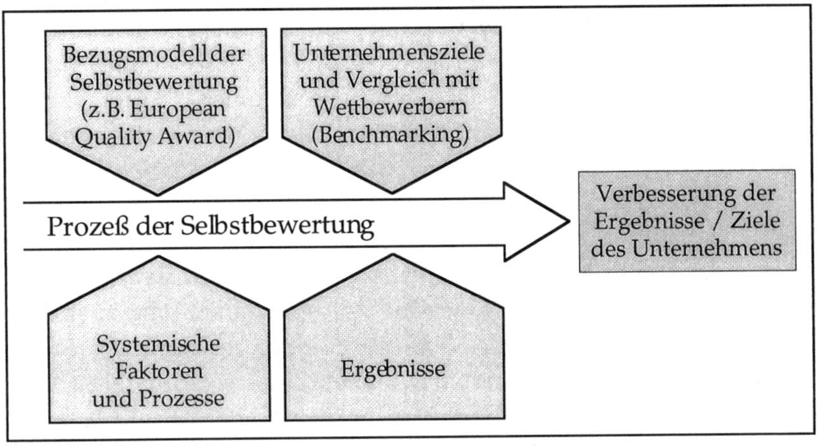

Bild 65: Selbstbewertung im Unternehmen

Somit steht die Selbstbewertung am Anfang eines regelmäßigen Planungsprozesses im Unternehmen, um eine kontinuierliche (Qualitäts-)Verbesserung sicherzustellen (vgl. Bild 65) [Conti 98]. Hier wird auch der enge Zusammenhang mit dem Deming-Zyklus der Ständigen Verbesserung (Plan-Do-Check-Act-Zyklus) sichtbar, denn die Selbstbewertung entspricht der Phase der Überprüfung (Check), in der die Erreichung der Verbesserungsziele der vorangegangenen Planung betrachtet wird (vgl. **Deming, Ständige Verbesserung**).

Dieser Verbesserungsprozeß mit dem Ziel, hervorragende Geschäftsergebnisse (Business Excellence) zu erreichen, ist ein wesentliches Element des Total Quality Management und wird auch im Rahmen der Modelle für Qualitätsauszeichnungen, z.B. für den European Quality Award, gefordert. Diese Modelle bieten in der Regel auch Hilfestellungen in Form von mehr oder weniger detaillierten Checklisten zu Selbstbewertung, die jeweils an die unternehmensspezifischen Ziele anzupassen sind (vgl. **Qualitätsauszeichnungen, European Quality Award, Total Quality Management**).

Ansätze einer Selbstbewertung finden sich auch in der Normenreihe DIN EN ISO 9000-9004 zum Aufbau von Qualitätsmanagementsystemen (vgl. **Qualitätsmanagementsystem**). Dort wird insbesondere im QM-Element „Verantwortung der Leitung" die Verpflichtung der Unternehmensleitung angesprochen, das Qualitätsmanagementsystem hinsichtlich seines Entwicklungsstandes, seiner Eignung zur Umsetzung der Qualitätspolitik und zur Erreichung der Qualitätsziele zu bewerten [DIN 94b].

Eine Selbstbewertung sollte sich jedoch nicht ausschließlich auf Aspekte der Qualität beziehen, auch wenn die Qualitätswerkzeuge in diesem Zusammenhang angewendet werden können (vgl. **Qualitätswerkzeuge**). Von besonderer Bedeutung für die erfolgreiche Durchführung einer Selbstbewertung ist vielmehr, daß die Initiative von der obersten Unternehmensleitung ausgeht und die Bewertung sich auch auf die Geschäftsprozesse im gesamten Unternehmen erstreckt.

Literaturhinweise zur Vertiefung

Conti, T.:
Selbstbewertung von Unternehmen.
München: Carl Hanser Verlag 1998.

Zink, K. J.:
Bewertung ganzheitlicher Unternehmensführung.
München: Carl Hanser Verlag 1998.

Simultaneous Engineering (SE) und Quality Engineering (QE)

Simultaneous Engineering, auch als Concurrent Engineering bezeichnet, ist die überlappende, also nahezu gleichzeitige (simultane) Bearbeitung von Aufgaben durch interdisziplinäre Arbeitsgruppen. Dabei werden insbesondere im Stadium der Entwicklung, Konstruktion und Fertigungsplanung die einzelnen Ingenieurstätigkeiten durch organisatorische und technologische Maßnahmen parallelisiert.

Die gezielte Umsetzung von Qualitäts-, Produktivitäts-, Kosten- und Zeitzielen wird somit bereits vor Beginn der Serienproduktion sichergestellt, insbesondere, wenn dabei auch die eventuell beteiligten Zulieferer einbezogen sind. Diese Arbeitsweise unterstützt bei gleicher Zielsetzung durch die Anwendung der unter der Bezeichnung Quality Engineering zusammengefaßten Verfahren die zu planenden Produkte und Prozesse.

Der Amerikaner Feigenbaum beschreibt Simultaneous Engineering im Rahmen seines Total Quality Control-Konzeptes [Feigenbaum 83], dessen Einführung in alle Unternehmensbereiche ein ganzheitliches, gleichartiges und paralleles Handeln erfordert (vgl. **Feigenbaum, Total Quality Control**). Die Anwendung der Methoden des Quality Engineering kann in besonderem Maße zur Verkürzung der Produktentwicklungszeit beitragen (vgl. Bild 66) [Wildemann 92]. Die Anzahl der später vorzunehmenden Änderungen sowie die damit verbundenen Kosten können beträchtlich gesenkt werden [Kamiske 90a, Simon 92]. In der betrieblichen Praxis wird die erzielbare Verkürzung der Entwicklungszeiten mit bis zu 50% angegeben [Schöffler 89].

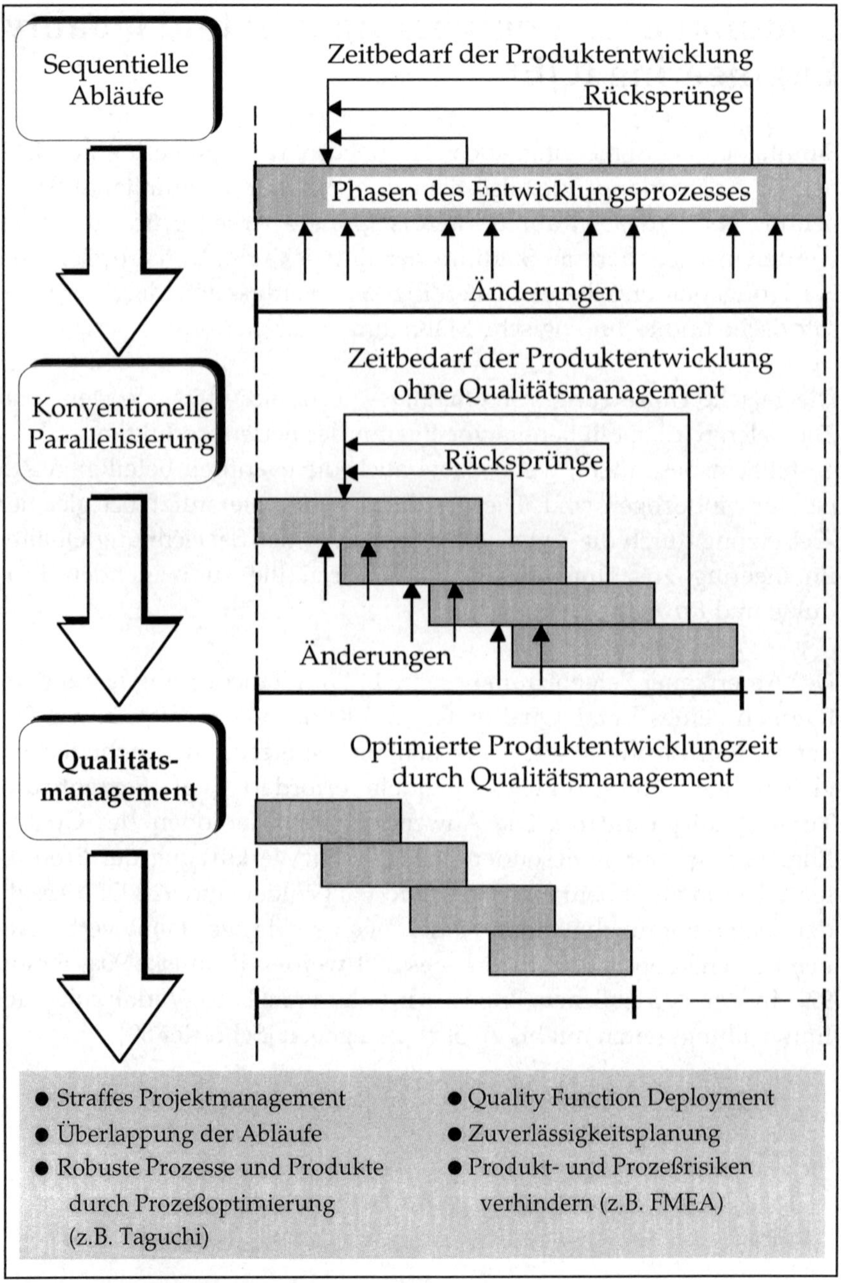

Bild 66: Simultaneous Engineering

Die traditionelle Produktentwicklung erfolgt Schritt für Schritt, also sequentiell, und ist damit eher tayloristisch geprägt im Sinne einer funktionalen Arbeitsteilung. Jeder nachfolgende Einzelschritt wird erst dann begonnen, wenn der vorhergehende positiv abgeschlossen ist. Dies führt in der Regel zu einem langen Entwicklungsprozeß.

Durch Simultaneous Engineering als Organisationsstrategie zur frühzeitigen Festlegung der wesentlichen Komponenten sowohl des Produktes wie auch des Fertigungsprozesses können gegenüber der herkömmlichen Vorgehensweise erhebliche Einsparungen und damit letztendlich bedeutsame Wettbewerbsvorteile realisiert werden. Weiterhin läßt sich durch eine rechtzeitige Zusammenführung und Auswertung sowie offene Weitergabe der erforderlichen Informationen eine vertrauensvolle, partnerschaftliche Zusammenarbeit aller Beteiligten gestalten. Dies bezieht sich sowohl auf andere Abteilungen innerhalb des eigenen Unternehmens (interne Kunden) wie auch auf (externe) Kunden und Zulieferanten. Als weitere Vorteile und Potentiale des Simultaneous Engineering seien stichwortartig genannt [VDMA 92]:

- Schnellere Auftragsabwicklung;
- Transparentere Abläufe mit kurzen Entscheidungswegen;
- Geringere Reibungsverluste;
- Höhere Qualität;
- Zusammenführung von Fachwissen;
- Kürzere Reaktionszeiten auf Markterfordernisse/Kundenwünsche;
- Fertigungsorientierte Produktentwicklung: Design for Manufacture (DFM), Design for Assembly (DFA).

Die Zeit bis zur Markteinführung (Time to Market) kann aber wettbewerbsentscheidend sein. Der Einsatz von integrierten Spezialistenteams im Sinne von Simultaneous Engineering, bestehend aus Beteiligten aller Fachgebiete, ausgestattet mit entsprechenden Entscheidungskompetenzen, ermöglicht hingegen die Vermeidung von Informationsverlusten während der einzelnen Entwicklungsschritte und die Minimierung von Wartezeiten auf die Ergebnisse vorgelagerter Prozesse. Auf diese Weise kann eine Verkürzung der Entwicklungsphase bei gleichzeitiger Beherrschung der mit dem Produkt verbundenen Prozesse erreicht werden. In diesem Zusammenhang kann Simultaneous Engineering auch als Anwendung des Prinzips der Ständigen Verbesserung aufgefaßt werden (vgl. **Ständige Verbesserung**).

Dazu trägt in erheblichem Maße der Einsatz von Methoden und Techniken des Quality Engineering bei. Zu nennen sind vor allem die Fehlermöglichkeits- und -einflußanalyse (FMEA), die Versuchsplanung (Design of Experiments, DoE) und Quality Function Deployment (QFD) [Sondermann/Leist 89] (vgl. Bild 67) (vgl. **Fehlermöglichkeits- und -einflußanalyse**, **Quality Function Deployment**, **Versuchsplanung**). Die hohe Effektivität dieser Methoden ist nachgewiesen, dabei wird jedoch eine Durchdringung des gesamten Unternehmens vorausgesetzt [Kamiske 90a], etwa im Sinne von Total Quality Management (TQM) (vgl. **Total Quality Management**).

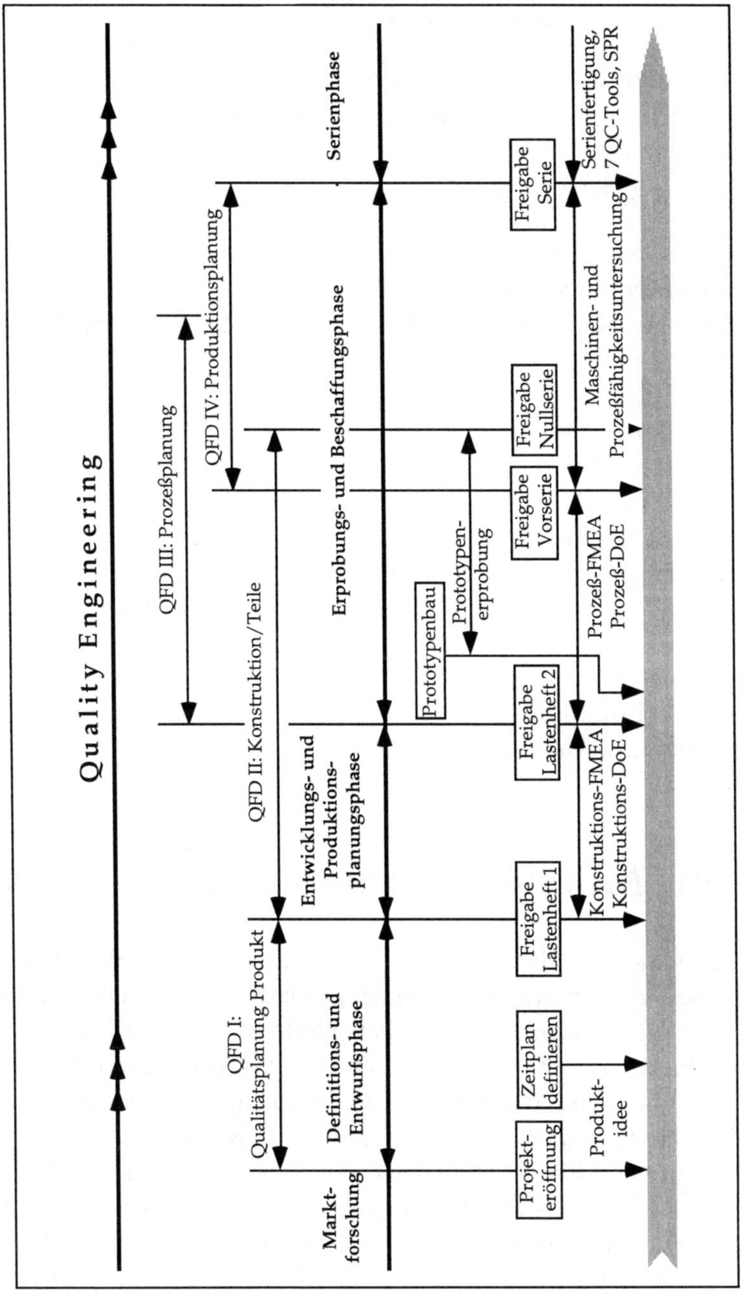

Bild 67: Qualitätsaufgaben vor Serienbeginn - Quality Engineering

Literaturhinweise zur Vertiefung

VDI - Verein Deutscher Ingenieure (Hrsg.):
VDI Berichte Nr. 758: Simultaneous Engineering - Neue Wege des Projektmanagements.
Düsseldorf: VDI-Verlag 1989.

Taguchi, G.; Wu, Y.:
Introduction to Off-Line Quality Control.
Nagaya/Japan: Central Japan Quality Control Association 1985.

Taguchi, G.:
Introduction to Quality Engineering.
Tokyo/Japan: Asian Productivity Organization 1986.

Wu, Y.; Moore, W. H.:
Quality Engineering, Product and Process Optimisation.
Dearborn/Mich./USA: American Supplier Institute Press 1986.

Ehrlenspiel, K.:
Integrierte Produktentwicklung.
München: Carl Hanser Verlag 1995.

Single Minute Exchange of Die (SMED)

Single Minute Exchange of Die ist ein umfassendes System zur erheblichen Verkürzung der Werkzeugwechselzeiten, welches auch die gezielte Entwicklung von speziellen Werkzeugen und Rüsthilfsmitteln beinhaltet und über mehrere Stufen bis zur Mechanisierung des Vorganges führt. Kann die perfekte Durchführung des Werkzeugwechsels schließlich mit einem Handgriff ausgelöst werden, hat das System seine höchste Entwicklungsstufe erreicht, die als One Touch Exchange of Die (OTED) bezeichnet wird. Der Grundgedanke von Single Minute Exchange of Die ist es, alle Arbeiten soweit wie möglich außerhalb der Maschine bzw. während der Maschinenlaufzeit durchzuführen.

Das Single Minute Exchange of Die-System wurde im Rahmen des Toyota Production System (TPS) von dem Japaner Shigeo Shingo entwickelt (vgl. **Toyota Production System**). Dabei stand zunächst der Wechsel von besonders großen, schwer zu handhabenden Preßformen (Die) im Vordergrund. Später wurde es allgemein auf den Werkzeugwechsel angewendet.

Die deutliche Senkung der für das Einrichten und Umrüsten der Maschinen aufzuwendenden Zeit ist als eine wesentliche Voraussetzung für die Erhöhung der Flexibilität in der Produktion anzusehen. Daraus resultieren Vorteile, die einen schnellen Variantenwechsel und die Fertigung kleiner Lose bei gleichzeitiger Senkung der Kosten und der Durchlaufzeiten erlauben. Aus diesem Grunde kann das Single Minute Exchange of Die-System auch als Dreh- und Angelpunkt des Toyota Production System bezeichnet werden [Shingo 81].

Maßnahmen zur Erreichung von kürzeren Rüst- und Einrichtzeiten können produktbezogen, produktionsbezogen oder organisatorischer Art sein und spielen auch im Rahmen der Just-in-Time-Konzeption eine wichtige Rolle (vgl. **Just-in-Time**).

Die Maßnahmen im Rahmen von Single Minute Exchange of Die setzen am Handhabungsprozeß (Operation) an, der eine von zwei Betrachtungsebenen des Toyota Production System darstellt und die Verhaltensstrukturen der Menschen und Maschinen im Produktionsfluß untersucht (vgl. **Toyota Production System**). Ziel ist es dabei, den Aufwand für Vorbereitung, Ein- und Umrüstung von Maschinen, der jedem Handhabungsprozeß vorausgeht, zu verringern.

Die Bestandteile des Single Minute Exchange of Die-Systems werden im folgenden kurz beschrieben [Shingo 81]:

- Trennung von internem Werkzeugwechsel (Inside Exchange of Die, IED) und externem Werkzeugwechsel (Outside Exchange of Die, OED)

  Die Trennung der Rüst- und Einrichtearbeiten in internen und externen Werkzeugwechsel ist ein wesentliches Element. Soweit irgend möglich, sollte immer ein externer Werkzeugwechsel durchgeführt werden, der bei laufender Maschine erfolgen kann. Ist ein interner Werkzeugwechsel mit Maschinenstillstand unumgänglich, muß dafür gesorgt werden, daß der Maschinenbediener seinen Arbeitsplatz nicht zu verlassen braucht. Alle benötigten Teile müssen bereits justiert und vorbereitet sein. Der interne Werkzeugwechsel darf nur das Entfernen des alten und das Sichern des neuen Werkzeuges beinhalten.

- Inversion (Umkehrung) vom internen zum externen Werkzeugwechsel

  Die Umkehr vom internen zum externen Werkzeugwechsel bildet die effektivste Umsetzung von Single Minute Exchange of Die. Dabei wird durch konstruktive Umgestaltung eine Anpassung der unterschiedlichen Werkzeuge aneinander erreicht, so daß der Werkzeugwechsel extern vorgenommen werden kann.

- Einführung von funktionaler Standardisierung

  Eine gezielte Standardisierung von Werkzeugen ermöglicht eine außerordentlich starke Verkürzung der Umrüstzeit und eröffnet damit große Rationalisierungspotentiale. Da derartige Maßnahmen jedoch ohnehin mit hohen Investitionen einhergehen, sind stets die einfachsten Bauteile zu standardisieren. Die konstruktiv nur mit großem Aufwand umgestaltbaren maschinenseitigen Werkzeugwechseleinrichtungen sollten dabei möglichst nicht geändert werden.

- Einführung funktionaler Spannklemmen

  Werkzeuge werden meist unter Verwendung von Bolzen oder Schrauben eingespannt bzw. befestigt. Diese Hilfsmittel besitzen die Eigenschaft, daß die Spannung beim Festziehen erst mit der letzten Umdrehung eintritt, sich beim Lösen aber schon mit der ersten Umdrehung wieder abbaut. Dennoch müssen insgesamt viele Umdrehungen ausgeführt werden, die eigentlich überflüssig sind. Dies führte zur Entwicklung von speziellen Spannhilfsmittel unter Anwendung von teilweise bekannten Methoden, wie z.B. T-Nut, U-Nut, Dharma-Loch und Spannklemmen, bei deren Einsatz nur ein Minimum an Umdrehungen notwendig ist. Zusätzlich sind Richtung und Stärke der Kräfte, die beim Werkzeugwechsel auftreten, zu betrachten. Werden die Kraftkomponenten in x-, y- und z-Richtung bei der Anordnung der Klemmen und Schraubenlöcher sowie der Positionierung der Bolzen berücksichtigt, können erhebliche Verkürzungen der Werkzeugwechselzeiten erreicht werden.

- Einführung von mittelnden bzw. zentrierenden Spannvorrichtungen

  Durch die Einführung von speziellen Werkzeugträgern, die mit Spannvorrichtungen ausgestattet sind und das Justieren bzw. Zentrieren von Werkzeugen (und auch Werkstücken) erleichtern, lassen sich die hierfür notwendigen Zeiten in erheblichem Maße reduzieren. Dabei ist die Bearbeitungszeit der Maschine zu nutzen, um das neue Werkzeug (bzw. Werkstück) auf dem entsprechenden Träger zu montieren. Bei Maschinenstillstand wird lediglich ein Träger gegen den anderen ausgetauscht, der durch Positionierungshilfen innerhalb kürzester Zeit installiert werden kann. Durch die Verwendung mehrerer Träger auch für die verschiedenen Werkstücke kann so die Zeit zum Zentrieren und Sichern im Rahmen des internen Wechsels besonders effektiv verkürzt werden. Diese Methode der Vereinfachung wird als Kassettenprinzip bezeichnet.

- Einführung von parallelen Handhabungen

  Für das an sich unproduktive Wechseln oder Justieren von schwer zu handhabenden Werkzeugen oder Werkstücken, bei dem ein wiederholtes Herumlaufen um die Maschine erforderlich ist, sollte nicht mehr produktiv nutzbare Arbeitszeit aufgewendet werden, als unbedingt notwendig. Überflüssiges Bewegen ist eine Art der Verschwendung, die zu eliminieren ist. In diesem Sinne stellt der Einsatz einer zweite Person zur Unterstützung eine Zeitersparnis dar, die sich positiv auf Produktivität und Kapazitätsauslastung der Maschine auswirken kann. Dabei sind jedoch auch die für die Hilfstätigkeit entstehenden Kosten gegenüber der erzielbaren Produktivitätssteigerung zu betrachten.

- Eliminierung von Justierungsprozessen

  Bei normaler Durchführung des Werkzeugwechsels beanspruchen Justierungsvorgänge den größten Anteil der Zeit, die für den internen Wechsel aufgewendet werden muß. Dieser Zeitaufwand resultiert aus dem entscheidenden Unterschied zwischen einem Nachstellprozeß (Justieren) und einem Einstellprozeß. Beim Justieren kann immer nur ein unbefriedigendes Ergebnis erzielt werden, denn der entsprechende Parameter muß wegen aufgetretener Abweichungen viele Male nachgestellt werden. Hingegen führt das genaue Einstellen der Parameter auf den korrekten Wert bereits von Anfang an zum gewünschten Resultat. Damit entfällt auch die Wartezeit, die sonst zumindest beim Messen des ersten, mit neuen oder geänderten Parametern bearbeiteten Werkstückes aufgewendet werden muß.

- Mechanisierung des Werkzeugwechsels

  Die Mechanisierung des Werkzeug- und Werkstückwechsels ist die letzte Stufe der Single Minute Exchange of Die-Methode. Unter Berücksichtigung der vorhergehenden Schritte führt deren konsequente Weiterentwicklung in dieser Richtung dann zu One Touch Exchange of Die (OTED). Durch den Einsatz von Pneumatik und Hydraulik kann damit eine weitere Verkürzung der Werkzeugwechselzeit erreicht werden.

Literaturhinweise zur Vertiefung

Ohno, T.:
Toyota Production System: Beyond Large-Scale Production.
Cambridge/Mass./USA: Productivity Press 1988.

Shingo, S.:
A Revolution in Manufacturing: The SMED System.
Cambridge/Mass./USA: Productivity Press o.J.

Shingo, S.:
Study of 'Toyota' Production System from Industrial Engineering Viewpoint.
Tokyo/Japan: Japan Management Association 1981.

Ständige Verbesserung/Kontinuierlicher Verbesserungsprozeß (KVP)/ Continuous Improvement Process (CIP)

Im Rahmen seiner 14 Punkte gibt Deming konkrete Anweisungen im Sinne eines Management-Programms für die Implementierung einer neuen, auf die Schaffung von Qualität ausgerichteten Unternehmensphilosophie (vgl. **Deming, Demings Management-Programm, Demings 14 Punkte**). Das Prinzip der Ständigen Verbesserung wird in einem dieser Punkte beschrieben [Deming 86]:

> 5. Suche ständig nach den Ursachen von Problemen, um alle Systeme von Produktion und Dienstleistung sowie alle anderen Aktivitäten im Unternehmen beständig und immer wieder zu verbessern.

Dabei ist es besonders wichtig, daß die Ständige Verbesserung nicht nur als Methode betrachtet wird, die ein- oder mehrmals auf ein Problem angewendet wird. Sie ist vielmehr als prozeßorientierte Denkweise im Sinne einer Geisteshaltung zu begreifen, die gleichzeitig Ziel und grundlegende Verhaltensweise im täglichen (Arbeits-)Leben darstellt [Dillon 90].

Mit gleicher inhaltlicher Bedeutung wird Ständige Verbesserung im anglo-amerikanischen Sprachraum als Continuous Improvement bzw. Continuous Improvement Process (CIP), in Japan als Kaizen bezeichnet (vgl. **Kaizen, Qualitätszirkel**).

In Deutschland setzt sich der Begriff Kontinuierlicher Verbesserungsprozeß (KVP) in den Unternehmen immer stärker durch. Die Volkswagen AG hat hier eine besonders intensive und umsetzungsorientierte Variante entwickelt, die KVP² genannt wurde (vgl. Bild 68) [Wilhelm 94]. Grundlage ist dabei die Erkenntnis, daß eine Effizienzsteigerung zur langfristigen Sicherung des Unternehmenserfolges vor allem durch die Ausschöpfung des Know-How-Potentials der Mitarbeiter zu erreichen ist.

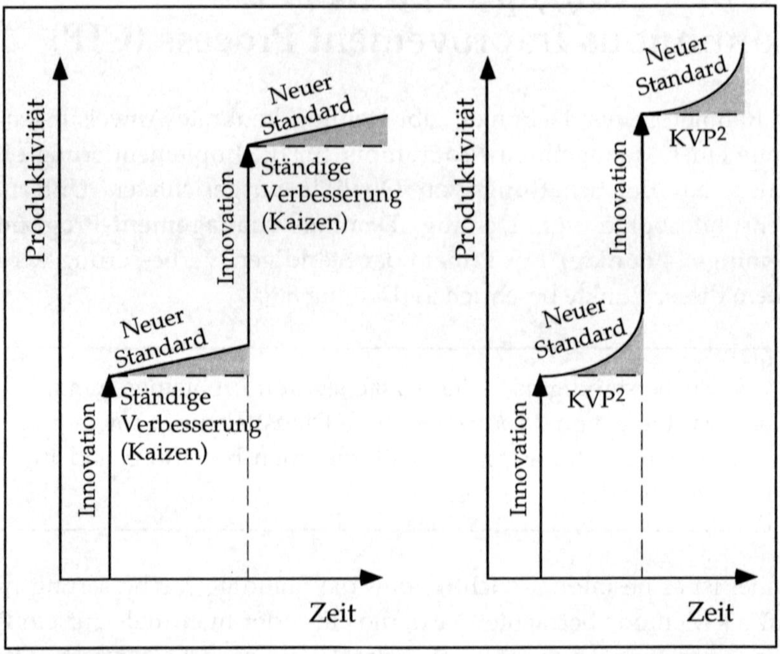

Bild 68: Wirkungsweise von KVP²

Die Besonderheit bei KVP² liegt im konzentrierten Ablauf in Form von speziellen Workshops. Diese dauern in der Regel eine Woche lang und schließen die Umsetzung von Verbesserungsmaßnahmen (soweit möglich) mit ein. Dazu werden im Vorfeld Ziele einschließlich entsprechender Ergebnismeßgrößen vereinbart sowie Prozesse definiert und durch Prozeßmeßgrößen gesteuert. Ausgerichtet ist KVP² nicht nur auf Verbesserungen innerhalb einer organisatorischen Einheit, sondern nach Möglichkeit einer vollständigen Wertschöpfungskette.

Demgemäß sollten alle betroffenen Hierarchieebenen sowie der Betriebsrat in die KVP²-Workshops einbezogen werden. Dort werden durch konsensorientierte Teamarbeit Vorschläge entwickelt und sofort umgesetzt, so daß die erreichte Verbesserung unmittelbar erkennbar ist.

Darüber hinaus ist das Prinzip der Ständigen Verbesserung aber auch ein eigenständiger Teil der Unternehmensphilosophie von Deming. Es basiert direkt auf den Grundlagen dieses Programms, die als Grundhaltungen bezeichnet werden und als Voraussetzung für eine erfolgreiche Anwendung anzusehen sind. Die Grundhaltungen werden hier noch einmal wiedergegeben:

> Jede Aktivität kann als Prozeß aufgefaßt und entsprechend verbessert werden.
>
> Problemlösungen allein genügen nicht, fundamentale Veränderungen sind erforderlich.
>
> Die oberste Unternehmensleitung muß handeln, die Übernahme von Verantwortung ist nicht ausreichend.

Weiterhin basiert das Prinzip der Ständigen Verbesserung auf dem sog. Deming-Zyklus, der zugleich Anwendungs- und Erklärungsmodell ist. Dieser Zyklus wird auch als Plan-Do-Check-Act-Zyklus (PDCA-Zyklus) oder als Deming-Kreis bezeichnet (vgl. Bild 69). Deming selber weist jedoch darauf hin, daß dieser Zyklus ursprünglich von seinem Lehrer Shewhart stammt [Deming 86].

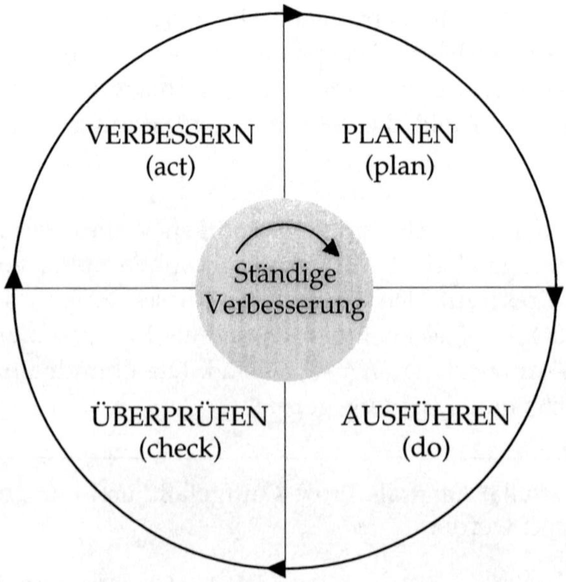

Bild 69: Deming-Zyklus der Ständigen Verbesserung

Im Deming-Zyklus wird gemäß den Grundhaltungen von Deming davon ausgegangen, daß jeder Vorgang als Prozeß betrachtet und als solcher schrittweise verbessert werden kann. Die Vorgehensweise erfolgt gemäß Bild 69 in den folgenden Teilschritten:

> Planen (plan) - Ausführen (do) - Überprüfen (check) - Verbessern (act).

Es ist also zunächst ein Plan für eine effektive Verbesserung zu entwickeln (plan), wobei überlegt wird, welches die wichtigsten Ergebnisse und die größten Hindernisse sind, welche Änderungen und neuen Beobachtungen erforderlich werden. Danach ist dieser Plan auszuführen (do), zunächst in kleinerem Maßstab. Alle vorhandenen, relevanten Daten, die Antwort auf die Fragen der Planungsphase geben, sind zu sammeln bzw. die festgelegten Änderungen sind durchzuführen. Anschließend sind die Auswirkungen der Änderungen zu beobachten und die Ergebnisse festzuhalten und zu überprüfen (check).

Schließlich werden die Ergebnisse studiert, um zu erkennen, was an dem Vorgang noch zu verbessern (act) und entsprechend als Eingangsgröße in den nächsten Durchlauf von Bedeutung ist [Deming 86].

Man durchläuft den Zyklus nun ein zweites, ein drittes Mal und so fort. Das wiederholte Durchlaufen ist besonders sinnvoll, da jedesmal das Problem etwas mehr eingegrenzt wird und außerdem der Wissensinhalt des Anwenders zunimmt, indem die Erfahrungen aus den vorhergehenden Zyklen angewendet werden. Hieraus ist der Begriff der Ständigen Verbesserung entstanden, da der Zyklus immer wieder durchlaufen und bei jedem Durchlauf das Problem kontinuierlich eingegrenzt wird.

Das Prinzip der Ständigen Verbesserung wird praktisch bei den Methoden der Statistischen Prozeßregelung angewandt (vgl. **Statistische Prozeßregelung**). Es ist außerdem die Basis, auf der Taguchi seine Überlegungen zur Versuchsplanung (Design of Experiments, DoE) und den Ansatz der Qualitätsverlustfunktion (Quality Loss Function) begründet [Kirstein 88] (vgl. **Taguchi**, **Versuchsplanung**, **Qualitätsverlustfunktion**). Trotz der Einteilung in vier Schritte bzw. Phasen bleibt festzuhalten, daß der Deming-Zyklus der Ständigen Verbesserung als Kreis im Sinne eines Prozesses ohne Anfangs- und ohne Endpunkt zu verstehen ist. Jeder leistet einen Beitrag, egal an welcher Stelle. Einen festgelegten Beginn gibt es nicht, die Verbesserungen sind ständig und kontinuierlich anzustreben.

Literaturhinweise zur Vertiefung

Deming, W. E.:
Quality, Productivity, and Competitive Position.
Cambridge/Mass./USA: Massachusets Institute of Technology Press 1982.

Deming, W. E.:
Out of the Crisis.
2. Aufl., Cambridge/Mass./USA: Massachusets Institute of Technology Press 1986.

Scherkenbach, W.:
The Deming Route to Quality and Productivity.
Washington/DC/USA: Cee Press Books 1986.

Mann, N. R.:
The Keys to Excellence.
Los Angeles/Cal./USA: Prestwick Books 1987.

Gitlow, H.; Gitlow, S.:
The Deming Guide to Quality and Competitive Position.
Englewood Cliffs/NJ/USA: Prentice Hall 1987.

Taguchi, G.; Wu, Y.:
Introduction to Off-Line Quality Control.
Nagaya/Japan: Central Japan Quality Control Association 1985.

Statistische Prozeßregelung (SPR)/ Statistical Process Control (SPC)

Die Statistische Prozeßregelung ist ein auf mathematisch-statistischen Grundlagen basierendes Instrument, um einen bereits optimierten Prozeß durch kontinuierliche Beobachtung und gegebenenfalls Korrekturen auch in diesem optimierten Zustand zu erhalten. Als wichtigste Hilfsmittel dienen dabei verschiedene Arten von Qualitätsregelkarten (vgl. **Qualitätsregelkarte**). Mit dieser Methode kann eine unmittelbare Prozeßverbesserung nicht erreicht werden, da die Statistische Prozeßregelung in der laufenden Fertigung (Serienfertigung) angewendet wird, also nach Festlegung der Prozeßparameter. Damit sind grundlegende Änderungen am Prozeß selbst nicht mehr möglich, es können lediglich kleinere Abweichungen ausgeregelt sowie Daten gesammelt und aufbereitet werden, um Ansatzpunkte für eine Verbesserung aufzuzeigen.

Entwickelt wurde die Statistische Prozeßregelung anfangs der 30er Jahre von dem Amerikaner Shewhart, der die Methoden der Statistik, der Ingenieurswissenschaften und der Wirtschaftswissenschaften zusammenführte und die Qualitätsregelkarte entwickelte. Er beschrieb die grundlegenden Prinzipien dieses Ansatzes in seinem Buch „The Economic Control of Quality of Manufactured Product" [Shewhart 31].

Im Rahmen der Anwendung statistischer Verfahren wird davon ausgegangen, daß sowohl bei der Herstellung als auch bei der anschließenden Vermessung von gefertigten Teilen Unterschiede bezüglich eines betrachteten Merkmals feststellbar sind. Dieses Abweichungsverhalten eines Merkmals von seinem Sollwert wird als Streuung bezeichnet. Als wichtigste Maßgrößen dafür dienen die Standardabweichung s, die Spannweite R und der Mittelwert $\bar{x}$ einer Stichprobe.

Standardabweichung $s = \sqrt{\frac{\sum_{i=1}^{n}(x_i - \bar{x})^2}{n-1}}$

Spannweite $R = x_{max} - x_{min}$

Mittelwert $\bar{x} = \frac{1}{n} \sum_{i=1}^{n} x_i$

Als Ursache für das Auftreten von Streuungen kommen zufällige und systematische Einflüsse in Frage. Zufallseinflüsse stellen die konstante Summe vieler kleiner Einzeleinflüsse dar. Sie sind ständig vorhanden, über die Zeit stabil und somit vorhersagbar. Andererseits sind systematische Einflüsse auf einen oder wenige große Haupteinflüsse zurückzuführen, die unregelmäßig auftreten und den Prozeß instabil und damit nicht vorhersagbar machen.

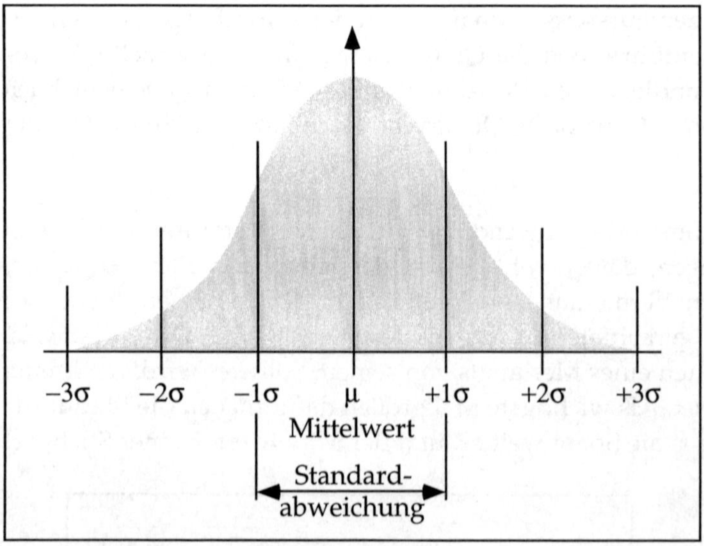

Bild 70: Standardisierte Normalverteilung

Die statistische Grundlage für diese Unterscheidung in zufällige und systematische Einflüsse bildet die sogenannte natürliche Streuung, die lediglich auf zufälligen Einflüssen beruht und zu einem kontrollierten und gleichmäßigen Verlauf des betrachteten Prozesses führt. In diesem Fall wirken also auf das zu untersuchende Merkmal ausschließlich viele kleine, voneinander unabhängige Einflüsse (zufällige Einflüsse) und man spricht von einer Normalverteilung. Sie wird nach dem deutschen Mathematiker, Physiker und Astronom auch Gauß-Verteilung genannt und durch eine glockenförmige Kurve im Häufigkeitsschaubild (Gaußsche Glockenkurve) charakterisiert (vgl. Bild 70).

Bei normalverteilten Meßwerten ist es nun möglich, aufgrund von Stichprobenziehungen den Anteil der Grundgesamtheit, der innerhalb eines bekannten Zufallsstreubereiches liegt, mit hinreichender Genauigkeit vorherzusagen (vgl. **Stichprobenprüfung**). Maßgebend für die Beurteilung einer solchen normalverteilten Stichprobe sind der Mittelwert $\bar{x}$ und die Standardabweichung s. Unter Anwendung von Verfahren der induktiven Statistik ist nun zu untersuchen, ob eine festgestellte Streuung auf zufällige, störungsbedingte Einflüsse zurückzuführen und damit kontrollierbar ist. Andernfalls muß die vorliegende Schwankung als systembedingt (systematisch) angesehen werden.

Es ist jedoch anzumerken, daß sich gegenüber dieser Sichtweise zunehmend Kritik aus der betrieblichen Praxis erhebt. Wohl zu recht wird bemängelt, daß der klassische Ansatz von Shewhart nicht ohne weiteres zutreffend ist, wenn er auf reale Prozesse angewendet wird. Kernpunkt der Kritik ist die fehlende Unterscheidung bzw. unscharfe Trennung zwischen der Kurzzeit- und der Langzeitstreuung eines Prozesses, die zusammen erst die Gesamtstreuung ergeben. Dies betrifft vor allem die Verwendung der Kurzzeitstreuung zur Berechnung der Eingriffsgrenzen von Qualitätsregelkarten, da die Eingriffsgrenzen in bezug auf die Langzeitstreuung des Prozesses festgelegt werden [Stark 91]. Diese Betrachtungweise der Prozeßstreuung findet zunehmend auch in die neuere Literatur Eingang [Ebeling 94]. Die Definition sinnvoller Maßgrößen, die Kurz- und Langzeitverhalten eines Prozesses beschreiben, darf als berechtigte Forderung an die Statistische Prozeßregelung gelten. Bis diese Größen jedoch gefunden und in die Praxis eingeführt sind, erscheint es sinnvoll, mit den bisher üblichen Vereinfachungen zu arbeiten, um Statistische Prozeßregelung überhaupt anwenden zu können und die derzeit möglichen Potentiale dieses Verfahrens auszuschöpfen.

Als Hauptaufgabe der Statistischen Prozeßregelung ergibt sich die kontinuierliche Beobachtung eines Prozesses im Hinblick auf seine Streuung sowie die Unterscheidung zwischen zufällig und systematisch bedingten Streuungen. Dabei beinhaltet die Streuung das gesamte Abweichungsverhalten eines Merkmals von seinem Sollwert, also neben dem Ausmaß auch die Lage zum angestrebten Mittelwert (Mittenlage). Die Durchführung dieser Untersuchungen erfolgt mit Hilfe von Stichprobenziehungen, deren Ergebnisse in Qualitätsregelkarten eingetragen werden (vgl. **Qualitätsregelkarte**). Außerdem enthalten die Qualitätsregelkarten eingezeichnete Warn- und Eingriffsgrenzen. Diese stellen die Zufallsstreubereiche des betrachteten Prozesses dar, also den Betrag, um den die Mittelwerte und Standardabweichungen der Stichproben streuen würden, wenn sie ausschließlich zufälligen Einflüssen unterliegen würden. Die Warn- und Eingriffsgrenzen sind keine Toleranzen, sondern geben lediglich die

Grenzwerte der natürlichen zufälligen Prozeßstreuung wieder. Stichprobenergebnisse außerhalb der Eingriffsgrenzen sind auf systematische Einflüsse zurückzuführen und erfordern ein sofortiges Eingreifen (vgl. **Qualitätsregelkarte**).

Die Anwendung von Qualitätsregelkarten zur Statistischen Prozeßregelung ist generell für alle Arten von Merkmalen möglich, also sowohl für variable als auch für attributive Daten. Dabei werden für die Untersuchung von variablen Merkmalen, die in Form von konkreten Meßwerten vorliegen, Qualitätsregelkarten für Urwert, für Mittelwert und Standardabweichung ($\bar{x}$-s-Karte), für Mittelwert und Spannweite ($\bar{x}$-R-Karte) sowie für Median und Spannweite ($\tilde{x}$-R-Karte) eingesetzt. Der Median $\tilde{x}$ dient hier als mehr oder weniger genaue Näherung an den Prozeßmittelwert. Bei attributiven Merkmalen kann lediglich zwischen zwei gegensätzlichen Ausprägungen unterschieden werden (gut/schlecht, vorhanden/nicht vorhanden). Es werden Qualitätsregelkarten für den Anteil fehlerhafter Einheiten (p-Karte), für die Anzahl fehlerhafter Einheiten (np-Karte), für die Fehlerzahl (c-Karte) und für die Fehlerzahl pro Einheit (u-Karte) verwendet.

Für die tatsächliche Anwendung der Statistischen Prozeßregelung müssen jedoch zunächst noch einige grundlegende Voraussetzungen erfüllt sein. Diese geben zugleich ein phasenorientiertes Ablaufkonzept für die Einführung der Statistischen Prozeßregelung in der betrieblichen Praxis wieder [Malorny/Krämer 91]:

- Anforderungen im Vorfeld

  Bevor mit der eigentlichen Einführung der Statistischen Prozeßregelung begonnen werden kann, muß die Bereitschaft für eine Abkehr von der vergangenheitsorientierten Methode der Fehlersuche und anschließenden Fehlerkorrektur vorhanden sein. Im Rahmen einer zukunftsorientierten, fehlervermeidenden Vorgehensweise sind die Fertigungsprozesse so zu steuern, daß ständig einwandfreie Produkte erzeugt werden. Ein regelmäßiges Aussortieren von fehlerhaften Teilen nach jeder Bearbeitungsstufe ist unbedingt abzulehnen. Dazu ist oft auch ein tiefgreifender Wandel der Denkweise im Managementbereich erforderlich, der im

Idealfall das gesamte Unternehmen umfaßt (vgl. **Total Quality Management**). Weiterhin ist die Konstituierung eines mit der Einführung beauftragten Teams sowie dessen Schulung und Einbindung in die Aufbau- und Ablauforganisation notwendig (vgl. **Qualitätsmanagementsystem**).

- Auswahl und Festlegung der charakteristischen Größen

  Unter den charakteristischen Größen werden hier diejenigen Faktoren verstanden, die bei jeder Durchführung der Untersuchung im Vorfeld festzulegen sind. Dazu gehören die Auswahl des Werkstückes (kritisches Maß), des Prüfmittels (Eignung, Überwachung) und der Maschine (repräsentativ, übertragbar).

- Meßgerätefähigkeit und Maschinenfähigkeit

  Grundlage der Auswertung von Ergebnissen nach den Methoden der Statistischen Prozeßregelung sind Meßwerte. Aus diesem Grunde muß durch den Nachweis der Meßgerätefähigkeit zunächst sichergestellt werden, daß die verwendeten Geräte in der Lage sind, die Untersuchungen mit der geforderten Genauigkeit, Wiederholbarkeit und Vergleichbarkeit durchzuführen. Für die ausgewählte Maschine gilt dies entsprechend. Dabei versteht man unter Fähigkeit (Capability) grundsätzlich die Güte einer Maschine oder eines Prozesses im Verhältnis zur Spezifikation (Toleranz). Die Maschinenfähigkeit ist ein Maß für die kurzzeitige Merkmalsstreuung, die von der Maschine ausgeht. Es werden also die maschinenbedingten Einflüsse auf den Fertigungsprozeß untersucht. Dabei dürfen keine systematischen Einflüsse wirken, Randbedingungen und äußere Einflüsse müssen also konstant gehalten werden. Die Maschinenfähigkeit wird durch die Kennwerte c_m und c_{mk} ausgedrückt (Maschinenfähigkeitsindizes). Dabei berücksichtigt c_m nur die Streuung der Maschine, während c_{mk} zusätzlich noch die Lage des Mittelwertes innerhalb der Toleranz einbezieht und somit die Langzeit-Merkmalsstreuung beschreibt.

$$c_m = \frac{OTG - UTG}{6s}$$

$$c_{mk} = \frac{\min\,(OTG - \bar{\bar{x}}\,;\ \bar{\bar{x}} - UTG)}{3s}$$

Dabei sind OTG und UTG die obere bzw. untere Toleranzgrenze, s ist die Standardabweichung des Loses als Näherungswert für die Standardabweichung der Grundgesamtheit und $\bar{\bar{x}}$ ist der Prozeßmittelwert. Die Mindestanforderung für die Maschinenfähigkeit ist in der Praxis $c_{mk} = 1{,}33$.

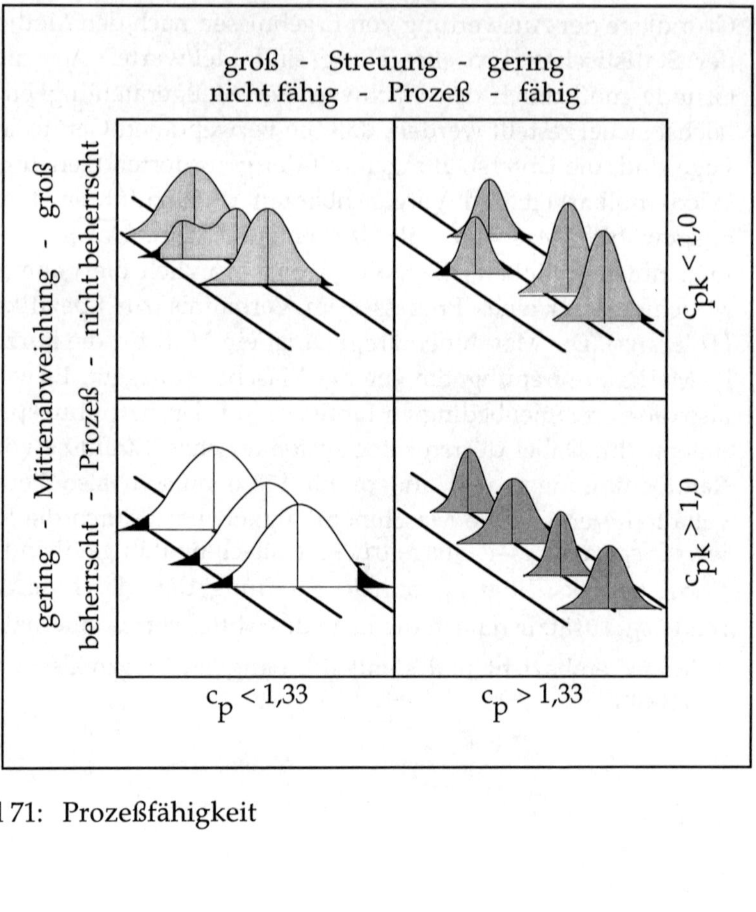

Bild 71: Prozeßfähigkeit

- Prozeßfähigkeit

  Die Prozeßfähigkeit ist ein Maß für die langfristige Merkmalsstreuung, die von Mensch, Maschine, Material, Methode und Arbeitsumgebung beeinflußt wird. Dabei soll der Nachweis erbracht werden, daß der betrachtete Fertigungsprozeß auch auf längere Sicht in der Lage ist, die an ihn gestellten Qualitätsanforderungen zu erfüllen. Die Prozeßfähigkeit wird durch die Kennwerte c_p und c_{pk} ausgedrückt (Prozeßfähigkeitsindizes). Berechnung, Aussage und Mindestanforderung gelten analog den Kennwerten für die Maschinenfähigkeit. Eine andere Form der Berechnung ist:

$$c_p = \frac{\textit{Spezifikationsbreite (Toleranzbreite)}}{\textit{Streubreite des Prozesses}}$$

$$c_{pk} = c_p \ (1-k)$$

mit

$$k = \left| \frac{\textit{Prozeßverschiebung}}{\textit{Spezifikationsbreite (Toleranzbreite) / 2}} \right|$$

Ein Prozeß mit c_p und $c_{pk} \geq 1{,}33$ wird als qualitätsfähig bezeichnet [Kirstein 87]. Anzustreben sind c_{pk}-Werte > 1,67. Die Prozeßfähigkeitsindizes sind nur dann sinnvoll zu berechnen, wenn der Prozeß unter statistischer Kontrolle, also beherrscht ist (vgl. Bild 71) [Gogoll/Theden 94]. In diesem Falle treten lediglich zufallsbedingte Streuungen (natürliche, gleichmäßige und normalverteilte Streuungen) auf. Das Erreichen von c_{pk}-Werten > 1,67 hat große wirtschaftliche Bedeutung, da Ausschuß und Nacharbeit nicht mehr auftreten und Sortierarbeiten vermieden werden können. Aus diesem Grunde hat das US-amerikanische Unternehmen Motorola als erstes seine Qualitätsanstrengungen unter das

Motto „Sechs Sigma (6σ)" gestellt, um damit alle Mitarbeiter in allen Bereichen des Unternehmens anzuhalten, sich dem Null-Fehler-Leistungsziel zu nähern (vgl. **Sechs Sigma**).

- Prozeßregelung

  Ziel der eigentlichen Prozeßregelung ist es, einen optimierten, statistisch kontrollierten und damit qualitätsfähigen Prozeß der laufenden Fertigung in diesem Zustand zu halten. Dazu wird der Prozeß kontinuierlich mit Hilfe der Qualitätsregelkarten beobachtet, durch die Berechnung der Prozeßfähigkeitsindizes bewertet und über geeignete Korrekturmaßnahmen im Sinne einer Fehlervermeidung geregelt (vgl. **Qualitätsregelkarte**).

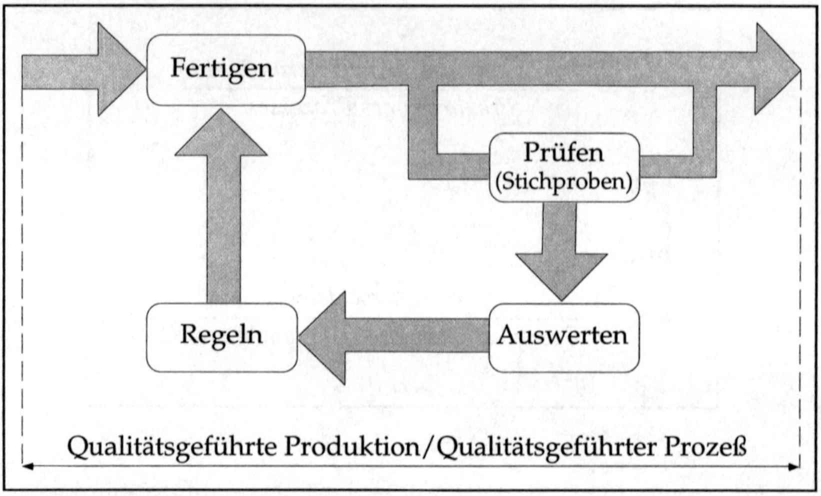

Bild 72: Qualitätsgeführte Produktion

Es ist noch einmal deutlich darauf hinzuweisen, daß es sich bei der Statistischen Prozeßregelung nicht um eine Methode der unmittelbaren Prozeßverbesserung handelt, da lediglich kleinere Abweichungen ausgeregelt und Ansatzpunkte für eine Verbesserung aufgezeigt werden können. Trotzdem ist die Statistische Prozeßregelung wichtiger Bestandteil in einem Kreislauf der Ständigen Verbesserungen mit den Schritten Prozeßanalyse (Qualitätszirkel, Qualitätswerkzeuge), Prozeßoptimierung (Fehlermöglichkeits- und -einflußanalyse, Versuchsplanung), Prozeßfähigkeitsuntersuchung und Prozeßregelung (Qualitätsregelkarten, Prozeßfähigkeitsindizes) (vgl. **Ständige Verbesserung, Qualitätszirkel, Qualitätswerkzeuge, Qualitätsregelkarte, Fehlermöglichkeits- und -einflußanalyse, Versuchsplanung**). Eine Qualitätsverbesserung wird hier durch die Eliminierung von systematischen und die Reduzierung von zufälligen Einflüssen angestrebt. Sie ist jedoch nur durch eine systematische Ursachenanalyse und eine gezielte Veränderung von grundlegenden Prozeßparametern zu realisieren. Anschließend wird der betrachtete Prozeß im Rahmen der Statistischen Prozeßregelung als Regelkreis aufgefaßt (vgl. Bild 72). Mit dem Ziel der Fehlervermeidung und der kontinuierlichen Verbesserung kann durch Stichprobenprüfungen, statistische Auswertung der Ergebnisse und anschließende Regelung der Prozeßparameter eine qualitätsgeführte Produktion im Sinne einer fertigungsintegrierten Qualitätssicherung erreicht werden (vgl. **Stichprobenprüfung**). Im Gegensatz zu dieser fehlervermeidenden Regelung am Prozeß steht die vergangenheitsorientierte Überwachung am Produkt, die sich in erster Linie auf Meß- und Prüfvorgänge zur Fehlerentdeckung am bereits hergestellten Produkt bezieht.

An dieser Stelle sei noch kurz auf ein weiteres Verfahren der Statistischen Prozeßregelung hingewiesen, die sogenannte Einfache Prozeßregelung (EPR). Dabei handelt es sich ebenfalls um eine Methode, die angewendet werden kann, um eine sichere Produktion aufrechtzuerhalten. Grundgedanke der Einfachen Prozeßregelung ist ein Warnmechanismus, der einsetzt, wenn statistisch signifikante Veränderungen an den Prozeßparametern auftreten und eine hohe Wahrscheinlichkeit dafür besteht, daß die folgende Einheit außerhalb der vorgegebenen Spezifikationen produziert wird. Dabei wird ohne Einsatz höherer Mathematik und mit nur sehr geringen Stichprobenumfängen auf ein bevorstehendes Verlassen der festgelegten Regelgrenzen hingewiesen. Aus dem Stichprobenergebnis ist weiterhin zu ersehen, ob die Störung von der Maschineneinstellung oder von einer Verbreiterung der Verteilung verursacht wird [Bhote 88].

Die Einfache Prozeßregelung wurde 1954 von einigen amerikanischen Statistikern, darunter auch Shainin, entwickelt. Sie ist unter der Bezeichnung Preset Control Limits (Precontrol) bekannt geworden, da hier die Regelgrenzen von vornherein festgelegt sind. Dies ist einer der wichtigsten Unterschiede zur Statistischen Prozeßregelung, bei der sich die Regelgrenzen (Warn- und Eingriffsgrenzen) laufend ändern können.

Zur Erstellung einer EPR-Regelkarte wird der Toleranzbereich bei einem zweiseitig tolerierten Qualitätsmerkmal zunächst in vier gleich große Bereiche aufgeteilt (vgl. Bild 73) [Rosemann 89]. Die beiden Bereiche oberhalb und unterhalb des Sollwertes bilden den Beobachtungsbereich (grüne Zone). Die sich jeweils nach außen daran anschließenden, noch innerhalb der Toleranzgrenzen liegenden Viertel bilden den Warnbereich (gelbe Zone). Außerhalb der Toleranzgrenzen liegt der Eingriffsbereich (rote Zone).

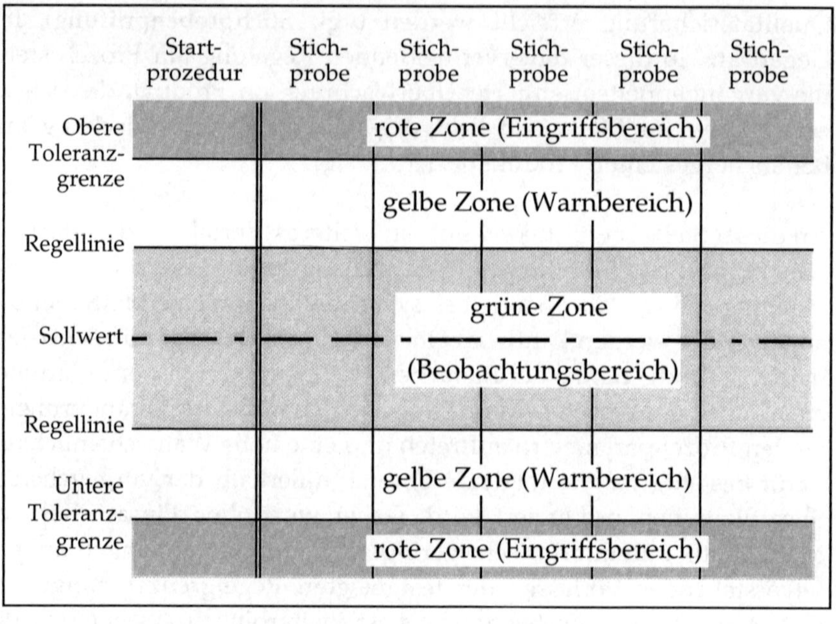

Bild 73: Schema der Einfachen Prozeßregelung

Nach Anlauf des Prozesses wird eine Stichprobe von fünf aufeinanderfolgenden Teilen entnommen, vermessen und in die Regelkarte eingetragen (Startprozedur). Liegt dabei ein Wert in der gelben oder gar in der roten Zone, muß die Einstellung der Maschinenparameter überprüft und entsprechend geändert werden, bis alle Meßwerte in der grünen Zone liegen. Wenn dies dann der Fall ist, wird der Prozeß als beherrscht und fähig angenommen. Im Anschluß daran werden in einem festgelegten Abstand Stichproben von jeweils zwei Teilen entnommen und die Meßwerte entsprechend in die Regelkarte eingetragen. Nach einer einfachen Vorschrift kann nun entschieden werden, ob in den Prozeß eingegriffen wird oder nicht. Danach bedeutet zweimal grün: kein Eingreifen erforderlich, einmal grün und einmal gelb: kein Eingreifen erforderlich, zweimal gelb: Prozeß unterbrechen und Störgröße eliminieren, einmal rot: Prozeß unterbrechen und Fehlerursache beseitigen.

Damit ist die Einfache Prozeßregelung insgesamt eine Methode, die unter korrekter Anwendung der statistischen Grundlagen mit einfachen und anschaulichen Entscheidungsregeln auskommt und schon zu Beginn eines betrachteten Prozesses sinnvoll eingesetzt werden kann. Hinzu kommen, wie oben bereits erwähnt, eine einfachere Handhabung und ein insgesamt geringerer Prüfaufwand, die Ersichtlichkeit der Störungsursache sowie die Verwendung von deutlich kleineren Stichprobenumfängen als bei der Statistischen Prozeßregelung. Bei relativ geringem Aufwand werden gute Ergebnisse erzielt [Rosemann 89]. Unbedingte Voraussetzung für die Anwendung der Einfachen Prozeßregelung ist jedoch der Nachweis der Qualitätsfähigkeit des Fertigungsprozesses (mindestens: c_p und $c_{pk} \geq 1{,}33$, besser noch: c_p und $c_{pk} \geq 1{,}67$).

Literaturhinweise zur Vertiefung

DGQ - Deutsche Gesellschaft für Qualität (Hrsg.):
DGQ-Schrift 16-31: SPC 1 - Statistische Prozeßlenkung.
Berlin: Beuth Verlag 1990.

DGQ - Deutsche Gesellschaft für Qualität (Hrsg.):
DGQ-Schrift 16-32: SPC 2 - Qualitätsregelkartentechnik.
5. Aufl., Berlin: Beuth Verlag 1995.

Bernecker, K.:
DGQ-Schrift 16-33: SPC 3 - Anleitung zur Statistischen Prozeßlenkung (SPC): Qualitätsregelkarten, Prozeßfähigkeitsbeurteilungen (c_p, c_{pk}), Fehlersammelkarte.
Hrsg.: DGQ - Deutsche Gesellschaft für Qualität.
Berlin: Beuth Verlag 1990.

Bhote, K. R.:
World Class Quality.
New York/NY/USA: American Management Association 1988.

Rinne, H.; Mittag, H.-J.:
Statistische Methoden der Qualitätssicherung.
3. Aufl., München: Carl Hanser Verlag 1994.

Dietrich, E.; Schulze, A.:
Statistische Verfahren zur Qualifikation von Meßmitteln, Maschinen und Prozessen.
3. Aufl., München: Carl Hanser Verlag 1998.

Stichprobenprüfung

Unter Stichprobenprüfung versteht man die Überprüfung eines repräsentativen Anteils von Einheiten aus der betrachteten Grundgesamtheit in bezug auf die vorgegebenen Prüfmerkmale. Aufgrund des Ergebnisses der Stichprobenprüfung wird auf die qualitative Beschaffenheit der Grundgesamtheit geschlossen.

Eine Grundgesamtheit ist in der Statistik die Menge aller für die vorzunehmende Untersuchung relevanter Merkmalsträger. Hier also die gesamte Anzahl der zur Prüfung vorgestellten Einheiten, meistens ein Fertigungslos, eine Schichtleistung oder eine Liefermenge von Kaufteilen. Die Einheiten der Grundgesamtheit sollten Teile gleicher Art und Zusammensetzung sein, unter gleichen Bedingungen und in einem festgelegten Zeitraum die letzte Fertigungsstufe durchlaufen haben, sowie eindeutig identifiziert und abgesondert werden können [Ford 88].

Als Stichprobe bezeichnet man die zufällige oder nach einer anderen Ziehungsvorschrift durchgeführte Entnahme von Einheiten aus einer in der Regel endlichen Grundgesamtheit, an denen die Prüfung vorgenommen wird. Die Anzahl der so durchgeführten Beobachtungen ist der Stichprobenumfang. Hierbei sollten Überlegungen bezüglich der Wirtschaftlichkeit des Prüfaufwandes im Verhältnis zum Prüfrisiko angestellt werden. Doppelprüfungen, die z.B. im Rahmen von Prüfungen im weiteren Produktionsverlauf vorkommen könnten, sind zu vermeiden.

Die Stichprobenprüfung kann in Form einer Attributprüfung erfolgen, d.h. es wird nur unterschieden zwischen zwei gegensätzlichen Ausprägungen des Prüfmerkmals (gut/schlecht, vorhanden/nicht vorhanden). Sie kann auch als variable (messende) Prüfung vorgenommen werden, um hier aus konkreten Meßergebnissen weitere Informationen für die Prozeßverbesserung zu erhalten.

Vorteile der Stichprobenprüfung sind die Berechenbarkeit von Fehlerrisiken, die schnellere Verfügbarkeit der Lose, die geringeren Prüfkosten, die Dokumentation der Produktqualität über die Dokumentation der Stichprobenergebnisse sowie die Möglichkeit einer besseren Auswahl und Schulung des Prüfpersonals, da die Stichprobenprüfung weniger Aufwand verursacht, aber mehr Fachkenntnisse als die Vollprüfung verlangt (vgl. **Vollprüfung**).

Die wichtigste Stichprobenanweisung ist das Acceptable Quality Level (AQL)-Stichprobensystem zur Attributprüfung nach DIN 40 080 bzw. ISO 2859. Diese Vorschrift enthält auch Sprunganweisungen, die in Abhängigkeit von den erreichten Stichprobenergebnissen zu einer verschärften bzw. reduzierten Prüfung führen. Der Übergang zur reduzierten Prüfung ist eine Kann-Regelung, die bei guter und stabiler Qualitätslage der Stichproben angewendet werden kann und bei der nicht jedes Los geprüft wird. Der Übergang zur verschärften Prüfung ist eine Muß-Regelung im Sinne einer verbesserten Absicherung des Abnehmers. Bei besonders schlechten Ergebnissen sieht die Norm sogar einen Abbruch der Prüfung und damit eine Ablehnung des Lieferanten vor. Die Sprunganweisungen zur reduzierten Prüfung werden in ISO 2859, Teil 3, als Skip-Lot-Stichprobenprüfungen bezeichnet [Franzkowski 94]. Das Überspringen einzelner Lose bei der Prüfung stellt eine Reduktion der Prüfintensität dar, also ein Risiko, auf das sich der Abnehmer aufgrund einer gewissen Anzahl vorhergehender, einwandfreier Lieferungen einlassen kann, aber nicht muß.

Die Vereinbarung von AQL-Werten hatte sich in der Industrie wegen der breiten Anwendung der Stichprobenprüfung von Zulieferungen allgemein durchgesetzt. Damit wird jedoch eigentlich ein bestimmter Anteil von fehlerhaften Einheiten im Los vereinbart, der wegen der unzutreffenden Übersetzung von Acceptable Quality Level als „Annehmbare Qualitätsgrenzlage" von den Zulieferanten häufig als noch zulässig bezeichnet wird.

Aus dieser unglücklichen Formulierung wird dann leicht abgeleitet, daß ein entsprechender Fehleranteil vom Abnehmer ohne Widerspruch hinzunehmen ist. Derartige Schlußfolgerungen mißdeuten in unzulässiger Weise den Charakter von AQL-Werten, die ja lediglich eine Kennzahl für das Prüf- bzw. Beurteilungsrisiko bei der Stichprobenprüfung von Losen darstellen, aber keinesfalls einen Fehleranteil im Los legalisieren sollen [Franke 99]. Darüber hinaus widerspricht ein Fehleranteil in Prozent, wie er von AQL-Werten angegeben wird, auch der immer häufiger erhobenen Forderung nach Fehleranteilen, die sich höchstens im Bereich von Parts per Million (ppm) bewegen dürfen.

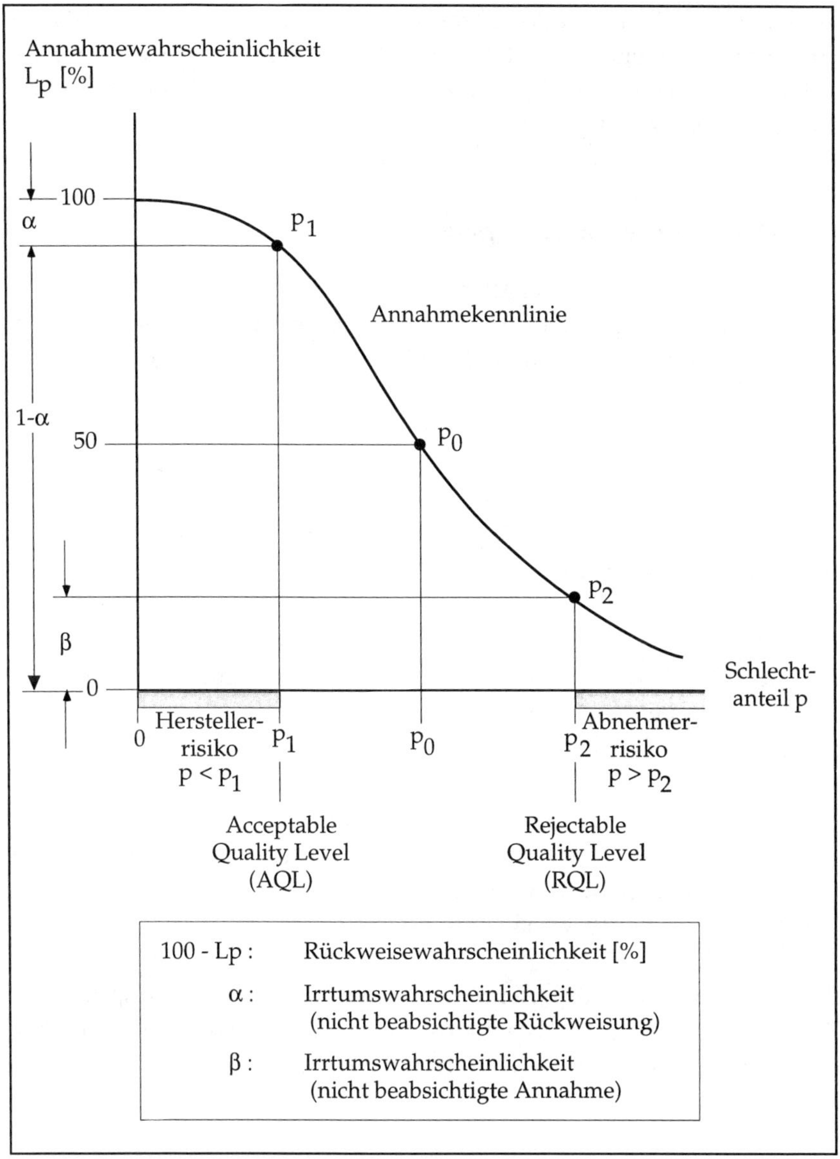

Bild 74: Annahmekennlinie

Um dieser falschen Auslegung der AQL-Werte zu begegnen, werden sie heute als Grenzwert der Qualitätslage für einen Stichprobenplan mit einer relativ hohen Annahmewahrscheinlichkeit der zugehörigen Stichprobenanweisungen definiert. Hinzu kommt die Kennzahl Rejectable Quality Level (RQL), die entsprechend eine Rückweisewahrscheinlichkeit angibt (vgl. Bild 74).

Literaturhinweise zur Vertiefung

DGQ - Deutsche Gesellschaft für Qualität (Hrsg.):
DGQ-SAQ-ÖVQ-Schrift 16-01: Annahmestichprobenprüfung anhand der Anzahl fehlerhafter Einheiten oder Fehler (Attributprüfung): Verfahren und Tabellen nach DIN ISO 2859-1.
10. Aufl., Berlin: Beuth Verlag 1995.

DGQ - Deutsche Gesellschaft für Qualität (Hrsg.):
DGQ-SAQ-Schrift 16-03: Skip-lot-Stichprobenprüfung.
Berlin: Beuth Verlag 1990.

DGQ - Deutsche Gesellschaft für Qualität (Hrsg.):
DGQ-SAQ-Schrift 16-37: Stichprobenprüfung für kontinuierliche Fertigung anhand qualitativer Merkmale.
2. Aufl., Berlin: Beuth Verlag 1988.

DGQ - Deutsche Gesellschaft für Qualität (Hrsg.):
DGQ-SAQ-Schrift 16-43: Stichprobenprüfung für quantitative Merkmale (Variablenstichprobenpläne).
2. Aufl., Berlin: Beuth Verlag 1988.

ISO - International Organization for Standardization (Hrsg.):
ISO 2859: Sampling Procedures for Inspection by Attributes, Part 0-3, insbesondere Part 3: Skip Lot Sampling Plan.
ISO 1985.

Total Productive Maintenance (TPM)

Total Productive Maintenance kann als umfassende produktive Instandhaltung übersetzt werden und stellt ein Konzept zur optimalen

Nutzung der Produktionsanlagen auf der Basis von vorbeugender Ausfallvermeidung und ständiger Verbesserung hinsichtlich der Anlagenverfügbarkeit dar [Al-Radhi/Heuer 95].

Dazu dient ein umfassendes System der vorbeugenden Instandhaltung während der gesamten Lebensdauer der Produktionsanlagen. In dieses System sind sämtliche Mitarbeiter auf allen Hierarchieebenen des Unternehmens einbezogen. Sie werden durch entsprechende Gruppenaktivitäten wie beispielsweise Qualitätszirkel motiviert [JIPM 86] (vgl. **Qualitätszirkel**).

Versteht man unter Instandhaltung allgemein sämtliche Maßnahmen, die dazu dienen, die Funktionsfähigkeit von Produktionsanlagen zu gewährleisten oder wiederherzustellen, so braucht deren Notwendigkeit grundsätzlich nicht weiter erörtert zu werden. Eine hohe Maschinenverfügbarkeit, die Sicherheit der Fertigungsprozesse und schließlich auch die Qualität der Produkte erfordern den einwandfreien Zustand der eingesetzten Maschinen und Anlagen. In diesem Sinne schließt die Instandhaltung sowohl die Maßnahmen der Wartung (Bewahren des Sollzustandes), der Inspektion (Feststellen und Beurteilen des Istzustandes) sowie der Instandsetzung (Wiederherstellen des Sollzustandes einschließlich vorbeugender Maßnahmen) ein [DIN 85].

Insbesondere bei Anwendung des Just-in-Time-Konzepts (JiT) zur Organisation und Steuerung des Materialflusses für eine Produktion auf Abruf gewinnt die Maschinenverfügbarkeit eine herausragende Bedeutung, um den ungestörten Materialfluß zu gewährleisten (vgl. **Just-in-Time**).

Die Gedanken, die zur Entwicklung von Total Productive Maintenance geführt haben, basieren auf der Grundüberlegung, daß dem steigenden Komplexitätsgrad der hochtechnisierten Maschinen, die heute in der Fertigung eingesetzt werden, Rechnung zu tragen ist. Jeder Maschinenstillstand verringert Produktivität und Kapazitätsauslastung und verursacht damit Ausfallkosten. Der Einsatz spezieller Instandhaltungsteams führte nicht zu befriedigenden Ergebnissen, so daß dazu übergegangen wurde, das Maschinenbedienungspersonal auch mit der Ausführung der Instandhaltungsarbeiten zu betrauen.

Der Total Productive Maintenance-Ansatz zielt darauf ab, dem Maschinenbediener nicht nur die Ausführung der Instandhaltung, sondern auch die Verantwortung für den einwandfreien Zustand der gesamten Produktionsanlage zu übertragen. Dazu gehört nicht nur die Maschine als solche, sondern auch das Umfeld mit den benötigten Werkzeugen einschließlich der Ausführung aller Tätigkeiten der Instandhaltung. Damit wird das alte System der Arbeitsteilung nach Taylor durchbrochen und ein neues System geschaffen, welches den Maschinenführer durch sinnvollen Einsatz seiner Fachkenntnisse zum Experten für Bedienung, Instandhaltung und Fertigung, also für den gesamten Produktionsprozeß macht.

Die Betonung des produktiven Elements im Rahmen von Total Productive Maintenance leitet sich aus der Tatsache her, daß dieses Konzept auch in besonderem Maße auf eine systematische und kontinuierliche Verbesserung der Leistung bzw. der Produktivität der betrachteten Produktionsanlagen während ihrer gesamten Lebensdauer ausgerichtet ist [Imai 86].

Damit ist auch eine Verbindung zum Prinzip der Ständigen Verbesserung (Kaizen) hergestellt (vgl. **Kaizen, Ständige Verbesserung**). Die Entwicklung eines Instandhaltungssystems sowie die Erlernung und Anwendung von Problemlösungstechniken (Qualitätswerkzeuge seien beispielhaft genannt) [Imai 86] (vgl. **Qualitätswerkzeuge**). Hauptansatzpunkt für Total Productive Maintenance bleiben die Produktionsanlagen und -arbeitsplätze auf Werkstattebene, die als der Ort verstanden werden, an dem die wertschöpfenden Prozesse im Unternehmen stattfinden (vgl. **Gemba**).

Zur Realisierung des Total Productive Maintenance-Konzeptes dienen fünf Säulen, die wiederum auf den fünf S Seiri, Seiton, Seiso, Seiketsu, Shitsuke basieren (vgl. **Seiri, Seiton, Seiso, Seiketsu, Shitsuke - Die fünf S**). Nachfolgend werden die fünf Säulen des TPM-Konzeptes kurz skizziert [Al-Radhi/Heuer 95]:

1. Beseitigung der sechs großen Verlustquellen bei Produktionsanlagen

   Verbesserungsteams optimieren die Nutzung der Produktionsanlagen durch Beseitigung der Verlustquellen Anlagenausfall, Rüst- und Einrichtverluste, Leerlauf und Kurzstillstände, verringerte Taktgeschwindigkeit, Qualitätsverluste durch Ausschuß/Nacharbeit, Anlaufschwierigkeiten.

2. Autonome Instandhaltung

   Dies beinhaltet die eigenständige Durchführung von bestimmten Instandhaltungsmaßnahmen durch die Maschinenbediener. Dazu gehören Wartung (richtige Bedienung, Erhaltung der Grundbedingungen durch Reinigung und Schmierung), periodische Inspektion sowie Instandsetzung (kleinere Reparaturen, genaue Berichterstattung, Unterstützung bei größeren Reparaturarbeiten).

3. Geplantes Instandhaltungsprogramm

   In Verantwortung der Instandhaltungsabteilung wird ein Programm zur prozeßbezogenen Instandhaltung erstellt. Dies zielt auf eine schnelle Entdeckung und Behandlung von Abweichungen durch periodische Inspektion und planmäßige Wiederherstellung der Ausgangssituation.

4. Schulung und Training

   Schulungs- und Trainingsmaßnahmen sind erforderlich, um die Maschinenbediener in den benötigten Fertigungs- und Instandhaltungsfertigkeiten auszubilden.

5. Instandhaltungs-Prävention

   Fertigungs- und Instandhaltungskosten sowie Verschleißverluste werden durch vorbeugende Maßnahmen reduziert, um Zuverlässigkeit, Wirtschaftlichkeit, Instandhaltungs- und Bedienungsfreundlichkeit sowie Prozeßsicherheit zu gewährleisten und zu steigern.

Im Sinne einer vorausschauenden Fehlervermeidung findet sich in der Literatur für die Abkürzung TPM auch die Formulierung Total Preventive Maintenance, welche die Bedeutung der vorbeugenden Maßnahmen zur Instandhaltung an den Maschinen und Anlagen betont [Kirstein 90, Kirstein 91a].

Literaturhinweise zur Vertiefung

DIN - Deutsches Institut für Normung (Hrsg.):
DIN 31 051 Instandhaltung - Begriffe und Maßnahmen.
Berlin: Beuth Verlag 1985.

Al-Radhi, M.; Heuer, J.:
Total Productive Maintenance.
München: Carl Hanser Verlag 1995.

Nakajima, S.:
Introduction to TPM - Total Productive Maintenance.
Cambridge/Mass./USA: Productivity Press 1989.

Nakajima, S.:
TPM-Development Program.
Cambridge/Mass./USA: Productivity Press 1989.

Tajiri, M.; Gotoh, F.:
TPM Implementation.
New York/NY/USA: McGraw-Hill Book Company 1992.

Total Quality Control (TQC)

Total Quality Control (TQC) ist eine das gesamte Unternehmen umfassende Qualitätsstrategie, die sich an den Kundenbedürfnissen ausrichtet. Sie wurde 1961 von dem Amerikaner Feigenbaum formuliert und in seinem gleichnamigen Buch beschrieben [Feigenbaum 83] (vgl. **Feigenbaum**).

Nach Feigenbaum stellt Total Quality Control ein System dar, welches die Anstrengungen der verschiedenen Bereiche innerhalb eines Unternehmens zur Entwicklung, Aufrechterhaltung und kontinuierlichen Verbesserung der Qualität integriert. Damit sollen speziell Marketing, Entwicklung, Produktion und Kundendienst in die Lage versetzt werden, auf möglichst wirtschaftliche Weise die Kundenbedürfnisse vollständig zu befriedigen.

Im Vergleich zur traditionellen Qualitätssicherung sieht Feigenbaum sein Total Quality Control-Konzept durch die folgenden Elemente charakterisiert [Feigenbaum 83, Zink/Schildknecht 89]:

- Definition und klarer Aufbau von Qualitätspolitik und Qualitätszielen.
- Ausrichtung an den Kundenbedürfnissen.
- Gezielte Aktivitäten zur Umsetzung der Qualitätspolitik und zur Erreichung der Qualitätsziele.
- Unternehmensweite Integration der qualitätsbezogenen Aktivitäten.
- Eindeutige Übertragung von Aufgaben und Verantwortung.
- Festlegung der erforderlichen Ausstattung.
- Spezielle Qualitätssicherungsmaßnahmen der Lieferanten.
- Festlegung von wirkungsvollen Qualitätsinformationen, Prozessen und Überwachungsmethoden.
- Hohes Qualitätsbewußtsein, unternehmensweite Motivation und Qualifikation der Mitarbeiter.
- Einführung von Meßgrößen als Qualitätsstandards.
- Einführung positiv wirkender Korrekturmaßnahmen.
- Kontinuierliche Selbstüberprüfungen, Regelkreise, Ergebnisanalysen und Soll-Ist-Vergleiche.
- Durchführung periodischer Systemaudits.

Feigenbaum unterstreicht die folgenden Hauptaufgaben im Rahmen von Total Quality Control, erkennt aber auch, daß grundsätzlich jede

Arbeitsaufgabe qualitätsrelevante Elemente beinhaltet [Zink/Schildknecht 89]:

- Erfüllung der Kundenanforderungen und Analyse potentieller Fehler schon in der Konstruktion.
- Überwachung der Qualität von Zulieferteilen.
- Steuerung der Produktion und Überwachung der Produkte entsprechend den Qualitätsanforderungen.
- Durchführung spezieller Qualitätsstudien zur Ermittlung von Fehlerursachen und zur Verbesserung von Produkten und Prozessen.

Das von dem Japaner Ishikawa vorgestellte Qualitätskonzept baut auf den Arbeiten von Deming, Juran und besonders Feigenbaum auf und kann als Weiterentwicklung von Total Quality Control angesehen werden (vgl. **Deming, Juran, Ishikawa**). Ishikawas Ansatz wurde auch zunächst unter dem gleichen Namen als japanische Ausprägung bekannt. Wegen der dennoch vorhandenen Unterschiede wurde 1968 der japanische Ansatz von Ishikawa zur besseren Unterscheidung als Company-Wide Quality Control (CWQC) bezeichnet (vgl. **Company-Wide Quality Control**).

Als wichtigster Unterschied zwischen Total Quality Control nach Feigenbaum und Company-Wide Quality Control nach Ishikawa ist die Beteiligung der Mitarbeiter bei Einführung und Stabilisierung des Qualitätskonzeptes im Unternehmen herauszustellen (Bild 75) [Ishikawa 89]. Trotz seiner allgemeinen Forderung nach der Teilnahme sämtlicher Mitarbeiter des jeweiligen Unternehmens umfaßt Total Quality Control dabei nur sehr allgemein die Partizipation sämtlicher Hierarchieebenen. Die Anwendung qualitätsbezogener Gruppenaktivitäten, z.B. in Form von Qualitätszirkeln, ist hier von untergeordneter Bedeutung und bleibt das Verdienst von Ishikawa (vgl. **Qualitätszirkel**). Bei der Verteilung der qualitätsbezogenen Aufgaben steht für Feigenbaum die Rolle einer speziellen Qualitätsabteilung im Vordergrund. An eine Zuständigkeit und Verantwortlichkeit eines jeden Mitarbeiters im Rahmen seiner Möglichkeiten ist dabei nicht explizit gedacht [Zink/Schildknecht 89].

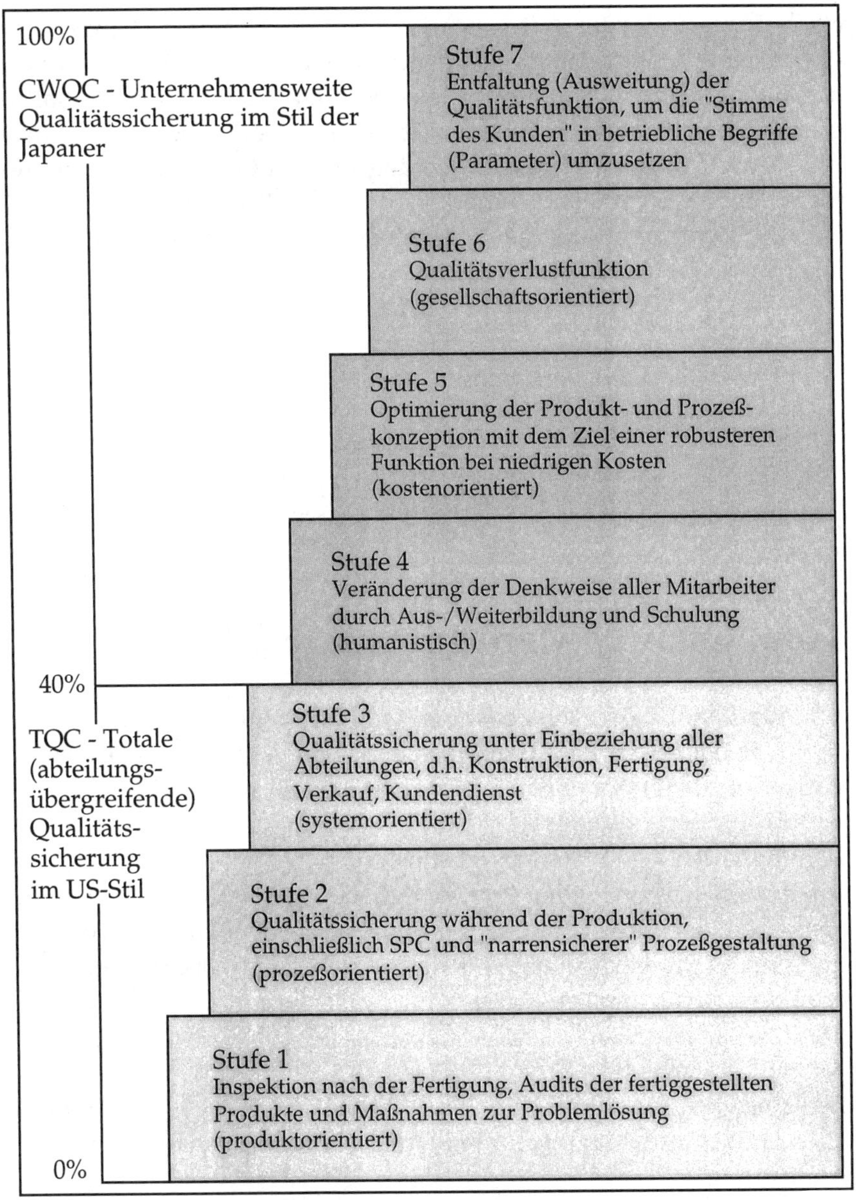

Bild 75: Aufbau der Qualität in sieben Stufen

Wegen der Ähnlichkeit des Namens sei an dieser Stelle besonders auf ein weiteres, in letzter Zeit verstärkt diskutiertes Qualitätskonzept für das gesamte Unternehmen hingewiesen. Dieses wird als Total Quality Management (TQM) bezeichnet und darf aufgrund der inhaltlichen Unterschiede nicht ohne weiteres mit Total Quality Control verwechselt oder gleichgesetzt werden (vgl. **Total Quality Management**). Es ist allerdings anzumerken, daß auch Feigenbaum den Total Quality Control-Ansatz heute in einer erweiterten, eher managementbezogenen Form versteht [Zink 89, Kirstein 87].

Literaturhinweis zur Vertiefung

Feigenbaum, A. V.:
Total Quality Control.
3. Aufl., New York/NY/USA: McGraw-Hill Book Company 1983.

Total Quality Management (TQM)

Aufgrund der besonderen Bedeutung von Total Quality Management ist dieser Begriff in die internationale und die nationale deutsche Begriffsnormung DIN EN ISO 8402 aufgenommen worden [ISO 95]:

„Umfassendes Qualitätsmanagement
Auf der Mitwirkung aller ihrer Mitglieder gestützte Managementmethode einer Organisation, die Qualität in den Mittelpunkt stellt und durch Zufriedenstellung der Kunden auf langfristigen Geschäftserfolg sowie auf Nutzen für die Mitglieder der Organisation und für die Gesellschaft zielt.
Anmerkung 1:
Der Ausdruck „alle ihre Mitglieder" bezeichnet jegliches Personal in allen Stellen und allen Hierarchie-Ebenen der Organisationsstruktur.
Anmerkung 2:
Wesentlich für den Erfolg dieser Methode ist, daß die oberste Leitung überzeugend und nachhaltig führt, und daß alle Mitglieder der Organisation ausgebildet und geschult sind.

Anmerkung 3:
Der Begriff „Qualität" bezieht sich beim umfassenden Qualitätsmanagement auf das Erreichen aller geschäftlichen Ziele.
Anmerkung 4:
Der Begriff „Nutzen für die Gesellschaft" bedeutet Erfüllung der an die Organisation gestellten Forderungen der Gesellschaft. ..."

Etwa Mitte der 80er Jahre tauchte der Begriff Total Quality Management zuerst in der fachlichen Diskussion auf. Er geht von Namen und Inhalt her auf den 1961 entwickelten Total Quality Control-Ansatz (TQC) des Amerikaners Feigenbaum zurück [Feigenbaum 83] (vgl. **Feigenbaum, Total Quality Control**). Darauf aufbauend stellte der Japaner Ishikawa das Company-Wide Quality Control-Konzept (CWQC) vor, welches als Erweiterung von Total Quality Control im Hinblick auf eine verstärkte Einbeziehung der Mitarbeiter und der Gesellschaft auf allen Ebenen des Unternehmens angesehen werden kann (vgl. **Company-Wide Quality Control, Ishikawa**). Die Total Quality Management-Strategie beinhaltet wiederum die Elemente von Company-Wide Quality Control und geht noch darüber hinaus, indem auch die übergeordnete Unternehmensphilosophie auf das Qualitätsziel ausgerichtet und sogar das Umfeld des Unternehmens einbezogen wird. Dabei sind die Gedanken von so hervorragenden Experten auf dem Gebiet der Qualität wie Deming, Juran, Feigenbaum, Ishikawa und Crosby in diesen neuen Ansatz eingeflossen (vgl. **Crosby, Deming, Feigenbaum, Ishikawa, Juran**).

Damit kann Total Quality Management als die umfassendste (Qualitäts-)Strategie angesehen werden, die für ein Unternehmen denkbar ist. Vom Kunden über die eigenen Mitarbeiter bis hin zum Zulieferanten werden alle Bereiche erfaßt und integriert [Seghezzi 96]. In diesem Sinne ergibt sich insbesondere aus dem unternehmerischen und wirtschaftlichen Erfolgspotential von Qualität sowie der Langfristigkeit und Reichweite eines qualitätsorientierten Ansatzes auch eine Unabweichbarkeit der Einbindung des Qualitätszieles in die gesamte Unternehmenspolitik und die Verknüpfung mit der Unternehmenskultur.

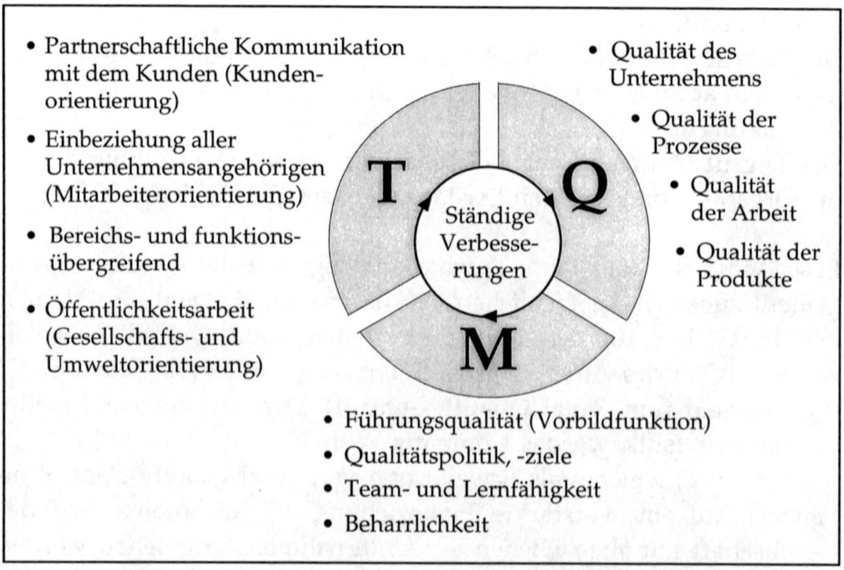

Bild 76: Grundpfeiler von Total Quality Management - die drei Inhalte

Die drei Bestandteile der Bezeichnung Total Quality Management haben gleichgewichtige Inhalte. Dies sind der umfassende Charakter (Total), die Aspekte Qualität sowie Management im Sinne von Führung (Leadership) (vgl. Bild 76) [Kamiske/Malorny 94]. Um das Gesamtkonzept des Total Quality Management näher zu charakterisieren und die Abstraktion der genannten Bereiche bzw. Grundpfeiler zu konkretisieren, werden nachfolgend einige besonders wichtige Elemente stichwortartig umrissen [Kamiske/Brauer 98]:

- Integration und Partizipation der Mitarbeiter aller Hierarchieebenen, z.B. durch Einführung von Qualitätszirkeln (vgl. **Mitarbeiterorientierung, Qualitätszirkel**).
- Qualität als Aufgabe sämtlicher Mitarbeiter, nicht einer speziellen Abteilung.
- Qualifizierung, Aus- und Weiterbildung der Mitarbeiter.
- Anerkennung guter Leistungen.
- Berücksichtigung von Humanität und sozialen Komponenten.

- Arbeitsbedingungen, die Gruppenarbeit und Mitwirkung unterstützen.
- Erfüllung der Kundenwünsche als Maßstab für Qualität (vgl. **Kundenorientierung**).
- Aufbau eines Netzwerkes von partnerschaftlichen Kunden-Lieferanten-Beziehungen, wobei jeder nachfolgende Prozeß als Kunde zu betrachten ist.
- Ständige Verbesserung sämtlicher Prozesse als wichtige Grundlage für das Erreichen der Unternehmensziele (vgl. **Ständige Verbesserung, Prozeßorientierung**).
- Konzentration auf die Wertschöpfungskette und Abbau nicht kundenrelevanter Tätigkeiten (vgl. **Fehlleistungsaufwand, Qualitätscontrolling**).
- Quality Engineering - Anwendung moderner Methoden und Techniken des Qualitätsmanagements (vgl. **Simultaneous Engineering und Quality Engineering**).
- Einsatz statistischer Verfahren zur Prozeßregelung (vgl. **Statistische Prozeßregelung**).
- Betonung vorbeugender, fehlervermeidender Maßnahmen.
- Qualitätsförderung und Verbesserung als langfristiger Prozeß.
- Top-down-Ansatz mit missionarischer Einbindung der obersten Unternehmensleitung.
- Partizipatives und zugleich straffes Management.
- Qualität als übergeordnetes Element in Unternehmenspolitik und Unternehmenskultur.

Zur praktischen Umsetzung von Total Quality Management müssen jedoch von der obersten Unternehmensleitung geeignete Rahmenbedingungen geschaffen werden. Diese können entsprechend der Betrachtung des Unternehmens als sozio-technisches System in organisatorische, personelle und technische Rahmenbedingungen eingeteilt werden [Zink 89a]. Für die eigentliche Umsetzung werden dann die Methoden und Instrumente des Qualitätsmanagements angewendet [Zink 92, Schildknecht 92].

Unter Berücksichtigung der neuesten Erkenntnisse sind oft Total Quality Management-Elemente sowie unternehmensspezifische Entwicklungen in ein bereits bestehendes Total Quality Control-Konzept eingeflossen. Wie Praxisberichte zeigen, wird jedoch häufig nicht genau zwischen diesen beiden Konzepten differenziert [Feigenbaum 87, Weigang 88, Shores 89, Zink 89, Frehr 94]. Der Entwicklungsprozeß im Unternehmen hin zum Total Quality Management richtet sich heute an den Bewertungen der Quality Awards aus (vgl. **Qualitätsauszeichnungen**).

Literaturhinweise zur Vertiefung

Seghezzi, H. D.; Hansen, J. R. (Hrsg.):
Qualitätsstrategien.
München: Carl Hanser Verlag 1993.

Zink, K. J. (Hrsg.):
Qualität als Managementaufgabe - Total Quality Management.
3. Aufl., Landsberg/Lech: Verlag Moderne Industrie 1994.

Kamiske, G. F. (Hrsg.):
Die Hohe Schule des Total Quality Management.
Berlin: Springer-Verlag 1994.

Töpfer, A.; Mehdorn, H.:
Total Quality Management.
4. Aufl., Berlin: Luchterhand Verlag 1995.

Seghezzi, H. D.:
Integriertes Qualitätsmanagement.
München: Carl Hanser Verlag 1996.

Hummel, Th.; Malorny, Chr.:
Total Quality Management.
In: Kamiske, G. F. (Hrsg.): Reihe PocketPower.
2. Aufl., München: Carl Hanser Verlag 1997.

Kamiske, G. F. (Hrsg.):
Der Weg zur Spitze. Mit TQM zur Business Excellence - Leitfaden zur Umsetzung.
München: Carl Hanser Verlag 1998.

Toyota Production System (TPS)

Als Toyota Production System wird das Organisations- und Produktionssystem der japanischen Toyota Motor Company, Ltd. bezeichnet, welches das gesamte Unternehmen umfaßt, dabei aber besonders auf die Fertigung ausgerichtet ist.

Dieses System wurde von dem Japaner Taiichi Ohno entwickelt, der auch das Just-in-Time-Prinzip bei Toyota einführte (vgl. **Just-in-Time**). In diesem Zusammenhang ist Just-in-Time dann ein Konzept zur flexiblen, zeitgenauen Fertigung und Anlieferung, welches in ein schlankes Produktionsmanagementsystem (Lean Production), eben das des Toyota Production System, eingebunden ist [Shingo 81]. Man kann das Toyota Production System als Referenzanwendung eines schlanken Produktionsmanagementsystems betrachten.

Der Begriff Lean Production wurde im Rahmen des International Motor Vehicle Program (IMVP) geprägt, einer in der Zeit von 1985 bis 1990 vom Massachusets Institute of Technology (MIT) durchgeführten Studie in der Automobilindustrie [Womack et al. 90]. Dieses Organisations- und Produktionsmodell japanischer Herkunft unterstützt das Management eines Unternehmens im Hinblick auf Ziele wie Qualität, Produktivität, Flexibilität und Mitarbeitermotivation. Verschwendung aller Art (z.B. Zwischenlager, Überkapazitäten) wird vermieden und der Kunde rückt in den Mittelpunkt aller Bemühungen.

Die Idee der Lean Production muß allerdings in zwei Dimensionen betrachtet werden: In der organisatorisch-technischen und in der menschlichen. Vielfach wird im Westen lediglich die „sichtbare" technische Seite der Lean Production betrachtet, während die „unsichtbare" Seite, nämlich die Aspekte der Führung von Mitarbeitern und deren Verhalten, vernachlässig wird. Die Technik stellt jedoch lediglich die Grundlage dar. Das Beherrschen von Prozessen, die Anstrengungen im Hinblick auf eine Null-Fehler-Produktion und die konsequente Anwendung von Qualitätsmanagement mit dem Ziel der Ständigen Verbesserung sind von unbestrittener Bedeutung. Die schlanke Produktion auf der Grundlage hoher Qualität erreicht ihre volle Funktionsfähigkeit zur Vermeidung von Verschwendung jedoch erst durch den Einsatz der speziellen menschlichen Eigenschaften Denken/Wissen und Wollen. Dabei werden andere Faktoren wie z.B. Kapital gewissermaßen substituiert. Der Erfolg von Lean Production beruht demnach auf der Mitarbeit von Menschen und wird somit zur Fragile/Lean Production. Dabei ist mit „fragile" das empfindliche, sogar zerbrechliche Vorgesetzten-Mitarbeiter-Verhältnis gemeint. Das Gegenteil davon wird entsprechend als Robust/Buffered Production bezeichnet [Womack et al. 90, Kamiske 90b]. Ein vertrauensvolles Verhältnis ist aber unumgängliche Voraussetzung für die nötige Ständige Verbesserung, die nur von den Mitarbeitern kommen kann. In diesem Sinne stellt die Technik einen Parameter dar, dessen Veränderung trotz hoher Investitionen nicht mehr zu proportionalen Verbesserungen führt. Es gilt folglich, den Faktor Mensch zu betrachten, der bei vertretbarem Einsatz deutliche Verbesserungen erlaubt.

Im Zuge der MIT-Studie wurde der Erfolg des Toyota Production System als Ausprägung der schlanken Produktionsmanagementmethode besonders deutlich. Als ein wichtiges, aber nicht mehr unbedingt überraschendes Ergebnis muß noch die eindeutige Feststellung einer starken Korrelation zwischen Qualität und Produktivität genannt werden [Krafcik 88]. Damit ist nachgewiesen, daß die praktische Umsetzung des Qualitätsgedankens in wirtschaftlich erfolgreicher Weise möglich ist bzw. mit dem Prozeßdenken überhaupt erst die Voraussetzung hierfür schafft.

Bei der Analyse des Toyota Production System stellt man fest, daß es im wesentlichen auf zwei Bestandteilen basiert. Zum einen steht der Produktionsprozeß im Mittelpunkt der Betrachtung. Daraus ergeben sich Unterschiede in den fertigungstechnischen und arbeitsablaufbezogenen Strukturen. Zum anderen ist der Produktionsprozeß in ein

Managementkonzept integriert, wodurch das Toyota Production System erst zu seiner vollen Entfaltung gelangt. Die folgenden Unterschiede zum traditionellen System von Fertigung und Management sind besonders hervorzuheben [Shingo 81]:

- Betrachtung des Produktionsprozesses als Ort der Wertschöpfung und Quelle des Gewinns (vgl. **Gemba**).
- Gewinn wird definiert als Verkaufspreis minus Kosten, wobei sich der Verkaufspreis durch den Markt ergibt und der Gewinn also in erster Linie von den Kosten des Unternehmens abhängig ist, die es zu senken gilt.
- Identifizierung und Eliminierung der sieben Arten der Verschwendung (Sieben Muda), die im Unternehmen auftreten: Überproduktion, Wartezeit, überflüssiger Transport, ungünstiger Herstellungsprozeß, überhöhte Lagerhaltung, unnötige Bewegung, Herstellung fehlerhafter Teile (vgl. **Muda, Mura, Muri - Die drei Mu**).
- Ausrichtung des Unternehmens an den Kundenanforderungen, die den Qualitätsmaßstab festlegen.
- Verständnis der auf Qualität abzielenden Unternehmenspolitik bei sämtlichen Mitarbeitern.
- Qualitätszirkel auf allen Ebenen und Hierarchiestufen des Unternehmens (vgl. **Qualitätszirkel**).
- Mehrfachbedienung von Maschinen durch einen einzelnen Mitarbeiter.
- Jidoka (Autonomation) - Selbststeuernde Fehlererkennungssysteme, die den Prozeß bei Unregelmäßigkeiten sofort unterbrechen (vgl. **Jidoka**).
- Poka-Yoke - Einrichtungen und Vorkehrungen zur Vermeidung unbeabsichtigter Fehler (vgl. **Poka Yoke**).
- Just-in-Time (JiT) und Kanban - Reduzierung der Lagerbestände, Verkürzung der Durchlaufzeiten und Umkehr des Informationsflusses in der Fertigung (vgl. **Just-in-Time**, **Kanban**).
- Einbeziehung der Lieferanten zur Produktion und Anlieferung nach dem Just-in-Time-Konzept.

- Total Productive Maintenance (TPM) - Instandhaltung der Produktionsanlagen durch das Bedienungspersonal, um Maschinenausfälle zu vermeiden (vgl. **Total Productive Maintenance**).
- Single Minute Exchange of Die (SMED) - Entwicklung eines Systems zur Verkürzung der Werkzeugwechselzeiten, um geringere Losgrößen wirtschaftlich produzieren zu können (vgl. **Single Minute Exchange of Die**).

Die Inhalte des Toyota Production System stimmen in einem weiten Ausmaß mit den Elementen der Total Quality Management-Strategie (TQM) überein (vgl. **Total Quality Management**). Bei näherer Betrachtung wird deutlich, daß auch in dieser Hinsicht das Toyota Production System als gelungene Umsetzung wesentlicher Bestandteile dieser Strategie angesehen werden kann. Dabei sind jedoch gewisse Unterschiede im Umfang zu berücksichtigen. Während das Toyota Production System schwerpunktmäßig auf die Produktion ausgerichtet ist, geht Total Quality Management noch darüber hinaus und integriert neben dem gesamten Unternehmen auch dessen Umfeld.

Eine detaillierte Untersuchung des Toyota Production System kann an dieser Stelle nicht vorgenommen werden. Es ist jedoch auf das Vorhandensein von zwei grundsätzlichen Betrachtungsebenen hinzuweisen. Dabei handelt es sich einerseits um den Herstellungsprozeß (Process), der die Transformation der Objekte im Produktionsfluß vom Material bis zum fertigen Endprodukt analysiert. Andererseits werden im Handhabungsprozeß (Operation) die Verhaltensstrukturen der Menschen und Maschinen untersucht, die den Herstellungsprozeß erst ermöglichen. Es wird also die Transformation der Subjekte im Produktionsfluß betrachtet. Aus dieser Sichtweise heraus kann ein Fertigungsunternehmen als ein Netzwerk von Herstellungs- und Handhabungsprozessen verstanden werden [Shingo 81].

Literaturhinweise zur Vertiefung

Ohno, T.:
Toyota Production System: Beyond Large-Scale Production.
Cambridge/Mass./USA: Productivity Press 1988.

Shingo, S.:
Study of 'Toyota' Production System from Industrial Engineering Viewpoint.
Tokyo/Japan: Japan Management Association 1981.

Monden, Y.:
Toyota Production System - Practical Approach to Production Management.
Atlanta/Ga./USA: 1983.

Womack, J. P.; Jones, D. T.; Roos, D.:
The Machine that changed the World.
Englewood Cliffs/NJ/USA: Prentice Hall 1990.

Umweltmanagement

Unter dem Begriff Umweltmanagement lassen sich die Planung, Steuerung, Überwachung und Verbesserung aller Maßnahmen des betrieblichen Umweltschutzes sowie eine umweltorientierte Betriebs- und Mitarbeiterführung zusammenfassen.

Umweltmanagement ist jedoch nicht alleinige Aufgabe von Spezialisten des technischen Umweltschutzes, sondern wird durch die Aktivierung der Mitarbeiter für Umweltbelange im Unternehmen und die Aufnahme von Umweltschutzzielen in die Verantwortung aller Führungsebenen umgesetzt. Die Wahrnehmung des Umweltschutzes als Managementaufgabe führt zu einer konsequenten Einbeziehung aller Abläufe im Unternehmen in die Umweltschutzbemühungen. Die Einführung eines betriebsspezifischen Umweltmanagementsystems ermöglicht die sinnvolle Einbindung des Umweltschutzes in ein unternehmerisches Gesamtkonzept (vgl. **Umweltmanagementsystem**).

Infolge der steigenden Belastung der natürlichen Umwelt durch Schadstoffe und Umweltgifte und die damit zusammenhängenden negativen Auswirkungen auf das globale ökologische Gleichgewicht ist in den letzten Jahren das Interesse an öffentlichem und insbesondere auch betrieblichem Umweltschutz gewachsen. Dabei hat sich gezeigt, daß die Umweltpolitik des Staates in erster Linie rechtliche Rahmenbedingungen schaffen kann. Ziel der Entwicklung des betrieblichen Umweltschutzes muß es sein, technische und organisatorische Innovationen zu fördern, um die Umweltverträglichkeit von Produkten und Dienstleistungen weiter zu verbessern. Unternehmen müssen sich also ihrer Produktverantwortung bewußt werden und zu entwikkelnde Produkte bzw. Dienstleistungen einer umfassenden Lebenszyklusanalyse unterziehen. Dies beinhaltet die umweltbezogene Überprüfung des Produktes oder der Dienstleistung von der Herstellung bis hin zur Kreislaufführung von Stoffen. Damit ergibt sich als Aufgabe des betrieblichen Umweltschutzes neben der Realisierung punktueller Umweltschutzmaßnahmen vor allem die kontinuierliche Vermeidung von schädlichen Emissionen und Verschwendungen nicht nachwachsender Rohstoffquellen in allen Phasen der betrieblichen Abläufe.

Umweltmanagement insgesamt kann somit als eine langfristig geplante, ökologisch ausgerichtete Art der Unternehmensführung betrachtet werden, die durch ganzheitliche und vernetzte Betrachtung aktiv und in sozialer Verantwortung an der Minimierung der Umwelteinwirkungen teilnimmt. Vor diesem Hintergrund ist das betriebliche Umweltmanagement auch als Bestandteil eines umfassenden Managementsystems im Sinne von Total Quality Management zu verstehen (vgl. **Total Quality Management**).

Literaturhinweise zur Vertiefung

Kamiske, G. F.; Butterbrodt, D.; Dannich-Kappelmann, D.; Tammler, U.:
Umweltmanagement.
München: Carl Hanser Verlag 1995.

Winter, G. (Hrsg.):
Das umweltbewußte Unternehmen.
6. Aufl., München: Verlag Franz Vahlen 1998.

Umweltmanagementsystem

Ein Umweltmanagementsystem stellt die Strukturierung der aufbau- und ablauforganisatorischen Maßnahmen zur Umsetzung des betrieblichen Umweltmanagements dar. Es beinhaltet die Festlegung, Beschreibung und Dokumentation der Aufgaben, Verfahren, Verantwortlichkeiten und Nahtstellen aller Aktivitäten zum Umweltmanagement im Unternehmen. Die entsprechenden Verhaltensweisen und Abläufe zur Festlegung und Durchführung der betrieblichen Umweltpolitik sowie der Umweltziele sind ebenfalls im Umweltmanagementsystem eingebunden.

Um die Umweltschutzaktivitäten im Unternehmen in ein Gesamtkonzept zu integrieren, läßt sich ein standardisiertes Umweltmanagementsystem einführen. Neben den positiven Auswirkungen auf die Umwelt kann das Vorhandensein und die Wirksamkeit eines standardisierten Umweltmanagementsystems - ähnlich wie bei einem Qualitätsmanagementsystem - von einer unabhängigen Stelle zertifiziert bzw. validiert werden (vgl. **Qualitätsmanagementsystem, Zertifizierung**). Dadurch wird auch der Öffentlichkeit das Bekenntnis und das Engagement des Unternehmens für den betrieblichen Umweltschutz dargelegt, was in einer zunehmend umweltbewußteren Gesellschaft zur langfristigen Sicherung und Erweiterung von Marktanteilen beitragen kann. Weitere Vorteile der Einführung eines Umweltmanagementsystems können sein:

- Kostensenkung durch den Wegfall von nachgeschalteten Technologien, verminderten Ressourceneinsatz, Reduzierung des Abfallaufkommens und Vermeidung von Sortenvielfalt in Einkauf und Entsorgung.
- Indirekte Kostenreduzierung in Form geringerer Versicherungsprämien aufgrund eines gesenkten Haftungsrisikos wegen vorsorgender Umweltschutzmaßnahmen.
- Steigerung der Wettbewerbsfähigkeit durch zukunftsorientierte Marktpotentiale und Imagegewinn in der Öffentlichkeit sowie Verbesserung der Marktposition durch innovative und umweltverträgliche Produkte.

- Verbesserung und Vereinfachung betrieblicher Abläufe durch Motivation der Mitarbeiter und eine transparente Organisationsstruktur.
- Leichtere Erfüllung von Mitteilungs- und Dokumentationspflichten gegenüber Behörden.
- Reduzierung des Haftungsrisikos (Produkt- und Anlagenhaftung) durch sicheren und gesetzeskonformen Anlagenbetrieb (vgl. **Produkthaftung**).
- Rechtssicherheit durch Beachtung aller umweltrelevanten rechtlichen Erfordernisse.

Wird die Einführung des Umweltmanagementsystems im Unternehmen geplant, so ist auf die betriebsspezifisch gewachsenen Strukturen zu achten. Neben einem möglicherweise bereits vorhandenen Qualitätsmanagementsystem können auch andere Strukturen, wie die Organisation der Betriebsbeauftragten für Abfall, Gewässerschutz und Immissionsschutz, bei der Errichtung eines Umweltmanagementsystems sinnvoll einbezogen werden.

Für das betriebliche Umweltmanagement an sich und den Aufbau von Umweltmanagementsystemen existieren verschiedene Standards bzw. Normen. Die in Deutschland bedeutendsten Standards sind die Normenreihe DIN EN ISO 14000 (Umweltmanagementsysteme) sowie die Verordnung EWG Nr. 1836/93 „über die freiwillige Beteiligung gewerblicher Unternehmen an einem Gemeinschaftssystem für das Umweltmanagement und die Umweltbetriebsprüfung" (EG-Öko-Audit- oder EG-Umweltaudit-Verordnung). Als offizieller Begriff auf europäischer Ebene hat sich die Bezeichnung „Eco-Management and Auditing Scheme" (EMAS) durchgesetzt, die hier im weiteren auch verwendet wird.

Normenreihe DIN EN ISO 14000

Die internationale Norm DIN EN ISO 14001 „Umweltmanagementsysteme - Spezifikationen mit Anleitung zur Anwendung" ist auf den unternehmensspezifischen Aufbau und die Zertifizierung von Umweltmanagementsystemen ausgerichtet (vgl. **Zertifizierung**). Gemeinsam mit den weiteren Normen der Reihe DIN EN ISO 14000 (Umweltmanagementsysteme) ist es für Unternehmen unter anderem möglich, ein bereits bestehendes Qualitätsmanagementsystem nach der Normenreihe DIN EN ISO 9000 unter Beachtung der teilweise unterschiedlichen Ausrichtungen einzelner Elemente mit einem Umweltmanagementsystem zu verbinden (vgl. **Qualitätsmanagementsystem**).

DIN EN ISO 14001	Umweltmanagementsysteme - Spezifikationen mit Anleitung zur Anwendung	Okt. 1996
DIN ISO 14004	Umweltmanagementsysteme - Allgemeiner Leitfaden über Grundsätze, Systeme und Hilfs instrumente	Jan. 1998
DIN EN ISO 14010	Leitfäden für Umweltaudits - Allgemeine Grundsätze	Nov. 1996
DIN EN ISO 14011	Leitfäden für Umweltaudits; Auditverfahren; Audit von Umweltmanagementsystemen	Nov. 1996
DIN EN ISO 14012	Leitfäden für Umweltaudits; Qualifikationskriterien für Umweltauditoren	Nov. 1996
DIN EN ISO 14031 (Entwurf)	Umweltmanagement; Umwelt leistungsbewertung; Leitlinien	Mai 1998
DIN EN ISO 14040	Umweltmanagement; Ökobilanz; Prinzipien und allgemeine Anforderungen	Aug. 1997
DIN EN ISO 14041	Umweltmanagement; Ökobilanz; Festlegung des Ziels und des Untersuchungsrahmens sowie Sachbilanz	Sept. 1997

Zu den wesentlichen Elementen eines Umweltmanagementsystems nach DIN EN ISO 14001 gehören:

- Umweltpolitik

  Die Umweltpolitik des Unternehmens muß von der Unternehmensleitung festgelegt werden. Die Kriterien der Umweltpolitik entsprechen im wesentlichen den in der Verordnung (EWG) Nr. 1836/93 festgelegten „guten Managementpraktiken" (vgl. **Eco-Management and Auditing Scheme**).

- Planung

  Im Rahmen der Planung zum Umweltmanagementsystem müssen umweltspezifische Informationen beschafft und verarbeitet werden. Dies beinhaltet die Ermittlung der durch das Unternehmen und die Produkte hervorgerufenen Umwelteinwirkungen sowie die Zusammenstellung und laufende Ergänzung der für das Unternehmen geltenden Umweltgesetze, Verordnungen und Anweisungen. Für die verschiedenen Unternehmensbereiche müssen konkrete umweltbezogene Ziele festgelegt werden, die einen vorausschauenden Charakter zur Vermeidung von Umweltschäden besitzen und mit der Umweltpolitik des Unternehmens übereinstimmen. Umweltmanagementprogramme werden zur Verwirklichung der Umweltziele und zur Festlegung von Zeitplänen und Verantwortlichkeiten entwickelt. Dabei müssen auch neue und geplante Projekte einbezogen werden können.

- Durchführung

  Die Durchführung von Maßnahmen des Umweltmanagements setzt eine klare Regelung hinsichtlich Organisationsstruktur und Verantwortlichkeiten voraus. Darunter fällt auch, daß die erforderliche materielle und personelle Ausstattung zur Umsetzung des Umweltmanagementsystems von der Unternehmensleitung zur Verfügung gestellt wird. Für umweltrelevante Prozesse müssen entsprechende Schulungen durchgeführt werden, um Bewußtseinsbildung und Kompetenz zu fördern. Auch die interne und externe Kommunikation sowie die Dokumentation des Umweltmanagementsystems, z.B. in Form eines Umweltmanagementhandbuchs, gehört zur Durchführung. Hinzu kommt die Zuordnung, Überprüfung, Aktualisierung und Entfernung überholter Dokumente. Zur Sicherstellung umweltschonender Produktions- und Verfahrensprozesse durch entsprechende Verfahrensabläufe sowie zur Notfallvorsorge und Maßnahmenplanung (Erkennen von Notfallsituationen und richtigen Umgang mit Unfällen) müssen geeignete Verfahren im Unternehmen wirksam eingeführt sein.

- Überwachung und Korrekturmaßnahmen

  Umweltbezogene Größen und Vorgänge (z.B. Abgasströme) sind nach Erfordernis zu messen und zu überwachen. Dazu gehört auch die Korrektur auftretender Abweichungen von regulären Prozessen, die zu Umwelteinwirkungen führen können. Weiterhin sind Verfahren zur Kennzeichnung, Pflege und gegebenenfalls Beseitigung von umweltspezifischen Aufzeichnungen sowie zur Überprüfung der Funktionsfähigkeit des Umweltmanagementsystems durch regelmäßige Audits einzuführen.

- Überprüfung durch die Leitung

  Die Unternehmensleitung veranlaßt die Überprüfungen und bewertet in festzulegenden Abständen das gesamte Umweltmanagementsystem im Rahmen eines Umweltaudits. Dabei fließen Auditergebnisse, der Erfüllungsgrad der Umweltziele und externe Informationen in die Überprüfung ein. Falls notwendig, müssen aufgrund der Überprüfung einzelne Elemente angepaßt bzw. geändert werden.

Eco-Management and Auditing Scheme (EMAS)

Die EG-Öko-Audit-Verordnung vom 29. Juni 1993 gilt unmittelbar in jedem Mitgliedsland der Europäischen Union und ist europaweit als Eco-Management and Auditing Scheme (EMAS) bekannt. Sie wurde mit dem Umweltauditgesetz (UAG) vom 7. Dezember 1995 in der Bundesrepublik Deutschland auf nationaler Ebene umgesetzt. Dieses Gesetz regelt u.a. die Zulassung und Anforderungen der Qualifikation der Umweltgutachter sowie das Verfahren zur Standorteintragung. Mit der Erweiterungsverordnung des UAG wurde das EG-Öko-Audit-System auch für Dienstleistungsunternehmen, wie z.B. öffentliche Dienstleister (Behörden), Banken, Handel und Verkehr geöffnet.

EMAS beschreibt den Aufbau eines Umweltmanagementsystems auf gegenwärtig noch freiwilliger Basis. Ziel ist es, daß Unternehmen die Fähigkeit erlangen, die an sie gestellten umweltbezogenen Forderungen zu erfüllen und eine kontinuierliche Verbesserung des betrieblichen Umweltschutzes zu erreichen. In diesem Sinne sollen Unternehmen motiviert werden, die durch sie hervorgerufenen Umwelteinwirkungen eigenverantwortlich zu bewältigen. Die Eigenverantwortung entbindet die Unternehmen dabei nicht von der Einhaltung bestehender Vorschriften des Umweltrechts. Vielmehr sollten die entwickelten und vorsorgenden Umweltziele darüber hinausgehen.

Der Ablauf gemäß EMAS unterteilt sich im wesentlichen in fünf Schritte:

- Betriebliche Umweltpolitik und -ziele

  In der Umweltpolitik wird von der Unternehmensleitung die spezifische umweltbezogene Ausrichtung des Unternehmens festgelegt. In einer Grundsatzerklärung werden die eigene Position zum Umweltschutz sowie eine Verpflichtung zur Einhaltung aller einschlägigen auf den Umweltschutz bezogenen Vorschriften und Richtlinien festgeschrieben. Dabei müssen auch Umweltziele für den Standort des Unternehmens festgelegt werden. Diese sind für alle betroffenen Unternehmensebenen aufzustellen und beinhalten eine Verpflichtung zur stetigen Verbesserung des betrieblichen Umweltschutzes. Die Umweltpolitik muß den Anforderungen nach Anhang I EMAS entsprechen, insbesondere den dort beschriebenen „Guten Managementpraktiken".

- Umweltprüfung

  Im Rahmen der Umweltprüfung werden alle umweltbezogenen Aspekte im Unternehmen erfaßt und dokumentiert. Dabei werden sowohl technische (Prozesse, Produkte, Stoff- und Energieeinsatz) als auch organisatorische Aspekte (z.B. Dokumentation) und deren Auswirkungen auf die Umwelt betrachtet. Die Umweltprüfung entspricht somit einer Analyse des Ist-Zustandes am jeweiligen Standort.

- Umweltprogramm und Umweltmanagementsystem

  Das Umweltprogramm wird aus den Ergebnissen der ersten Umweltprüfung entwickelt. Es enthält im wesentlichen die Beschreibung der konkreten Umweltziele, die zur Erreichung dieser Ziele notwendigen Maßnahmen und die Festlegung von Zeitvorgaben sowie Verantwortlichen für deren Umsetzung. Um eine reibungslose und wirksame Umsetzung des Umweltprogramms zu gewährleisten, muß das Unternehmen ein geeignetes Umweltmanagementsystem gemäß EMAS einrichten.

- Umweltbetriebsprüfung

  Die Umweltbetriebsprüfung entspricht in Form und Vorgehensweise einem internen Audit und wird von einem unternehmensangehörigen oder einem externen Umweltbetriebsprüfer durchgeführt. Dabei werden die Umweltpolitik, die Umweltziele, das Umweltprogramm und das Umweltmanagementsystem auf ihre Wirksamkeit überprüft. Umweltbetriebsprüfungen sind regelmäßig durchzuführen und deren Ergebnisse zu dokumentieren.

- Umwelterklärung

  Im Anschluß an die Umweltbetriebsprüfung ist in knapper und verständlicher Form eine für die Öffentlichkeit bestimmte standortbezogene Umwelterklärung zu verfassen. Darin informiert das Unternehmen über seine Umweltpolitik und -ziele sowie über die unternehmensinternen Tätigkeiten, die zu deren Erfüllung erfolgt sind.

Nach der Feststellung der Glaubwürdigkeit der in der Umwelterklärung veröffentlichten Daten und Informationen erklärt ein unabhängiger, betriebsexterner Umweltgutachter die Umwelterklärung für rechtsgültig. Damit ist dann die sogenannte Validierung nach EMAS vollzogen. Die Umweltbetriebsprüfung und damit verbunden die Umwelterklärung sind regelmäßig alle drei Jahre zu wiederholen.

Weiterhin ist meist die jährliche Erstellung einer vereinfachten Umwelterklärung erforderlich, wobei gegebenenfalls die Umweltpolitik, -ziele und -maßnahmen entsprechend anzupassen sind. Dadurch wird sichergestellt, daß das Umweltmanagementsystem tatsächlich wirksam ist.

Literaturhinweise zur Vertiefung

DGQ - Deutsche Gesellschaft für Qualität (Hrsg.):
DGQ-Schrift 19-41: Aufbau eines Umweltmanagementsystems: Empfehlungen für die betriebliche Umsetzung.
Berlin: Beuth Verlag 1996.

Petrick, K.; Eggert, R. (Hrsg.):
Umwelt- und Qualitätsmanagementsysteme.
München: Carl Hanser Verlag 1995.

Butterbrodt, D.; Tammler, U.:
Öko-Audit Umweltmanagementsystem.
In: Kamiske, G. F. (Hrsg.): Reihe PocketPower.
München: Carl Hanser Verlag 1996.

Umweltmanagementtechniken

Umweltmanagementtechniken sind Instrumente und Methoden, die auf dem Gebiet des Umweltmanagements auf operativer und strategischer Ebene zum Lösen von spezifischen Problemen der Planung, Regelung und Förderung der Umweltschutzmaßnahmen eingesetzt werden (vgl. **Umweltmanagement**). Darüber hinaus soll ein integriertes, vorsorgendes und innovatives Umweltmanagement im Unternehmen unterstützt werden. Dazu müssen neben externen Forderungen auch die internen Umweltschutzaufgaben erfaßt, systematisiert, bewertet und umgesetzt werden. Ebenso ist neben der einfachen Beseitigung dringlicher Probleme auch die Förderung einer ganzheitlichen Sichtweise und Aufgabenbewältigung im Sinne des Produktlebenszyklus beabsichtigt [Butterbrodt/Tammler 96].

Im Umweltmanagement werden auch Techniken aus anderen Fachgebieten, gegebenenfalls leicht modifiziert, eingesetzt. Dies betrifft insbesondere Techniken aus dem Qualitätsmanagement (Qualitätstechniken), wie Fehlermöglichkeits- und -einflußanalyse, Managementwerkzeuge, Qualitätswerkzeuge, Qualitätszirkel, Quality Function Deployment oder Statistische Prozeßregelung, die hier jedoch nicht näher betrachtet werden sollen (vgl. **Qualitätsmanagement, Qualitätstechniken, Fehlermöglichkeits- und -einflußanalyse, Managementwerkzeuge, Qualitätswerkzeuge, Qualitätszirkel, Quality Function Deployment, Statistische Prozeßregelung**).

Im folgenden werden einige typische Umweltmanagementtechniken kurz vorgestellt [Butterbrodt/Tammler 96]:

- ABC/XYZ-Analyse

  Die ABC/XYZ-Analyse dient der Problemstrukturierung, Analyse und Bewertung von Umwelteinwirkungen sowie der Ermittlung von Schwerpunktproblemen nach dem Pareto-Prinzip (vgl. **Pareto-Diagramm**). Umwelteinwirkungen werden anhand spezifischer Kriterien analysiert und entsprechend ihrer Bedeutung in drei Wichtigkeitsklassen eingeordnet. Stoffe, Produkte und Verfahren werden hinsichtlich ihrer Umweltverträglichkeit verglichen, schwerwiegende Probleme erkannt und vorrangiger Handlungsbedarf abgeleitet.

- Ökobilanz

  Ökobilanzen ermöglichen die Erfassung und Analyse des Stoff- und Energieumsatzes im Unternehmen (Input-Output-Rechnung), um Umwelteinwirkungen zu ermitteln und zu bewerten. Bei konsequenter Anwendung erlauben Ökobilanzen eine genaue Auflistung und Analyse sämtlicher durch die Tätigkeit des Unternehmens hervorgerufenen Umweltbeeinflussungen. Sie dienen weiterhin als Hilfsmittel der ökologischen Optimierung von Prozessen und Produkten sowie als Grundlage für Handlungsempfehlungen an das Management.

- Ökologische Buchhaltung

  Die ökologische Buchhaltung dient der kontinuierlichen Erfassung, Analyse und Beurteilung von Umwelteinwirkungen anhand der Verfügbarkeit natürlicher Ressourcen (ökologische Knappheiten). Verschiedenartige Umwelteinwirkungen werden unter Verwendung eines Umrechnungsfaktors verglichen und aufsummiert. Dadurch läßt sich das qualitative Wachstum eines Unternehmens als Verhältnis der Wertschöpfung zu den Umweltbeeinflussungen erkennen.

- Ökologische Qualität von Produkten

  Die Methode zur Ermittlung der ökologischen Qualität von Produkten dient der Analyse und Bewertung der Umweltverträglichkeit von Produkten über den gesamten Produktlebenszyklus. Mit dieser Technik können ökologische Stärken und Schwächen von Produktkonzepten aufgedeckt und bewertet werden. Außerdem werden Verbesserungspotentiale in den einzelnen Lebenszyklusphasen aufgezeigt.

- Produktlinienanalyse (PLA)

  Mit der Produktlinienanalyse werden unter Beachtung des gesamten Produktlebenszyklus produktbezogene Auswirkungen auf Natur, Gesellschaft und Wirtschaft analysiert und bewertet. Die Produktlinienanalyse erlaubt eine über die ökologischen Aspekte hinausgehende Betrachtung zur wirtschaftlichen und sozialen Verträglichkeit eines Produktes und eine diesbezügliche Auswahl von Produktalternativen. Die Produktpolitik eines Unternehmens kann ganzheitlich analysiert und die Möglichkeit zu ihrer Umgestaltung untersucht werden.

- Recyclinggerechte Konstruktion

  Bereits während der Produktentwicklung werden vom Konstrukteur Maßnahmen vorgesehen, die ein späteres Recycling des Produktes bzw. des verwendeten Materials erleichtern oder sogar erst ermöglichen. Durch Rückführung von Abfällen und gebrauchten Produkten in den Stoffkreislauf können Rohstoffe eingespart sowie der Umfang von Entsorgungsleistungen reduziert werden. Dies führt zur Entlastung der Umwelt bei gleichzeitiger Einsparung finanzieller Mittel.

- Technikwirkungsanalyse (TWA)

  Mit der Technikwirkungsanalyse werden unter Beachtung ökonomischer und außerökonomischer Gesichtspunkte die Auswirkungen bereits vorhandener und neuer Produkte und Technologien auf die natürliche Umwelt analysiert und abgeschätzt. So können bereits im Entwicklungsprozeß mögliche schädliche Wirkungen neuer Produkte abgeschätzt und durch die Anwendung anderer Lösungen vermieden werden.

- Umweltaudit

  Umweltaudits dienen der Analyse, Bewertung und Kontrolle des Umweltverhaltens eines Unternehmens durch eine Bestands- und Momentaufnahme (vgl. **Audit**). Durch die Ergebnisse eines Umweltaudits werden Planung und Kontrolle von Umweltschutzmaßnahmen unterstützt und gleichzeitig erhält die Unternehmensleitung eine gesicherte Entscheidungsgrundlage zum Stand des Umweltmanagements im Unternehmen. Durch eine Veröffentlichung der Auditergebnisse kann ein Umweltaudit zusätzlich als Mittel der Öffentlichkeitsarbeit genutzt werden.

Insgesamt ermöglichen Umweltmanagementtechniken eine systematische und strukturierte Vorgehensweise und tragen so zur Verringerung der Komplexität von Problemen bei. Der Einsatz bestimmter Umweltmanagementtechniken wird in den einschlägigen Standards zur Errichtung von Umweltmanagementsystemen nicht ausdrücklich vorgschrieben, jedoch wird eine strukturierte Vorgehensweise bei der Erfassung und Behandlung von Umwelteinwirkungen durch die verbindliche Forderung der Organisation des betrieblichen Umweltschutzes in einem Managementsystem nahegelegt (vgl. **Umweltmanagementsystem**). Der Einsatz erprobter Techniken bietet sich daher an, um das Ziel der Ständigen Verbesserung auch des betrieblichen Umweltschutzes und der Umweltverträglichkeit von Prozessen und Produkten zu erreichen (vgl. **Ständige Verbesserung**).

Literaturhinweis zur Vertiefung

Butterbrodt, D.; Tammler, U.:
Techniken des Umweltmanagements.
In: Kamiske, G. F. (Hrsg.): Reihe PocketPower.
München: Carl Hanser Verlag 1996.

Umweltrecht

Umweltrecht bezeichnet die Gesamtheit aller Gesetze und Verordnungen, die dem Ziel des Umweltschutzes dienen und je nach Maßgabe im Rahmen des betrieblichen Umweltmanagements zu berücksichtigen sind. Dabei umfaßt das Umweltrecht sowohl die Verordnungen und Richtlinien auf europäischer Ebene als auch auf nationaler Ebene die Bundes-, Landesgesetze und -verordnungen sowie die Satzungen im kommunalen Bereich.

Rangordnung	Ausführung und Beispiele
Europäisches Recht	EU-Verordnung
Nationales Recht	z.B. EG-Öko-Audit-Verordnung
Grundgesetz, Bundesverfassungsgericht	Hoheitsrechtliche Aufgaben, z.B. Luftverkehr
Bundes- (Rahmen-) und Landesgesetze	z.B. Wasserhaushaltsgesetz (WHG), Länderwassergesetze
Rechtsverordnungen	z.B. Chemikalienverbotsverordnung
Verwaltungsvorschriften	z.B. Technische Anleitung (TA) Abfall
Gemeindesatzungen, Verwaltungsakte	Genehmigungen, z.B. Erlaubnis für Anlagenbetreiber

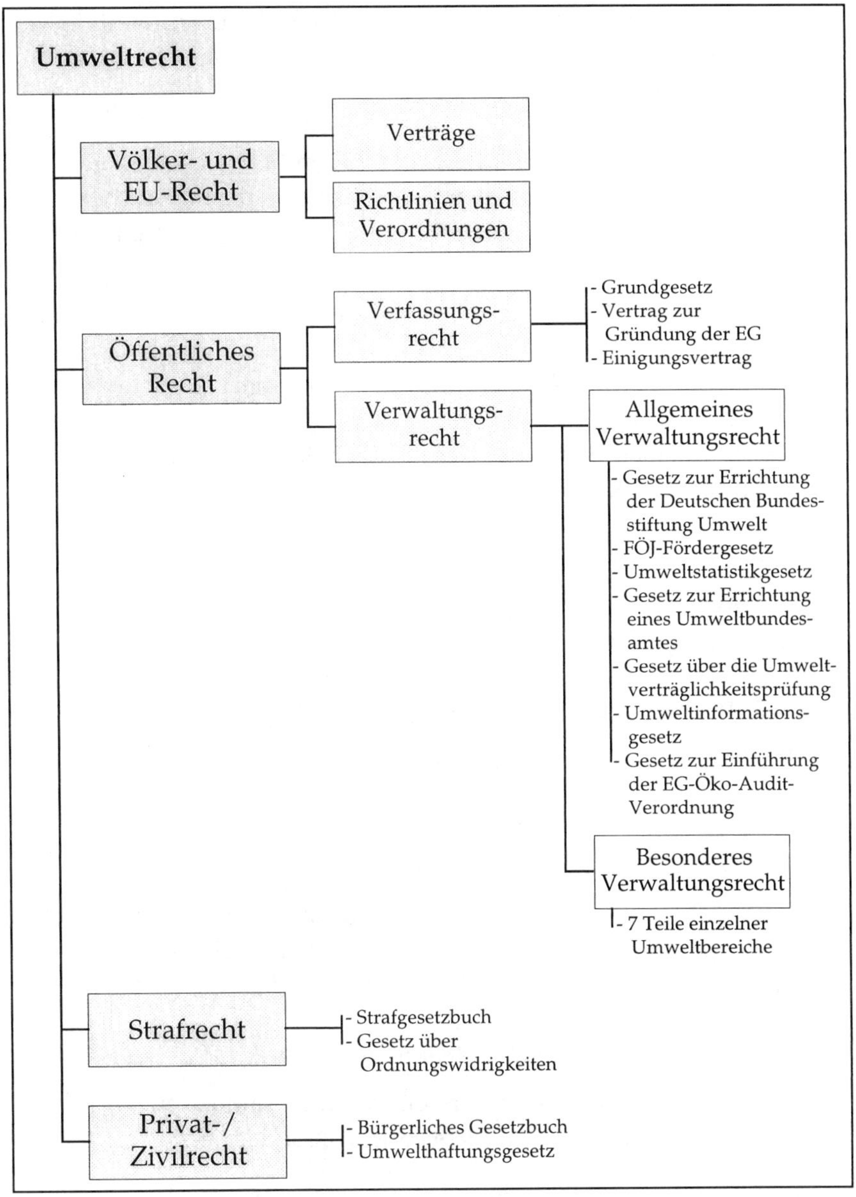

Bild 77: Rechtsgebiete des Umweltschutzes

Das Umweltrecht ist in der Bundesrepublik überwiegend Umweltverwaltungsrecht und somit Teil des öffentlichen Rechts (vgl. Bild 77).

Das Umweltverfassungsrecht und das Allgemeine Umweltverwaltungsrecht sind für die Durchführung des betrieblichen Umweltschutzes von untergeordneter Bedeutung.

Das besondere Umweltverwaltungsrecht enthält Gesetze und Verordnungen, die den betrieblichen Umweltschutz regeln und festlegen und sind damit von großer Bedeutung für das Unternehmen. Es ist in sieben Teile einzelner Umweltbereiche gegliedert:

- Teil I Naturpflege

  Naturschutz, Landespflege, Bodenschutz und Tierschutz: Bundesbodenschutzgesetz, Bundesnaturschutzgesetz, Bundeswaldgesetz, Tierschutzgesetz, Gesetz über die Errichtung eines Bundesamtes für Naturschutz.

- Teil II Gewässerschutz

  Wasserhaushaltsgesetz, Abwasserabgabengesetz, Wasch- und Reinigungsmittelgesetz.

- Teil III Vermeidung, Verwertung und Beseitigung von Abfällen

  Kreislaufwirtschafts- und Abfallgesetz, Abfallverbringungsgesetz.

- Teil IV Immissionsschutz

  Luftreinhaltung und Lärmbekämpfung: Bundesimmissionsschutzgesetz, Benzinbleigesetz, Gesetz zum Schutz gegen Fluglärm.

- Teil V Strahlenschutz und Reaktorsicherheit

  Gesetz über die Errichtung eines Bundesamtes für Strahlenschutz, Atomgesetz, Strahlenschutzvorsorgegesetz.

- Teil VI Energieeinsparung

  Energieeinsparungsgesetz, Stromeinspeisungsgesetz, Energieverbrauchskennzeichnungsgesetz.

- Teil VII Schutz vor gefährlichen Stoffen

  Chemikaliengesetz, Pflanzenschutzgesetz, Gentechnikgesetz, Düngemittelgesetz.

Das Umweltprivatrecht nimmt Bezug auf diese Vorschriften und regelt die Beziehungen der Bürger untereinander. Ein Unternehmen ist vom Umweltprivatrecht betroffen, wenn beispielsweise ein Anwohner des Unternehmens auf Grundlage des Bürgerlichen Gesetzbuches einen Unterlassungsanspruch gegen umweltbeeinträchtigende Immissionen stellt. Das Umweltstrafrecht verfolgt die Durchsetzung des Umweltverwaltungsrechtes mit Hilfe von Sanktionen.

Literaturhinweis zur Vertiefung

Butterbrodt, D.; Piwek, V.; Tammler, U.:
Wegweiser durch das Umweltrecht.
In: Kamiske, G. F. (Hrsg.): Reihe PocketPower.
München: Carl Hanser Verlag 1997.

VDA 6.1

Der VDA-Band Nr. 6, Teil 1, „Qualitätsmanagement-Systemaudit" für materielle Produkte (VDA 6.1) ist Teil der Schriftenreihe „Qualitätsmanagement in der Automobilindustrie", die vom Verband der Automobilindustrie e.V. (VDA) herausgegeben wird und stellt eine Empfehlung zur Einführung, Aufrechterhaltung und Bewertung von Qualitätsmanagementsystemen dar (vgl. **Qualitätsmanagementsystem**). Ziel der VDA 6.1 ist die Darstellung der spezifischen Forderungen der Automobilindustrie an ein Qualitätsmanagementsystem, die in der Normenreihe DIN EN ISO 9000-9004 aufgrund ihres branchenübergreifenden Charakters nicht genügend berücksichtigt werden können.

Die VDA 6.1 wurde ursprüglich auf der Grundlage der DIN EN ISO 9004 (Ausgabe Mai 1990) als Fragenkatalog zur Bewertung von Qualitätsmanagemensystemen entwickelt und erstmals 1991 veröffentlicht. Sie ist 1998 in der 4. überarbeiteten Auflage erschienen. Enthalten sind alle Elemente der Norm DIN EN ISO 9001 (Ausgabe August 1994), spezifische Forderungen aus der Norm DIN EN ISO 9004, Teil 1, sowie aus der Praxis der Automobilindustrie (vgl. Bild 78).

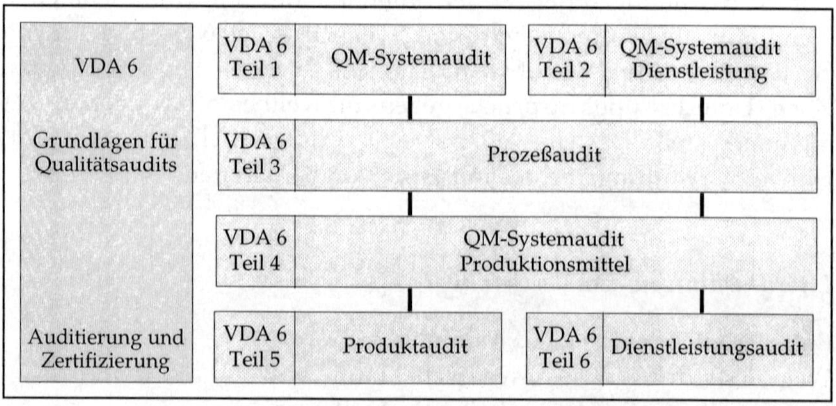

Bild 78: Qualitätsstandard der deutschen Automobilindustrie

Darüber hinaus sind Forderungen aus der US-amerikanischen QS-9000 (Ausgabe 1995) und der EAQF94 „Referentiel d'evaluation d'aptitude qualité fournisseurs - Bewertung der Qualitätsfähigkeit der Lieferanten" (Frankreich) berücksichtigt. Die Vergleichbarkeit der französischen und deutschen Forderungen wurde durch eine Untersuchung festgestellt und daraufhin beschlossen, die Audits und ihre Ergebnisse gegenseitig anzuerkennen. Die Anerkennung gilt auch für die Forderungen des italienischen Automobilverbandes, so daß für die italienischen und französischen Forderungen keine zusätzliche Erläuterungen notwendig sind [VDA 98]. Ein direkter Abgleich im Sinne einer gegenseitigen Anerkennung zwischen der VDA 6.1 und der QS-9000 ist derzeit noch nicht erreicht, wird jedoch angestrebt. Geplant ist hier eine gemeinsame Richtlinie unter dem Titel „Advanced Quality System - Weiterentwickeltes Qualitätsmanagementsystem" (vgl. **QS-9000**).

Grundsätzlich richtet sich die VDA 6.1 an alle Produzenten in der Automobilindustrie. Wie bei der QS-9000 ist es aber auch jedem anderen

Unternehmen außerhalb dieses Industriezweiges freigestellt, ein Qualitätsmanagementsystem an der VDA 6.1 auszurichten. Produzenten der Automobilindustrie sind Hersteller von Kraftfahrzeugen und Anhängern sowie von Aufbauten, Teilen, Zubehör und Containern für Kraftfahrzeuge und Anhänger. Direkt von der VDA 6.1 betroffen sind hauptsächlich Lieferanten und Unterlieferanten, deren Teile in das Endprodukt Automobil einfließen oder dessen Qualität beeinflussen.

Inhaltlich verlangt die VDA 6.1, daß eine Beurteilung der Hersteller erfolgen muß, bevor diese als Lieferanten festgelegt werden. Die Beurteilung des Qualitätsmanagementsystems kann durch ein Systemaudit seitens des Lieferanten, Systemauditergebnisse anderer Kunden (Lieferanten) des Unterlieferanten oder durch eine Zertifizierung durch akkreditierte Zertifizierungsgesellschaften erfolgen (vgl. **Systemaudit, Zertifizierung**). Für international tätige Unternehmen empfiehlt der VDA die Zertifizierungen durch Zertifizierungsgesellschaften, damit die Auditergebnisse entsprechend weltweit gegenseitig anerkannt und Kosten durch wiederholte Auditierungen verschiedener Lieferanten umgangen werden. Grundlage der Bewertung des Qualitätsmanagementsystems ist die VDA 6.1, jedoch müssen auch andere VDA-Forderungen (VDA Band 2 „Sicherung der Qualität von Lieferungen - Lieferantenauswahl/Bemusterung/Qualitätsleistung in der Serie" und VDA Band 7 „Grundlagen zum Austausch von Qualitätsdaten - Abwicklung von Qualitätsdaten-Nachrichten") berücksichtigt werden. Die Zertifizierung eines Qualitätsmanagementsystems gemäß VDA 6.1 erfolgt nach einem festgelegten Punkteschlüssel. Nur nach Erreichen von mehr als 90% der möglichen Punktzahl kann das VDA 6.1-Zertifikat erteilt werden. Beträgt der Erfüllungsgrad weniger als 90%, kann eine Nachbegutachtung erfolgen. Das VDA 6.1-Zertifikat hat, mit jährlichen Audits durch den Zertifizierer, eine Gültigkeit von drei Jahren.

Wie bei der QS-9000 besteht durch die VDA 6.1 jedoch keine generelle Forderung nach einer Zertifizierung von Unterlieferanten. Die Forderungen des VDA entsprechen somit den Forderungen der QS-9000. Aufgrund einer Vereinbarung mit den Fahrzeugherstellern mit Stammsitz in der USA sind Forderungen bezüglich Unterlieferanten durch die VDA-Forderungen abgedeckt. Demnach kann das Qualitätsmanagementsystem eines Unterlieferanten nach VDA 6.1 auch nach der QS-9000 anerkannt werden.

Fragenteil	Fragenkatalog Nr.	Abschnittstitel in VDA 6.1	Abschnittsnummer in DIN EN ISO 9001
U	01	Verantwortung der Leitung	4.1
U	02	Qualitätsmanagementsystem	4.2
U	03	Interne Qualitätsaudits	4.17
U	04	Schulung, Personal	4.18
U	05	Finanzielle Überlegungen zu Qualitätsmanagementsystemen	
U	06	Produktsicherheit	
U	Z1	Unternehmensstrategie	
P	07	Vertragsprüfung, Qualität im Marketing	4.3
P	08	Designlenkung (Produktentwicklung)	4.4
P	09	Prozeßplanung (Prozeßentwicklung)	(4.4)
P	10	Lenkung der Dokumente und Daten	4.5
P	11	Beschaffung	4.6
P	12	Lenkung der vom Kunden beigestellten Produkte	4.7
P	13	Kennzeichnung und Rückverfolgbarkeit von Produkten (Prozeßlenkung, Prüfstatus)	4.8, 4.9, 4.11, 4.12
P	14	Prozeßlenkung	4.9
P	15	Prüfungen	4.10
P	16	Prüfmittelüberwachung	4.11
P	17	Lenkung fehlerhafter Produkte	4.13
P	18	Korrektur- und Vorbeugungsmaßnahmen	4.14
P	19	Handhabung, Lagerung, Verpackung, Konservierung und Versand	4.15
P	20	Lenkung von Qualitätsaufzeichnungen	4.16
P	21	Wartung (Kundendienst, Aufgaben nach der Produktion)	4.19
P	22	Statistische Methoden	4.20

Bild 79: Vergleich der Gliederungen der VDA 6.1 und DIN EN ISO 9001

Die VDA 6.1 besteht aus aus einem einzigen Dokument mit insgesamt 23 Elementen, wenn das zusätzliche Element Z1 „Unternehmensstrategie" einbezogen wird. Sie baut, wie die QS-9000 auch, auf der DIN EN ISO 9001 auf (vgl. Bild 79). Der Inhalt der VDA 6.1 untergliedert sich im wesentlichen in die Beschreibung des Systemaudits, die Begriffsbestimmung und den Fragenkatalog. Der Fragenkatalog besteht aus zwei Teilen:

- Teil U: Unternehmensführung mit 6 Elementen sowie einem freigestellten Element und 31 (bzw. 36) Fragen;
- Teil P: Produkt und Prozeß mit 16 Elementen und 89 Fragen.

Die Gliederung der VDA 6.1 verdeutlicht den hohen Stellenwert der Unternehmensführung bei Qualitätsmaßnahmen. Die ressortspezifischen Fragen müssen vom jeweiligen Hauptverantwortlichen im Unternehmen und nicht vom Qualitätsleiter beantwortet werden. Der Qualitätsleiter soll nur zum Qualitätswesen befragt werden. Weil jede der 125 Fragen zusätzlich erläutert und durch Beispiele ergänzt wird, ist der Fragenkatalog weitgehend selbsterklärend und deshalb für die Praxis hervorragend geeignet.

Eine Gegenüberstellung der Fragen der VDA 6.1 zu den Forderungen der QS-9000 zeigt, daß die Inhalte im wesentlichen übereinstimmen. In folgenden Elementen der VDA 6.1 bestehen jedoch Fragen mit zusätzlichen Forderungen:

- Element 05 Finanzielle Überlegungen zu Qualitätsmanagementsystemen (Frage 5.1 bis 5.4);
- Element 06 Produktsicherheit (Frage 6.1 und 6.4);
- Element Z1 Unternehmensstrategie (Frage Z1.5);
- Element 07 Vertragsprüfung, Qualität im Marketing (Frage 7.1 und 7.3);
- Element 21 Wartung - Kundendienst, Aufgaben nach der Produktion (Frage 21.1 und 21.2).

Insgesamt ergänzt die VDA 6.1 (wie auch die QS-9000) die DIN EN ISO 9001 um zusätzliche, deutlich höhere Forderungen und entwickelt sie dadurch weiter im Hinblick auf Kundenzufriedenheit, kontinuierliche Verbesserung und eine stärkere Orientierung auf die Geschäftsergebnisse. Stabilere Prozesse, enge Kunden-Lieferanten-Beziehungen und interdisziplinäre Teamarbeit führen zu Nutzensteigerungen bei allen Beteiligten, da sich die Erfüllung der Qualitätsforderungen in der Prozeßkette vom Lieferanten über das Unternehmen bis hin zum Endkunden fortsetzt (vgl. **Kundenorientierung, Prozeßorientierung, Ständige Verbesserung**). Dahinter steht auch die Absicht, Produktivitätssteigerungen und Kostenreduzierungen zu bewirken und damit zu einer stärkeren Wettbewerbsfähigkeit des Unternehmens im Sinne von Total Quality Management zu führen (vgl. **Total Quality Management**).

Literaturhinweise zur Vertiefung

VDA - Verband der Automobilindustrie (Hrsg.):
VDA-Schriftenreihe Qualitätsmanagement in der Automobil industrie, Band 6 Teil 1: QM-Systemaudit.
4. Aufl., Frankfurt/Main 1998.

Rösch, B.; Hummel, T.:
QS-9000 und VDA 6.1 umsetzen.
In: Kamiske, G. F. (Hrsg.): Reihe PocketPower.
München: Carl Hanser Verlag 1998.

Loos, S.:
QS-9000 und VDA 6.1.
München: Carl Hanser Verlag 1998.

Versuchsplanung/Design of Experiments (DoE)

Versuchsplanung in diesem Sinne ist eine Methode, um die Parameter eines Produktes oder Prozesses vor Beginn der Serienfertigung zu optimieren. Dabei wird davon ausgegangen, daß auf ein Produkt oder einen Prozeß mehrere Einflußgrößen wirken, die wiederum ein oder mehrere Qualitätsmerkmale y (Ausgangsgrößen) beeinflussen.

Bei den Einflußgrößen werden die Steuergrößen z (Parameter) von den Störgrößen x unterschieden. Die Steuergrößen werden einmalig bestimmt und während der Entwicklung festgelegt, so daß eine Veränderung durch den Bediener bzw. Benutzer nicht mehr möglich ist. Die Optimierung der Steuergrößen erfolgt durch die Versuchsplanung. Die Störgrößen x sind gar nicht oder nur sehr aufwendig und kostenintensiv zu kontrollieren. Sie können sich ändern und sind nur statistisch mit Mittelwert und Standardabweichung zu erfassen (vgl. **Statistische Prozeßregelung**). Die Störgrößen sind die Ursachen für die unerwünschten und unkontrollierbaren Abweichungen eines Qualitätsmerkmals von seinem Zielwert.

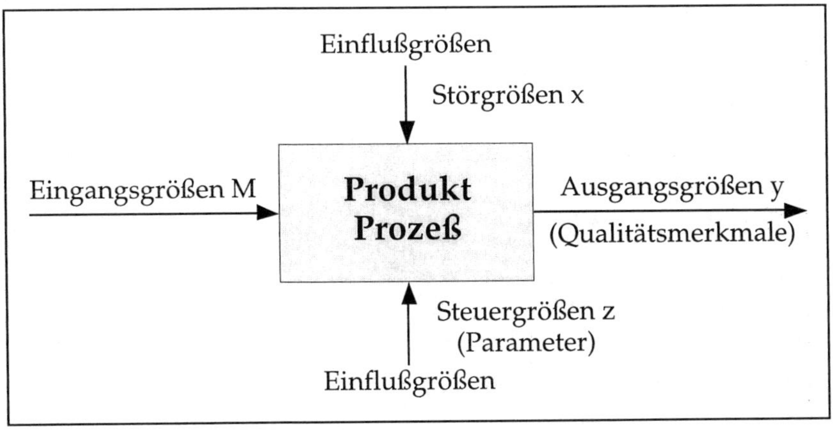

Bild 80: Größen am Produkt oder Prozeß

Darüber hinaus wirken am Produkt oder Prozeß diejenigen Größen, die zwar grundsätzlich vorgegeben sind, aber vom Bediener bzw. Benutzer eingestellt werden können, um den gewünschten Wert der Ausgangsgröße y (Qualitätsmerkmal) zu erzielen. Diese einstellbaren Größen werden als Eingangsgrößen M bezeichnet (vgl. Bild 80).

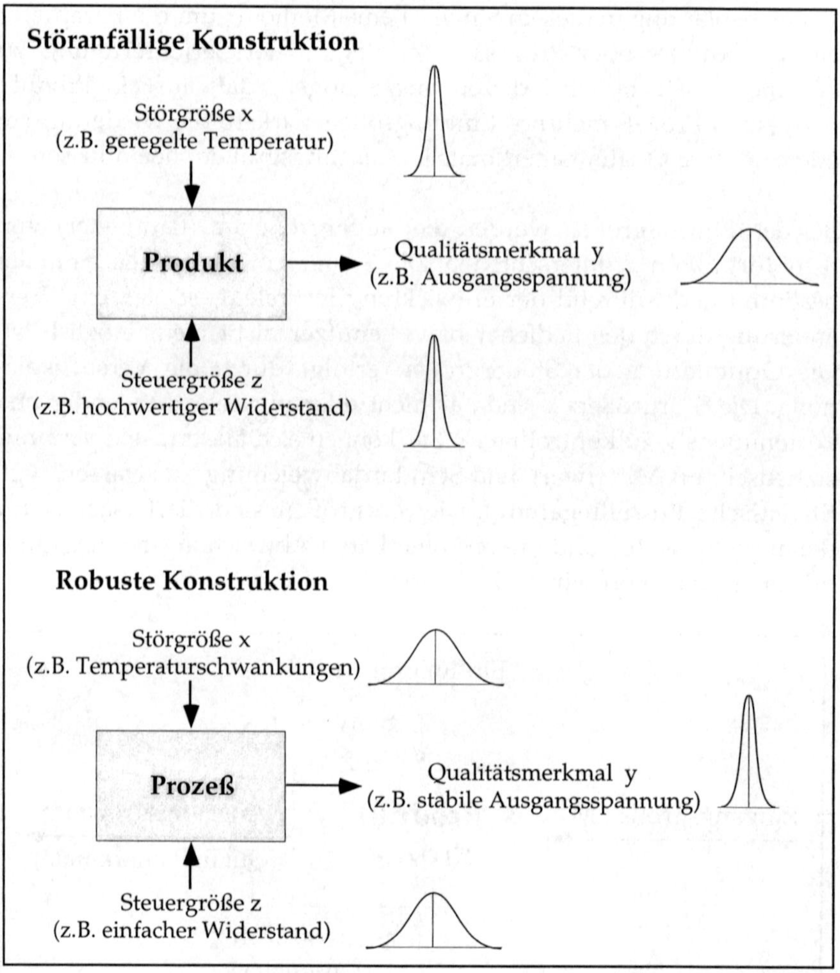

Bild 81: Ziel der Versuchsplanung nach Taguchi

Ziel der Versuchsplanung ist es, die wichtigste und damit qualitätsbestimmende Ausgangsgröße y zu identifizieren und die Steuergrößen z so einzustellen, daß der Prozeß oder das Produkt unempfindlich wird gegenüber den Einflüssen der Störgrößen x (vgl. Bild 81). Auf diese

Weise werden Bestwerte für die qualitätsbestimmenden Merkmale bei gleichzeitig geringer Streuung erreicht. Produkte bzw. Prozesse mit derartig konstant optimalen Werten der Qualitätsmerkmale unter allen Einsatzbedingungen werden als robust gegenüber Störgrößen bezeichnet (Robust Design) (vgl. **Qualitätsverlustfunktion**).

Die Optimierung der Parameter (Steuergrößen) und schließlich der Qualitätsmerkmale wird dadurch erschwert, daß die Funktion für die Abhängigkeit zwischen Einflußgrößen und Qualitätsmerkmal (Ausgangsgröße) nicht bekannt ist. Um diesen Zusammenhang empirisch vollständig zu ermitteln, wäre eine große Zahl an Versuchen nötig, was sehr viel Zeit erfordern und hohe Kosten verursachen würde. Deshalb kann eine solche Vorgehensweise bei der Produktentwicklung selten angewendet werden. Es muß vielmehr eine gezielte Auswahl der erfolgversprechendsten Kombinationen zur Ermittlung des gesuchten Zusammenhanges zwischen Parametereinstellung und Qualitätsmerkmal getroffen werden. Beruht diese Auswahl jedoch auf vage formulierten Erfahrungswerten, ist meist eine hinreichend genaue Annäherung an den tatsächlichen Zusammenhang nicht gegeben, so daß sich auch der gewünschte Erfolg im Hinblick auf eine signifikante und nachhaltige Qualitätsverbesserung nicht einstellt.

Anzahl und Parameterkombination der durchzuführenden Versuche sind also systematisch auszuwählen, um auf diese Weise eine hinreichend genaue Modellbildung bei vertretbarem Einsatz von Zeit und finanziellen Mitteln zu erreichen. Zur Durchführung dieser schnelleren und kostengünstigen Auswahl dient die Versuchsplanung. Sie ermöglicht durch den Einsatz von mathematisch-statistischen Methoden die gezielte Selektion der günstigsten aus allen denkbaren Parameterkombinationen sowie eine entsprechende Planung der Versuche selbst. Da neben der Planung aber auch die Durchführung und Auswertung der Versuche sowie die Umsetzung der Ergebnisse erfolgen muß, kann diese Vorgehensweise insgesamt auch als Versuchmethodik bezeichnet werden, bei der die Versuchsplanung einen besonders wichtigen Teil darstellt [Quentin 94].

Um die Versuchsplanung, die wegen der umfangreichen Anwendung der Statistik auch statistische Versuchsplanung genannt wird, sinnvoll anwenden zu können, müssen einige Voraussetzungen erfüllt sein. Dazu gehören die Fertigstellung eines Prototypen zur Versuchsdurchführung, die erfolgte Identifikation der qualitätsbestimmenden Merkmale und der kritischen Produkt- oder Prozeßparameter (Steuergrößen) sowie die Festlegung von Zielwerten für die Ausgangsgrößen dieser kritischen Parameter.

Nachstehend werden die drei wesentlichen Methoden der Versuchsplanung kurz umrissen. Auf eine ausführliche Darstellung des mathematisch-statistischen Hintergrundes muß dabei im Rahmen dieses Buches verzichtet werden.

Versuchsplanung nach Fisher und Box

Diese klassische Versuchsplanung wurde in den 20er Jahren von dem Engländer Fisher auf dem Gebiet der Ernährungswissenschaft begründet und später von dem Amerikaner Box auch für die Anwendung in den Natur- und Ingenieurswissenschaften weiterentwickelt. Nach dieser Vorgehensweise werden Parameter analysiert, die für ein Produkt- oder Prozeßmerkmal von Bedeutung sind. Die Untersuchung erfolgt in zwei Stufen, wobei die Versuchsanzahl so ausgewählt wird, daß Haupt- und Wechselwirkungseffekte der Parameter getrennt voneinander analysiert werden können. Schwerpunkt der klassischen Versuchsplanung ist die korrekte Bestimmung (mathematische Modellierung) der Abhängigkeit zwischen Produktmerkmal und Produktparametern. Die Anwendung der Versuchsplanung nach der Methode von Fisher und Box erfolgt schwerpunktmäßig im Bereich der wissenschaftlichen Forschung sowie in der Luft- und Raumfahrt.

Versuchsplanung nach Taguchi

Diese erste der beiden modernen Methoden der Versuchsplanung wurde in den 50er und 60er Jahren von dem Japaner Taguchi entwickelt und verbreitete sich zunächst in Japan. Seit 1980 wird die Versuchsplanung nach Taguchi auch in den USA erfolgreich eingesetzt und findet seit einigen Jahren auch in Europa zunehmend Anwendung.

Die Untersuchung der Steuergrößen des betrachteten Produktes oder Prozesses findet in der Regel in drei Stufen statt, wobei die Versuchspläne nach sogenannten orthogonalen Feldern zusammengestellt werden. Die Steuergrößen werden ausschließlich in ihren Haupteffekten auf eine Zielgröße hin untersucht, die nach Taguchi als Signal-Rauschverhältnis (Signal-to-Noise Ratio, S/N) bezeichnet wird. Darüber hinaus eventuell vorhandene Wechselwirkungseffekte sollen durch sorgfältige Auswahl des qualitätsbestimmenden Merkmals sowie der Steuergrößen und ihrer Stufen rechtzeitig eliminiert werden.

Der Anwendungsschwerpunkt der Versuchsplanung nach Taguchi liegt in der Optimierung von produkt- bzw. prozeßspezifischen Qualitätsmerkmalen im Rahmen der industriellen Produktentwicklung. In dieser Phase sind qualitätssichernde Maßnahmen am wirkungsvollsten zu treffen, da hier die erste und einflußreichste Festlegung von Qualitätsmerkmalen erfolgt. Somit liegt hier das größte Potential zur vorausschauenden Fehlervermeidung, um auf diese Weise die Qualität zu verbessern und die Kosten zu senken (vgl. **Simultaneous Engineering und Quality Engineering**).

Taguchi bezeichnet seine Versuchsplanung im Sinne fehlervermeidender Maßnahmen während der Planungsphase von Produktkonstruktion und Fertigungsprozeß als Off-Line Quality Control. Daran schließt sich während der laufenden Produktion die On-Line Quality Control an, die als Prozeßbeobachtung und -regelung erfolgt (vgl. **Statistische Prozeßregelung**).

Dies deckt sich auch mit Taguchis Qualitätsphilosophie, bei der Qualitätsverbesserung und gleichzeitige Kostensenkung die wichtigsten Ziele darstellen (vgl. **Qualitätsbegriff**). Dieser sogenannte Qualitätsverlust wird in seiner gesamtwirtschaftlich-gesellschaftsbezogenen Sichtweise durch die von Taguchi definierte Qualitätsverlustfunktion (Quality Loss Function) beschrieben und durch die parabolische Funktion eines qualitätsbestimmenden Merkmals angenähert (vgl. **Qualitätsverlustfunktion**). Die Qualitätsverlustfunktion stellt die Abweichung des charakteristischen Qualitätsmerkmals von seinem Zielwert dar, die außerdem in eine einfache Kostenrechnung transformiert wird [Taguchi/Clausing 90].

Entsprechend dieser Funktion ist der Qualitätsverlust, also die mit Kosten bewertete Abweichung vom Zielwert, nur dann Null, wenn der Istwert des Qualitätsmerkmals mit dem Sollwert übereinstimmt. Je weiter Istwert und Sollwert auseinanderliegen, desto größer wird der Qualitätsverlust. Dabei unterscheidet Taguchi vier Typen von charakteristischen Qualitätsmerkmalen mit den dazugehörigen quadratischen Verlustfunktionen. In Abhängigkeit vom betrachteten Produkt oder Prozeß kann der Sollwert, der Wert Null, der größte oder der kleinste Wert als Bestwert anzusehen sein.

Entgegen der traditionellen Denkweise in Toleranzen sieht Taguchi gemäß der Qualitätsverlustfunktion jede Abweichung vom Bestwert bereits als einen Verlust an, selbst wenn diese Abweichung noch innerhalb der Toleranz liegt. Qualität entsteht nach Taguchi also nicht durch die Einhaltung von Toleranzen, sondern durch die Übereinstimmung des Mittelwertes aller Werte eines funktionsbestimmenden Qualitätsmerkmals mit dem Sollwert bei gleichzeitig minimaler Streuung. Als Qualitätsmaßstab führte Taguchi das sogenannte Signal-Rauschverhältnis (Signal-to-Noise Ratio, S/N) ein, das aus dem durchschnittlichen Qualitätsverlust abgeleitet wird. Dabei ist der durchschnittliche Qualitätsverlust der Mittelwert aller einzelnen Qualitätsverluste der Teile eines Fertigungsloses, die wiederum mit der quadratischen Qualitätsverlustfunktion ermittelt werden.

Um diese höchste Qualität zu erzielen, also den Qualitätsverlust als Abweichung vom Zielwert zu minimieren, ist nach Taguchi ein beherrschter und optimierter Produktionsprozeß (Robust Design) nötig, der unempfindlich ist gegenüber den qualitätsmindernden Störeinflüssen der Umwelt (vgl. **Qualitätsverlustfunktion**).

Ein robuster Prozeß wird erreicht über die Schritte bzw. Phasen System Design, Parameter Design und Tolerance Design im Rahmen der Versuchsplanung nach Taguchi, wobei Parameter Design das Kernstück darstellt (vgl. Bild 82). Diese drei Schritte werden von Taguchi auch als Off-Line Quality Control bezeichnet und sind im Gegensatz zur On-Line Quality Control bereits vor Produktionsbeginn einzusetzen.

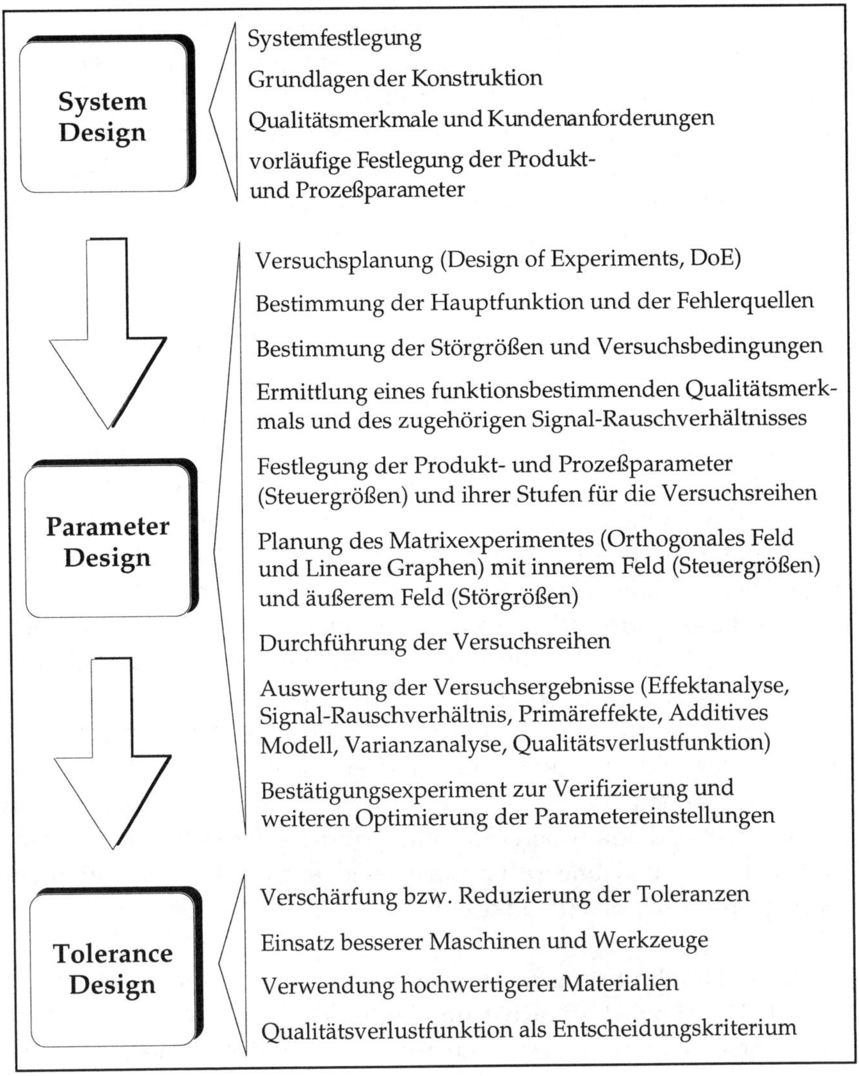

Bild 82: System Design, Parameter Design und Tolerance Design nach Taguchi

In der System Design-Phase werden die Grundlagen der Konstruktion entwickelt und diejenigen Qualitätsmerkmale herausgearbeitet, die im Hinblick auf eine Erfüllung der Kundenanforderungen am besten geeignet erscheinen. Dabei werden sowohl bisherige Konstruktionserfahrungen umgesetzt als auch Erkenntnisse über die Kundenwünsche verwendet, die mit Hilfe anderer Methoden des Quality Engineering gewonnen wurden, insbesondere dem Quality Function Deployment (QFD). Bezüglich einer ersten, vorläufigen Festlegung der Produkt- und Prozeßparameter sind zunächst auch kostengünstigere Methoden und Materialien zu berücksichtigen, die dann im nächsten Schritt optimiert werden können.

Parameter Design ist als Kernstück der Taguchi-Methode anzusehen. Hier kommt auch die eigentliche Versuchsplanung nach Taguchi (Design of Experiments, DoE) zur Anwendung, die einen bedeutenden Beitrag zur Qualitätsverbesserung bei gleichzeitiger Kostensenkung liefern kann. In dieser Phase werden die Produkte bzw. Prozesse auf der Basis der Qualitätsverlustfunktion (Quality Loss Function) und des Signal-Rauschverhältnisses (Signal-to-Noise Ratio, S/N) robust gegenüber qualitätsmindernden Störgrößen gemacht. Die Auswirkungen dieser Störgrößen werden entschärft, ohne die Störungen selbst unter Kontrolle zu bringen oder zu eliminieren, was zum Teil mit hohen Kosten verbunden ist. Dazu werden in einem Matrixexperiment die wesentlichen Steuergrößen mittels sogenannter orthogonaler Felder und linearer Graphen über meist drei Stufen variiert. Dadurch können Wechselwirkungen zwischen den Steuergrößen identifiziert und somit berücksichtigt werden. Versuchspläne, orthogonale Felder und lineare Graphen sind entsprechenden Tabellenwerken zu entnehmen [Phadke 89].

Nach der Durchführung der Versuche werden die Ergebnisse ausgewertet. Dabei wird zunächst das Signal-Rauschverhältnis für jede Versuchsreihe bestimmt und durch die Analyse der Primäreffekte die Auswirkungen der Steuergrößen darauf ermittelt. In der anschließenden Varianzanalyse (Analysis of Variance, ANOVA) werden statistisch nicht signifikante Steuergrößen identifiziert, die dann nicht weiter zu berücksichtigen sind. Aus der Versuchsanalyse lassen sich insgesamt diejenigen Werte der Steuergrößen ermitteln, die das größte Potential im Hinblick auf ein optimales Signal-Rauschverhältnis vermuten lassen. Aus der Einstellung dieser optimalen Werte resultiert ein Maximalwert des Signal-Rauschverhältnisses, also ein geringer durchschnittlicher Qualitätsverlust, was wiederum gleichbedeutend mit hoher Qualität ist. In einem Bestätigungsexperiment wird anschließend untersucht, ob die gewählten Werte der Steuergrößen auch tatsächlich die prognostizierte Qualitätsverbesserung liefern. Ist dies nicht der Fall, so liegen zwischen mindestens zwei Steuergrößen noch nicht erkannte Wechselwirkungen vor, die in einer neuen Versuchsplanung entsprechend berücksichtigt werden müssen.

In der Phase des Tolerance Design kann eine erneute bzw. reduzierte Festlegung der Toleranzen für diejenigen Produkt- und Prozeßparameter erfolgen, bei denen trotz der Optimierung in der Parameter Design-Phase noch zu große Streuungen der Qualitätsmerkmale auftreten. Dabei werden insbesondere auch Kosten-Nutzen-Erwägungen berücksichtigt, wenn es um den Einsatz von besseren Werkzeugen und Maschinen sowie um die Verwendung von hochwertigeren, teureren Materialien zur weiteren Reduzierung der Streuungen geht. Als Entscheidungskriterium für derartige Ausgaben dient wieder die Qualitätsverlustfunktion (Quality Loss Function), die den beim Kunden entstehenden Qualitätsverlust darstellt. Dieser wird zu den Aufwendungen für eine weitere Optimierung ins Verhältnis gesetzt.

Die Versuchsplanung nach Taguchi besitzt einige spezielle Vorzüge, insbesondere im Vergleich zur Methode nach Shainin (vgl. **Versuchsplanung nach Shainin**). Zu nennen sind hier die Unterscheidung zwischen beeinflußbaren und nicht beeinflußbaren Parametern, die Möglichkeit der Berücksichtigung von drei oder mehr Stufen im Versuchsplan sowie die detaillierte Analyse der ermittelten Ergebnisse und deren Streuungen. Die Kritik an der Versuchsplanung nach Taguchi setzt im wesentlichen bei der Behandlung der Wechselwirkungen, der Verwendung des Signal-Rauschverhältnisses als Qualitätsmaßstab und der Anwendung der mathematisch-statistischen Methoden an [Sondermann/Leist 89, Krottmaier 91]. Diese Kritikpunkte können jedoch unter Hinweis auf die Zielsetzung einer schnellen, kostengünstigen Qualitätsverbesserung und nicht einer exakten mathematischen

Abbildung der Ursache-Wirkungs-Zusammenhänge mehr oder weniger entkräftet werden.

Versuchsplanung nach Shainin

Die Versuchplanung nach Shainin wurde in den 80er Jahren in den USA vorgestellt. Bei dieser von dem Amerikaner Shainin zusammengestellten und nach ihm benannten Methodensammlung wird zunächst auf die mathematische Analyse der experimentell gewonnen Daten verzichtet. Statt dessen finden zahlreiche Diagramme Verwendung. Aus der großen Anzahl von möglichen Einflußgrößen (Steuer- und Störgrößen) werden in wenigen Schritten die vier einflußreichsten herausgefiltert, die dann in einem vollständigen Matrixexperiment auf Haupt- und Wechselwirkungen untersucht werden. Anschließend werden sie in bezug auf ein Qualitätsmerkmal eingestellt und toleriert.

Anwendung findet die Versuchsplanung nach Shainin vorwiegend in der Industrie, und zwar mehr in der Fertigung als in der Produktentwicklung. Dies ist als ein wesentlicher Unterschied zur Versuchsplanung nach Taguchi festzuhalten. Aus dem Einsatz in der Fertigung folgt, daß in erster Linie laufend anfallende Daten zu analysieren sind. Grundsätzliche Änderungen von bereits festgelegten Produkten oder Prozessen sind nur noch schwer möglich und mit größter Vorsicht durchzuführen. Aus diesem Anwendungsgebiet ergibt sich als Zielsetzung schwerpunktmäßig die Konzentration auf einige wenige Einflußgrößen, die als Hauptproblemursachen identifiziert und eliminiert werden sollen. Daraus resultiert eine abgestufte Vorgehensweise, wobei die eigentliche Versuchsplanung erst eingesetzt wird, wenn einfachere Methoden von Shainin nicht zum gewünschten Ergebnis führen [Kleppmann 92].

Der Grundgedanke der Versuchsplanung nach Shainin ist das Erkennen und Beseitigen von Problemen. Dazu werden die meist wenigen, aber sehr bedeutsamen Einflußgrößen (also sowohl Stör- als auch Steuergrößen!) identifiziert, die als Problemursachen in Frage kommen. Sie werden nach der Stärke ihres Einflusses als Rotes X (Hauptursache), Rosa X und Blaßrosa X bezeichnet. Hintergrund ist hier die

Anwendung des Pareto-Prinzips (vgl. **Pareto-Diagramm**). Diese Vorgehensweise steht im Gegensatz zur Taguchi-Methode, wo die Störgrößen durch Robust Design entschärft, aber nicht beseitigt werden (vgl. **Versuchsplanung nach Taguchi**).

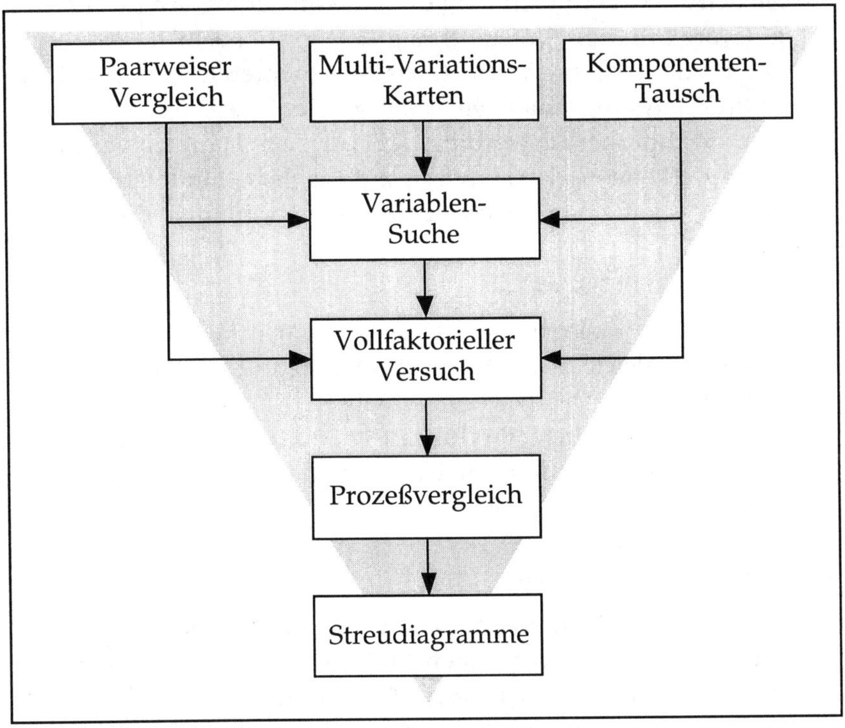

Bild 83: Übersicht der Methoden von Shainin

Zur Identifizierung und Beseitigung der dominanten Einflußgröße (Rotes X) schlägt Shainin eine ganze Sammlung von Methoden vor (vgl. Bild 83) [Bhote 88]. Diese beruhen auf einer zulässigen Vereinfachung varianzanalytischer Verfahren, beschränken sich dabei auf elementare mathematische Operationen und verwenden leicht verständliche grafische Lösungen.

Diese Methoden werden nachfolgend aufgezählt und kurz charakterisiert [Mittmann 90, Quentin 94]. In der Anwendung werden zunächst die einfacheren Methoden eingesetzt, die nur geringen Aufwand verlangen. Soweit erforderlich, können dann schrittweise auch die komplexeren Verfahren angewendet werden.

- Multi-Variations-Karten

  Sie helfen bei der Erkennung und Klassifizierung der Haupteffekte (Störeinflüsse): Untersuchung der positionalen (innerhalb eines Produktes), zyklischen (zwischen mehreren Produkten) und zeitlichen (in regelmäßigen Zeitabständen) Variation. Die graphische Stichprobenauswertung läßt oft ein Hauptabweichungsmuster erkennen, das Hinweise auf mögliche Einflußgrößen gibt und diese auf eine überschaubare Größenordnung reduziert.

- Paarweiser Vergleich

  Er dient zur Eingrenzung der wesentlichen Störeinflüsse durch einen Vergleich der Merkmalsausprägungen von Gut- und Schlechtteilen. Dazu werden mehrere Paare von guten und schlechten Einheiten (Produkten, Bauteilen) miteinander verglichen, um die wesentlichen Unterschiede zwischen ihnen zu ermitteln.

- Komponenten-Tausch

  Ebenfalls zur Eingrenzung der wesentlichen Störeinflüsse werden Komponenten von guten und schlechten Einheiten demontiert und beim anschließenden Zusammenbau wechselseitig vertauscht. Die grafische Auswertung der Veränderungen an den zuvor bestimmten Kenngrößen liefert Hinweise auf die Haupteinflußfaktoren.

- Variablen-Suche

  Nachdem die Einflußgrößen auf etwa fünf bis zwanzig eingegrenzt sind, werden nun die Haupteinflußgrößen in zwei Schritten identifiziert. Vorab wird für die wichtigsten Einflußgrößen je eine gute und eine schlechte Wertstufe festgelegt. In einer ersten Versuchsreihe werden die Ergebnisse bezüglich der Einflußgrößen für beide Wertstufen ermittelt. In der zweiten Versuchsreihe wird wird dann, ähnlich wie beim Komponenten-Tausch, jeweils eine Einflußgröße auf die gute Wertstufe gesetzt, alle anderen auf die schlechte. Durch die Untersuchung auf signifikante Änderungen des Prozeßverhaltens lassen sich so eine wichtige (Rosa X) oder sogar die wichtigste (Rotes X) Einflußgröße finden.

- Vollfaktorieller Versuch

  Sind die Einflußgrößen auf vier reduziert, kann in einem vollständigen faktoriellen Versuch die Haupteinflußgröße identifiziert werden. Dazu werden sämtliche Parameter variiert, also alle sechzehn möglichen Kombinationen von guten und schlechten Wertstufen für die vier Einflußgrößen durchgetestet. Als Ergebnis erhält man Aufschluß über die Effekte der Steuergrößen und ihre Interaktionen, so daß die optimale Einstellkombination der Prozeßparameter bestimmt werden kann.

- Prozeßvergleich

  Zur Verifizierung der gefundenen Parametereinstellung wird ein Nachweistest (A-zu-B-Analyse, Alt-gegen-Besser, Better-versus-Current) durchgeführt. Dies geschieht in Form eines bewertenden Vergleichs der beiden Prozesse durch die Entnahme von Stichproben und führt zu einer Aussage darüber, ob tatsächlich eine Prozeßverbesserung erreicht wurde.

- Streudiagramm (Korrelationsdiagramm)

  Zur Optimierung der Parametereinstellung können Streudiagramme verwendet werden, die als einfache Form der linearen Regression den Zusammenhang (Korrelation) zweier Variablen, der Haupteinflußgröße und der Zielgröße (Qualitätsmerkmal), graphisch darstellen (vgl. **Qualitätswerkzeuge**). Es werden zunächst 30 Wertepaare ermittelt und als Punktwolke in das Diagramm eingetragen. Anschließend wird die zugehörige Regressionsgerade bestimmt und zusammen mit zwei Parallelen, die alle Werte der Punktwolke einschließen, ebenfalls eingezeichnet. Gibt man nun auf der Ordinate eine realistische Toleranz für das Qualitätsmerkmal vor, so kann auf der Abszisse graphisch die richtige Einstellung der Haupteinflußgröße und ihre zulässige Abweichung ermittelt werden. Auf diese Weise läßt sich der Prozeß hinsichtlich der Festlegung der Toleranzen optimieren.

Die Methoden der Versuchsplanung nach Shainin beinhalten einige spezielle Vorteile, insbesondere im Vergleich zur Taguchi-Methode (vgl. **Versuchsplanung nach Taguchi**). Hervorzuheben sind hier das Angebot von mehreren, aufeinander abgestimmten Verfahren zum problemadäquaten Einsatz, die leichte Verständlichkeit der Methoden auch für die Mitarbeiter auf Werkstattebene, die Identifizierung und Quantifizierung der Wechselwirkungen sowie der relativ geringe Versuchsaufwand. Hinzu kommt die auch in der Praxis erwiesene Leistungsfähigkeit der Methoden sowie die Einhaltung statistischer Regeln und Gesetze [Sondermann/Leist 89]. Problematisch ist hingegen, daß die Shainin-Methoden meist erst nach Auftreten eines Problems anwendbar sind. Dies widerspricht einer vorausschauenden Fehlervermeidungsstrategie und läßt obendrein die erheblichen Potentiale zur Qualitätsverbesserung und Kostensenkung in den frühen Entwicklungsphasen ungenutzt (vgl. **Simultaneous Engineering und Quality Engineering**).

Zusammenfassend läßt sich feststellen, daß Taguchi bei der Identifizierung der Störgrößen stärker vom Sachverstand der Fachleute abhängig ist, während Shainin die Fakten betont: „Don't let the engineers do the guessing, let the parts do the talking".

Literaturhinweise zur Vertiefung

Taguchi, G.:
System of Experimental Design, Vol. I und II.
Dearborn/Mich./USA: American Supplier Institute Press 1987.

Taguchi, G.:
On-Line Quality Control during Production.
Tokyo/Japan: Japanese Standard Association 1981.

Taguchi, G.:
Introduction to Quality Engineering.
Tokyo/Japan: Asian Productivity Organization 1986.

Taguchi, G.; Wu, Y.:
Introduction to Off-Line Quality Control.
Nagaya/Japan: Central Japan Quality Control Association 1985.

Taguchi, G.; Konishi, S.:
Taguchi Methods, Orthogonal Arrays and Linear Graphs.
Dearborn/Mich./USA: American Supplier Institute Press 1987.

Wu, Y.; Moore, W. H.:
Quality Engineering, Product and Process Optimisation.
Dearborn/Mich./USA: American Supplier Institute Press 1986.

Bhote, K. R.:
World Class Quality.
New York/NY/USA: American Management Association 1988.

Box, G. E. P.; Hunter, W. G.; Hunter, J. S.:
Statistics for Experimenters.
New York/NY/USA: Whiley & Sons 1987.

Fisher, R. A.:
The Design of Experiments.
8. Aufl., Edinburgh/UK: Oliver and Boyd 1971.

Kleppmann, W.:
Taschenbuch Versuchsplanung.
München: Carl Hanser Verlag 1998.

Vision und Mission

Ziele und Bedeutung eines umfassenden Qualitätskonzeptes im Sinne von Total Quality Management stehen in enger Wechselwirkung mit anderen Bereichen der Unternehmensführung (vgl. **Total Quality Management**). Aus diesem Grunde ist die Einbindung des Qualitätszieles in die gesamte Unternehmenspolitik und die Verknüpfung mit der Unternehmenskultur von besonderer Bedeutung. Dies ergibt sich auch aus dem Erfolgspotential von Qualität sowie der Langfristigkeit und Reichweite eines solchen Ansatzes.

Dabei erfordert eine erfolgreiche Umsetzung eines Total Quality Management-Konzeptes nicht nur die Schaffung der notwendigen organisatorischen, personellen und technischen Rahmenbedingungen sowie die Anwendung der Methoden und Instrumente des Qualitätsmanagements. Auch die Vorgabe einer entsprechenden übergeordneten Qualitätspolitik ist noch nicht vollständig ausreichend. Aufgrund der umfassenden Forderung von Total Quality Management nach einer Veränderung von Einstellung und Verhaltensweise aller Mitarbeiter des Unternehmens ist auch die Gesamtunternehmenspolitik sowie die Unternehmenskultur auf Qualität auszurichten.

Diese Ausrichtung erfolgt mit Hilfe einer sichtbaren, glaubwürdigen und mitreißenden Vision, die von einer überzeugenden Geisteshaltung gestützt wird. So wird das Verhalten aller Unternehmensangehörigen im Hinblick darauf geprägt, die Vision zu verinnerlichen und zu erfüllen. Die visionäre Ausrichtung eines Unternehmens wird auch darin offenbar, daß es sich seiner Werte und Überzeugungen - also seiner Unternehmenskultur - bewußt wird und diesen ein angemessenes Leitbild bestimmt, dem dann im Denken und Handeln nach innen und außen gefolgt wird.

Als Kernelemente der Vision lassen sich die Unternehmensphilosophie und das Leitbild erkennen (vgl. Bild 84) [Collins/Porras 92]. Die Unternehmensphilosophie stellt das Kernstück der Vision dar. Sie setzt sich aus der Unternehmenskultur und dem Unternehmenszweck zusammen. Sie durchdringt die gesamte Organisation und beeinflußt Denken, Handeln und Entscheidungen der Angehörigen des Unternehmens.

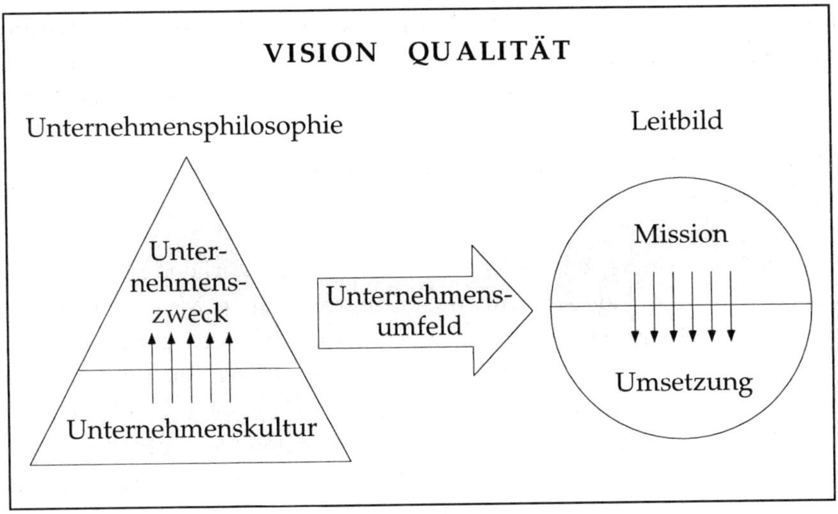

Bild 84: Von der Vision zur Mission

Die Grundwerte und Überzeugungen stellen die Unternehmenskultur dar und bilden somit die Basis für sämtliche Vorgänge - innerhalb und außerhalb, an denen das Unternehmen beteiligt ist. Die Unternehmenskultur findet ihren sichtbaren Ausdruck in der Art des Umgangs der Mitarbeiter untereinander, den Beziehungen zu den Vorgesetzten sowie der Kommunikation mit den Kunden und Lieferanten (vgl. **Kundenorientierung, Mitarbeiterorientierung**).

Danach geht aus der Unternehmenskultur als zweiter Bestandteil der Unternehmensphilosophie der Unternehmenszweck hervor. Darunter ist eine umfassende und prägnante, aber auch im Hinblick auf die Formulierung der Vision inspirierende Darlegung zu verstehen, die flexibel und mitreißend genug ist, um langfristig Bestand zu haben.

Unter den Randbedingungen des Unternehmensumfeldes steht als zweiter Baustein der Vision das Leitbild vorn im Blickfeld und lenkt die Aufmerksamkeit aller Mitarbeiter des Unternehmens auf ein konkretes Ziel. Im Gegensatz zur Unternehmensphilosophie, die eher ruhig und tragend im Hintergrund bleibt, ist das Leitbild nach außen gerichtet. Es setzt sich aus Mission und Darstellung zusammen, wobei die Mission eine klar umrissene Zielvorstellung abgeben und die Mitarbeiter herausfordern sollte. Durch sie wird die abstrakte Unternehmensphilosophie abgebildet und greifbar gemacht, so daß das Unternehmen vorangetrieben wird. Durch eine entsprechend anschauliche und lebendige Darstellung wird die Mission allen Mitarbeitern des Unternehmens nahegebracht und von ihnen aufgegriffen und umgesetzt.

Die übergeordnete und ruhig im Hintergrund wirkende Vision wie auch die Mission als klar umrissene und von allen Mitarbeitern getragene Zielvorstellung eines zukunftsorientierten Unternehmens richtet sich in diesem Sinne nach der Qualität aus. Sie muß im Einklang mit Unternehmensführung, -kultur, -philosophie, -leitbild und -umfeld stehen und sich auch aus diesen Aspekten integrativ herleiten. Total Quality Management stellt dabei die Umsetzungsstrategie dar, die sich aus allen Bestandteilen der Vision ergibt und diese schließlich zur Ausführung bringt (vgl. **Total Quality Management**).

Vollprüfung

Unter Vollprüfung (100%-Prüfung, Stück-für-Stück-Prüfung) versteht man die Überprüfung sämtlicher Einheiten in bezug auf die vorgegebenen Prüfmerkmale. Im Gegensatz dazu wird bei der Stichprobenprüfung nur ein Teil der Einheiten geprüft (vgl. **Stichprobenprüfung**). Die Vollprüfung wird auch als Vollkontrolle oder Sortieren bezeichnet.

Die Anwendung der Vollprüfung ist zweckmäßig, wenn das Fertigungsverfahren (noch) nicht unter statistischer Kontrolle ist oder wenn die Fehlerfolgekosten die Prüfkosten wesentlich übersteigen (vgl. **Fehlleistungsaufwand**). Zwingend erforderlich ist die Vollprüfung bei lebenswichtigen Teilen (kritische Teile, Sicherheitsteile), selbst wenn es vom kostenrechnerischen Standpunkt aus betrachtet unwirtschaftlich erscheint. Sicherheit geht vor Wirtschaftlichkeit [Kamiske 74]. Weiterhin kann eine Vollprüfung aufgrund gesetzlicher Vorschriften notwendig sein. Bei zerstörenden Prüfverfahren kommt die Anwendung einer Vollprüfung natürlich nicht in Betracht.

Die Durchführung der Vollprüfung erfolgt im Wareneingangs- und im Fertigungsbereich meist in Form einer Attributprüfung, d.h. es wird nur unterschieden zwischen zwei gegensätzlichen Ausprägungen des Prüfmerkmals (gut/schlecht, vorhanden/nicht vorhanden). Bei Sicherheitsteilen wird die Vollprüfung möglichst in Form einer variablen (messenden) Prüfung durchgeführt, um hier aus konkreten Meßergebnissen weitere Informationen für die Prozeßverbesserung zu erhalten.

100%-Prüfung bedeutet erfahrungsgemäß jedoch nicht 100% Sicherheit. Bei Durchführung von subjektiven Vollprüfungen werden Fehler aufgrund von menschlichen Unzulänglichkeiten wie Ermüdung, nachlassendem Sehvermögen bei Dauerbeanspruchung, Umweltbedingungen und anderen Einflußfaktoren nicht unbedingt entdeckt, es kommt zu einem unvermeidlichen Durchschlupf, wie systematische Untersuchungen gezeigt haben. Der Kontrollwirkungsgrad eines Prüfers (Verhältnis von ausgelesenen zu ursprünglich vorhandenen fehlerhaften Stücken) liegt bei einer Größenordnung von 80-95% [Masing 70], d.h. es muß mit einem Durchschlupf von 5-20% des im Los vorhandenen Fehleranteils gerechnet werden (vgl. **Kontrollwirkungsgrad**). Eine Objektivierung durch Automatisierung der Prüfvorgänge ist demnach unbedingt anzustreben.

Zertifizierung

Der Ausdruck „Zertifizierung" ist eigentlich unscharf gewählt, wird jedoch in der betrieblichen Praxis häufig im Zusammenhang mit einem Qualitäts- bzw. Umweltmanagementsystem verwendet (vgl. **Qualitätsmanagementsystem, Umweltmanagementsystem**). Gemeint ist damit der Vorgang des Nachweises der Wirksamkeit und Funktionsfähigkeit eines entsprechenden Managementsystems im Unternehmen. Dieser Nachweis wird durch ein externes Systemaudit erbracht, das von einer neutralen Zertifizierungsstelle durchgeführt werden muß (vgl. **Systemaudit**). Dabei auditiert die Zertifizierungsstelle das Qualitäts- oder Umweltmanagementsystem des Unternehmens auf dessen Auftrag hin und vergibt bei Erfüllung der Anforderungen gemäß den sogenannten zertifizierfähigen Normen DIN EN ISO 9001, 9002 oder 9003 (Qualitätsmanagement) bzw. DIN EN ISO 14001 (Umweltmanagement) ein entsprechendes Zertifikat.

Die formale Kompetenz, Unabhängigkeit und Integrität der Zertifizierungsstellen leitet sich aus deren Akkreditierung bei der übergeordneten Trägergemeinschaft für Akkreditierung (TGA) im Deutschen Akkreditierungsrat (DAR) ab. Grundlage dieser Akkreditierung ist das Erfüllen der Anforderungen nach DIN EN 45 012.

Die Zertifizierungsverfahren im Sinne der Durchführung eines externen Systemaudits mit dem Ziel der Zertifizierung bzw. Zertifikatserteilung beginnt zunächst mit einem Antrag des zu zertifizierenden Unternehmens bei einer anerkannten (akkreditierten) Zertifizierungsstelle. Es wird ein Vertrag abgeschlossen, in dem sich der Zertifizierer verpflichtet, das Unternehmen durch das Zertifizierungsverfahren zu begleiten. Dieses darf jedoch nicht verwechselt werden mit einem vor dem Zertifizierungsverfahren liegenden Beratungsverfahren zur Einführung des Qualitätsmanagementsystems, da hiermit objektiv ein Zielkonflikt entstehen würde.

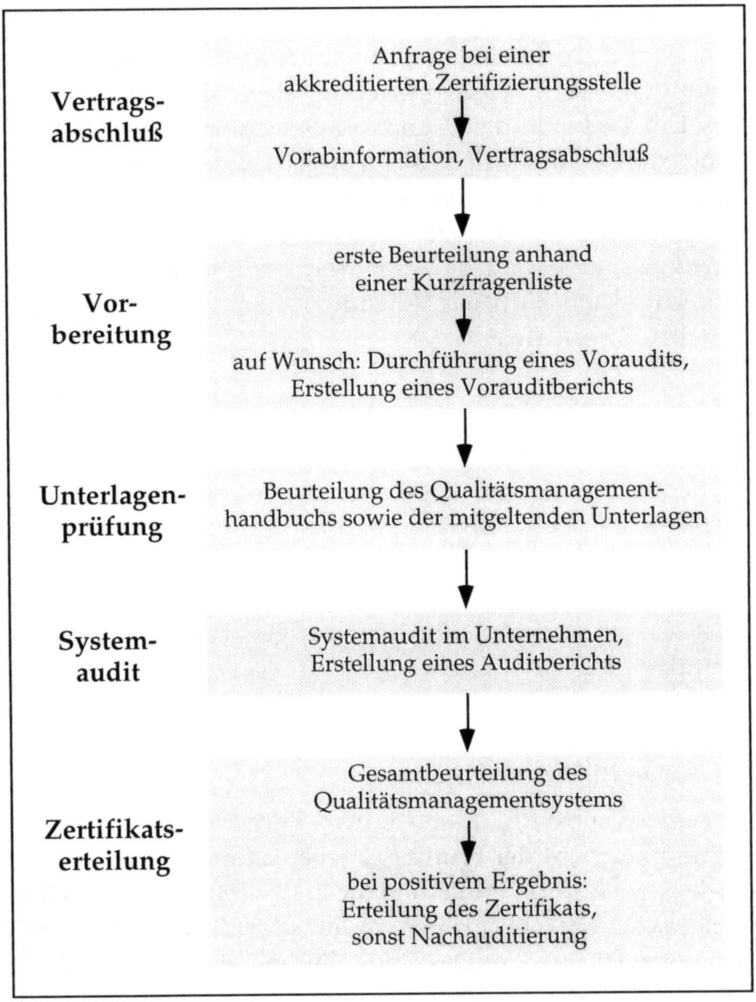

Bild 85: Allgemeiner Ablauf eines Zertifizierungsverfahrens

Das Zertifizierungsverfahren wird üblicherweise in mehreren Schritten durchgeführt (vgl. Bild 85) [Petrick 96, Brauer/Kühme 97]:

- Vorbereitung

  Zunächst erhält das zur Zertifizierung anstehende Unternehmen einen Katalog mit einer Reihe von Fragen zu allen Elementen des

Qualitäts- bzw. Umweltmanagementsystems. Diese Kurzfragenliste wird in Form einer Selbstbewertung (Self-Assessment) ausgefüllt und dient der Zertifizierungsstelle als Vorbeurteilung, ob das Unternehmen die Grundvoraussetzungen für ein Zertifizierungsaudit erfüllt. Mit dieser Vorbeurteilung können möglicherweise vorhandene, grundlegende Schwachstellen bereits frühzeitig aufgedeckt und vor Durchführung weiterer Schritte im Zertifizierungsablauf beseitigt werden. Auf Wunsch des Unternehmens kann auch ein Voraudit vereinbart werden, das dem gleichen Zweck dient.

- Unterlagenprüfung

  Im nächsten Schritt werden das Qualitäts- oder Umweltmanagementhandbuch und gegebenenfalls weitere mitgeltende Unterlagen, z.B. Verfahrens- und Arbeitsanweisungen, von der Zertifizierungsstelle überprüft. Das Unternehmen erhält einen Kurzbericht über das Ergebnis und wird aufgefordert, eventuell festgestellte Schwachstellen der Unterlagen vor Durchführung des Zertifizierungsaudits zu beheben.

- Systemaudit (Zertifizierungsaudit)

  Die Durchführung des externen Systemaudits als Zertifizierungsaudit dient der Prüfung, ob die Anforderungen der zugrunde liegenden Norm erfüllt und die in den schriftlichen Unterlagen dokumentierten Tätigkeiten auch tatsächlich im Unternehmen angewendet werden. Das Zertifizierungsaudit wird in der Regel in Form einer Stichprobenprüfung aller Normelemente durchgeführt. Grundlage ist eine umfangreiche Auditfragenliste, in der die Forderungen der entsprechenden Norm enthalten sind. Eventuelle Schwachstellen werden vom Zertifizierer in einem Abweichungsbericht (Auditbericht) festgehalten und dem Unternehmen übergeben (vgl. **Systemaudit**).

- Zertifikatserteilung

  Nach positivem Abschluß des Zertifizierungsaudits wird das Zertifikat erteilt. Wurden im Auditbericht jedoch kritische Abweichungen festgestellt, so sind diese vor Erteilung des Zertifikats zu beheben. Nicht-kritische Abweichungen müssen unter Angabe der Korrekturmaßnahme innerhalb von sechs Monaten behoben werden. Eventuell erforderliche Nachaudits zur Prüfung der Korrekturmaßnahmen können vereinbart werden.

Die Gültigkeitsdauer des Zertifikates beträgt drei Jahre, wenn mindestens einmal im Jahr ein Überwachungsaudit mit positivem Ergebnis durchgeführt wird. Dabei werden die Berichte der betriebsintern durchgeführten Audits, Änderungen des Qualitäts- oder Umweltmanagemensystems und stichprobenartig einige Systemelemente überprüft. Vor Ablauf der Gültigkeitsdauer ist ein Wiederholungs- oder Re-Audit fällig, bei dem die Wirksamkeit des gesamten Systems nochmals stichprobenartig geprüft wird, um die Gültigkeit des Zertifikates um weitere drei Jahre zu verlängern.

Literaturhinweis zur Vertiefung

Brauer, J.-P.; Kühme, E. U.:
DIN EN ISO 9000-9004 umsetzen.
In: Kamiske, G. F. (Hrsg.): Reihe PocketPower.
2. Aufl., München: Carl Hanser Verlag 1997.

Zuverlässigkeit

Versteht man den Begriff Qualität als zeitpunktbezogene Betrachtung bezüglich der Erfüllung bestimmter Anforderungen an eine Einheit, so ist die Zuverlässigkeit als zeitraumbezogene Betrachtung der Qualität aufzufassen (vgl. **Qualitätsbegriff**). Also: Zuverlässigkeit als Fähigkeit einer Einheit, die Erfüllung der an sie gestellten Anforderungen über die Zeit beizubehalten. Graphisch könnte man die Zuverlässigkeit als Integral der Qualität über der Zeit darstellen (vgl. Bild 86).

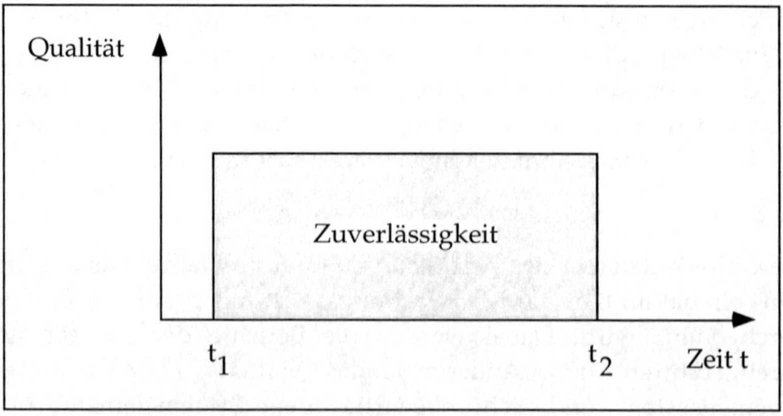

Bild 86: Zuverlässigkeit als Integral der Qualität über der Zeit

Die Zuverlässigkeit kann ausgedrückt werden als die Wahrscheinlichkeit, daß eine Einheit unter festgelegten Bedingungen während einer bestimmten Zeitdauer funktionsfähig bleibt. Die Sacheigenschaft Zuverlässigkeit als quantitativ nicht festgelegte Größe wird also durch einen Kennwert ausgedrückt. Dies kann entweder die Ausfallwahrscheinlichkeit oder die Überlebenswahrscheinlichkeit sein. Daraus ergeben sich einige wichtige Aspekte der Zuverlässigkeit [MBB 86]:

- Die Zuverlässigkeit steht in engem Zusammenhang mit der Qualität, sie kann als zeitraumbezogene Betrachtung der Qualität angesehen werden. Zuverlässigkeit läßt sich allerdings nicht durch Sortieren erreichen (vgl. **Vollprüfung**).

- Zuverlässigkeit ist eine statistisch meßbare Größe. Dazu werden Ausfallhäufigkeiten empirisch ermittelt oder durch Wahrscheinlichkeitsrechnung abgeschätzt.

- Dem Zeitraum der Betrachtung kommt eine entscheidende Bedeutung zu. Ist er hinreichend lang gewählt, wird bei jeder Einheit die Ausfallwahrscheinlichkeit ansteigen, spätestens am Ende ihrer Lebensdauer.

- Der Begriff der Funktionsfähigkeit bzw. des Ausfalls einer Einheit muß in Abhängigkeit von den Eigenschaften und dem vorgesehenen Gebrauch der jeweils betrachteten Einheit entsprechend ausgelegt werden. Grundsätzlich versteht man unter Ausfall (Failure) das Aussetzen einer Einheit mit der Ausführung der ihr gestellten Aufgabe aufgrund einer in ihr selbst liegenden Ursache im Rahmen der zulässigen, festgelegten Beanspruchung. Dies wird auch als Primärausfall bezeichnet, im Gegensatz zum Sekundärausfall, der durch den Ausfall anderer Komponenten eines Systems verursacht wird. Ein Ausfall führt stets zur Funktionsunfähigkeit der betrachteten Einheit [Deixler 88].

- Aussagen über und Anforderungen an die Zuverlässigkeit sind erst dann vollständig bzw. von inhaltlichem Wert, wenn über Ausfalldefinition, Fehlerkategorien, Einsatzprofil, Beanspruchungsspektrum, Umgebungsbedingungen, Prüfvorschriften und -einrichtungen sowie Vergleiche der Prüfergebnisse mit Felddaten Klarheit besteht [Brunner 92].

- Da die Zuverlässigkeit eine statistisch meßbare Größe ist, die als Wahrscheinlichkeit ausgedrückt wird, ergibt sich die Gesamtzuverlässigkeit bei Betrachtung eines aus mehreren Einheiten (Komponenten) bestehenden Systems nicht aus den Zuverlässigkeiten der einzelnen Einheiten, sondern folgt den Gesetzen der Wahrscheinlichkeitsrechnung und nimmt normalerweise im umgekehrten Verhältnis zur Anzahl der Komponenten ab (vgl. Bild 87).

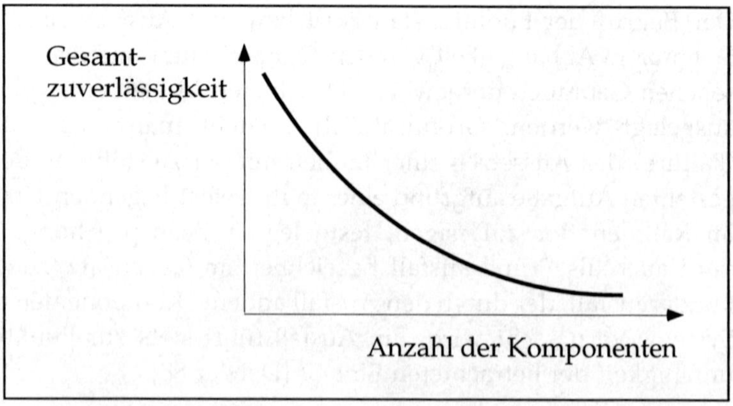

Bild 87: Qualitativer Verlauf der Gesamtzuverlässigkeit eines Systems

Dem Bild 87 liegen die Annahmen zugrunde, daß alle Komponenten die gleiche Ausfallwahrscheinlichkeit besitzen und der Ausfall einer Komponente zum Ausfall des Gesamtsystems führt. Diese Annahmen sind in der Praxis normalerweise nicht gegeben.

Eine im Rahmen von Zuverlässigkeitsbetrachtungen häufig herangezogene Kenngröße ist die Ausfallrate λ (t). Sie gibt als Funktion der Zeit die in einem Zeitintervall ausgefallenen Einheiten an, bezogen auf den zu Beginn dieses Intervalls noch funktionsfähigen Bestand an Einheiten [MBB 86].

Wird eine instandzusetzende Einheit betrachtet und liegt eine konstante Ausfallrate λ (t) vor, so wird die Zuverlässigkeit der Einheit in gleicher Weise von der mittleren Betriebszeit bis zum Ausfall τ beschrieben. Dieser Mittelwert wird auch als Mean Time Beetween Failure (MTBF) oder mittlerer Ausfallabstand bezeichnet. Die Zeit, die bei instandzusetzenden Einheiten im Mittel für die Behebung eines aufgetretenen Fehlers aufgewendet werden muß, bezeichnet man als Mean Time To Repair (MTTR) oder mittlere Reparaturzeit [Deixler 88].

$$\textit{Ausfallrate}\ \lambda(t) = \frac{1}{MTBF}$$

$$\textit{Mittlerer Ausfallabstand}\ (MTBF)\ \tau = \frac{1}{\lambda}$$

Wird hingegen eine nicht instandzusetzende Einheit betrachtet und liegt wieder eine konstante Ausfallrate λ (t) vor, so wird die mittlere Betriebszeit bis zum Ausfall τ als Mean Time To Failure (MTTF) oder mittlere Lebensdauer bezeichnet [Kiefer/Müller 88].

MTBF und MTTR gehen in die Kenngröße Verfügbarkeit *V* ein, die für instandzusetzende, aus mehreren Einheiten bestehende Systeme angegeben wird. Die Verfügbarkeit kann als Wahrscheinlichkeit dafür ausgedrückt werden, daß sich ein System zu einem beliebigen Zeitpunkt des Nutzungsbeginns in funktionsfähigem Zustand befindet. Es wird also ausgedrückt, in welchem Umfang das betrachtete System auch tatsächlich für die vorgesehene Nutzung zur Verfügung steht.

$$\textit{Verfügbarkeit}\ V = \frac{MTBF}{MTBF + MTTR} \times 100\ \%$$

Die oben erwähnte Ausfallrate λ (t) kann jedoch nicht für beliebig große Betriebszeiträume als konstant angenommen werden. Die Zeitspanne einer konstanten Ausfallrate bezeichnet man als Brauchbarkeitsdauer, es treten lediglich Zufallsausfälle auf. Die daran anschließende Verschleißphase ist durch ein Ansteigen der Ausfallrate mit zunehmendem Betriebsalter gekennzeichnet, wobei vermehrt Altersausfälle auftreten. Der Phase mit konstanter Ausfallrate vorgelagert ist die Phase der Frühausfälle mit einer abnehmenden Ausfallrate. Die Veränderung der Ausfallrate in Abhängigkeit vom Betriebsalter wird durch die Ausfallkurve wiedergegeben, die wegen ihrer charakteristischen Form auch „Badewannenkurve" genannt wird (vgl. Bild 88).

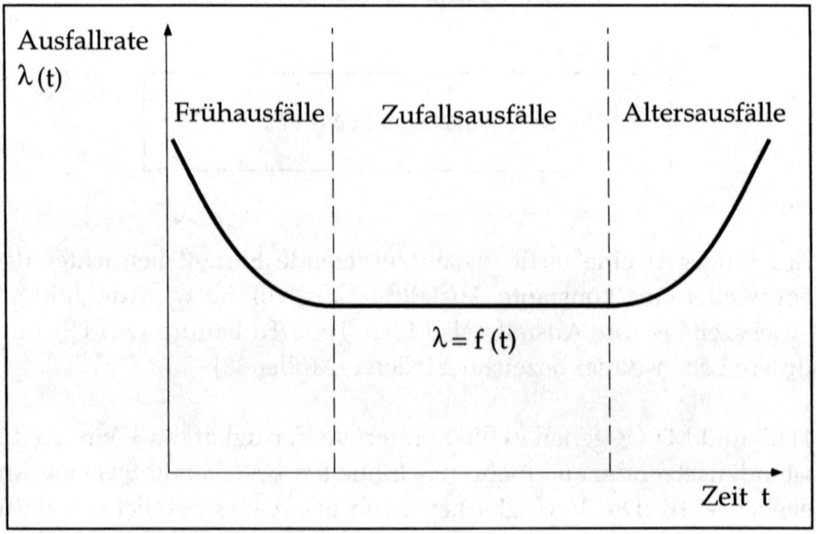

Bild 88: Ausfallkurve

Die wettbewerbsrelevanten kundenorientierten unternehmerischen Anstrengungen zielen derzeit im wesentlichen auf die Vermeidung der Frühausfälle (z.B. durch FMEA) und die Verringerung der Zufallsausfälle (vgl. **Fehlermöglichkeits- und -einflußanalyse**). Bei an sich langlebigen Gütern kann auch die Verlängerung der Lebensdauer ein Wettbewerbskriterium sein, was durch längere Garantiezeiten zum Ausdruck gebracht wird.

Ohne auf den statistisch-mathematischen Hintergrund näher eingehen zu wollen, soll noch erwähnt werden, daß sich die in der Ausfallkurve wiedergegebene und auch andere mögliche Lebensdauerverteilungsformen mit hinreichender Genauigkeit durch die Weibull-Verteilung beschreiben lassen. Zur graphischen Auswertung von Lebensdaueruntersuchungen wird häufig ein Wahrscheinlichkeits-Netz, auch als Lebensdauer-Netz bezeichnet, eingesetzt [Zipperer 99].

Literaturhinweise zur Vertiefung

DGQ - Deutsche Gesellschaft für Qualität (Hrsg.):
DGQ-Schrift 17-33: Einführung in die Zuverlässigkeitssicherung.
3. Aufl., Berlin: Beuth Verlag 1987.

DGQ - Deutsche Gesellschaft für Qualität (Hrsg.):
DGQ-Schrift 17-10: Zuverlässigkeitsmanagement.
Berlin: Beuth Verlag 1999.

Brunner, F. J.:
Wirtschaftlichkeit industrieller Zuverlässigkeitssicherung.
Wiesbaden: Vieweg Verlag 1992.

VDA - Verband der Automobilindustrie (Hrsg.):
VDA-Schriftenreihe Qualitätsmanagement in der Automobil industrie, Band 3: Zuverlässigkeitssicherung bei Automobilherstellern und Lieferanten.
2. Aufl., Frankfurt/Main 1984.

VDI - Verein Deutscher Ingenieure (Hrsg.):
VDI-Handbuch Technische Zuverlässigkeit.
Düsseldorf: VDI-Verlag 1988.

Anhang

A. Literaturverzeichnis

Adams/Löhr 91
Adams, H. W.; Löhr, V.:
Bedeutung von Qualitätssicherungssystemen in der entstehenden Haftungsgesellschaft.
In: Qualität und Zuverlässigkeit (QZ), 36. Jg. (1991), Nr. 1, S. 24-26

Alinorm 97
FAO/WHO Codex Alimentarius Commission (Hrsg.):
Hazard Analysis and Critical Control Point (HACCP) System and Guidelines for its Application.
Bericht von der 29. Sitzung des Codex Komitees Lebensmittelhygiene. Washington, DC/USA, 21.-25.10.1996. ALINORM 97/13A, S. 30-41

Al-Radhi/Heuer 95
Al-Radhi, M.; Heuer, J.:
Total Productive Maintenance.
München: Carl Hanser Verlag 1995

ASI 88
ASI - American Supplier Institute (Hrsg.):
Quality Function Deployment.
In: Seminarunterlagen zu Total Quality Management - „Variability Reduction: Tools for Implementation".
Dearborn/Mich./USA: American Supplier Institute Press 1988

AWF 85
AWF - Ausschuß für Wirtschaftliche Fertigung (Hrsg.):
Integrierter EDV-Einsatz in der Produktion.
Eschborn: 1985

Bamberg/Baur 84
Bamberg, G.; Baur, F.:
Statistik.
3. Aufl., München: Oldenbourg Verlag 1984

Berghaus 93 — Berghaus, H.:
Die Zertifizierungs-/Akkreditierungspolitik der europäischen Gemeinschaft.
In: Hansen, W. (Hrsg.): Zertifizierung und Akkreditierung von Produkten und Leistungen der Wirtschaft.
München: Carl Hanser Verlag 1993

Berry 86 — Berry, L. L.:
Big Ideas in Services Marketing.
In: Venkatesan, M.; Schmalensee, D. M.; Marshall, C. (Hrsg.): Creativity in Services Marketing.
Chicago/Ill./USA: American Marketing Association 1986

Bhote 88 — Bhote, K.:
World Class Quality.
New York/NY/USA: American Management Association 1988

Bläsing 89 — Bläsing, J. P.:
Quality Function Deployment.
In: Kamiske, G. F. (Hrsg.): Tagungsband zu „Die Hohe Schule der Qualitätstechnik".
Berlin: Technische Universität 1989

Bleicher 96 — Bleicher, K.:
Das Konzept integriertes Management.
4. Aufl., Frankfurt/Main: Campus Verlag 1996

Blohm et al. 87 — Blohm, H.; Beer, Th.; Seidenberg, U.; Silber, H.:
Produktionswirtschaft.
Berlin: Verlag Neue Wirtschaftsbriefe 1987

Bocker/Evard 82 — Bocker, H.; Evard, K:
The Quality Circle Concept - A Challenge to Management to meet the Productivity Crisis.
In: Zeitschrift für Betriebswirtschaft (ZfB), 52. Jg. (1982), Nr. 11/12, S. 1053-1078

Bokelmann 92 — Bokelmann, D.:
Kunden begeistern.
In: Qualität und Zuverlässigkeit (QZ), 37. Jg. (1992), Nr. 10, S. 572-573

Borgward 87 | Borgward, C.:
Qualität beginnt im Kopf.
In: Qualität und Zuverlässigkeit (QZ), 32. Jg. (1987), Nr. 12, S. 577

Brauer/Kühme 97 | Brauer, J.-P.; Kühme, E. U.:
DIN EN ISO 9000-9004 umsetzen.
In: Kamiske, G. F. (Hrsg.): Reihe PocketPower.
2. Aufl., München: Carl Hanser Verlag 1997

Brox 85 | Brox, H.:
Besonderes Schuldrecht.
12. Aufl., München: Verlag C. H. Beck 1985

Bruhn 98 | Bruhn, M.:
Bedeutung der Qualität für das Service- und Dienstleistungsmanagement.
In: Kamiske, G. F.; Hansen, W. (Hrsg.): Qualitätsmanagement im Unternehmen.
Berlin: Springer Verlag 1998, Kap. 9.2

Brunner 89 | Brunner, F. J.:
Die Taguchi-Optimierungsmethoden.
In: Qualität und Zuverlässigkeit (QZ), 34. Jg. (1989), Nr. 7, S. 339-344

Brunner 92 | Brunner, F. J.:
Wirtschaftlichkeit industrieller Zuverlässigkeits sicherung.
Wiesbaden: Vieweg-Verlag 1992

Brunner/Wagner 97 | Brunner, F. J.; Wagner, K. (Hrsg.):
Taschenbuch Qualitätsmanagement.
München: Carl Hanser Verlag 1997

Burckhardt 93 | Burckhardt, W.:
Benchmarking.
In: Hansen, W.; Kamiske, G. F. (Hrsg.): Qualitätsmanagement im Unternehmen.
Berlin: Springer-Verlag 1993

Burr 90 | Burr, J. T.:
The Tools of Quality, Part VII: Scatter Diagrams.
In: Quality Progress (QP), Dezember 1990, S. 87-89

Burr 90a | Burr, J. T.:
The Tools of Quality, Part VI: Pareto Charts,
In: Quality Progress (QP), November 1990, S. 59-61

Butterbrodt/Tammler 96	Butterbrodt, D.; Tammler, U.: Techniken des Umweltmanagements. In: Kamiske, G. F. (Hrsg.): Reihe PocketPower. München: Carl Hanser Verlag 1996
Camp 89	Camp, R. C.: Benchmarking. Milwaukee/Wisc./USA: ASQC Quality Press 1989
Camp 94	Camp, R. C.: Benchmarking. München: Carl Hanser Verlag 1994
Clausing/Hauser 88	Clausing, D.; Hauser, J. R.: Wenn die Stimme des Kunden bis in die Produk tion vordringen soll. In: Harvard Manager, 10. Jg. (1988), Nr. 4, S. 57-70
Coenenberg/Fischer 91	Coenenberg, A.; Fischer, Th.: Prozeßkostenrechnung - Strategische Neuorientierung in der Kostenrechnung. In: Die Betriebswirtschaft (DBW), 51. Jg. (1991), Nr. 1, S. 21-38
Collins/Porras 92	Collins, J.C.; Porras, J. I.: Werkzeug Vision. In: Harvard Manager, 14. Jg. (1992), Nr. 4, S. 108-118
Conti 98	Conti, T.: Selbstbewertung von Unternehmen. München: Carl Hanser Verlag 1998
Cooper/Kaplan 93	Cooper, R.; Kaplan, R.: Prozeßorientierte Systeme: Die Kosten der Ressourcennutzung messen. In: Kostenrechnungspraxis, Sonderheft 2 (1993), S. 1-14
Corsten 85	Corsten, H.: Die Produktion von Dienstleistungen. Berlin: Erich Schmidt Verlag 1985
Crosby 79	Crosby, Ph. B.: Quality is Free. New York/NY/USA: McGraw-Hill Book Company 1979

Crosby 94	Crosby, Ph. B.: Qualität 2000 (Completeness). München: Carl Hanser Verlag 1994
Deixler 88	Deixler, A.: Zuverlässigkeitsplanung. In: Masing, W. (Hrsg.): Handbuch der Qualitäts sicherung. 2. Aufl., München: Carl Hanser Verlag 1988, S. 361-381
Deming 86	Deming, W. E.: Out of the Crisis. 2. Aufl., Cambridge/Mass./USA: Massachusetts Institute of Technology Press 1986
Deutsch et al. 97	Deutsch, K. J.; Diedrichs, E. P.; Raster, M.; Westphal, J.: Gewinnen mit Kernkompetenzen. München: Carl Hanser Verlag 1997
Dillon 90	Dillon, L. S.: Can Japanese Methods be applied in the Western Workplace? In: Quality Progress (QP), Oktober 1990, S. 27-30
DIN 85	DIN - Deutsches Institut für Normung (Hrsg.): DIN 31 051 Instandhaltung - Begriffe und Maßnahmen. Berlin: Beuth Verlag 1985
DIN 94	DIN - Deutsches Institut für Normung (Hrsg.): DIN EN ISO 9000, Ausgabe August 1994, Normen zum Qualitätsmanagement und zur Qualitätssicherung/QM-Darlegung, Teil 1: Leitfaden zur Auswahl und Anwendung. Berlin: Beuth Verlag 1994
DIN 94a	DIN - Deutsches Institut für Normung (Hrsg.): DIN EN ISO 9004, Ausgabe August 1994, Qualitätsmanagement und Elemente eines Qualitäts managementsystems, Teil 1: Leitfaden. Berlin: Beuth Verlag 1994

DIN 94b — DIN - Deutsches Institut für Normung (Hrsg.): DIN EN ISO 9001, Ausgabe August 1994, Qualitätsmanagementsysteme, Modell zur Qualitätssicherung/QM-Darlegung in Design, Entwicklung, Produktion, Montage und Wartung. Berlin: Beuth Verlag 1994

DIN 94c — DIN - Deutsches Institut für Normung (Hrsg.): DIN EN ISO 9002, Ausgabe August 1994, Qualitätsmanagementsysteme, Modell zur Qualitätssicherung/QM-Darlegung in Produktion, Montage und Wartung. Berlin: Beuth Verlag 1994

DIN 94d — DIN - Deutsches Institut für Normung (Hrsg.): DIN EN ISO 9003, Ausgabe August 1994, Qualitätsmanagementsysteme, Modell zur Qualitätssicherung/QM-Darlegung bei der Endprüfung. Berlin: Beuth Verlag 1994

DIN 95 — DIN - Deutsches Institut für Normung (Hrsg.): DIN 55 350, Teil 11: Begriffe des Qualitätsmanagements. Berlin: Beuth Verlag 1995

Donabedian 80 — Donabedian, A.: The Definition of Quality and Approaches to its Assessment, Vol. I. Ann Arbor/Mich./USA: Health Administration Press 1980

Ebeling 94 — Ebeling, J.: Die sieben elementaren Werkzeuge der Qualität. In: Kamiske, G. F. (Hrsg.): Die Hohe Schule des Total Quality Management. Berlin: Springer-Verlag 1994

EFQM 99 — EFQM - European Foundation for Quality Management (Hrsg.): The European Quality Award 1999 Application Form. Eindhoven/Niederlande: 1999

EG 90 — Der Rat der Europäischen Gemeinschaften (Hrsg.): Beschluß des Rates vom 13. Dezember 1990. In: Amtsblatt der Europäischen Gemeinschaften, Nr. 380 vom 31.12.1990. Brüssel/Belgien: 1990

Evans 75
Evans, D. H.:
Statistical Tolerancing: The State of the Art. Part III: Shifts and Drifts.
In: Journal of Quality and Technology, 7. Jg. (1975), Nr. 2, S. 72-76

Eversheim et al. 98
Eversheim, W.; Laschet, A.; Foerst, J.:
Betriebswirtschaftliche Aspekte des Qualitäts managements.
In: Hansen, W.; Kamiske, G. F. (Hrsg.): Qualitätsmanagement im Unternehmen.
Berlin: Springer-Verlag 1998, Teil 02.03

Feigenbaum 83
Feigenbaum, A. V.:
Total Quality Control.
3. Aufl., New York/NY/USA: McGraw-Hill Book Company 1983

Feigenbaum 87
Feigenbaum, A. V.:
Total Quality Developments into the 1990's - An international Perspective.
In: EOQC (Hrsg.): Qualität - Herausforderung und Chance.
München: 1987

Ford 88
Ford Motor Company (Hrsg.):
Qualitäts-System-Richtlinie Q 101 (Form EU 175b).
Köln: 1988

Franke 99
Franke, H.:
Qualitätsmanagement bei Zulieferungen.
In: Masing, W. (Hrsg.): Handbuch Qualitäts management.
4. Aufl., München: Carl Hanser Verlag 1999, S. 425-446

Franzkowski 94
Franzkowski, R.:
Annahmestichprobenprüfung.
In: Masing, W. (Hrsg.): Handbuch Qualitäts management.
3. Aufl., München: Carl Hanser Verlag 1994, S. 209-241

Frehr 94
Frehr, H.-U.:
Total Quality Management.
2. Aufl., München: Carl Hanser Verlag 1994

Fromm 94 — Fromm, H.:
Benchmarking.
In: Masing, W. (Hrsg.): Handbuch Qualitäts management.
3. Aufl., München: Carl Hanser Verlag 1994

Füermann 97 — Füermann, T.:
Modell der zyklischen Prozeßrestrukturierung als Teil des Total Quality Managements.
Diss., TU Berlin 1997

Gaitanides et al. 94 — Gaitanides, M.; Scholz, R.; Vrohlings, A.:
Prozeßmanagement - Grundlagen und Zielsetzungen.
In: Gaitanides, M.; Scholz, R.; Vrohlings, A.; Raster, M. (Hrsg.): Prozeßmanagement.
München: Carl Hanser Verlag 1994, S. 1-19

Garvin 84 — Garvin, D. A.:
What does Product Quality really mean?
In: Sloan Management Review, Herbst 1984, S. 25-43

Garvin 88 — Garvin, D. A.:
Die acht Dimensionen der Produktqualität.
In: Harvard Manager, 10. Jg. (1988), Nr. 3, S. 66-74

Gaster 94 — Gaster, D.:
Qualitätsaudit.
In: Masing, W. (Hrsg.): Handbuch der Qualitäts management.
3. Aufl., München: Carl Hanser Verlag 1994, S. 927-948

Geiger 94 — Geiger, W.:
Feindliche Schwestern oder gegenseitige Anerkennung?
In: Qualität und Zuverlässigkeit (QZ), 39. Jg. (1994), Nr. 7, S. 746-754

Geiger 98 — Geiger, W.:
Qualitätslehre.
3. Aufl., Braunschweig: Vieweg Verlag 1998

Genth 81 — Genth, M.:
Qualität und Automobile.
Frankfurt/Main: Verlag Peter D. Lang 1981

Gogoll 94	Gogoll, A.: Die sieben Management-Werkzeuge. In: Qualität und Zuverlässigkeit (QZ), 39. Jg. (1994), Nr. 5, S. 516-521
Gogoll/Theden 94	Gogoll, A; Theden, Ph.: Techniken des Quality Engineering. In: Kamiske, G. F. (Hrsg.): Die Hohe Schule des Total Quality Management. Berlin: Springer-Verlag 1994, S. 329-369
Grönross 90	Grönross, C.: Service Management and Marketing. New York/NY/USA: Lexington-Books 1990
Haberstock 77	Haberstock, L.: Grundzüge der Kosten- und Erfolgsrechnung. 2. Aufl., München: Verlag Vahlen 1977
Haist/Fromm 89	Haist, F.; Fromm, H.: Qualität im Unternehmen. München: Carl Hanser Verlag 1989
Haller 95	Haller, S.: Beurteilung von Dienstleistungsqualität. Wiesbaden: Deutscher Universitäts Verlag 1995
Hamel 94	Hamel, G.: The Concept of Core Competence. In: Hamel, G.; Heene, A.: Competence-based Competition. Chichester 1994
Hammer/Champy 94	Hammer, M.; Champy, J.: Business Reengineering. Frankfurt/Main: Campus Verlag 1994
HDI 88	HDI - Haftpflichtverband der Deutschen Industrie (Hrsg.): Das deutsche Produkthaftungsgesetz. Hannover: 1988
HDI 90	HDI - Haftpflichtverband der Deutschen Industrie (Hrsg.): Begriffe zur Produkthaftung. Hannover: 1990

HDI 90a	HDI - Haftpflichtverband der Deutschen Industrie (Hrsg.): Das Risiko aus der Produkthaftung. Hannover: 1990
Hilke 89	Hilke, W.: Dienstleistungs-Marketing. Wiesbaden: Gabler Verlag 1989
Hill 86	Hill, D. J.: Satisfaction and Consumer Services. In: Lutz, R. J. (Hrsg.): Advances in Consumer Research, 13. Jg. (1986), S. 311-315
Hinterhuber et al. 97	Hinterhuber, H. H.; Handlbauer, G.; Matzler, K.: Kundenzufriedenheit durch Kernkompetenzen. München: Carl Hanser Verlag 1997
Hoffmann 93	Hoffmann, H. J.: Wertanalyse. München: Wirtschaftsverlag Langen-Müller/ Herbig 1993
Horváth 93	Horváth, P.: Target Costing. Stuttgart: C. E. Poeschel Verlag 1993
Horváth 97	Horváth & Partner (Hrsg.): Qualitätscontrolling. 2. Aufl., Stuttgart: Schäffer-Poeschel-Verlag 1997
Horváth/Herter 92	Horváth, P.; Herter, R. N.: Benchmarking. Vergleich mit den Besten der Besten. In: Controlling, 4. Jg. (1992), Nr. 1, S. 4-11
Horváth/Reichmann 93	Horváth, P.; Reichmann, Th. (Hrsg.): Vahlens großes Controlling-Lexikon. München: Verlage C. H. Beck und Vahlen 1993
Imai 86	Imai, M.: Kaizen: The Key to Japan's competitive Success. New York/NY/USA: McGraw-Hill Book Company 1986

Ishikawa 82	Ishikawa, K.: Quality Control in Japan. In: Zeitschrift für Betriebswirtschaft (ZfB), 52. Jg. (1982), Nr. 11/12, S. 1104-1107
Ishikawa 87	Ishikawa, K.: The Quality Control Audit. In: Quality Progress (QP), Januar 1987, S. 39-41
Ishikawa 89	Ishikawa, K.: How to apply Company-Wide Quality Control in foreign Countries. In: Quality Progress (QP), September 1989, S. 70-74
ISO 95	ISO - International Organization for Standardiza tion (Hrsg.): DIN EN ISO 8402, Ausgabe August 1995, Qualitätsmanagement und Qualitätssicherung, Begriffe. Berlin: Beuth Verlag 1995
JIPM 86	JIPM - Japan Institute of Plant Maintenance (Hrsg.): Total Productive Maintenance. In: Plant Engineering, 40. Jg. (1986), Nr. 5, S. 119-123
Juran 64	Juran, J. M.: Managerial Breakthrough. New York/NY/USA: McGraw-Hill Book Company 1964
Juran 88	Juran, J. M.: Quality Control Handbook. 4. Aufl., New York/NY/USA: McGraw-Hill Book Company 1988
Juran 92	Juran, J. M.: Juran on Quality by Design. New York/NY/USA: The Free Press 1992
Juran 93	Juran, J. M.: Der neue Juran: Qualität von Anfang an. Landsberg/Lech: Verlag Moderne Industrie 1993
JUSE 96	JUSE - Japanese Union of Scientists and Engineers (Hrsg.): The Deming Prize Guide for Overseas Companies. Tokyo/Japan: JUSE Press 1996

Kamiske 74	Kamiske, G. F.: Ohne Vollkontrolle geht es nicht. In: Qualität und Zuverlässigkeit (QZ), 19. Jg. (1974), Nr. 8, S. 174-176
Kamiske 90	Kamiske, G. F.: Qualität = Technik + Geisteshaltung. In: Qualität und Zuverlässigkeit (QZ), 35. Jg. (1990), Nr. 5, S. 251-252
Kamiske 90a	Kamiske, G. F.: Qualitätssicherung beginnt in der Konstruktion. In: Konstruktion, 42. Jg. (1990), S. 15-17
Kamiske 90b	Kamiske, G. F.: Qualität und Produktivität. In: Zeitschrift für wirtschaftliche Fertigung (ZwF), 85. Jg. (1990), Nr. 1, S. 5-7
Kamiske 91	Kamiske, G. F.: Das große Mißverständnis. In: Qualität und Zuverlässigkeit (QZ), 36. Jg. (1991), Nr. 3, S. 124-125
Kamiske 92	Kamiske, G. F.: Das untaugliche Mittel der „Qualitätskostenrechnung". In: Qualität und Zuverlässigkeit (QZ), 37. Jg. (1992), Nr. 3, S. 122-123
Kamiske 99	Kamiske, G. F.: Qualitätsbezogene Kosten. In: Masing, W. (Hrsg.): Handbuch Qualitäts management. 4. Aufl., München: Carl Hanser Verlag 1999, S. 65-72
Kamiske/Brauer 98	Kamiske, G. F.; Brauer, J.-P.: Modernes Qualitätsmanagement. In: Hansen, W.; Kamiske, G. F. (Hrsg.): Qualitätsmanagement im Unternehmen. Berlin: Springer-Verlag 1998, Kap. 01.01

Kamiske/Malorny 94	Kamiske, G. F.; Malorny, Chr.: Total Quality Management - ein bestechendes Führungsmodell mit hohen Anforderungen und großen Chancen. In: Kamiske, G. F. (Hrsg.): Die Hohe Schule des Total Quality Management. Berlin: Springer-Verlag 1994, S. 1-18
Kamiske/Tomys 93	Kamiske, G. F.; Tomys, A.-K.: Qualitätsmanagement verbessert den Wirkungsgrad der Produktion. In: Zeitschrift für wirtschaftliche Fertigung (ZwF), 88. Jg. (1993), Nr. 1, S. 41-43
Kano et al. 84	Kano, N.; Seraku, N.; Takahashi, S.; Tsuji, S.: Attractive Quality and Must-be-Quality. In: Quality, 14. Jg. (1984), Nr. 2, S. 39-48
Karmarkar 90	Karmarkar, U.: Just-in-Time, Kanban oder was? In: Harvard Manager, 12. Jg. (1990), Nr. 3, S. 84-91
Kassebohm/ Malorny 94	Kassebohm, K.; Malorny, Chr.: Die strafrechtliche Verantwortung des Managements. In: Betriebs-Berater (BB), 49. Jg. (1994), Nr. 20, S. 1361-1371
Kersten 94	Kersten, G.: Fehlermöglichkeits- und -einflußanalyse (FMEA). In: Masing, W. (Hrsg.): Handbuch Qualitäts management. 3. Aufl., München: Carl Hanser Verlag 1994, S. 460-490
Kiefer/Müller 88	Kiefer, E.; Müller, K. G.: Automatisierung in der Meß- und Prüftechnik, In: Masing, W. (Hrsg.): Handbuch der Qualitäts sicherung. 2. Aufl., München: Carl Hanser Verlag 1988, S. 103-124
King 89	King, B.: Hoshin Planning. Methuen/Mass./USA: Goal/QPC 1989

Kirschling 94	Kirschling, G.: Qualitätsregelkarten. In: Masing, W. (Hrsg.): Handbuch der Qualitäts sicherung. 3. Aufl., München: Carl Hanser Verlag 1994, S. 243-274
Kirstein 87	Kirstein, H.: Qualitätsfähigkeit von Prozessen im Produktionsablauf. In: Qualität und Zuverlässigkeit (QZ), 32. Jg. (1987), Nr. 3, S. 113-117
Kirstein 88	Kirstein, H.: Ständige Verbesserung als Schlüssel für Produktivität durch Qualität. In: Qualität und Zuverlässigkeit (QZ), 33. Jg. (1988), Nr. 12, S. 677-683
Kirstein 90	Kirstein, H.: Vorbeugende Wartung als Qualitätssicherungsmaßnahme, Teil 1: Betriebsmittelwartung als Managementaufgabe. In: Werkstattstechnik (WT), 80. Jg. (1990), S. 525-528
Kirstein 91	Kirstein, H.: Audit als Managementinstrument zur Prozeßverbesserung. In: Qualität und Zuverlässigkeit (QZ), 36. Jg. (1991), Nr. 4, S. 207-212
Kirstein 91a	Kirstein, H.: Vorbeugende Wartung als Qualitätssicherungsmaßnahme, Teil 2: Erhöhung der Anlagenverfügbarkeit durch Qualitätssteuerung. In: Werkstattstechnik (WT), 81. Jg. (1991), S. 58-62
Kirstein 94	Kirstein, H.: Qualitätsmanagement im Unternehmen: Philosophie - Strategie - Methode. In: Kamiske, G. F. (Hrsg.): Die Hohe Schule des Total Quality Management. Berlin: Springer-Verlag 1994, S. 19-30

Kirstein 94a	Kirstein, H.: Der Einfluß Demings auf die Entwicklung des Total Quality Management (TQM). In: Spur, G. (Hrsg.): Reihe Produktionstechnik - Berlin, Forschungsberichte für die Praxis, Bd. 140. München: Carl Hanser Verlag 1994
Klatte/Sondermann 88	Klatte, H.; Sondermann, J. P.: Qualitätsplanung von Prozessen. In: Qualität und Zuverlässigkeit (QZ), 33. Jg. (1988), Nr. 4, S. 190-194
Kleinfeld 94	Kleinfeld, K.: Benchmarking für Prozesse, Produkte und Kaufteile. In: Marktforschung und Management, 1994, Nr. 1, S. 19-24
Kleinsorge 99	Kleinsorge, P.: Geschäftsprozesse. In: Masing, W. (Hrsg.): Handbuch Qualitätsmanagement. 4. Aufl., München: Carl Hanser Verlag 1999, S. 49-64
Kleppmann 92	Kleppmann, W. G.: Statistische Versuchsplanung - Klassisch, Taguchi oder Shainin? In: Qualität und Zuverlässigkeit (QZ), 37. Jg. (1992), Nr. 2, S. 89-92
Krafcik 88	Krafcik, J.: Triumph of the Lean Production System. In: Sloan Management Review, Herbst 1988, S. 41-52
Krottmaier 91	Krottmaier, J.: Taguchi, Shainin - Stein der Weisen? In: Qualität und Zuverlässigkeit (QZ), 36. Jg. (1991), Nr. 2, S. 90-93
Lietz 94	Lietz, H.: Von der Zweck-Gemeinschaft zur Sinn-Gemeinschaft. In: Kamiske, G. F. (Hrsg.): Die Hohe Schule des Total Quality Management. Berlin: Springer-Verlag 1994, S. 111-130

Malorny 99 — Malorny, Chr.:
TQM umsetzen - Der Weg zur Business Excellence.
2. Aufl., Stuttgart: Schäffer-Poeschel Verlag 1999

Malorny/Kassebohm 94 — Malorny, Chr.; Kassebohm, K.:
Brennpunkt TQM.
Stuttgart: Schäffer-Poeschel Verlag 1994

Malorny/Krämer 91 — Malorny, Chr.; Krämer, F.:
SPC - auch für Kleinbetriebe?
In: Qualität und Zuverlässigkeit (QZ), 36. Jg. (1991), Nr. 9, S. 540-545

Marciniak 94 — Marciniak, F.:
Führen zur Gruppenarbeit - flächendeckende Einführung von Qualitätszirkeln in einem Groß unternehmen.
In: Kamiske, G. F. (Hrsg.): Die Hohe Schule des Total Quality Management.
Berlin: Springer-Verlag 1994, S. 159-175

Masing 70 — Masing, W.:
Prüfrisiko.
In: Qualität und Zuverlässigkeit (QZ), 15. Jg. (1970), Nr. 8, S. 191-192

Masing 88 — Masing, W.:
Fehlleistungsaufwand.
In: Qualität und Zuverlässigkeit (QZ), 33. Jg. (1988), Nr. 1, S. 11-12

Masing 94 — Masing, W.:
Zum Tode W. Edwards Deming.
In: Qualität und Zuverlässigkeit (QZ), 39. Jg. (1994), Nr. 3, S. 187

Masing 99 — Masing, W. (Hrsg.):
Handbuch Qualitätsmanagement.
4. Aufl., München: Carl Hanser Verlag 1999

Materne 93 — Materne, J.:
Prognoseverfahren und -ergebnisse zur Technikentwicklung in der Produktionswissenschaft.
München: Carl Hanser Verlag 1993

MBB 86 — MBB - Messerschmidt-Bölkow-Blohm (Hrsg.):
Technische Zuverlässigkeit.
3. Aufl., Berlin: Springer-Verlag 1986

McFadden 93	McFadden, F. R.: Six-Sigma Quality Programs. In: Quality Progress (QP), Juni 1993, S. 37-42
Miller/Vollmann 91	Miller, J. G.; Vollmann, Th. E.: The Hidden Plant. In: Cooper, R.; Kaplan, R. S. (Hrsg.): The Design of Cost Management Systems. Englewood Cliffs/NJ/USA: Prentice Hall 1991, S. 346-354
Mittmann 90	Mittmann, B.: Qualitätsplanung mit den Methoden von Shainin. In: Qualität und Zuverlässigkeit (QZ), 35. Jg. (1990), Nr. 4, S. 209-211
Motorola 93	Motorola Corporate Staff (Hrsg.): Six Sigma: 1992 and beyond. Schaumburg/Il./USA: 1993
Nakhai/Neves 94	Nakhai, B.; Neves, J. S.: The Deming, Baldridge and European Quality Awards. In: Quality Progress (QP), April 1994, S. 33-37
Nakone/Hull 84	Nakone, J.; Hull, R.W.: Kanban - Produktion ohne Zwischenlager. In: Harvard Manager, 6. Jg. (1984), Nr. 2, S. 46-53
Nayatani et al. 94	Nayatani, Y.; Eiga, T.; Futami, R.; Miyagawa, H.: The Seven New QC Tools: Practical Applications for Managers. White Plains/NY/USA: Quality Resources 1994
Niemand et al. 90	Niemand, S.; Renner, A.; Ruthsatz, O.: Begriffs- und Standortbestimmung von Qualitätscontrolling. In: Horváth, P.; Urban, G. (Hrsg.): Qualitäts controlling. Stuttgart: C. E. Poeschel Verlag 1990
NIST 97	United States Department of Commerce; National Institute of Standards and Technology (Hrsg.): Malcolm Baldridge National Quality Award - 1998 Award Criteria. Gaithersburg/USA: 1997

Ohno 88	Ohno, T.: Toyota Production System - Beyond Large-Scale Production. Cambridge/Mass./USA: Productivity Press 1988
Oliver 80	Oliver, R. L.: A Cognitive Model of the Antecedents ans Consequences of Satisfaction Decisions. In: Journal of Marketing Research, 17. Jg. (1980), Nr. 11, S. 460-469
Partridge 83	Partridge, R.: Geringe Pufferbestände durch japanische Steuerungsverfahren. in: Fortschrittliche Betriebsführung/Industrial Engineering (FB/IE), 32. Jg. (1983), Nr. 6, S. 374-377
Peacock 92	Peacock, R.: Ein Qualitätspreis für Europa. In: Qualität und Zuverlässigkeit (QZ), 37. Jg. (1992), Nr. 9, S. 525-528
Petrick 96	Petrick, K.: Nachweisführung und Dokumentation von Qualitätsmanagementsystemen - Teil 2: Zertifizierung eines QM-Systems. In: Hansen, W.; Kamiske, G. F.: (Hrsg.): Qualitätsmanagement im Unternehmen. Berlin: Springer-Verlag 1996, Kap. 03.03.
Phadke 89	Phadke, M. S.: Quality Engineering using Robust Design. Englewood Cliffs/NJ/USA: Prentice Hall 1989
Pieske 94	Pieske, R.: Benchmarking: das Lernen von anderen und seine Begrenzungen. In: io Management Zeitschrift, 63. Jg. (1994), Nr. 6, S. 19-23
Prognos 95	Prognos Report. Basel/Schweiz: 1995
Quentin 94	Quentin, H.: Versuchsmethoden im Qualitäts-Engineering. In: Brunner, F. J. (Hrsg.): Reihe Qualitäts- und Zuverlässigkeitsmanagement. Braunschweig: Vieweg Verlag 1994

Radtke 97 — Radtke, Ph.:
Ganzheitliches Modell zur Umsetzung von Total Quality Management.
Diss., TU Berlin 1997

Radtke 98 — Radtke, Ph.:
Das Berliner Modell zur Umsetzung von TQM.
In: Kamiske, G. F. (Hrsg.): Der Weg zur Spitze.
München: Carl Hanser Verlag 1998, S. 35-168

Relyea 89 — Relyea, D. B.:
The simple Power of Pareto.
In: Quality Progress (QP), Mai 1989, S. 38-39

Ritscher 88 — Ritscher, W.:
Rechnerunterstützte Informationssysteme.
In: Masing, W. (Hrsg.): Handbuch der Qualitäts sicherung.
2. Aufl., München: Carl Hanser Verlag 1988, S. 935-958

Ritter 98 — Ritter, A.:
SCC - besser als sein Ruf.
In: Qualität und Zuverlässigkeit (QZ), 43. Jg. (1998), Nr. 6, S. 710-716

Rosemann 89 — Rosemann, F.-K.:
Preset Control Limits (Precontrol).
In: Kamiske, G. F. (Hrsg.): Tagungsband zu „Die Hohe Schule der Qualitätstechnik".
Berlin: Technische Universität 1989

Runge 92 — Runge, J.:
Der steinige Weg zur Weltspitze - Total Quality Management.
In: Qualität und Zuverlässigkeit (QZ), 37. Jg. (1992), Nr. 11, S. 645-650

Schildknecht 92 — Schildknecht, R.:
Total Quality Management: Konzeption und State of the Art.
Frankfurt/Main: Campus Verlag 1992

Schmidt et al. 91 — Schmidt, J.; Minges, R.; Asteriades, N.; Müller, A.:
FMEA - eine Chance auch für den Mittelstand.
In: Qualität und Zuverlässigkeit (QZ), 36. Jg. (1991), Nr. 1, S. 27-30

Schöffler 89	Schöffler, G. H.: Simultaneous Engineering aus der Sicht eines Zulieferers der Kfz-Industrie am Beispiel des Kfz-Scheinwerfers. In: VDI - Verein Deutscher Ingenieure (Hrsg.): VDI Bericht Nr. 758: Simultaneous Engineering - Neue Wege des Projektmanagements. Düsseldorf: VDI-Verlag 1989
Schramm 90	Schramm, M.: Produkthaftung und Qualitätssicherung als Problemfeld der strategischen Führung einer Industrieunternehmung. Gießen: Verlag der Ferber'schen Universitätsbuchhandlung 1990
Schuler 90	Schuler, W.: FMEA - Ein Instrument des Risikomanagements. In: Qualität und Zuverlässigkeit (QZ), 35. Jg. (1990), Nr. 8, S. 444-448
Schulz 87	Schulz, P.: Fehlerursachen ermitteln. In: Qualität und Zuverlässigkeit (QZ), 32. Jg. (1987), Nr. 6, S. 307-308
Seghezzi 96	Seghezzi, H. D.: Integriertes Qualitätsmanagement. München: Carl Hanser Verlag 1996
Shewhart 31	Shewhart, W. A.: The Economic Control of Quality of Manufactured Product. New York/NY/USA: D. van Nostrand Company 1931
Shewhart/Deming 39	Shewhart, W. A.; Deming, W. E.: Statistical Methods from the Viewpoint of Quality Control. New York/NY/USA: Lancaster Press 1939
Shingo 69	Shingo, S.: Zero Quality Control: Source Inspection and the Poka Yoke System. Cambridge/Mass./USA: Productivity Press 1969

Shingo 81 — Shingo, S.:
Study of 'Toyota' Production System from Industrial Engineering Viewpoint.
Tokyo/Japan: Japan Management Association 1981

Shores 89 — Shores, D.:
TQC: Science, not Witchcraft,
In: Quality Progress (QP), April 1989, S. 42-45

Simon 92 — Simon, C.:
Integriertes Informationsmodell zum qualitäts gerechten Simultaneous Engineering.
In: Qualität und Zuverlässigkeit (QZ), 37. Jg. (1992), Nr. 5, S. 275-280

Sondermann 91 — Sondermann, J. P.:
Poka-Yoke - Hokuspokus oder notwendiges Element einer Null-Fehler-Strategie?
In: Qualität und Zuverlässigkeit (QZ), 36. Jg. (1991), Nr. 7, S. 407-411

Sondermann 92 — Sondermann, J. P.:
Poka-Yoke.
Landsberg/Lech: Verlag Moderne Industrie 1992
(Originalausgabe: Hirano, H.: Poka Yoke. Cambridge/Mass./USA: Productivity Press 1988)

Sondermann 94 — Sondermann, J. P.:
Interne Anforderungen und Anforderungs bewertung.
In: Masing, W. (Hrsg.): Handbuch Qualitäts management.
3. Aufl., München: Carl Hanser Verlag 1994, S. 355-372

Sondermann/Leist 89 — Sondermann, J. P.; Leist, R.:
Methodenbausteine für eine qualitätsorientierte Prozeßplanung.
In: Qualität und Zuverlässigkeit (QZ), 34. Jg. (1989), Nr. 12, S. 656-662

Soom 86 — Soom, E.:
Die neue Produktionsphilosophie: Just-in-Time-Production, Teil 1: Ein Methodenpaket zur Steigerung der Flexibilität und zur Senkung der Bestände.
In: io Management-Zeitschrift, 55. Jg. (1986), Nr. 9, S. 362-365

Soom 86a — Soom, E.:
Die neue Produktionsphilosophie: Just-in-Time-Production, Teil 2: Synchronfertigung und Kanban.
in: io Management-Zeitschrift, 55. Jg. (1986), Nr. 10, S. 446-449

Spencker/Krassowski 90 — Spencker, J.; Krassowski, G.:
Spuren eines Qualitätsgedankens.
In: Qualität und Zuverlässigkeit (QZ), 35. Jg. (1990), Nr. 7, S. 366

Spur 94 — Spur, G.:
Kooperation der Wissenschaften - ein Weg zu humanem Dasein.
In: io Management Zeitschrift, 63. Jg. (1994), Nr. 10, S. 35-38

Spur 96 — Spur, G.:
Ingenieurwissenschaften.
In: Kern, W.; Schröder, H.-H.; Weber, S. (Hrsg.): Handwörterbuch der Produktionswirtschaft.
2. Aufl., Stuttgart: Schäffer-Poeschel Verlag 1996, S. 727-735

Spur 98 — Spur, G.:
Technologie und Management.
München: Carl Hanser Verlag 1998

Spur/Mertins 81 — Spur, G.; Mertins, K.:
Flexible Fertigungssysteme, Produktionsanlagen der flexiblen Automatisierung.
In: Zeitschrift für wirtschaftliche Fertigung (ZwF), 76. Jg. (1981), Nr. 9, S. 441-448

Stark 91 — Stark, R.:
SPC für die Praxis, Teil 1: Kritik an der klassischen SPC-Lehre und Forderungen an eine praxisgerechte Methode.
In: Qualität und Zuverlässigkeit (QZ), 36. Jg. (1991), Nr. 2, S. 87-89

Stauss 89 — Stauss, B.:
Beschwerdepolitik als Instrument des Dienst leistungsmarketing.
In: Jahrbuch der Absatz- und Verbrauchsforschung, 35. Jg. (1989), Nr. 1, S. 41-62

Stauss/Seidel 96	Stauss, B.; Seidel, W.: Beschwerdemanagement. München: Carl Hanser Verlag 1996
Storm 87	Storm, D. J.: The Way to World-Class - Eliminate NVA. Falls Church/Va./USA: American Production and Inventory Control Society 1987
Striening 92	Striening, H.-D.: Qualität im indirekten Bereich durch Prozeß management. In: Zink, K. J. (Hrsg.): Qualität als Management aufgabe. 2. Aufl., Landsberg/Lech: Verlag Moderne Industrie 1992
Taguchi/Clausing 90	Taguchi, G.; Clausing, D.: Radikale Ideen zur Qualitätssicherung. In: Harvard Manager, 12. Jg. (1990), Nr. 4, S. 35-48
Theden 97	Theden, Ph.: Analyse der Rentabilität von Qualitätstechniken. Diss., TU Berlin 1997
Theden/Colsman 97	Theden, Ph.; Colsman, H.: Qualitätstechniken. In: Kamiske, G. F. (Hrsg.): Reihe PocketPower. 2. Aufl., München: Carl Hanser Verlag 1997
Tomys 94	Tomys, A.-K.: Kostenorientiertes Qualitätsmanagement. München: Carl Hanser Verlag 1994
Untermann 98	Untermann, F.: Mit HACCP den Menschen schützen. In: Qualität und Zuverlässigkeit (QZ), 43. Jg. (1998), Nr. 2, S. 188-192
VDA 98	VDA - Verband der Automobilindustrie (Hrsg.): VDA-Schriftenreihe Qualitätsmanagement in der Automobilindustrie, Band 6 Teil 1: QM-System-audit. 4. Aufl., Frankfurt/Main 1998.

VDMA 92	VDMA - Verband Deutscher Maschinen- und Anlagenbau (Hrsg.): Simultaneous Engineering (SE). Frankfurt/Main: Maschinenbau Verlag 1992
Vodrazka 67	Vodrazka, K.: Betriebsvergleich. Stuttgart: C. E. Poeschel Verlag 1967
Warnecke 92	Warnecke, H.-J.: Die Fraktale Fabrik. Berlin: Springer-Verlag 1992
Weigang 88	Weigang, F.: Hinweise für die Einführung eines TQC-Konzeptes. In: Qualität und Zuverlässigkeit (QZ), 33. Jg. (1988), Nr. 11, S. 619-621
Wildemann 82	Wildemann, H.: Zur Anwendbarkeit des japanische Kanban-Produktionssteuerungssystems in deutschen Unternehmen. In: Trommsdorf, V.; Lück, W. (Hrsg.): Internatio nalisierung der Unternehmung als Problem der Betriebswirtschaftslehre. Berlin: Erich Schmidt Verlag 1982, S. 773-796
Wildemann 92	Wildemann, H.: Kosten- und Leistungsbeurteilung von Qualitäts sicherungssystemen. In: Zeitschrift für Betriebswirtschaft (ZfB), 62. Jg. (1992), Nr. 7, S. 761-782
Wildemann 92	Wildemann, H.: Produkte sollten Eigenschaften besitzen, die der Kunde in der Nutzungs- und Entsorgungsphase erwartet. In: Handelsblatt, Serie Qualitätsmanagement, Teil III, Nr. 90 (11. 05. 1992), S. 24
Wilhelm 94	Wilhelm, B.: KVP Quadrat - mehr als eine reine „Verbesserungsmechanik". In: Kamiske, G. F. (Hrsg.): Tagungsband zu „Die Hohe Schule - Total Quality managen". Berlin: Technische Universität 1994, S. 83-107

Wimmer 85	Wimmer, F.: Beschwerdepolitik als Marketinginstrument. In: Hansen, U.; Schoenheit, I. (Hrsg.): Verbraucherabteilungen in privaten und öffentlichen Unternehmungen. Frankfurt: 1985
Wöhe 93	Wöhe, G.: Einführung in die Allgemeine Betriebswirtschaftslehre. 18. Aufl., München: Verlag Vahlen 1993
Wolter 97	Wolter, O.: Prozeßmanagement Stufe 3: Prozesse verbessern. In: Horváth & Partner (Hrsg.): Qualitätscontrolling. 2. Aufl., Stuttgart: Schäffer-Poeschel Verlag 1997, S. 198-220
Womack et al. 90	Womack, J. P.; Jones, D. T.; Roos, D.: The Machine that changed the World. Englewood Cliffs/NJ/USA: Prentice Hall 1990
Zeithaml 81	Zeithaml, V. A.: How Consumer Evaluation Processes differ between Goods and Services. In: Donelly, J. H.; George, W. R. (Hrsg.): Marketing of Services. Chicago/Ill./USA: American Marketing Association 1981
Zeithaml et al. 92	Zeithaml, V. A.; Parasuraman, A.; Berry, L. L.: Qualitätsservice. Frankfurt/Main: Campus Verlag 1992
Zibell 90	Zibell, R. M.: Just-in-Time: Philosophie, Grundlagen, Wirtschaftlichkeit. München: Huss-Verlag 1990
Zink 82	Zink, K. J.: Japanische Managementkonzepte zur systematischen Vergrößerung des Problemlösungspotentials. In: Trommsdorf, V.; Lück, W. (Hrsg.): Internationalisierung der Unternehmung als Problem der Betriebswirtschaftslehre. Berlin: Erich Schmidt Verlag 1982, S. 752-771

Zink 89 — Zink, K. J.:
Qualität als Herausforderung.
In: Zink, K. J. (Hrsg.): Qualität als Management aufgabe.
Landsberg/Lech: Verlag Moderne Industrie 1989

Zink 89a — Zink, K. J.:
Zur Relevanz sozio-technologischer Systemgestaltung - am Beispiel Qualitätsmanagement.
In: Technologie & Management, 38. Jg. (1989), Nr. 4, S. 24-29

Zink 92 — Zink, K. J.:
Qualität als Herausforderung.
In: Zink, K. J. (Hrsg.): Qualität als Management aufgabe - Total Quality Management.
2. Aufl., Landsberg/Lech: Verlag Moderne Industrie 1992, S. 9-46

Zink 95 — Zink, K. J.:
TQM als integratives Managementkonzept.
München: Carl Hanser Verlag 1995

Zink 98 — Zink, K. J.:
Bewertung ganzheitlicher Unternehmensführung am Beispiel des Ludwig-Erhard-Preises für Spitzenleistungen im Wettbewerb.
München: Carl Hanser Verlag 1998

Zink/Schick 87 — Zink, K. J.; Schick, G.:
Quality Circles, Bd. 1 Grundlagen.
2. Aufl., München: Carl Hanser Verlag 1987

Zink/Schildknecht 89 — Zink, K. J.; Schildknecht, R.:
Total Quality Konzepte - Entwicklungslinien und Überblick.
In: Zink, K. J. (Hrsg.): Qualität als Managementaufgabe.
Landsberg/Lech: Verlag Moderne Industrie 1989

Zipperer 99 — Zipperer, M.:
Zuverlässigkeitsprüfung.
In: Masing, W. (Hrsg.): Handbuch Qualitäts management.
4. Aufl., München: Carl Hanser Verlag 1999, S. 327-354

Zweckbronner 91 | Zweckbronner, G.:
Technische Wissenschaften im Industrialisierungsprozeß bis zum Beginn des 20. Jahrhunderts.
In: Hermann, A.; Dettmering, W. (Hrsg.): Technik und Kultur, Bd. 3. Technik und Wissenschaft.
Düsseldorf: VDI-Verlag 1991, S. 400-428

B. Stichwortverzeichnis

Die Zahlenangaben beziehen sich auf die Seiten, die fettgedruckten Zahlen verweisen auf eine Erklärung als eigenständiger Begriff.

A

D

G

H

I

L

M

P

Q

R

S

T

U

V

W

Z